우리
궁궐을
아는

사전
———

창덕궁
후원
창경궁

———

우리
궁궐을
아는

사전
—

창덕궁
후원
창경궁

1
—

역사건축기술연구소 지음

2015년 9월 14일 초판 1쇄 발행
2018년 6월 11일 초판 2쇄 발행

펴낸이 한철희 | 펴낸곳 돌베개 | 등록 1979년 8월 25일 제406-2003-000018호
주소 (10881) 경기도 파주시 회동길 77-20 (문발동)
전화 (031) 955-5020 | 팩스 (031) 955-5050
홈페이지 www.dolbegae.co.kr | 전자우편 book@dolbegae.co.kr
블로그 imdol79.blog.me | 트위터 @dolbegae79 | 페이스북 /dolbegae

책임편집 이현화·김옥경
표지 및 본문 디자인 여백커뮤니케이션
마케팅 심찬식·고운성·조원형 | 제작·관리 윤국중·이수민
인쇄·제본 상지사 P&B

ⓒ 역사건축기술연구소, 2015
ISBN 978-89-7199-691-1 03910
       978-89-7199-690-4 (세트)

우리
궁궐을
아는

사전
—

창덕궁
후원
창경궁

—

1

역사건축기술연구소
지음

돌베
개

일러두기

- 현존하는 각 궁궐의 건물은 물론 지금은 사라지고 없지만 문헌상에 나오는 중요한 건물은 가급적 모두 설명했다.
- 현존하는 건물 중 1980년대 이후 복원된 건물은 기존 건물과 동일하게 설명했다.
- 각 궁궐의 건물 소개 순서는 일차적으로 답사 순서에 맞추었다. 다만, 필요한 경우에는 답사 순서와 관계없이 관련 건물을 한데 묶기도 했다.
  또한, 현재 관람이 제한된 지역의 건물도 가급적 설명했다. 건물의 명칭은 기본적으로 한글맞춤법에 따랐다.
- 각 건물은 답사 순서에 맞추어 영역을 임의로 설정하고, 영역별로 주요 전각의 연혁과 각 건물에서 벌어진 행사와 사건 등을 소개하고 이어서 건물의 특징을 나열했다.
- 각 궁궐의 영역은 40~41쪽의 권역도를 기준으로 제시하되, 각 장마다 상세한 배치도를 별도로 제공하고, 각 장의 개별 영역마다 더욱 상세한 배치도를 제공했다.

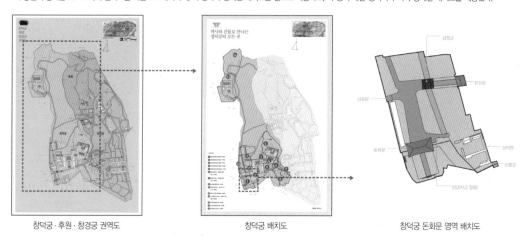

창덕궁·후원·창경궁 권역도　　　　　　창덕궁 배치도　　　　　　창덕궁 돈화문 영역 배치도

- 각 궁궐의 개별 영역 안내 페이지는 아래와 같이 구성했다.

- 기본적으로 참고한 문헌은 헌종 연간에 편찬된 『궁궐지』에 의존했다. 1권에 수록한 창덕궁, 창경궁, 후원의 경우에는 1830년경 제작된 〈동궐도〉에 묘사된 건물 상황을 토대로 했다.
- 본문에 주 이미지로 활용한 〈동궐도〉(비단에 채색, 273×576)는 조선 후기 궁궐의 도화서 화원들이 동궐인 창덕궁과 창경궁의 전각 및 궁궐 전경을
  조감도식으로 그린 것이다. 현재 동아대학교박물관과 고려대학교박물관에 각 한 점씩 소장되어 있다. 책에 사용한 것은 고려대학교박물관 소장본이다.
- 〈동궐도〉와 함께 참고한 〈동궐도형〉은 1907년경에 그려진 것으로 창덕궁과 창경궁의 건물 평면을 8자 간격의 격자 위에 그려 넣었다. 정확한 실측도는 아니지만
  대체적인 건물 규모를 파악할 수 있다. 한국학중앙연구원 소장본이다.
- 본문에 수록된 배치도의 기본 자료는 2007년 국립지리원이 제작한 '수치지형도'에 의존했다.

"무릇 궁궐이란

임금이 거처하며 정치를 하는 곳이고

모든 백성이 우러러보고 있으니

그 제도를 장엄하게 하여 존엄함을 보이고

그 이름을 아름답게 하여 경계함을

나타내야 한다. 그 거처를 아름답게 꾸미고

건물만 화려하게 해서는 안 된다"

-정조, 「경희궁지」에서

夫宮闕者。人君之所居以出治也。四方之所瞻仰。臣民之所環嚮。
則不得不壯其制。示之以尊嚴。美其名。寓之以箴頌。匪爲侈其居而華其觀也。
-正祖,「慶熙宮志」中

책을 펴내며

근래 들어 우리 궁궐에 대한 관심이 부쩍 늘었다. 우리 역사를 제대로 알아야겠다는 의식이 확대되고, 휴일에는 고궁을 찾는 시민들의 발길이 잦다. 궁궐을 소개하는 책자들도 눈에 띄게 많아졌다. 멋진 사진을 곁들인 궁궐 안내 책자는 물론이고 역사적 사건에 중점을 둔 흥미로운 서적들도 적지 않다. 아쉬운 점이라면 궁궐의 건물 설명이 지나치게 포괄적이거나 현재의 모습을 피상적으로 기술하는 데 머물고 있는 것이라고 하겠다.

궁궐은 각종 정치적 사건의 현장인 동시에 왕과 왕비를 비롯한 수많은 사람들의 생활공간이었다. 궁궐의 수많은 건물들은 역사적 사건이 벌어진 장소인 동시에 사람들이 웃고 즐기고 또 눈물을 흘리며 지내던 삶의 현장이었다. 이 책은 두 가지 목표를 가지고 만들어졌다. 하나는 궁궐에서 살았던 사람들을 전면에 내세우면서 그들의 일상과 특별한 행사가 벌어진 장소로서의 건물을 살펴보려는 것이었다. 다른 하나는 가급적 사료에 근거해서 신빙성 있는 이야기를 바탕으로 건물을 기술하려는 것이었다. 궁궐 건축은 단지 울긋불긋한 외관의 특징을 살피는 것에 그치지 않고 그 건물에서 벌어진 다양한 행사나 사건들, 그리고 그곳을 터전으로 살아온 사람들의 실체를 이해하는 데서 비롯되어야 한다는 자세로 우리 궁궐의 건물들을 살펴보았다. 최근 『승정원일기』를 비롯해서 각종 의궤와 문집류가 전산화되면서 사료에 대한 접근이 전보다 용이해졌고 이런 사료 속에는 조선 시대 궁궐의 세세한 내용들이 마치 잘 익은 석류 열매처럼 가득하다. 이 책은 이런 사료들을 하나하나 살피는 데서 출발해서 사료에서 언급한 건물들을 현장에서 세심하게 관찰하는 것으로 채웠다. 그런 과정에서 지금까지 잘 알 수 없었던 새로운 내용이 확인되었고 또 그동안 잘못 알려진 부분들을 바로잡기도 했다. 물론 아직 밝혀내지 못한 것들도 많고 제대로 이해하지 못한 부분도 적지 않을 것이다. 하루아침에 모두를 다 이루어낼 수는 없으니 우리 궁궐에 대한 깊이 있는 이해를 이제 시작했다고 해도 좋을 듯하다.

역사건축기술연구소는 2011년에 설립되었다. 우리 전통 건축을 단지 외양만으로 파악하지 않고 건축을 만들어낸 사람들의 생각과 그들의 기술 수준을 아울러서 살펴나가는 것을 연구의 토대로 삼아 뜻을 같이하는 사람들이 함께 우리 건축을 공부하자는 취지였다. 연구소의 중요한 일거리로 우리 건축에 대한 책자를 발간하기로 했다. 그 첫 번째 일로 시작한 것이 우리 궁궐을 사전의 형식을 빌려 사람과 건축이 생생하게 드러나는 책을 꾸미는 일이었다. 처음 일을 구상한 이경미와 김동욱 그리고 이혜원이 손을 잡았고, 분량을 감안하여 책을 둘로 나눠서 첫째 권은 창덕궁과 창경궁 그리고 후원까지를, 둘째 권은 경복궁과 덕수궁을 다루기로 했다. 돌베개 출판사에서 흔쾌히 출간을 맡아주기로 하여 용기백배할 수 있었다. 첫 권은 김동욱과 이경미가 원고를 담당하고, 전문가의 손길이 필요한 일부 사진은 한국기술교육대학교의 김기주 교수가 애를 써주었다. 아직 가야 할 길이 멀다. 사람 냄새가 나는 우리 건축을 이야기하는 일이 쉽지 않다는 점을 모르지 않지만 한 걸음씩 걷다 보면 길도 열리리라는 염원을 간직하고 발걸음을 떼기로 한다.

여러 사람들의 도움으로 이 책이 세상에 나왔지만 무엇보다 이현화 선생의 열정은 게으른 마음을 걷어내준 원동력이 되었다. 돌베개 출판사가 축적한 책 만드는 경륜 덕분에 이만큼이라도 걸음을 뗄 수 있었던 점을 깊이 감사드린다.

2015년 9월
저자를 대표하여 김동욱 쓰다

차례

우리 궁궐과의
첫 만남

조선 시대 궁궐은 나라의 가장 으뜸가는 곳이었다. 그만큼 궁궐의 건축물 역시 당대 최고의 기술과 최고의
자재와 최고의 격식을 갖추어 지어졌다. 궁궐은 조선왕조의 모든 역량이 결집되어 완성된 가장 으뜸가는
건축물인 동시에 예술품이었다고 말할 수 있다.

궁궐은 각종 정치적 사건의 현장인 동시에 왕과 왕비를 비롯한 수많은 사람들의 생활공간이었다. 궁궐의
수많은 건물들은 역사적 사건이 벌어진 장소인 동시에 사람들이 웃고 즐기고 또 눈물을 흘리며 지내던
삶의 현장이었다.

때문에 조선의 궁궐을 본다는 것은 그 건물의 아름다움과 의미를 살피는 것임과 동시에 그 안에서 살았던
사람들의 일상을 가늠해보는 것이기도 하다. 울긋불긋한 외관의 특징만이 아닌 그 건물에서 벌어진 다양한
이야기에 귀를 기울이는 것, 그것이야말로 오랜 시간 우리 곁에 머문 궁궐과 제대로 만나는 일일 것이다.

경복궁

조선왕조 들어서 가장 먼저 지어진 궁궐이다. 태조 대에 지어진 이 궁궐은 세종 때 와서 왕실의 각종 의례와 사신 접대에 맞게 건물 규모나 형태를 정비하여 조선 정궁의 면모를 갖추었다. 임진왜란으로 소실된 후 270여 년 간 비어 있다가 다시 중건된 것은 1863년 고종이 즉위한 이후였다.

창덕궁

조선의 제3대 왕 태종은 부친 태조가
지은 경복궁 동쪽에 이궁으로 창덕궁
을 세워 자신의 거처로 삼았다. 산이 감
싸고 숲이 우거진 이곳은 자연과 조화
된 아름다움이 있어서 조선의 왕들은
경복궁보다 창덕궁을 더 사랑하여 이
곳에 머문 적이 더 많았다. 17세기 이후
260여 년 간 조선의 법궁으로 쓰였다.

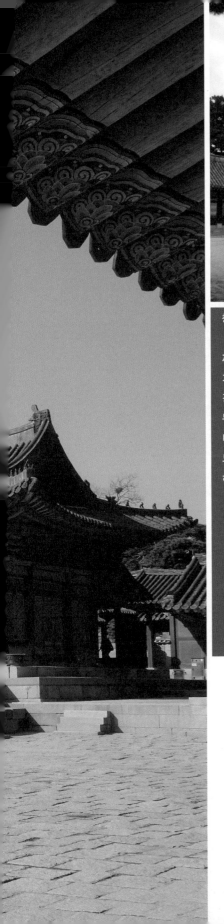

창경궁

제9대 왕 성종은 할머니 세 분을 모시기 위해 새로운 궁을 지었다. 바로 창경궁이다. 창덕궁과 울타리를 사이에 두고 자리한 이 궁에는 주로 왕의 할머니나 후궁들이 머문 경우가 많았다. 규모도 작고 창덕궁의 부속 궁궐 같기도 하다.

덕수궁

덕수궁이 자리 잡은 터는 성종의 형인 월산대군의 집이 있던 곳으로 전한다. 임진왜란 직후 선조가 피란지에서 돌아와 머문 적이 있다. 고종은 경복궁을 떠나 이곳에 궁궐을 짓고 경운궁이라 했다. 이곳에서 새로운 제국, 새로운 시대를 열고자 한 고종의 뜻은 실패로 끝났고, 궁의 이름은 덕수궁으로 바뀌었다.

한눈에 보는
조선 궁궐의 역사

    조선왕조[1392~1910]는 세계에서도 유례가 흔하지 않은, 500년이 넘는 오랜 기간 지속한 왕조이다. 기간이 긴 만큼 그 사이에 사회적으로나 경제적으로 많은 변화가 있었는데, 궁궐 역시 이러한 변화에 대응하면서 달라졌음은 물론이다. 오늘의 서울이랄 수 있는 한양은 500년 동안 줄곧 조선왕조 수도의 지위를 누렸으며 한양에는 적어도 일곱 곳 이상의 궁궐이 존재해 있었다. 이 궁궐 중에 지금까지 그 모습을 갖추고 있는 곳은 다섯 곳이다. 이 다섯 곳의 궁궐은 '서울의 5대 궁'으로 불리며 시민들이 즐겨 찾는 명소가 되어 있다.

    경복궁景福宮은 한양에 수도를 건설하면서 가장 먼저 지어진 궁궐이다. 조선왕조 건국의 주도 세력이던 유학자들이 한양을 유교 의례의 모범이 되는 도시로 건설하면서 아울러 궁궐에도 그런 이념을 적용해서 지었다고 전한다. 그러나 모처럼 만든 새 궁궐은 지어지고 3년 만에 빈 궁궐이 되었다. '왕자의 난'을 일으킨 제3대 태종太宗(1367~1422)은 한동안 옛 수도였던 개성으로 돌아갔다가 한양으로 다시 돌아왔지만 부친이 세운 경복궁에 들어가기를 꺼려 도성 동쪽에 이궁離宮을 지어 그곳을 거처로 삼았다. 이궁은 창덕궁이라 이름 지었다. 태종의 뒤를 이은 제4대 세종世宗(1397~1450)은 유교에 입각한 조선왕조의 문물제도를 정비하는 데 심혈을 기울였으며 아울러 경복궁을 자신의 거처로 삼고 전각 대부분을 뜯어고쳤다. 경복궁을 유교 의례를 치르기에 적합한 규모와 격식을 갖춘 궁으로 삼기 위한 일이었다. 이후 역대 왕들은 경복궁과 창덕궁을 오가며 두 궁궐을 함께 이용했다. 국가적인 큰 의례나 외국 사신 접대는 주로 경복궁에서 치렀지만 일상적으로는 창덕궁에서 지내는 일이 잦았는데, 창덕궁이 아늑하고 편안했기 때문이다.

제9대 성종成宗(1457~1494) 때는 창덕궁 옆에 창경궁을 새로 지었다. 본래 그 자리는 태종이 왕위를 세종에게 물려주고 머물던 수강궁壽康宮이 있던 자리였다. 창경궁을 지은 이유는 이때 나이 어린 성종에게 할머니가 세 분이 계셨기 때문에 이분들이 머물 궁을 따로 짓기 위한 것이었다. 창경궁은 규모도 작고 창덕궁과는 울타리를 사이에 두고 인접해 있었기 때문에 창덕궁에 딸린 부속 궁궐 같은 느낌이었다. 실제로 창경궁이 지어진 후에는 주로 왕의 할머니인 대왕대비나 후궁들이 머무는 일이 잦았고, 이곳에서 공식적인 궁궐의 의례를 치르는 경우는 거의 없었다.

1592년 임진왜란이 벌어졌을 때 한양의 세 궁궐이 모두 불에 탔다. 10여 년이 흘러 궁궐 복구가 시작되었는데, 당초 경복궁이 복구 대상이었지만 슬그머니 대상이 창덕궁으로 변경되었다. 그 이유는 명확하지 않지만 경복궁 터가 풍수상 좋지 못하다는 견해에 기인된 것으로 보인다. 조선 초기에 일부 풍수가들이 경복궁 터를 두고 불길하다는 주장을 편 반면 창덕궁은 좋게 본 기록이 실록에 있는데 이런 기록들이 영향을 주었다고 짐작된다.

창덕궁은 선조 때 복구가 시작되어서 광해군이 즉위한 후에 완성되었다. 몇 해 뒤에는 창경궁도 복구되었다. 그런데 광해군은 복구한 궁궐에 들어가려 하지 않고 대신 인왕산 아래 '인경궁'을 새로 지었으며, 또 그 남쪽에 별궁으로 '경덕궁'(영조 때 '경희궁'으로 명칭을 고침. 이후 경희궁으로 통일함)을 지었다. 아직 임진왜란의 후유증이 가라앉지 않은 어려운 여건에서 무리하게 궁궐 공사를 벌이던 광해군은 인조반정으로 왕위에서 쫓겨나게 되었고, 광해군이 지었던 인경궁은 곧 철거되고 말았다.

경복궁이 없는 상황에서 왕이 상시 거처로 삼는 법궁法宮의 지위는 창덕궁에 넘겨

졌으며, 이후 약 250년간 창덕궁은 조선왕조의 정궁正宮으로 쓰였다. 또한 인접한 창경궁은 창덕궁의 부족한 공간을 채워주는 곳이 되었다. 이 시기 왕들은 종종 경희궁으로 거처를 옮기기도 했는데, 창덕궁이 도성 동편에 있었고 경희궁이 서편에 있었기 때문에 창덕궁과 창경궁을 합쳐서 '동궐'로 부르고 경희궁은 '서궐'로 불렀다.

1863년 고종이 즉위하면서 부친 흥선대원군興宣大院君(1820~1898)은 신료臣僚들에 의해 위축되어 있던 왕실의 권위를 되찾기 위한 노력을 기울이면서 그 일환으로 경복궁의 중건을 추진하여 고종 즉위 5년째 되던 1868년에는 드디어 근정전勤政殿에서 왕이 문무백관文武百官의 하례賀禮를 받도록 했다. 그러나 경복궁이 중건될 즈음 나라 정세는 외국 세력들의 압력으로 크게 흔들렸으며 급기야 고종은 중건 후 불과 28년 만에 경복궁을 떠나 러시아공사관으로 피신하는 사태로 번졌다. 러시아공사관을 나온 고종은 인접한 옛 월산대군月山大君(1454~1488, 조선 성종의 형) 저택 터에 새롭게 '경운궁'慶運宮(훗날 '덕수궁'이라 바뀌었음)을 짓고 그곳을 새로운 궁궐로 삼았다. 경운궁은 이전의 궁궐과 달리 뒤에 산을 둔 것이 아니라 도성의 한가운데에 자리 잡았으며 도성 내 교통의 중심부이기도 했다. 경운궁으로 이어移御하면서 고종은 국호를 '대한제국大韓帝國'으로 선포하여 황제의 지위에 올랐으며, 궁궐 앞쪽에는 하늘에 제사를 지내는 원구단圜丘壇도 설치하여 새로운 체제를 열어가려는 시도를 했다. 고종의 시도는 결국 실패로 돌아갔고 대한제국은 10여 년 만에 종식을 고하고, 조선왕조는 막을 내렸다. 궁궐 역시 운명을 같이하여 주인 잃은 전각殿閣들은 하나씩 둘씩 철거되거나 사라지고 말았으며, 궁궐터는 공원이 되거나 다른 용도로 전용되었다. 유일하게 창덕궁만은 순종 황제가 거처하면서 명맥을 유지했다.

광복 후에도 궁궐은 여전히 시민들의 휴식처로 인식되어 보호의 손길이 닿지 않았다. 1990년대 이후에 와서 조금씩 궁궐 본래의 모습을 되찾기 위한 노력이 쌓이고 결실도 나타났다. 아직도 가야 할 길은 멀지만 무엇보다 일반 시민들의 궁궐에 대한 관심이 높아지고 있다는 긍정적인 효과가 힘이 되어 미래의 전망을 밝게 해주고 있다.

5대 궁궐은 각각 그 성격도 다르고 그에 따라 모습에도 차이가 있다. 다섯 군데 궁궐 중에 으뜸은 단연 처음 정궁으로 지었던 경복궁이다. 경복궁은 궁궐 자체의 모습도 중요하지만 궁이 서 있는 위치가 갖는 상징성이 돋보인다. 대궐 문 앞에는 이조·호조·예조·병조·형조·공조 등 나라의 최고급 관청인 육조六曹가 좌우에 도열한 육조대로六曹大路가 열려 있었고, 그 길은 지금도 서울의 600년 역사를 가장 상징적으로 보여주는 공간으로 자리 잡고 있다. 궁궐 내부도 남북 직선축 선상에 정문과 정전, 편전, 침전이 일직선으로 나란히 배열되어 질서 정연한 모습이다. 이는 군주가 남쪽을 면해서 조정을 바라보도록 한다는 유교적 통치 질서를 반영한다. 건물들도 다른 궁궐에서 볼 수 없는 엄격하고 단정한 외관이다.

정전인 근정전은 궁궐 정전 중 가장 규모가 크고, 정문인 광화문은 세 개 홍예문虹霓門을 갖춘 석축石築 뒤에 우뚝 서서 궁성宮城을 갖춘 대궐의 면모를 유감없이 보여준다. 외국 사신을 접대하고 나라의 큰 잔치를 열던 경회루慶會樓는 누각이 갖출 수 있는 최고의 격식을 드러낸다. 경회루 누각 상층에 올라가서 주변을 보면, 서쪽으로 인왕산의 우람한 산세가 한눈에 들어오고 드넓은 연못에 비친 수목의 그림자는 다른 세상에 와 있는 듯한 착각을 일으킬 정도이다. 그러나 비슷한 건물들이 연속해 있고 어디 한군데 편하게 마음을 붙일 곳이 없어 보이는 궁궐 안은 산세에 의지해서 다소곳이 자리 잡은 전통적인 건축 방식에 익숙한 우리들에게는 공허한 피로감을 자아내는 측면도 있다.

창덕궁은 이런 공허감을 느낄 겨를 없는 아기자기하고 긴장감 가득한 공간감을 만들어주는 점에서 경복궁과는 전혀 다른 차원의 궁궐이다. 이런 특징을 만들어낸 1차적인 토대는 그 놓인 지세에 기인된다. 창덕궁이 자리 잡은 곳은 도성 정북방에 있는 응봉鷹峯의 남쪽 줄기가 완만하게 내려오는 경사지이다. 경사지 사이로 작은 골이 형성되고 골 사이로 맑은 샘물이 흘러내리는 불규칙한 지형을 살려 크고 작은 건물들이 변화무쌍한 장면들을 연출한다. 건물을 둘러싼 행랑行廊들로 이루어진 마당들은 열렸다가 닫히기를 반복하면서 율동감 넘치는 공간을 만들어낸다. 지루할 틈이 없는 무대 장면이 지속되는 듯한 대내大內를 벗어나면 갑자기 깊은 숲 속에 들어온 것 같은 후원後苑이 펼쳐진다. 후원은 기하학적이고 인공적인 냄새를 전혀 느낄 수 없는 자연의 맛을 한껏 담는다. 몇 개의 골짜기가 이어지고 골 사이로 흐르는 샘물을 곁에 두고 크고 작은 누각과 정자가 보일 듯 말 듯 나타났다가 사라지기를 반복한다. 1,000년 이상 갈고닦은 한국 건축의 진면목이 이 궁궐 안에 다 담겨 있다.

　　오늘날 창덕궁 건물은 전성기 시절에 비하면 거의 절반도 남아 있지 않다. 담장과 출입문들 사이로 펼쳐지던 긴장감 가득한 모습은 많이 사라졌다. 그러나 아직도 돌다리 지나 비스듬한 각도로 펼쳐지는 행랑들과 출입문, 서로 다른 얼굴을 지닌 다양한 모습의 크고 작은 전각들이 빚어내는 건축의 다양한 아름다움을 확인하기에는 부족하지 않다. 물과 바위와 오래된 수목들과 정자가 만들어내는 후원의 안온하면서 편안한 느낌도 잘 남아 있다.

　　이웃한 창경궁은 창덕궁과는 또 다른 모습이다. 창경궁은 여성들이 생활하던 곳이었던 만큼 여성 취향의 섬세하고 부드러운 면모가 있었을 법도 하지만 지금 우리 눈앞에 남아 있는 창경궁은 그와는 거리가 있다. 금세기에 들어와 이곳을 진기한 식물과 동물들을 전시하는 구경거리 장소로 만들면서 궁궐 본래 모습을 완전히 망가뜨린 것이 가장 큰 원인이었다. 근년에 와서 몇몇 건물을 복구하고 수목들도 본래 것들로 교체하여 겨우 궁궐다운 골격을 되찾아놓기는 했지만 아직도 창경궁이 본래 지녔던 품격에는 미치지 못한다.

　　그렇지만 이곳은 다른 궁궐에서 볼 수 없는 몇 가지 소중한 가치가 있다. 무엇보다 조선왕조 궁궐 가운데 건립 시기가 가장 이른 중요한 문과 정전, 침전寢殿 건물이 이곳에 오롯이 남아 있다. 창경궁의 정문과 중문, 그리고 정전은 모두 17세기 초기에 지어진 것이 지금까지 온전히 남아 있다. 근 400년 전에 지어진 목조건축이 서울 한복판에 하나도 아니고 세 동이나 나란히 남아 있다는 사실은 우리 문화에 조금이라도 애정을 지니고 있는 이들이라면 새겨둘 만한 일이 아닐까. 왕과 왕비, 또 왕세자나 왕세자빈, 그리고 후궁들이 생활하던 침전 건물이 과연 어떤 모습이었는지 자못 궁금하지 않을 수 없는데, 이런 조선 시대 침전 건물이 온전하게 남아 있는 곳도 창경궁이 유일하다. 다른 궁궐들은 모두 20세기에 들어와 다시 지어지거나 서양식으로 변형된 것들뿐이다. 사람 살던 곳이라면 물 긷고 빨래하고 밥 짓는 일이 없을 수 없으며 우물은 그 출발점이라고 하겠다. 침전 주변에서 우물은 필수적인 요소였는데 다행히 창경궁 침전 주변에는 여기저기 왕년에 사용하던 우물들이 잘 남아 있다. 이것도 창경궁만이 지닌 소중한 자산이다.

상대적으로 경희궁은 거의 아무것도 제대로 남아 있지 않다. 20세기 이후 한동 안 공립학교가 들어서면서 옛 모습을 없애버린 데다 넓었던 궁터마저 여기저기 잘라내서 다른 시설들로 전용되고 말았다. 근래에는 궁터 한쪽에 현대식 박물관까지 들어서서 더 욱 상황을 어렵게 만들었다. 그나마 정전과 그 주변을 복원해놓아서 이곳이 과거에 왕 과 왕실 가족들이 생활하던 곳이었다는 점을 일깨워주고는 있지만 몇 동의 건물만으로 는 웅장했던 경희궁 본연의 모습이 되찾아질 리 만무하다. 가장 안타까운 점은 궁궐의 바깥 얼굴이라고 할 수 있는 정문이 본래 놓여 있던 자리에 세워지지 못하고 아무 연관 도 없는 엉뚱한 위치에 다시 지어진 점이다. 뒤죽박죽이 되어버린 경희궁은 문화유산에 대한 우리들의 무관심과 무소견의 징표인 듯하다. 경희궁은 조선왕조 궁궐 가운데서 특 이한 존재이다. 그 터가 왕이 태어날 기운이 있다는 풍수가의 말에 광해군이 집터를 빼앗 아 궁을 지었다는 창건 동기도 평범하지 않거니와 궁궐의 구성도 다른 곳에서 볼 수 없 는 특이한 점이 적지 않다. 정문을 동쪽 끝에 두고 정전은 동궁과 침전, 편전便殿을 다 지 난 서쪽 끝 가장 깊숙한 곳에 둔 점 또한 독특하다. 건물 사이의 공간도 의도적으로 좌 우 균형에서 벗어난 비대칭을 이루었다. 풍수가의 식견識見이 궁궐에 적극 반영된 결과로 짐작된다. 경희궁은 조선왕조 궁궐이 갖는 다양한 면모를 보여주는 사례이지만 아직 많 은 부분이 미지수로 남아 있다.

'덕수궁'은 본래 명칭이 경운궁이었다. 일제에 의해 고종이 강제로 왕위에서 물러 난 후에, 물러난 왕이 머무는 곳이라는 의미를 담아 이름을 덕수로 바꾸었다. 그런 만큼 지금도 덕수궁에는 저물어가는 왕조를 지키려고 안간힘을 썼던 고종의 힘겨운 노력이 곳곳에 남아 있다. 전통적인 목조 전각으로 지어진 정전이나 침전과 뒤섞여서 고종이 커 피를 즐겨 마셨다는 서양식 정자와 웅장한 석조 침전이 한 울타리 안에서 공존한다. 그 모습은 혼란스럽던 20세기 초기 왕실의 상황을 여실히 보여주기도 한다. 전통 건축의 마 지막 숨결을 엿볼 수 있는 점은 덕수궁이 갖고 있는 또 다른 가치라고 하겠다.

궁궐을 이해하기 위한
첫걸음

**최고 권력자가
머무는 곳, 여기에
사람이 살고 있었네**

궁궐은 정치의 장소인 동시에 왕실 가족들의 생활공간이기도 하다. 이 두 가지 측면을 염두에 두면서 궁궐을 살펴볼 때 궁궐에 대한 이해도 깊어질 수 있다. 정치라고 하더라도 대체적인 일은 신하들의 몫이고 국왕은 단지 최종적인 결정만 내린다. 정치적으로 정작 국왕이 해야 하는 중요한 것은 유교적인 의례의 집행이었다. 유교를 통치의 기본으로 삼았던 조선왕조에서 유교에서 정해놓은 국가적인 의례는 다른 어떤 일보다 중요하게 여겼으며 그 의례의 주관자는 바로 국왕이었다. 국가적인 유교 의례에는 종묘나 사직단처럼 궁궐 밖에 시설이 있는 경우도 있지만, 궁궐이 그 행사장인 경우도 많았다. 따라서 궁궐은 국왕이 유교 의례를 원활하게 치르는 일을 가장 중요하게 고려하여 건물이나 그 밖의 시설들을 마련한 셈이다.

국가적인 유교 의례는 다섯 가지로 나뉜다. 첫째는 천지신명께 제사 지내는 길례吉禮이고, 둘째는 나라의 경사를 맞아 이를 축하하여 드리는 가례嘉禮, 셋째는 손님을 맞는 빈례賓禮, 넷째는 출정하는 군사들을 격려하는 군례軍禮, 그리고 마지막 다섯째는 장례를 당하여 치르는 흉례凶禮이다. 이 가운데 궁궐이 주 무대가 되는 의례는 가례와 빈례,

위 왼쪽_ 〈규장각도〉
위 가운데_ 〈명정전 진찬도〉
위 오른쪽 _ 《왕세자 입학도첩》 중 〈왕세자수하도〉
아래_ 〈갑인춘친정도〉

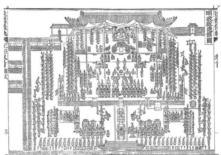
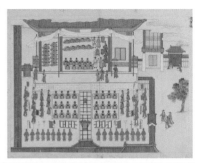

그리고 흉례이다.

　정월 초하룻날이나 동짓날을 맞아 문무백관이 국왕에게 절을 올리는 조하 의례나 왕실에 혼례가 있거나 그 밖에 경사스런 일 등이 모두 가례에 속하며, 이런 가례는 궁궐 정전이 그 무대가 되었다. 또 왕이 신하들과 나랏일을 논의하기 앞서 서로 절을 나누는 상참常參 의례도 가례에 속했는데, 상참 의례는 편전에서 치렀다. 정월 초하룻날이나 동짓날 후궁들이나 왕실의 신분 높은 여성들, 그리고 대신의 부인들이 왕비에게 절을 올리는 것도 가례였다. 이때는 침전이 행사장이 되었다. 가례를 치를 때는 건물 앞에 월대月臺라는 낮은 단을 갖추어서 이곳에서 절을 올리고, 향을 피우고, 음악을 연주했다. 따라서 가례를 올리는 정전이나 편전, 침전 건물 앞에는 월대가 반드시 마련되어 있었다.

　왕과 왕비, 왕의 어머니나 왕세자와 왕세자빈이 세상을 뜨면 이를 국장으로 치렀다. 국장은 다른 어떤 장례보다 엄격한 절차와 의식이 수반되었다. 보통 국왕이 승하하면 5개월 정도 시신을 안치한 관(재궁梓宮)을 궁궐 안에 모셔두고 슬픔을 나눈다. 그 사이에 무덤을 만들어서 5개월이 지나면 발인發靷을 하고, 시신은 무덤에 묻고 혼령을 상징하는 신주를 모시고 다시 궁으로 돌아와서 약 25개월 정도 신주를 모시고 제사를 지낸다. 거의 3년이 되어서 비로소 신주는 궁에서 나가서 왕실 사당인 종묘에 모시게 된다. 이때 시신을 안치하는 곳을 빈전殯殿이라 하고, 25개월 동안 신주를 모신 곳을 혼전魂殿이라고 부른다. 빈전이나 혼전은 따로 건물을 마련하지 않고 대개 편전 같은 격식을 갖춘 전각을 이용하는데, 그 기간이 거의 3년 가까이 되므로 본래 편전의 기능을 다른 곳에서 치르지 않으면 안 되었다. 17세기 이후에는 국장이 빈번히 이어지면서 빈전과 혼전 운영이 궁궐에 적지 않은 영향을 끼쳤고, 특히 창덕궁이나 창경궁에서는 빈전과 혼전 문제가 궁궐 전체에도 영향을 주었다. 조선 말기에 와서 다시 지어진 경복궁이나 경운궁에서는 아예 빈전이나 혼전 전용의 건물을 짓기도 했다.

　유교 의례를 치르는 일 외에 궁궐은 수많은 사람들이 일상생활을 하는 공간이다. 조선 시대 궁궐은 크게 외전外殿과 내전內殿으로 나누었다. 외전에는 정전과 편전 외에 궐내각사闕內各司라고 해서 궁에서 근무하는 관리들이 머무는 관청이 있고, 또 궁을 지키는 군사들이 머무는 건물이 있었다. 외전에 비해서 내전은 거주하는 사람이 훨씬 많았고 따라서 다양한 성격의 건물들이 들어서 있었다. 조선 시대에 궁궐에는 상궁이나 나인 등 일하는 사람들만 600명이 넘었다는 전언傳言도 있다.

이 많은 사람들의 정점에 왕과 왕비가 있다. 본래 왕과 왕비는 침전 하나를 함께 사용했지만, 왕에게는 따로 서재 건물이 있었고, 또 신하들과 작은 잔치를 여는 별당도 마련되어 있었다. 후궁을 들이면 후궁을 위한 전각도 별도로 지었다.

내전에는 침전 외에도 이런 수많은 별당들이 운집해 있었는데, 여기에 왕의 어머니인 대비가 머무는 대비전도 빼놓을 수 없다. 특히, 17세기 이후에는 대비가 정치적으로 비중이 높았고, 또 대비가 여럿이 생존해 있는 경우도 많았다. 18세기경 창덕궁에는 대비를 위한 전각이 세 곳이나 있었고 또 인접한 창경궁에도 대비전이 있었다. 대비전은 동조東朝라고 부르기도 하여 침전의 동편에 전각을 마련하는 것을 기본으로 여겼지만, 실제로는 침전 북쪽이나 서쪽에도 짓는 등 편의에 따랐다.

왕세자가 머무는 동궁도 중요했다. 세자는 나이 10세가 지나면 혼례를 치렀으며 세자빈을 맞이한 후에는 따로 동궁에서 지냈다. 동궁전에는 반드시 서재가 마련되어 학문을 하는 공간을 두고 학식 높은 스승을 모셨다. 왕들 중에는 재위 중에 세자에게 대리청정을 하는 경우가 있었는데 이럴 때는 문무백관이 세자에게 조하朝賀를 해야 했으며 동궁전은 이런 의례를 치를 수 있는 충분한 공간을 갖추어야 했다.

후원도 궁중 생활에서 빼놓을 수 없는 요소이다. 왕실 가족들은 좀처럼 궁궐 밖을 나갈 수 없었기 때문에 답답함을 느꼈는데, 이를 해소할 수 있는 곳이 후원이었다. 후원은 대개 침전의 뒤편에 울창한 숲과 맑은 샘물, 아름다운 정자가 어우러진 곳으로 꾸며지는데, 특히 창덕궁과 창경궁의 후원은 언덕과 골짜기가 깊고, 골짜기마다 흘러내리는 물길을 따라 갖가지 형태의 정자들이 조화를 이루어 궁궐 후원의 대표로 꼽는다. 이런 후원은 왕실 가족들만 즐기는 곳이 아니고 국왕이 신하들을 불러 함께 시를 짓고 술잔을 나누며 군신 간의 관계를 돈독하게 하는 데에도 적극 활용되었다. 후원의 이런 기능은 궁궐이란 곳이 단지 왕실 가족들만의 생활공간이 아니고 정치의 장소로서 그 존재가치를 지녔음을 잘 보여준다.

**조선왕조의 역량이
결집된 건축 예술의 정수** | 조선 시대에 궁궐은 나라의 가장 으뜸가는 곳이었다. 그만큼 궁궐의 건축물 역시 당대 최고의 기술과 최고의 자재와 최고의 격식을 갖추어 지어졌다. 궁궐 건축은 조선왕조의 모든 역량이 결집되어 완성된 가장 으뜸가는 구조물인 동시에 예술품이었다고 말할 수 있다.

조선 시대 건축물은 목조를 기본으로 했다. 하부에는 돌로 네모반듯하게 다듬은 기단이라는 단정한 단을 두고 그 위에 나무로 기둥을 세우고 대들보를 걸고 서까래를 얹어 경사진 지붕을 올리고 지붕 위에는 기와를 얹었다. 이처럼 기단과 몸체와 지붕 세 부분으로 이루어진 것이 목조건물의 기본이다.

기단은 보통 사람 키 정도의 높이를 가지므로 단 위로 오르기 위해서는 계단을 설치하는 것이 필수인데, 궁궐에서는 계단에 각별한 의미를 부여했다. 단 위는 아무나 함부로 올라가는 것이 아니므로 특별한 치장을 하여 위엄을 높였으며, 계단 옆에는 독특한 조각을 한 갓돌을 세워 품격을 높였다.

건물 몸체는 기둥 사이를 거의 창문으로 채우게 되므로 창문의 형태나 창살이 중요하다. 특히, 궁궐 침전의 창문은 고식古式의 오래된 형식을 그대로 간수하는 경우가 많아서 눈길을 끈다. 조선 시대 건물 창문은 세살창이 널리 쓰였다. 세살창은 수직창살에 가로 방향 살이 위아래와 가운데 교차하는 것이다. 그런데 궁궐 침전의 창살은 두툼한 격자살을 하는 사례가 많다. 이런 격자살은 고려 말 건물에서 간혹 볼 수 있는 것이어서 궁궐 침전이 후대까지 고식을 유지하고 있었음을 엿볼 수 있다.

기둥 위에 짜여지는 공포라는 부분도 건물의 격식을 돋보이게 하는 중요한 요소이다. 조선왕조 궁궐의 공포는 '익공식'翼工式이라는 새 날개처럼 생긴 곡선 치장을 한 것과, 크고 작은 부재部材들을 복잡하게 짜서 처마 밑을 화려하게 치장하는 '다포식'多包式 두 가지가 쓰였는데, 대개 정전이나 편전은 다포식, 침전은 익공식으로 지었다. 이런 공포는 거의 100년만 시간이 지나면 그 세부 형태에 변화가 나타나기 때문에 건물이 지어진 시기를 가늠하는 데 중요한 근거가 된다. 궁궐 건축의 공포는 17세기 초기부터 19세기 말 사이 시대적 변화를 잘 관찰할 수 있다는 점에서 각별한 가치가 있다.

지붕도 빼놓을 수 없는 부분이다. 목조건물 지붕은 가장 간단한 맞배지붕에서 사방에 추녀가 길게 내려오는 우진각지붕, 그리고 세 모서리에서 추녀가 하늘로 치솟듯 위로 솟구치는 팔작지붕이 기본인데, 정전이나 편전, 침전은 하나같이 팔작지붕으로 되어서 품격을 높였고, 부속 건물들은 맞배지붕을 하여 차등을 두었다. 우진각지붕은 유일하게 궁궐 정문 같은 곳에서만 쓰여서 흥미롭다. 지붕 가운데 독특한 것으로는 침전 중 일부에 쓰인 '무량각'無量閣이라는 용마루 없는 지붕이다. '용마루'는 지붕 꼭대기 가장 높은 곳을 길게 수평으로 마무리하는 곳인데, 보통은 이곳을 한 단 높여서 끝마무리를 하게 마련이지만, 몇몇 침전 건물은 이곳을 단을 높이지 않고 둥글게 마무리했다. 대개 격식이 높은 침전 건물에 한정해서 이런 용마루 없는 지붕을 했는데, 이런 지붕은 중국에서 영향을 받아 일반 건물과 차별을 주기 위해 만들었던 것으로 보인다. 궁궐의 지붕 중에는 용마루는 물론 측면의 내림마루와 네 모서리 추녀마루를 회灰를 두껍게 발라 흰 윤곽선이 뚜렷하게 보이도록 하는 사례를 흔하게 볼 수 있다. 이렇게 회를 지붕마루에 바르는 것을 '양상도회'梁上塗灰라고 했는데, 양상도회는 민간의 건축이나 불교 사원에서는 볼 수 없고 궁궐이나 왕실 사묘四廟(고조부모, 증조부모, 조부모, 부모 등 4대 조상의 신위를 모신 사당)에 집중적으로 설치했다. 근래에는 양상도회를 줄여서 '양성'이라고 부르는데 중국이나 일본 건축의 지붕에서는 볼 수 없는 조선 시대 건축의 특이한 점이기도 하다.

취두鷲頭나 용두, 잡상雜像 같은 지붕의 장식물도 흥미로운 부분이다. 취두는 상상의 동물인 취의 머리를 용마루 양 끝에 설치한 장식물인데, 외부의 나쁜 기운으로부터 건물을 보호받으려는 뜻을 담았다. 용두는 용의 얼굴을 새긴 기와로 박공 쪽 내림마루 끝에 세웠다. 잡상은 추녀마루에 늘어세우는 장식물이다. 『서유기』의 주인공인 삼장법사나 손오공 등을 형상화시킨 사례도 없는 것은 아니지만 실제 궁궐에 세운 대부분의 상들은 무인상을 앞에 두고 각종 상상의 짐승을 늘어세우는 것이 일반적이다. 건물의 격식에 따라 다섯 개, 일곱 개, 아홉 개를 늘어세우며 경회루같이 지붕이 큰 경우는 열한 개까지도 세웠다.

궁궐 건축에서 한 가지 짚고 넘어갈 부분은 실내의 바닥이다. 바닥은 크게 나누어 전돌이라고 부르는 검은 벽돌을 깔거나 마루를 까는 방식, 그리고 사람이 잠을 자고 거주하는 부분에 쓰는 온돌이 있다. 또 헛간 같은 곳은 흙바닥으로 두었다. 전돌로 바닥을 까는 곳은 주로 사람이 서서 움직이는 곳이고 큰 의식을 거행하는 장소였는데 주로 정전의 바닥을 그렇게 했다. 편전도 처음에는 전돌 바닥이었다고 짐작되지만, 왕이 신하들과 편하게 앉아서 업무를 보게 되면서 바닥을 마루로 바꾸었고, 나중에는 여기에 온돌까지 도입되었던 것으로 보인다. 잠을 자고 일상생활을 영위하는 침전이나 기타 별당 건물은 기본적으로 마루와 온돌로 바닥을 깔았다. 특히, 침전은 사방에 상궁들이 머무는 툇간을 두었는데 이런 툇간은 마루를 까는 것이 보통이었다. 그러나 이 부분도 후대로 가면서 온돌로 바뀌는 경우도 있었다. 궁궐 실내에 온돌이 늘면서 땔나무를 공급하는 비용이 크게 늘어나게 되었다. 이 문제를 해결하기 위해 숙종 때는 상궁들이 머무는 곳을 마루로 고치라고 지시하기도 했지만 한 번 따뜻한 온돌에 익숙해진 관습을 바로잡기는 어려웠다. 온돌이 늘어나면서 건물 외관에도 변화가 초래되었다. 온돌은 불을 넣는 아궁이가 필수인데, 일반 살림집은 부엌에 아궁이를 두므로 큰 문제가 없지만, 궁궐 침전은 부엌이 딸려 있지 않으므로 아궁이는 건물 전면에 그대로 노출되게 마련이었다. 아궁이는 주로 건물 기단 부분에 설치되므로 기단의 외관을 손상시키지 않고 아궁이를 설치하기 위한 다양한 궁리가 나타났고 이런 다양한 아궁이 모습이 현존하는 침전 건물에 잘 나타나 있다.

**곳곳에 부여된
특별한 의미와
그 상징들**

목조건물은 형태가 비교적 단조로운 편이다. 기단이 있고 몸체가 있고 커다란 지붕이 덮고 있는 점에서는 어느 건물이나 큰 차이가 보이지 않는다. 궁궐의 경우에도 마찬가지이다. 그

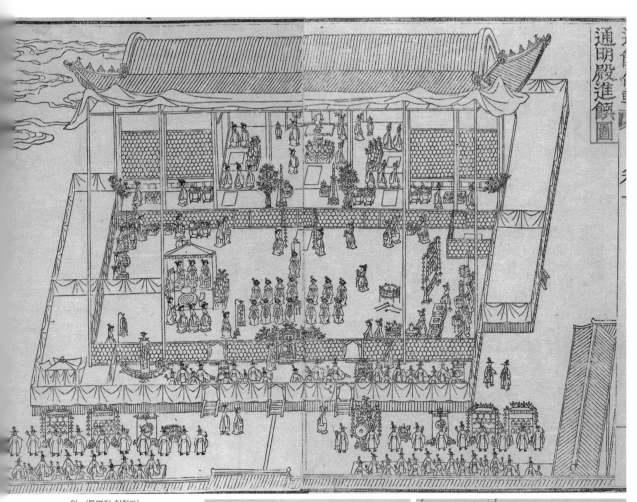

위_ 〈통명전 진찬도〉
아래 왼쪽_『인정전영건도감의궤』 중
인정전 부분
아래 오른쪽_ 당가 부분

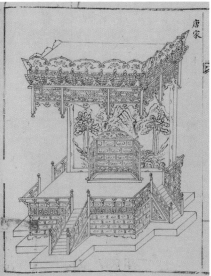

러나 궁궐은 임금이 계시는 곳이고 또 각종 정치적 의미를 담은 의례를 치르는 장소인 만큼 건물에 특별한 의미를 부여하고 장치가 가미되게 마련이다. 왕은 용으로 비유된다. 따라서 왕이 사용하는 건물에는 용을 장식하여 건물의 존엄을 드러낸다. 조선왕조의 궁궐 전각에도 정전이나 편전 등 왕이 납시는 곳에는 여러 가지 용 장식이 가미된다. 왕이 앉는 의자인 어좌는 계단에서부터 의자 주변 곳곳이 용으로 가득 새겨졌다. 따라서 그 명칭도 용상으로 불린다.

그런데 조선왕조 궁궐에서 실제로 왕이 머무는 곳에 가장 보편적으로 쓰인 장식은 봉황이었다. 조하 의례를 치르는 정전으로 오르는 계단에는 봉황을 새긴 답도踏道라는 넓은 판석板石을 두었고, 정전 실내 천장에도 봉황 두 마리가 날개를 활짝 편 모습을 새겼다. 정전이나 편전 대청마루 천장에는 우물반자를 설치하는데 이 반자마다 황색 청색 봉황들이 가득 그려졌다. 조선왕조는 중국을 의식해서 스스로 제후국으로 위상을 낮추었는데, 용 대신에 봉황을 장식한 것은 이런 자세와 연관이 있어 보인다. 19세기 말에 대한제국이 선포된 후에는 봉황 대신에 용으로 장식을 고쳤다. 지금 경복궁이나 덕수궁에는 이때 설치한 용 장식을 볼 수 있다.

왕과 왕비가 거주하는 침전에도 용 장식이나 봉황 장식을 볼 수 있지만, 이런 곳에는 또 다른 장식 요소가 있었다. 그것은 장수와 풍요, 그리고 다산을 상징하는 것들이었다. 흔히 장수를 상징하는 것으로 거북이나 학이 등장하며, 풍요의 상징으로 목단牧丹을 비롯한 화사한 꽃들과 박쥐가 쓰이고, 다산을 상징하는 것으로는 포도를 들 수 있는데, 궁궐에는 이런 상징 요소들이 널려 있다. 박쥐는 한자로 편복蝙蝠이라고 쓰는데, 복福과 같은 발음이어서 복을 불러온다는 상징에 쓰인다. 포도는 한 가지에 알알이 많은 열매가 달리므로 다산을 상징하는 데 더할 나위 없다. 이런 상징 요소들을 찾아보는 것도 궁궐을 살피는 또 다른 즐거움이다.

**현판, 당대 최고
명필의 작품**

건물이 지어지면 최종 마무리로 하는 것이 건물 이름을 짓고, 현판을 다는 일이다. 궁궐에서도 중요한 전각마다 반드시 현판을 달았으며 이런 현판은 당대 최고 명필이 맡았다. 간혹 왕이 직접 글씨를 써서 현판을 달기도 하는데, 이런 어필 현판은 각별히 취급되었다. 현판은 흰 바탕에 검은색 글씨를 쓰거나, 검은 바탕에 흰색으로 글씨를 쓰는 것이 보통이지만, 궁궐의 중요 전각은 이보다 한 단계 격식을 높여 검은 바탕에 금으로 글씨를 썼다. 실제로는 글씨에 옻칠을 하고 그 위에 금박을 입혔다. 특히, 어필 현판은 반드시 검은 바탕에 금 글씨로 했다.

대체로 궁궐의 현판은 몇 가지 원칙이 있어서, 정전이나 침전 등 중요 전각은 반드시 검은 바탕에 금색 글씨로 되어 있고, 그보다 격이 조금 낮아지면 검은 바탕에 흰 글씨, 가장 낮은 건물이나 출입문 같은 곳은 흰 바탕에 검은 글씨로 한다. 또 중요한 현판은 현판 테두리를 따로 대고 끝에는 곡선 장식을 가미하여 격식을 높인다. 예외적으로 흰 바탕에 청색 글씨를 쓰거나 갈색으로 글씨를 마무리하는 경우도 있지만, 흔하지는 않다.

서울의 5대 궁에는 많은 전각들이 있고, 각 전각마다 다양한 형태의 현판이 걸려 있다. 지붕이 2층으로 된 건물은 현판이 까마득히 높은 곳에 걸려서 겨우 윤곽만 살필 수밖에 없는 것도 있지만, 대개는 지붕도 단층이고 현판도 비교적 가까이에서 바라볼 수 있어서 쉽게 관찰이 가능하다. 특히, 창경궁의 침전 쪽은 현판이 크고 낮은 곳에 있어서 관찰하기 수월하다. 이곳에는 어필 현판도 제법 있어서 금빛 찬란한 현판을 가까이에서 보는 즐거움도 누릴 수 있다.

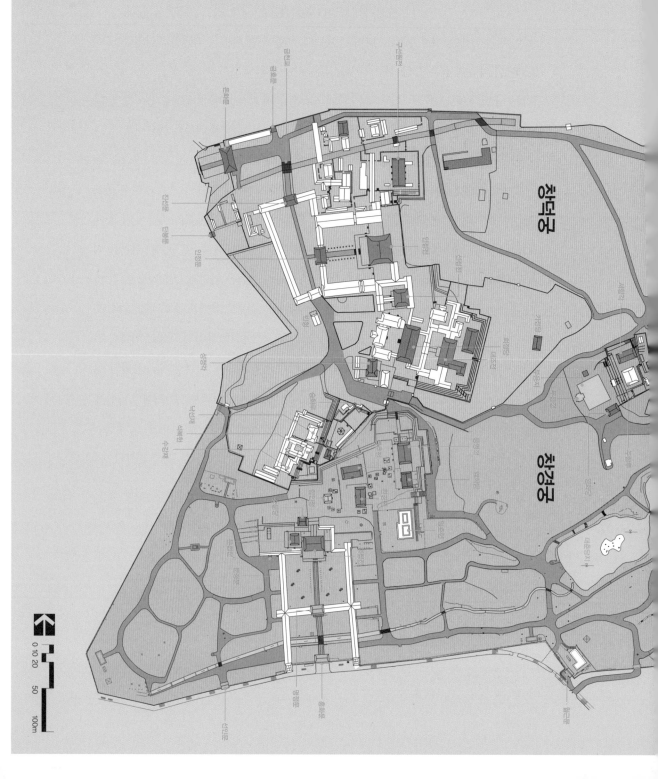

창덕궁

창경궁

0 10 20 50 100m

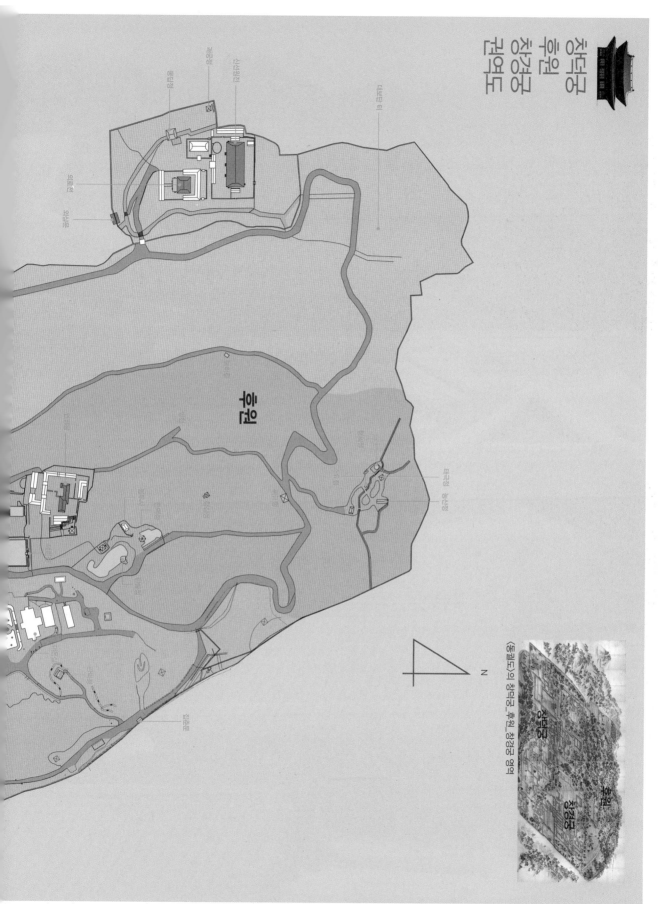

창덕궁
후원
창경궁
권역도

N

〈동궐도〉의 창덕궁_후원_창경궁 영역

창덕궁

창경궁

후원

백성을 위한 정치를 꿈꾼 아름다운 궁궐, 창덕궁

창덕궁은 처음 이궁으로 지어졌다가 17세기 이후에 정궁이었던 경복궁을 대신해서 왕이 상시 거주하며 정치를 펴는 법궁으로 260년간 쓰였다. 창덕궁은 도성 한양의 중앙 북쪽 응봉 아래 남향한 곳에 자리를 잡았다. 응봉에서 내려오는 언덕과 골짜기가 발달한 곳이어서 넓고 평탄한 대지가 많지 않은 대신 지형이 다양하고 변화가 많은 곳이었다. 이런 지형 조건을 살리면서 궁궐의 다양한 기능을 수용하여 자연과 조화된 건축군을 만들어낸 것이 창덕궁이 갖는 가장 큰 특징이라고 할 수 있다. 또한 응봉에서 내려오는 울창한 숲을 이용해서 자연 그대로의 경관을 살리면서 샘과 바위, 각종 수목들이 어울리는 후원을 갖춘 것도 창덕궁에서 볼 수 있는 특징이다.

도성 안 대표적인 다섯 군데 궁궐 가운데서 창덕궁은 그 도시적 위상으로 보면 경복궁에 미치지 못했지만, 역사적으로는 오히려 경복궁보다 더 큰 의미를 지녔다. 조선 전기에도 경복궁과 거의 대등한 역할을 했지만, 17세기 이후에는 경복궁을 대신해서 조선왕조 법궁으로 그 위상을 높였다. 조선 후기 복잡다단했던 정치가 이 궁궐을 무대로 해서 운영되었다. 창덕궁의 여러 전각들 하나하나가 많은 사연을 안은 사건의 현장이 되었다. 아울러 조선 후기 왕실 문화의 산실로서 헤아릴 수 없는 소중한 문화유산을 창출하는 주 무대가 되었다. 이곳에서 역대 왕들은 시와 글씨를 남겼고, 수시로 벌어진 각종 연회에서는 고유한 전통을 지닌 춤과 음악이 펼쳐지고, 다른 나라에서 맛볼 수 없는 음식이 마련되었다. 창덕궁은 조선 후기 정치와 문화의 산 현장이었던 셈이다.

창덕궁의 역사와 특징

창건부터 지금까지, 오래된 시간 속으로

1400년 조선 제3대 왕 태종은 개성에서 즉위하고 나서 다시 한양으로 돌아갈 계획을 세우고 한양에 이궁을 새로 짓도록 했다. 부왕이 세운 경복궁에는 들어가려고 하지 않았다. 애초 태종은 한양 대신 무악에 새로 도성을 세우려고 했지만 대신들의 반대로 뜻을 관철하지 못했다. 그 대신 한양에 새로 궁전을 지어 자신의 거처로 삼고자 했다. 이궁 건설을 명한 것이 1404년 9월이었으며, 궁이 완성된 것은 이듬해인 1405년 10월이었다. 불과 1년 만에 지어진 이궁은 내전 백열여덟 칸에 편전과 정전 등 외전을 갖춘 작은 규모였다. 10월 20일에 왕은 이궁의 정전에 나아가 백관의 하례를 받았다. 며칠 후 이궁의 이름을 창덕궁으로 정했다. 태종은 14년 동안의 재위 기간 내내 창덕궁에 머물면서 궁을 확장해나갔다. 금천교錦川橋에 돌다리를 세우고, 다리 밖에 정문인 돈화문을 세우고, 창건 시 없었던 누각이나 부족한 시설들을 갖추고, 애초 너무 작게 지었던 정전을 다섯 칸 규모로 고쳐 지었다.

뒤를 이은 세종은 창덕궁을 떠나 경복궁으로 거처를 옮겼다. 세종은 경복궁을 국가적 의례를 수행하는 데 적합한 궁궐로 정비하는 데 심혈을 기울인 반면, 창덕궁은 거의 손을 대지 않았다. 이후 왕실의 큰 행사나 외국 사신을 접대하는 일은 주로 경복궁에서 치르고 창덕궁은 보조적인 궁궐로 쓰였다. 그러나 경복궁에서는 수양대군首陽大君(세조의 즉위 전 군호君號)에 의해 단종이 왕위에서 물러나고 또 이를 반대하던 사육신死六臣들이 고문을 받다가 죽는 사건이 발생했다. 이미 경복궁에 대해서는 창건 시부터 그 터가 왕이 머물기 부적합하다거나 물이 마르는 곳이라는 설이 나돌았고, 세종 때 풍수가는 응봉 아래가 왕이 있을 만한 곳이고, 경복궁은 도성의 중앙에 있지 않아 불길하다는 주장을 펴기도 했다. 이런 이유 등으로 세종 이후의 역대 왕들은 창덕궁을 선호하여 기회 있는 대로 이곳에 머물기를 좋아했다. 반면 대신들은 왕이 정궁에 거처해야 한다는 이유를 들어 경복궁에 머물도록 종용했다.

1592년(선조 25) 임진왜란으로 도성의 궁궐이 모두 불에 탔고 창덕궁도 전소하고 말았다. 창덕궁이 다시 지어진 것은 선조 말년이었는데, 처음에는 경복궁을 복구하려고 준비하다가 대상을 바꾸어 창덕궁을 복구했다. 그 배경에는 국초에 경복궁의 터가 길하지 못하다는 풍수가들의 주장이 작용한 듯하다. 궁의 복구가 완료된 것은 광해군 때인데, '옛 제도에 따라' 다시 지었다고 했다. 옛 제도에 따랐다고는 하지만 부분적인 변화도 있었다. 인정전의 출입문인 인정문은 화재 이전에는 중층지붕 건물이었지만 다시 지어지면서는 단층으로 축소되었다. 공식적으로 왕이 창덕궁으로 거처를 옮긴 것은 1611년(광해군 3)이었다. 이때부터 창덕궁은 1868년(고종 5) 고종이 중건한 경복궁으로 옮겨가기까지 257년 동안 조선왕조 법궁의 지위를 누렸다.

　　1623년(광해군 15) 광해군의 실정을 바로잡는다는 명분으로 일으킨 인조반정仁祖反正 때 반정군들의 횃불에 창덕궁에 큰불이 일어났는데 정전을 제외하고 편전과 내전 일대가 모두 타버렸으며, 동궁 처소까지 불에 탔다. 화재를 당한 궁궐은 25년 동안이나 방치되었다가 1647년(인조 25)에 가서 복구되었다. 이때는 광해군이 인왕산 아래 지었던 인경궁仁慶宮의 전각들을 철거해서 그 자재를 옮겨와 건물을 지었다. 어떤 건물은 인경궁의 건물 규모를 그대로 따왔고, 어떤 건물은 여러 건물 자재를 모아서 새로 집을 지었다. 전각의 이전에도 불구하고 창덕궁의 기본적인 형태나 규모는 화재 이전과 달라지지 않고 유지되

창름의 뜻이 크니 이 전호의 교훈에 힘쓰라. 한양의 남쪽이요, 왕도의 근본이라.
덕德으로 이름 함은 덕의 근본을 밝히라는 뜻이니, 성을 본 받고 덕에 힘쓰라.
덕에 힘쓰면 국운이 길고, 국운이 길려면 오직 덕에 부합해야 한다.
큰 덕은 반드시 오래 가 영향이 만방에 미치리라.

– 순조 대왕의 문집 『순재고』의 「창덕궁명과 서문」 중에서

昌名其大, 勉其號言, 漢陽之南, 王道之元.
德之爲名, 明德其本, 惟聖是則, 惟德是勉.
德能勉矣, 享國長遠, 享國長遠, 惟德是符.
大德必壽, 化及萬區.
– 「昌德宮銘幷序」, 『純齋稿』 中

었다. 그러나 세부적인 변화도 있었다. 인경궁에는 청기와 건물이 몇 동 있었는데 이런 건물을 옮겨온 덕분에 창덕궁에도 청기와 건물이 들어섰다. 그중 선정전의 청기와는 유일하게 지금까지 남아 있다. 인조가 즉위한 이후 조선은 성리학이 정치와 사회의 지배 논리로 작동했는데, 성리학자들은 왕권의 절대적 권위를 인정하지 않고 신하의 역할을 강조했다. 특히, 예를 섬기는 데 있어서는 왕과 신하가 동등하다고 주장한 주자朱子(1130~1200)의 학설을 내세웠다. 이런 자세는 가례나 흉례 등 궁궐의 의례에도 영향을 끼쳤다. 의례의 복잡한 절차가 생략되어 간략해지고 또 참여하는 인원도 창덕궁의 규모에 맞추어 조정되었다.

효종孝宗(1619~1659)이 즉위한 1649년에서 영조가 승하한 1776년까지 약 120년 동안 창덕궁은 비교적 큰 변화 없이 유지되었다. 그 사이 효종이 인조의 계비 장렬왕후莊烈王后(1624~1688)를 위해 만수전이라는 대비전을 인정전 서쪽에 짓고, 숙종이 만수전의 별당을 고쳐서 역대 왕의 어진(초상화)을 모신 선원전으로 개조하고, 영조 때는 인정전의 출입문인 인정문을 화재로 다시 짓는 일이 있는 정도였다. 이처럼 궁궐 자체에 큰 변화가 없었던 데 비해서 후원은 이 기간 동안 면모를 일신했다. 인조 때 옥류천이 개척되어 후원 가장 깊

은 곳에 정자들이 들어서고, 숙종 때 와서 후원 내 가장 높은 봉우리에 능허정이 지어지고 영화당이나 애련정이 지어졌다. 또 후원 서북쪽 모서리에 명나라 황제를 기리는 제단인 대보단大報壇이 들어선 것도 숙종 때였다.

영조는 53년 동안이나 왕 노릇을 했으며 자주 경희궁으로 이어하기도 했지만 많은 기간을 창덕궁에서 지냈다. 그러나 건물은 거의 손대지 않았다. 재위 중에 인정문이 화재를 만나 이를 다시 지은 정도였다. 영조는 인접한 창경궁을 적극적으로 활용하여 창덕궁과 창경궁을 거의 하나의 공간으로 확장시켰다. 두 궁궐을 합해서 부르는 동궐이라는 호칭도 이때 와서 보편적으로 쓰였다.

정조는 즉위하자마자 후원 안에 규장각과 주합루를 짓고, 또 봉모당을 세워 역대 왕실의 어보와 어진, 글씨 등을 보관하도록 했다. 역대 왕실의 유물을 봉안하여 왕실의 권위를 공고케 하려는 의도였다. 또 후원 안에 서고書庫를 여러 동 지어 조선의 서책과 함께 새로 구입한 중국 서적을 소장하도록 했다. 규장각에는 유능한 학자들을 두어 왕의 학문적 보좌를 하도록 하고, 이들에게 서책들을 연구하도록 했다. 나아가 선원전 서쪽 일대에 이문원 등을 지어 규장각 학사들이 궁 안에 머물며 지내도록 했다. 정조는 숙종과 영조의 어진을 모신 선원전에 전배展拜하기 전날 이문원에 묵으면서 학사들과 격의 없는 토의를 펼쳤으며 선원전 전배를 마치고는 곧바로 후원 깊숙한 곳에 있는 대보단까지 가서 절을 올렸다. 이럴 때는 대신들이 길게 행렬을 지어 왕의 뒤를 따랐다.

재위 6년인 1782년에 동궁의 시민당이 불에 타자 이를 복구하지 않고 대신 성정각 곁에 새로 동궁전을 지어 중희당이라 했다. 중희당 곁에는 각종 서책을 소장한 소주합루를 세우고 중희당 마당에는 각종 과학 기구를 두어 왕세자의 학문소로서 위상을 높였다. 빈터가 되어버린 동궁전에는 옛날 수강궁이 있던 터를 상기시켜 수강재라는 서재를 지었다. 정조가 창덕궁에서 벌인 일련의 건축 활동은 학문을 좋아하는 왕의 취향을 반영하는 동시에 왕의 권위를 높이려는 정치적 의도를 보여주는 일이었다고 하겠다. 중희당이 들어섬으로써 창덕궁의 가장 중심부에는 왕세자를 위한 공간인 성정각과 중희당 일곽一郭이 넓게 포진하게 되었다.

나이 11세에 즉위한 순조를 대신해서 영조의 계비 정순왕후貞純王后(1745~1805)의 수렴청정이 4년가량 이어졌다. 그러던 중 인정전이 화재로 전소되는 사건이 벌어졌고 대비는 수렴청정을 거두었다. 인정전은 1년 만에 다시 재건되었으며, 순조는 친정을 시작했다. 그러나 안동 김씨를 비롯한 세도가들의 전횡 아래서 왕이 자신의 뜻을 펴기는 어려웠다. 아들 효명세자孝明世子(1809~1830)가 나이 17세가 되자 순조는 세자에게 대리청정을 맡겼다. 효명세자는 성정각 주변에 대종헌과 주변의 작은 별채를 지어 서재로 삼았으며, 후원에는 주합루 언덕 아래 의두합을 지었다. 학문을 좋아하고 문학적 감수성이 예민했던 세자는 선대왕 정조의 자취를 따르며 새로운 정치를 펼 의지를 담은 건물을 지었다. 또한 부왕과 모후에게 존호를 올리고 이를 기념하여 후원 안에 연경당을 지어 이곳에서 잔치를 열도록 했다.

세자가 대리청정 4년 만인 1830년에 갑자기 숨을 거두면서 왕실의 새로운 분위기는 끝나고 말았다. 거기에 더하여 그해 겨울에 창경궁 내전에 큰 화재가 나서 내전이 전소했고, 다시 1833년에는 창덕궁 내전마저 전소하고 말았다. 세자를 잃고 내전이 잇따라 불에 타는 사고에 직면한 순조는 이듬해 겨우 내전들을 복구하고는 그해 겨울에 세상을 떴다.

뒤를 이은 헌종憲宗(1827~1849)은 학문에 대한 관심이 높았고, 정치를 이끌어가려는 의욕도 있었지만 세도가들의 전횡을 막지는 못했다. 재위 13년이 되는 1847년에 왕은 창덕궁 안에 새롭게 거처를 마련하기로 하여 옛 동궁이 있던 자리에 자신의 서재로 낙선재를 짓고, 이곳에서 청나라 문물과 예술에 대한 관심을 꽃피웠다. 아울러 낙선재 곁에는 후궁의 처소를 마련했다. 후궁 처소는 수강재와 지붕이 연이어 있었다. 이렇게 해서 창덕궁 동쪽에 새롭게 낙선재 일곽을 꾸몄다. 그러나 낙선재가 조성되고 불과 3년 후에 왕은 세상을 떴다. 이후 철종哲宗(1831~1863)을 거쳐 고종高宗(1852~1919)이 즉위했고 즉위 5년째인 1868년에 경복궁 중건이 이루어지면서 창덕궁의 250여 년 법궁 시절은 막을 내리게 되었다.

1907년 고종의 양위로 황제의 자리에 오른 순종純宗(1874~1926)은 그해에 거처를 창덕궁으로 옮겼다. 그러나 이때는 이미 국권의 상당 부분이 일본인들에 의해 좌지우지되던 때였다. 인정전 내부는 서양식으로 개조되고, 침전 앞에 있던 나인들의 처소들이 철거되는 대신 궁을 수비하는 경비 초소가 들어섰다. 1917년에 있었던 침전 일대의 화재로 경복궁의 전각을 뜯어와서 대조전과 희정당이 다시 지어지면서 500년의 건축 전통이 크게 훼손되고 말았다. 1926년 순종이 승하하고 나서는 낙선재 일곽만이 겨우 왕실 사람들의 생활 처소로 남았다.

　　광복 이후에도 한동안 창덕궁은 궁궐의 정체성을 잃고 시민들의 휴식처로 이용되었다. 이웃한 창경궁이 동물원, 식물원으로 시민들에게 개방되자 창덕궁까지도 무질서한 행락객들의 발길이 이어졌다. 1976년에 와서 창덕궁을 대대적으로 정비하면서 최소한의 보호가 이루어졌다. 2년여에 걸쳐 창덕궁 문을 닫아걸고 노후한 시설들을 정비하고 무방비로 개방되어 훼손이 심했던 후원의 숲과 정자들을 손보았다. 1990년부터는 일제강점기 때 철거되거나 원형에서 벗어나 개조가 이루어졌던 부분에 대한 본격적인 복원이 이루어져서 창덕궁의 궁궐로서의 면모를 어느 정도는 되찾게 되었다. 그러나 이미 돌이킬 수 없이 달라진 부분들도 적지 않았다. 내전의 핵심이라고 할 수 있는 대조전과 희정당

은 조선 시대 전각의 격식을 상실한 채이며, 궁중 생활을 지탱하던 나인들의 거처는 자취를 찾을 수 없게 되었다. 무엇보다 소중한 궁중의 생활문화가 유지되지 못하고, 이곳에서 거행되던 춤과 음악, 또 음식들이 본래의 모습을 잃었다. 창덕궁이 어떤 궁이었으며, 창덕궁이 지닌 물리적인 가치가 무엇인지, 이곳에서 전개되었던 궁중 문화가 어떤 특색을 지닌 것이었는지에 대한 우리들의 관심과 애정이 어느 때보다 절실히 요구된다고 하겠다.

창덕궁, 그 공간의 독특함

창덕궁이 창건되었을 때, 『태종실록』에는 그 규모를 내전이 백열여덟 칸, 편전이 세 칸, 보평청報平廳이 세 칸, 그리고 정전이 세 칸이고, 정전에는 상층과 하층 2단으로 된 월대가 마련되고, 정전 앞마당을 행랑이 둘러싸고 대문 세 칸이 있고, 대문 주변에도 다시 한 겹의 행랑이 감싸고 외루外樓를 세 칸이 있다고 했다. 이 규모는 이궁을 염두에 둔 최소한의 크기였지만 창덕궁의 기본적인 골격이 여기에 다 담겨 있다고 할 수 있다. 즉, 왕실 가족들이 생활하는 내전이 크게 한 영역을 이루고, 정치를 하는 장소로 편전과 정전이 있고, 그 바깥

에 관리들이 머무는 영역이 설정되어 있다. 이후 금천에 돌다리를 세우고 이듬해에는 바깥에 정문을 세웠다. 이로써 창덕궁은 기본적인 궁궐의 면모를 모두 갖추게 되었다.

사방 평탄한 곳에 세워진 경복궁과 달리 창덕궁은 앞뒤로 언덕이 가로막고 동서 방향으로 평지가 열린 좁은 곳에 궁궐 중심부가 자리 잡았다. 이런 지형 여건에서 최대한 지형을 손대지 않고 그 안에서 건물을 적절히 배치한 점에 창덕궁의 특징이 있다. 정문인 돈화문을 궁장宮墻의 서남 모서리에 둔 것도 지형 조건에 기인했으며, 정전과 편전, 침전이 남북으로 일직선상에 놓이지 않고 동쪽으로 비스듬한 방향으로 펼쳐진 점도 지형에 순응한 결과였다고 말할 수 있다. 돈화문을 들어서서 금천교 다리 앞에서 한 번 방향을 오른쪽으로 꺾어서 진선문을 들어서고 다시 왼쪽으로 직각 방향을 틀어서 나아가면 비로소 인정문을 지나 정전인 인정전에 이르게 된다. 이런 진입 방식은 광화문에서 남북 일직선으로 출입문을 두 개 지나 근정전에 이르는 경복궁과 확연하게 다른 점이다. 이처럼 정문에서 방향을 틀어서 정전으로 향하는 진입 방식은 고려 시대 궁궐에서 볼 수 있는 것이었는데, 창덕궁은 이런 고려 시대 이래의 진입 방식을 따랐던 셈이다.

17세기의 한 기록에 의하면, 창덕궁의 돈화문은 '정문'正門이라고 하고, 진선문을 '대문'大門이라고 칭했다. 이 명칭으로 미루어 진선문부터를 실질적인 궁궐의 내부, 즉 대내大內로 인식했다고 볼 수 있다. 왕이 궁 밖을 나갈 때면 진선문에서 작은 가마인 여輿에서 내려 큰 가마인 연輦을 타고 돈화문을 나갔던 점도 이를 뒷받침해준다.

요약하면, 창덕궁은 정전과 편전, 그리고 내전을 기본적인 요소로 하고, 이들을 둘러싸는 출입문이 대문인 진선문이고, 그 외곽에 정문인 돈화문을 두되, 정문에서 대문, 정전과 편전 및 내전이 동쪽 방향으로 비스듬히 전개되면서 다른 궁궐에서 볼 수 없는 독특한 공간을 이룬 점에서 그 특색을 발견할 수 있다.

창덕궁의 궁궐 제도를 이야기할 때 동궁을 빼놓을 수 없다. 동궁, 즉 왕세자의 거처는 창덕궁이 창건될 즈음에는 미처 마련되지 못하다가 성종 때 가서 창덕궁 동편에 창경궁이 조성되면서 창덕궁과 창경궁 중간 지점에 동궁전이 마련되었다. 위치로 보면 창덕궁의 동쪽에 있었으므로 동궁이라는 명칭과 부합되지만 실제로는 동궁전은 창경궁에 속한 것으로 인식되었다. 동궁전의 위치는 조선 초기 태종이 세종에게 양위하고 물러나면서 지었던 수강궁이 있던 자리라고 한다. 근처에는 광연루라는 태종 때 지었던 큰 누각이 있었다. 동궁전의 주 출입문인 동룡문은 창경궁 쪽에 나 있었다. 동궁전의 중심 전각은 저승전과 시민당이었는데, 두 전각이 영조와 정조 연간에 차례로 소실되고 나서 다시 복구되지 못했다. 대신 정조는 희정당 동쪽 가까운 곳에 새로 동궁전으로 중희당을 지었으며 이때부터 동궁전은 창덕궁 내전과 가까운 위치로 이동되었다. 그 결과 정조 이후로 동궁전은 창덕궁에 속하는 것으로 변했다. 조선 말인 헌종 때는 과거 동궁전이 있던 곳에 왕의 서재로 낙선재가 세워지면서 이곳도 창덕궁의 영역으로 포함되었다.

주요 영역

〈창덕궁 배치도〉

0 10 20 50 100m

옹달샘
재궁정
신선원전
대보단 터
의로전
괘궁전

13

14

N

〈동궐도〉의 창덕궁 영역

정문, 돈화문을 넘다

돈화문 | 금호문 | 단봉문 | 금천교 | 상의원 |
신당

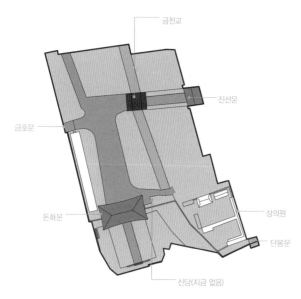

- 금천교
- 진선문
- 금호문
- 돈화문
- 상의원
- 단봉문
- 신당(지금 없음)

창덕궁의 정문인 돈화문은 궁장의 서남 모서리에 있다. 돈화문을 들어서면 오른쪽으로 어구御溝(대궐 안에서 흘러나오는 개천)라고 부르는 냇물이 흐르고 왼쪽은 궁을 지키는 군사들이 머물던 영군번소領軍番所가 길게 남북 방향으로 놓여 있다. 영군번소 끝나는 곳에 서쪽 출입문인 금호문이 있다. 금호문 안 넓은 공터 북쪽으로는 관리들이 근무하던 내각의 행랑이 가로막고 있고, 문 동쪽에는 금천교가 놓여 있어서 어구를 가로지를 수 있다. 금천교를 건너면 대내로 들어가는 대문인 진선문이 나타난다.

돈화문의 동쪽 담장이 꺾이는 곳에는 상의원이 있다. 상의원은 궁궐에서 필요로 하는 각종 물품 조달 책임을 맡으며 특히 행사가 있을 때 왕이 입을 의복을 관리하는 임무를 맡았다. 상의원 남쪽에 궁장의 또 다른 남문인 단봉문이 있다. 단봉문은 소남문이라고도 했으며 평상시 통용되지는 않지만 특별한 일이 있을 경우 돈화문을 대신해서 쓰였다.

돈화문 동쪽에는 정문을 지키는 관리들이 제사를 지내던 신당이 있었으나 지금은 사라지고 없다.

관람 포인트

돈화문 앞 월대
궁궐 정문은 각종 행사가 치러지는 곳이다. 왕이 궁을 나서거나 돌아올 때 일정한 의식을 거행하고, 외국 사신이 오면 문 앞에서 산대놀이 등 간단한 공연을 베풀기도 했다. 이런 행사를 위해 특별히 단을 높여 월대를 마련했다. 그 동안 아스팔트 포장이 더해지면서 도로가 높아져서 월대 끝이 낭떠러지가 되었다.

직각으로 방향을 튼 금천교
정문을 들어서서 다리를 지나 물을 한 번 가로지르는 것은 마음을 깨끗이 한다는 뜻을 담고 있다. 창덕궁에서는 돈화문을 들어서서 북쪽으로 나아가다가 한 번 동쪽으로 방향을 틀어 금천교를 지나도록 한 점이 특징이다.

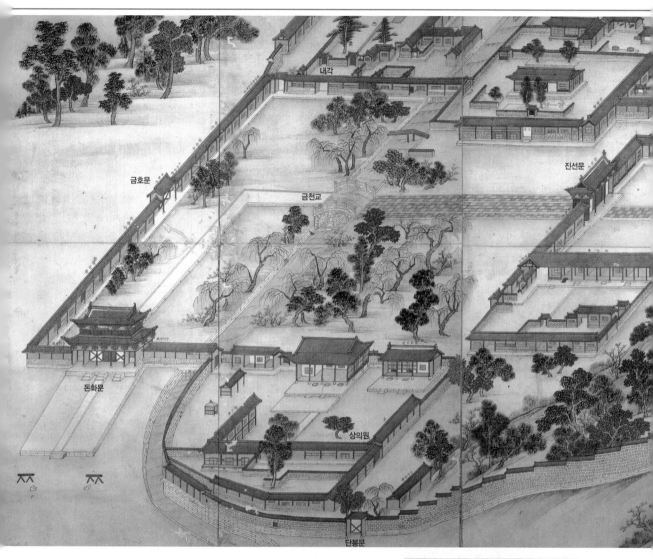

내각

금호문　　　　금천교　　　　　　　　　진선문

돈화문

상의원

단봉문

문화재로 지정된 회화나무
돈화문을 들어서면 왼편으로 긴 행랑 앞에 느티나무와 함께 오래된 회화나무 세 그루가 서 있다. 궁궐 문 안에 회화나무를 두는 것은 멀리 중국 주나라 때부터 행하던 전통이라고 하는데 그 명맥이 창덕궁까지 이어진 셈이다. 이 나무들은 천연기념물로 지정되었다.

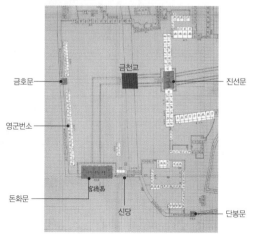

금천교

금호문　　　　　　　　　　진선문

영군번소

돈화문　　宮德昌

신당　　　　단봉문

돈화문 敦化門

창덕궁의 정문으로 5대 궁궐 중
유일하게 정면 다섯 칸 규모이다.

(보물 제383호)

연혁

창덕궁이 창건되고 7년이 지난 1412년(태종 12)에 와서 정문을 세웠다. 그 전해에는 신선문 밖에 금천교를 세웠다고 하므로 우선 창덕궁의 내전과 정전을 세우고 나서 몇 해 지나서 외곽 울타리와 출입문을 완성한 셈이다. 1450년(문종 즉위)에 문을 고쳤는데, 문의 규모도 키우고 격식을 높이기 위해서였다고 짐작된다. 이해 세종이 세상을 뜨고 그 신주를 모신 혼전을 창덕궁에 모셨는데, 중국 황제가 사신을 보내 제사를 지내주었다. 중국 사신이 출입하는데 초라하게 보이지 않도록 문을 번듯하게 꾸몄다고 판단된다. 1592년 임진왜란으로 소실된 것을 1609년(광해군 1)경 다시 지었다. 이후 1744년(영조 20)에도 문루를 일체 수개修改했다.

『중용』에 나오는 '대덕돈화' 大德敦化, 즉 큰 덕을 가지고 교화를 돈독히 한다는 글

창덕궁의 주 출입문인 돈화문

귀에서 문 이름이 정해졌다고 한다. 영조가 신하들에게 그 유래를 설명한 글이 『승정원일기』에 보인다.

창덕궁의 궁장에는 적어도 다섯 곳 이상의 출입문이 마련되어 있었으며 여러 문 가운데 주 출입문이 돈화문이다. 문은 창덕궁 전체에서 보면 서남 모서리에 해당한다. 경복궁 정문이 궁성의 정중앙에 놓이는 것과 대조된다. 이런 차이는 창덕궁이 이궁으로 지어진 데서 기인한다고 할 수 있다. 정궁인 경복궁이 서쪽에 있기 때문에 창덕궁 정문을 경복궁으로 향하는 방향에 두기 위해서 서남 모서리를 택했다고 볼 수 있다. 지형 조건도 원인의 하나로 볼 수 있다. 창덕궁은 도성 북쪽 응봉에서 내려오는 경사지와 남쪽의 종묘 사이 좁은 골짜기에 지어졌다. 그 때문에 출입문이 들어설 수 있는 곳은 서남 모서리 외에 마땅한 곳이 없었다고 짐작된다. 이처럼 궁궐 정문을 궁궐의 한쪽 모서리에 둔 사례는 개성의 고려 시대 궁궐에서도 선례를 찾아볼 수 있다.

행사

돈화문로 행사와 산대놀이 폐지 | 돈화문 바깥 남쪽 도로는 '돈화문로'라고 부른다. 돈화문로는 경복궁의 광화문로, 즉 육조대로처럼 넓지는 않았지만 17세기 이후 창덕궁이 법궁으로 쓰이는 동안 왕이 궁 밖으로 나서는 때나 외국 사신이 궁을 방문할 때 이용되던 중요한 도로였다. 또한 과거 시험의 발표를 비롯한 각종 행사도 이 길에서 치러졌다. 돈화문 앞에는 비변사 관청을 비롯한 일부 관청 건물이 들어서 있었다.

중국 사신이 오면 궁궐 정문 앞에 각종 꽃으로 치장한 채붕綵棚을 설치하고 산대놀이를 하는 단을 만들어 광대들이 공연을 하는 것이 관례였다. 또한 사신이 오가는 도로변에는 오색 천 등으로 치장한 결채結綵를 했다. 이런 행사는 본래 광화문 앞 육조대로에서 성대하게 치러왔다. 보통 산대山臺를 꾸미는 가장 긴 나무는 90자(약 27미터)나 되었고 이런 나무 열두 개로 두 대의 산대를 꾸몄다. 그런데 돈화문 앞은 넓은 공간이 없어서 산대를 제대로 꾸미기에 제약이 컸다. 1620년(광해군 12) 명나라 광종光宗(1582~1620) 황제의 등극을 알리는 사신이 한양에 왔을 때 돈화문 앞에서 산대놀이가 곤란해지자 왕은 궐문 밖 땅이 좁은 것을 이유로 산대를 설치하지 말도록 했다. 이후로 돈화문 앞에서 하는 산대놀이는 사라졌다. 아울러 결채나 채붕도 간략하게 되었다.

과거 합격을 알리는 방 | 궁궐 정문에 과거 합격자를 알리는 방을 걸면 많은 사람들이 문 앞에 모여들곤 했다. 방을 게시하고 과거 합격자에게 꽃을 하사하는 장면은 도성 사람들의 구경거리 중 하나였다. 조선 초기에 궁궐 정문에 방을 거는 행사는 주로 경복궁 광화문 앞에서 했으며 공간에 무리가 없었다. 창덕궁 돈화문 앞은 이런 행사에 어려움이 많았다. 더욱이 17세기 이후 문과 급제자는 대개 열 명을 넘지 않았지만, 무과 급제자는 수천 명에서 많을 때는 1만 명을 넘기기도 했다. 1676년(숙종 2) 3월에는 문과 9명, 무과 1만 4,207명이 합격했으며, 합격자들은 문 앞은 물론 파자다리 앞(지금 종로 3가 네거리 부근)까지 늘어섰다고 한다. 합격자를 하나하나 확인하는 일이 아침에 시작해서 점심때 이르러서야 파했다고 했다.

돈화문의 종과 신문고 | 돈화문 상층 누각에는 종을 매달아 여기서 친 종소리를 받아 운종가雲從街의 종루에서 다시 종을 쳐서 도성 사람들에게 시각을 알리도록 했다. 종을 치는 일 외에도 수직하는 군사들이 누각에 올라가 주변을 감시했다. 계단이 가파르고 디딤판이 좁아서 오르내리기가 쉽지 않았지만 일단 누각에 오르면 주변이 잘 내려다보였다. 돈화문에서 안으로 들어가면 북이 하나 설치되어 있었다. 억울한 사정을 호소하기 위해 치도록 한 신문고인데, 조선 후기에는 거의 제대로 기능을 못 했고, 또 억지로 북을 치는 사람들에게는 벌을 주었다. 문을 지키는 군사들의 제지를 뿌리치고 안에 들어와 북을 울렸다가 결국 처벌을 받기 일쑤였다. 그러나 처벌에도 불구하고 북을 치는 사람들이 계속 이어졌다. 북은 차비문差備門(궁궐 정전의 앞문과 종묘의 상문·하문·앞전·뒷전을 통틀어 이르는 말) 앞에 있었다고 하는데 정확한 위치는 잘 알 수 없다. 1783년(정조 7) 6월에는 북을 치

려고 돈화문 앞까지 들어왔다가 파수꾼에게 붙잡힌 사람에 대해 왕이 처벌하지 말도록 명하고, 억울한 일을 들어주지도 않으면서 공연히 북만 갖추어 놓은 제도를 다시 검토할 것을 명한 일도 있다.

사건과 인물

영조, 돈화문에서 반란군 수괴의 머리를 받다 | 1728년(영조 4) 이인좌李麟佐(?~1728)의 난을 진압하고 주모자 중 한 사람의 머리를 베어 이를 왕에게 바치는 의식인 헌부례獻俘禮를 돈화문 문루에서 했다. 이때는 왕이 가파른 계단을 올라 문루까지 올랐다. 애초 이 의례는 숭례문에서 치를 계획이었지만, 숭례문은 상층 누각 주변에 여장女牆(성 위에 낮게 쌓은 담)이 가로막고 있어서 밖을 내다볼 수 없었기 때문에 사방을 조망할 수 있는 돈화문으로 장소를 택했다. 계단은 한 번 꺾어 있었고 하단은 그런대로 오를 만했지만 상단은 너무 가파르기 때문에 곁에서 시중드는 관원들이 몸을 움직일 자리가 없을 지경이었다. 문에 따로 보조 계단인 부계浮階를 설치하자는 청이 있었지만 왕은 다시 이런 일을 하지 않을 것이라 하고 부계 없이 문에 올랐다.

개가 들어와 벌어진 소동 | 이따금 개가 돈화문으로 들어와 창덕궁 안을 배회했다는 기록이 보인다. 개는 돈화문 협문夾門 사이로 들어오거나 동편 수구水口를 통해 궁 안으로 들어와서는 어슬렁거리다가 군사들에게 붙들렸는데, 특히 경종景宗(1688~1724)에서 영조 재위 사이에 그런 사례가 『승정원일기』에 자주 등장한다. 1723년(경종 3)에는 돼지 한 마리가 돈화문 서협문 사이로 들어온 일이 있었고, 또 개 한 마리가 동협문으로 뛰어들어와 곧장 달려 금호문 앞에까지 갔다가 붙잡혔다는 기사도 있다. 돈화문 바깥에 바로 민가들이 운집해 있었기 때문에 집에서 기르던 돼지나 개들이 문틈으로 들어왔던 듯하다. 이럴 때는 수직 군사들이 경을 쳤다. 정조 이후에는 개가 들어왔다는 사례가 보이지 않는 점으로 미루어 개가 들어오지 못하도록 조처가 취해진 듯하다.

건물

1609년 광해군 때 다시 지은 것을 기본으로 하면서 지붕이나 공포 부분은 큰 수리를 한 1744년 영조 때의 모습을 보인다. 정면 다섯 칸, 측면 두 칸의 중층지붕을 하고 상하층 모두 처마를 받치는 부분은 다포식의 공포를 짰다. 장대석 세 벌을 쌓아서 기단을 두었으며, 기난 앞으로 긴 월대가 조성되어 있다. 기단과 월내 사이에 계단을 두었는데, 양옆에 크게 위가 둥근 소맷돌을 두고 소맷돌 측면은 구름무늬를 새겨 궁궐 정문의 위엄을 갖추었다.

정면 다섯 칸 가운데 중앙 세 칸은 문짝을 달고 양 끝은 벽으로 막았다. 결국 출입문은 세 칸이 되는 셈인데, 이는 3이라는 숫자로 출입문을 내던 관습을 따르면서 전체 건물은 다섯 칸으로 해서 정문의 격식을 높인 결과이다. 돈화문을 제외한 현존하는 조선 시대 궁궐의 정문은 모두 세 칸이다. 경복궁의 광화문은 높은 석축을 쌓고 세 개의 출입문을 내고, 석축 위에 중층의 누각을 올려 다른 정문과 차원을 달리한다.

경복궁의 외곽 울타리는 '궁성'宮城이라고 불러서 일종의 성벽으로 인식했으며, 다른 궁은 '궁장'宮墻이라고 불러 한 단계 격식을 낮췄다. 창덕궁의 경우도 궁장으로 불렸으며, 따라서 그 정문은 석축 없는 출입문의 형식을 취했다. 다만, 창덕궁은 외국 사신이 출입하던 곳이었으므로 다른 곳보다 격식을 높여 정면을 다섯 칸으로 삼았다고 추측된다.

문 앞에 남쪽으로 긴 월대가 만들어졌다. 월대는 돈화문에서 치르는 각종 행사를 대비한 것인데, 국왕이 문을 나서거나 들어올 때는 신하들이 이 월대 좌우에 도열했다. 이를 위해 월대 중앙에는 따로 어로가 마련되었다. 외국 사신을 맞이하는 경우 월대 주변에서 산대놀이 같은 놀이가 펼쳐지기도 했다. 월대는 폭이 25미터, 길이가 18미터에 약 1미터 높이로 장대석으로 테두리를 쌓아 만들었다.

돈화문의 기둥은 상하 별개로 세웠다. 중층 건물에서는 내부 중앙렬에 세우는 기둥은 상하층을 관통하는 높은 기둥, 즉 고

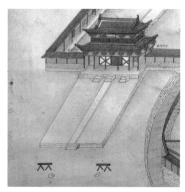

〈동궐도〉의 창덕궁 돈화문 앞에 그려진 홍마목

주高柱를 사용하는 경우와 상하층 별개의 기둥을 사용하는 경우가 있다. 숭례문이나 홍화문 같은 비교적 오래된 건물인 경우 내부에 고주를 세우는 사례를 볼 수 있다. 고주를 사용하면 보가 앞뒤에서 고주에 연결되는 맞보 방식을 취하게 된다. 돈화문은 고주가 없으므로 일반적인 건물처럼 대들보가 기둥 위에 걸린 모습이다. 이런 점들을 보면 돈화문은 조선 초기부터 유지되어온 일반적인 중층문루重層門樓의 형식을 따르지 않았음을 알 수 있다.

공포의 구성에서는 돈화문은 18세기 이후의 시대적 특징을 보여준다. 17세기 초에 지어진 창경궁 홍화문이나 경희궁 홍화문과 비교해볼 때 두 건물보다 약간 늦은 시기의 특징을 보인다. 돈화문의 첨차檐遮, 즉 공포를 구성하는 받침재는 17세기 말 이후의 시대적 특징을 보인다. 첨차는 17세기 말을 경계로 그 이전에는 길이에 비해 높이가 높지 않아서 차분한 느낌을 주다가 이후에는 높이가 높아져서 약간 위로 치켜 올라간 듯한 경쾌한 모습이 된다. 또 첨차의 바깥 끄트머리, 즉 쇠서는 17세기 말 이후에는 아래로 크게 처지던 이전 방식과 달리 거의 수평적인 모습이 된다. 돈화문 첨차는 높이가 높고 수평적인 모습을 갖추고 있다.

돈화문의 지붕은 사방의 추녀가 용마루 꼭대기에서 처마 끝까지 길게 내려오는 우진각지붕이다. 우진각지붕은 장중한 외관을 이루는 대신 긴 추녀목을 필요로 하기 때문에 조선 후기 건물에서는 성문이나 궁궐 정문이 아니고는 우진각지붕을 하는 경우가 드물었다. 그런 점에서 돈화문은 도성에 남아 있는 높은 격식을 갖춘 건물의 하나로 평가할 수 있다.

1907년 순종 황제가 창덕궁을 거처로 삼은 후에 한 차례 큰 개조가 있었는데 승용차를 내전 앞까지 운행할 수 있도록 하기 위한 조처였다. 그 때문에 돈화문 앞 월대와 기단을 흙으로 모두 메워 평탄한 길로 만들었으며 그것은 1995년 월대를 다시 복구할 때까지 지속되었다. 지금 월대는 복구되었지만 월대 남쪽 도로가 높아져서 월대 앞이 낭떠러지가 되고 말았다.

〈동궐도〉에는 돈화문 앞 월대 끝에 붉은색을 칠한 사다리꼴 나무가 그려져 있다. 기록에는 이를 홍마목紅馬木이라고 했는데, 말을 타고 와서 여기서 말에서 내리고 말을 묶는 데 쓰였다고 짐작된다. 보통 돈화문에서 행사가 있으면 일반인들은 이 홍마목 안쪽으로는 들어오지 못하도록 했다. 홍마목은 일종의 잡인 출입 경계선이었던 셈이다.

금호문金虎門

궐내에 근무하는 관리들이 출입하는
서쪽에 있는 문이다.

창덕궁 서쪽 궁장의 출입문이다. 궐내에 근무하는 관리들이 이 문을 통해 출입했다. 인조반정 때 반정군이 햇불을 들고 궐내로 들어온 것도 이 문이었다. 〈동궐도〉의 그림에는 금호문 위아래로 따로 담장이 없이 긴 행랑이 늘어선 모습이며, 아래쪽에는 의장고와 무비사가 있고, 위에는 수문장청, 호장청, 남소, 훈국군파수직소가 있다고 표기되어 있다. 그러나 〈동궐도형〉東闕圖形에서는 금호문의 좌우에는 담장이 있고, 담장에서 약간 떨어진 위치에 위아래로 영군번소와 영군처소가 각각 스물한 칸, 열두 칸이 길게 늘어서 있는 모습이 묘사되어 있다. 두 기록물이 제작된 19세기 중반과 20세기 초에도 금호문 주변의 행각은 모습이 자주 바뀌었음을 알 수 있다.

대궐에 출입하는 관리들이 주로 이 문을 출입했기 때문에 금호문 밖은 관리들이 머무는 살림집들이 운집했다. 정조 때는 문밖 어느 술집에서 고용살이하는 심부름꾼이 글을 읽고 시를 지을 줄 안다는 소문을 듣고, 왕이 직접 불러보니 과연 그러했다. 왕이 소원을 묻자, 『자치통감』資治通鑑을 읽고 『시경』詩經과 『서경』書經을 읽는 것이 소원이라 답했다. 왕이 기특하게 여겨 장용영壯勇營에 군적을 두어 봉급을 받으며 독서하게 했다는 일화가 『일득록』日得錄에 있다.

문의 크기는 한 칸의 작은 규모이며 두 짝의 판문板門을 단

〈동궐도〉의 창덕궁 금호문

맞배지붕의 소박한 모습이다. 지금도 금호문은 이와 같은 모습으로 남아 있다. 다만 문 위쪽에 있던 영군번소 등은 모두 사라지고 없고 아래쪽은 모습이 변형된 채 남아 있다.

단봉문丹鳳門

돈화문과 같은 남문의 하나로 부출입문 성격을 지녔다.
초간택 때 처녀들이 들어오거나 후궁의 시신을 내갈 때 이 문을 통했다.

돈화문에서 동쪽으로 이어진 궁장에 남향해서 나 있다. 문을 들어서면 왼쪽에 상의원尚衣院이 있고, 오른쪽은 숲으로 둘러싸인 언덕이다. 단봉丹鳳, 즉 '붉은 봉황'이란 중국 진나라 때 목공穆公이란 사람의 딸이 피리를 불면 수도 함양의 궁궐에 단봉이 내려왔다는 전설에서 나오는 명칭이다. 중국 당나라의 궁궐이나 고려 시대 궁궐에도 부출입문 등에 같은 문 이름이 있다.

단봉문은 돈화문과 방향이 같은 남향한 문이기 때문에 금호문처럼 관리들이 평상시 드나들거나 하지는 않았다. 대신 돈화문을 이용하기 마땅치 않은 의례가 있을 때 이용되거나 장례가 있을 때 시신을 내가는 경우에 이 문이 이용되었다. 1778년(정조 2) 정조 맏아들 문효세자文孝世子(1782~1786)의 빈을 맞기 위해 초간택初揀擇을 할 때 처녀들을 단봉문으로 들어오도록 했으며, 문효세자의 생모 의빈 성씨宜嬪成氏(?~1786)가 궁 안에서 숨을 거두자 시신을 이 문을 통해 나가도록 했다. 또 순조의 둘째 딸 복온공주福溫公主(1818~1832)도 궁 안에서 죽은 뒤에 시신이 단봉문으로 나갔다.

단봉문 주변은 한적하고 사람들 눈에 잘 띄지 않았기 때문에 이따금 수직에 문제가 발생했다. 본래 궁궐 나인은 이 문을 드나들 수 없도록 했는데 나인을 몰래 내보내는 일이 1783년(정조 7)에 발각되었다. 1778년(정조 2)에는 고삐 풀린 말이 단봉문으로 들어와 건양문까지 내달린 일이 있었으며, 술 취한 자가 길을 잘못 들어 단봉문으로 궁 안에 들어와 건양문 앞까지 가는 일도 벌어졌다. 이런 사건들이 벌어지기도 했지만 단봉문은 평상시 늘 닫혀 있었고 출입을 엄격히 통제했다.

조선 시대 단봉문을 나서면 조밀하게 인가가 밀집해 있었다. 술 취한 사람이 함부로 들어오거나 고삐 풀린 말이 들어온 것도 이런 위치 때문이었다고 보인다. 지금도 단봉문은 본래 위치에 잘 남아 있다. 1980년대까지 문 앞에 민가가 밀집해 있었으나 지금은 민가가 모두 이전되고 나무가 군데군데 심어진 공원으로 바뀌었다. 문은 일각대문一角
大門의 단정한 모습이다.

금천교禁川橋, 錦川橋 | 창덕궁이 창건되던 태종 때 세운 돌다리로 600년 풍상을 견뎠다.

(보물 제1762호)

창덕궁 정문을 지나 대문인 진선문으로 나아가는 도중에 응봉에서 내려오는 물을 건너기 위해 설치한 돌다리이다. 다른 궁궐에서는 따로 다리 이름을 짓기도 하는데 창덕궁에서는 보통명사인 금천교로 통했다. 한자로는 '금지한다'는 뜻으로 '禁川'이라고 하지만 '비단'을 뜻하는 '錦川'으로 표기하는 경우도 있다. 현재 창덕궁에서 창건 당시의 유물을 찾는다면 이 금천교가 될 것이다. 금천교가 처음 만들어진 것은 창덕궁이 창건되고 6년이 지난 1411년(태종 11)이다. 창덕궁 창건을 주관한 박자청朴子靑(1357~1423)에 의해 다리가 조성되었다고 한다. 응봉에서 내려오는 물은 물살이 세거나 수량이 많은 편은 아니지

창덕궁 금천교를 건너면 진선문으로 나아간다.

만 장마철에는 가끔 급류를 이루어 금천이 넘치고 남쪽의 수문이 무너지는 일도 있었다. 그러나 금천교가 유실되거나 파손되었다는 기사는 보이지 않는다. 물을 적절히 흘려보낼 수 있도록 되어 있고 또 웬만한 물살에도 잘 견딜 수 있는 튼튼한 구조로 되어 있었다고 할 수 있다.

두 개의 홍예를 틀어 물을 두 군데로 나뉘어 흘러내리도록 했으며 홍예 사이는 돌을 마름모 형태로 놓아 물의 원활한 흐름을 도왔다. 홍예 사이 한가운데는 북쪽과 남쪽에 짐승 얼굴을 새긴 조각물을 놓았다. 나쁜 기운을 막아주기 위한 주술적인 의미를 담았다. 다리 양쪽에 난간을 두었는데 평범한 형태의 하엽荷葉무늬를 새긴 모습이다. 난간에서 가장 주목되는 부분은 네 모서리 난간 기둥 위에 올린 짐승 조각이다. 역시 다리를 지키려는 주술적인 목적이 있다고 하겠는데, 짐승 얼굴이 해학적이면서 웃음을 자아내는 천진한 모습이다. 웅크린 자세로 고개를 옆으로 돌리고 있는데 얼굴 표정들이 한결같이 부드럽고 따스해서 오히려 다리를 찾아오는 사람들을 반기는 듯하다. 홍예 중앙부의 짐승 얼굴이나 난간의 짐승 조각은 500년 이상의 세월을 보냈으면서도 당초 석공이 의도한 조형이 잘 살아 있다.

20세기 초에 와서 금천교는 한 차례 위치 이동이 있었다. 본래 자리에서 북쪽으로 약 3미터 정도 옮겨졌다. 상판의 어도御道 부분도 20세기 초기 사진에 의하면 중앙은

창덕궁 창건 당시의 유물이기도 한 금천교

금천교 홍예 사이 한가운데 놓인 짐승 모양의 조각물

금천교 네 모서리 난간 기둥 위에 올린 짐승 모양의 조각물

한 단 높여 왕이 다니는 어로御路로 꾸미고 좌우는 약간 낮춘 모습이었다. 이것도 좌우 협로와 같은 높이로 평탄하게 바뀌었다. 1907년 순종 황제가 이어한 후 승용차가 희정당 앞까지 들어올 수 있도록 하는 과정에서 돈화문 월대를 흙으로 덮고 진선문과 숙장문을 철거하면서 금천교도 위치를 옮긴 것으로 추정된다.

상의원尚衣院

왕의 의복과 모자, 신발 등을 만들던 곳이다.
많은 장인들이 여기서 일했다.

(2004년 복원)

연혁

왕의 의복을 마련하고 각종 재물과 어보 등을 관리하던 기관이다. '상원'으로 약칭된다. 관원은 정3품 당하관堂下官 외에 다섯 명의 관리를 두며, 행사가 있으면 세 명의 제조提調가 일을 맡는다. 많은 수의 장인들이 속해 있었는데, 비단을 짜던 장인 능라장綾羅匠은 105명이나 되고, 금박장金箔匠이 네 명, 은장銀匠이 여덟 명, 안감 가죽 만드는 이피장裏皮匠 네 명, 신발 만드는 혁장革匠이 열 명 등 모두 68종에 678명의 장인이 있었다. 위치는 돈화문 동편 물길을 지나 돌다리와 단봉문 사이 일곽이다.

사건과 인물

〈동궐도〉의 상의원

궁궐에서 치르는 행사는 절차도 까다롭고 사용하는 기물도 복잡한 편인데, 이런 행사에 필요한 기물을 관리하고, 날짜에 맞추어 필요한 기물들을 준비하는 일을 상의원이 맡았다. 이런 일에는 사소한 부주의로 실수를 저지르기 십상이었으며 그 때문에 상의원 제조는 종종 파직을 당하거나 심지어는 귀양 가는 일도 일어났다. 정조가 즉위하던 때에는 즉위식에 쓸 평천관平天冠이라는 모자를 상의원에서 만들었는데 크기가 작아 서둘러 다시 만들었지만 즉위식 시간에 대지 못하는 일이 있었다. 아마도 정조는 다른 왕보다 머리가 컸던 듯하다. 상의원 제조 세 사람은 모두 파직당하고 차후 다른 관직에도 서용敍用되지 못하도록 하고, 실무를 맡은 낭청郎廳은 아예 관원록에서 이름을 삭제하는 처벌을 받았다.

건물

〈동궐도〉에 묘사된 상의원 본건물은 정면 네 칸, 측면 두 칸 반 크기이며, 중앙에 정면 두 칸의 넓은 대청을 두고, 왼쪽에 마루방, 오른쪽에 온돌방을 둔 모습이다. 좌우에 익각翼閣이 있는데, 동편에 왕이 타는 가마를 관리하는 치미각致美閣이 있고, 서편은 부속사이다. 남쪽에 ㄷ자 형태로 월랑月廊이 있는데, 좌우는 각종 물품을 보관하는 누상고樓上庫이고, 남쪽 행각은 관원들이나 장인들이 머무는 곳이다. 마당 한가운데 큰 우물이 하나 있다. 외행각 서쪽 담장에 면해서 여섯 칸의 측간廁間이 있다. 측간이 여섯 칸이나 나란히 붙어 있는 것은 창덕궁에서도 쉽게 보기 어려운 모습인데, 그만큼 이곳에서 근무하는 사람이 많았음을 반영한다. 측간이 있는 담장 밖으로는 금천교 아래로 물이 흘러 자연스럽게 오물 처리가 되도록 했다. 2004년에 서측 담장 부분을 제외한 정청正廳 일곽을 〈동궐도형〉 등을 토대로 복원했다.

신당神堂

정문을 지키는 관리들이 제사를 지내는 곳인데 현재는 사라지고 없다.

(지금 없음)

〈동궐도형〉에 돈화문 동쪽 수문장청守門將廳 바로 옆에 '신당'으로 표기된 세 칸 건물이 그려져 있다. 조선 시대 관청 내에는 공민왕恭愍王(1330~1374)의 영정影幀이나 태조太祖 이성계李成桂(1335~1408)의 영정을 모시고 관리들이 때맞추어 제사 지내던 신당이 널리 지어져 있었는데, 돈화문 바로 옆에도 그런 신당이 있었던 것이다. 현재 신당 건물은 사라지고 없다.

정전, 인정전 가는 길

진선문 | 인정문 | 인정전

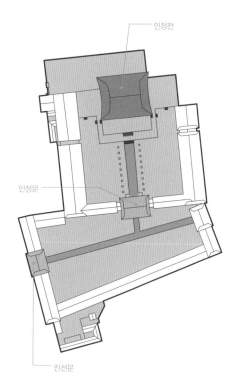

인정전

인정문

진선문

창덕궁의 가장 핵심이 되는 정전 인정전을 중심으로 그 앞으로 두 겹의 행랑이 감싸고 있다. 인정전 마당을 둘러싼 행랑을 내행랑, 바깥마당을 둘러싼 행랑을 외행랑이라고 부른다. 이처럼 정전 앞으로 두 겹의 마당을 두는 것은 경복궁에서도 마찬가지이며, 이 마당에서는 왕실의 중요한 행사가 치러졌다. 금천교를 지나면 눈앞에 세 칸 대문인 진선문이 나타난다. 외행랑의 서쪽 출입문이다. 문을 들어서면 네모난 행랑으로 둘러싸인 외행랑 마당이다. 마당 건너편에는 외행랑 동쪽 출입문인 숙장문이 멀리 보인다. 외행랑에는 내병조를 비롯해서 호위청, 전설사 등 궐내 관청들이 들어서 있었다. 외행랑 마당은 직사각형이 아니고 안쪽이 좁아지는 사다리꼴을 하고 있다.

진선문을 들어서서 곧장 나아가면 왼쪽에 인정문이 나온다. 인정문을 들어서면 바닥 전체에 박석薄石을 깔아놓은 네모 반듯한 마당에 이르게 된다. 마당에는 품계석이 늘어서 있다. 마당 북쪽에 이중의 높은 월대 위에 인정전이 우뚝 서 있다. 마당을 둘러싼 내행랑은 현재는 개방되어 있지만 본래는 남쪽을 제외하고는 예문관이나 향실 같은 관청과 창고 등이 들어가 있었다.

관람 포인트

최고 격식의 건축 인정전
1804년에 다시 지어진 인정전은 우리나라 목조건물이 기술적으로 완숙한 경지에 이른 시기의 건물이다. 이 건물은 2단의 높은 기단 위에 세워져서 우뚝한 모습이 돋보인다. 인정문 앞에 서서 인정전을 바라보면 압도하는 당당한 건축의 위용을 몸으로 느낄 수 있다.

인정전 실내 황색 커튼과 전등
인정전은 순종 황제가 창덕궁으로 이어하는 시점에서 내부를 서양식으로 개조하고 전등을 가설했다. 지금 실내 창문에는 황제를 상징하는 황색 커튼이 설치되고 바닥은 서양식 마루가 깔리고 천장에 매단 큰 전등이 남아 있다.

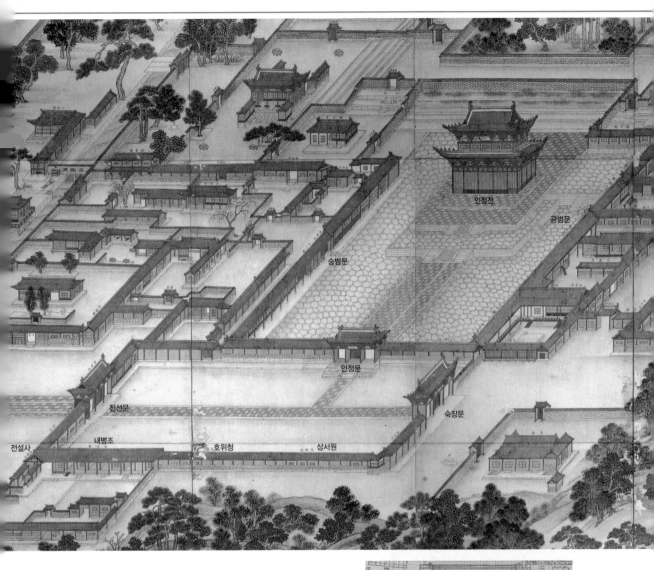

인정전

광범문

숭범문

인정문

진선문

숙장문

전설사　내병조　　호위청　상서원

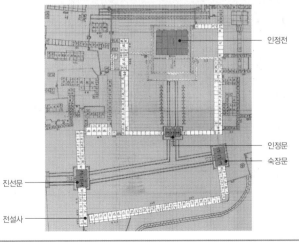

인정전

인정문

숙장문

진선문

전설사

진선문進善門 | 대내로 들어가는 출입문으로
대문이라고도 불렀다.

금천교를 지나 대내로 들어가는 출입문이다. 정문을 들어와서 정전으로 향하는 과정에 반드시 지나야 하는 중요한 관문이었다. 광해군 때 중국 사신을 영접하던 일을 적은 『영접도감사제청의궤』迎接都監賜祭廳儀軌(1607)에서는 돈화문을 정문正門이라고 하고, 진선문을 대문으로 칭했는데, 진선문 안쪽부터를 대내로 인식했다고 볼 수 있다. 왕이 궁궐 밖을 나가게 되면 진선문까지는 궁궐 안에서 이용하는 작은 가마인 여를 타고 이동하고, 진선문에서 큰 가마인 연으로 갈아타고 궁궐 밖을 나간다. 진선문을 대내의 경계로 삼았음을 알 수 있다. 정면 세 칸, 측면 두 칸의 단층 건물이다. 둥근기둥을 세우고 기둥 위에는 돈화문과 유사한 형태로 다포식의 공포를 짜 올려 위엄을 더했으며 지붕에는 취두와 용두, 잡상 등 각종 장식물을 두루 갖추었다.

문을 들어서면 행랑으로 둘러싸인 외행랑 마당이 나타나는데, 남행랑은 서른 칸, 서행랑은 열일곱 칸인데 비해 동행랑은 열 칸에 지나지 않는다. 따라서 마당은 서쪽이 넓고 동쪽이 좁은 찌그러진 사각형을 이루고 있다. 행랑이 네모반듯하지 않고 찌그러진 형태인 이유는 행랑 바깥쪽의 지형 조건 때문으로 보인다. 동남쪽 모서리에 있는 언덕을 깎아내지 않고 지형을 살리기 위해 동쪽 행랑 폭을 줄였기 때문으로 풀이된다. 본래

창덕궁 진선문

진선문을 들어서면 나오는 외행랑 마당. 정면에 보이는 것이 숙장문이고
왼쪽이 인정전으로 들어가는 인정문이다.

이들 행랑에는 각종 관청들이 들어서 있었다. 서행랑에는 진선문 남쪽에 병조에 속한 관청인 정색政色, 경비를 맡은 결속색結束色, 장막을 관리하는 전설사典設司가 들어서 있고, 남행랑에는 서쪽부터 내병조內兵曹, 호위청扈衛廳, 상서원尚瑞院이 들어서 있었다. 지금은 일부에 현판만 걸려 있다.

진선문 반대쪽 동행랑에도 같은 규모인 세 칸 대문이 있고, 명칭은 숙장문肅章門이다. 숙장문은 신하들이 창경궁 쪽에서 정전으로 들어올 때 이용하던 문이다. 따라서 숙장문의 정면은 외행랑 마당 쪽이 아니고 반대편 문 바깥의 빈청 등이 있던 곳이었다.

인정문仁政門

정전으로 나아가는 전문으로
왕의 즉위식이 여기서 거행되었다.

(보물 제813호, 1995년 복구)

연혁

인정전 내행랑의 남쪽 중앙에 있는 문이다. 인정전으로 출입하기 위하여 반드시 거치는 중문인데, 실록에서는 전문殿門이라고 적었다. 창덕궁이 창건되고 인정전이 지어지면서 함께 지어졌다고 판단된다. 인정전에서 큰 행사가 있을 때면 인정문이 그 경계를 이루는 역할을 했다. 선왕의 시호를 정하면 시호를 새긴 시보諡寶를 종묘에 고하게 되는데 이럴 때 인정전에서 내린 시보를 받들고 인정문까지 와서 여기서부터는 용정龍亭이라는 작은 가마에 시보를 모시고 종묘로 가곤 했다. 16세기 말에 그려진 <만력임오계회도>萬曆壬午契會圖와 <은대계회도>銀臺契會圖라는 그림에는 인정문이 중층지붕을 한 모습이고 좌우 행랑 끝에 누각이 대칭으로 선 모습을 보여준다. 따라서 조선 전기까지 인정문은 중층지붕을 한 건물이었고, 문의 좌우 행랑 끝에는 각루角樓와 같은 누각樓閣이 대칭으로 서 있었던 것으로 보인다. 문에 중층지붕을 올리고 좌우에 대칭으로 각루를 세운 점으로 미루어 인정문은 각별한 격식을 갖춘 전문이었음을 알 수 있다. 이때의 건물은 1592년 임진왜란 시 소실되었고 1608년경 창덕궁이 재건되면서 인정문도 다시 지어졌는데, 다시 지어질 때는 문은 단층으로 바뀌었고 좌우 행랑 끝의 누각도 지어지지 않았던 것으로 추정된다. 문은 1744년^(영조 20) 승정원에 화재가 나면서 연소^{延燒}되어 불에 탔다가 이듬해 봄에 다시 지었다. 이때 지어진 문은 20세기 초까지 남아 있었지만, 1907년 순종 황제의 창덕궁 이어에 따라 인정전을 개조하면서 인정문도 전면적으로 다시 지어졌다. 새로 지어진 인정문은 規모는 이선과 같았지만 출입문이 바뀌고 지붕의 내부도 서양식 기법이 가미되었다. 이 문은 1995년의 복구공사를 통해 개조 이전의 모습으로 복구되었다.

행사

인정문의 즉위 의식 | 왕이 승하하고 왕세자가 새 왕으로 즉위하게 될 때, 즉위 의식은 정전에서 치르는 것이 아니고 정전 앞 전문에서 치른다. 문에서 즉위식을 치르고 즉위 교서를 반포한 뒤 드디어 국왕의 자격을 얻은 후에야 정전에 들어가 어좌에 오를 수 있었던 것이다. 국왕 즉위식은 16세기 이전에는 거의 근정문에서 이루어졌고, 17세기 이후에도 역대 왕들이 경희궁 등 다른 곳에서 즉위하거나 반정으로 왕위에 오르거나 후사 없이 승하하는 등 순탄하지만은 않았다. 실제로 인정문에서 즉위 의식을 치르고 왕이 된 경우는 효종, 현종, 숙종, 영조, 철종, 고종에 국한되었다.

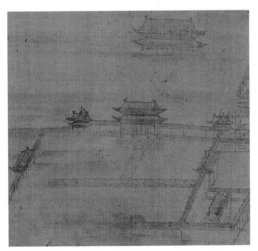

〈은대계회도〉(부분, 1560년)에 등장한 인정문. 그림 속 인정문은 중층지붕이다. 16세기 이전에는 지금과 달리 중층건물로 추정된다.

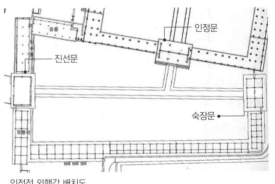

인정전 외행각 배치도

인정문의 조참 의식 | 조참朝參이란 왕이 신하들과 5일에 한 번씩 공식적인 인사를 나누는 것을 말한다. 정월 초하룻날 같은 때 문무백관이 왕에게 절을 올리는 조하보다는 격식이 낮지만, 왕과 신하가 매일 나랏일을 논의하기에 앞서 절을 올리는 상참常參보다는 높은 의례였다. 조참 의식을 하게 되면, 신하들은 미리 인정문 앞 외행각 마당에 모여서 대기하고 있다가 왕이 인정문에 나오면 절을 올렸다. 조참 의식은 경복궁에서도 치렀는데 경복궁은 중요 전각들이 남북 일직선상에 놓여 있어서 왕이 침전인 강녕전에서 근정문에 이르기 위해서는 근정전의 옆을 돌아서 가야 하는 불편한 점이 있었다. 이에 비해서 창덕궁에서는 대조전이나 선정전이 인정전의 동편에 놓여 있었기 때문에 침전에서 곧바로 인정문까지 갈 수 있는 동선상의 이점이 있었다. 그런 점에서 경복궁은 외형은 질서 정연하지만 사용하는 입장에서는 불편을 감수해야 하는 측면이 있었고, 창덕궁은 실제 사용하기에 편리한 궁이었다고 할 수 있다.

건물

정면 세 칸, 측면 두 칸의 단층 다포식 건물이다. 기단은 장대석 세 벌이며 전면 기단 폭에 맞추어 계단을 설치했다. 가운데 계단에는 좌우에 짐승의 얼굴과 몸체를 조각해서 특별히 위엄을 더했다. 인정문은 국왕의 즉위식을 치르는 곳이었다. 즉위식 때는 왕이 앉는 자리를 기단 가운데 마련하고, 여기서 즉위 교서를 반포하는 의식까지 치렀다. 따라서 이 문은 일반적인 출입문과는 다른 상징적인 의미가 있었다. 계단의 치장은 그러한 상징성을 보태는 구실을 했다. 기둥 위에 짜인 공포는 이 건물이 다시 지어진 영조 연간 18세기의 시대 특징을 갖추었다. 즉, 살미첨차山彌檐遮는 17세기 이전에는 끝 부분이 약간 아래로 향하지만 여기서는 거의 수평적인 모습이 되고, 네 모서리의 귀포는 첨차들이 가지런히 정렬되어 있다. 지붕 마루는 양성을 하여 격식을 높였으며, 취두·용두·잡상 등을 두루 갖추었다. 용마루에 세 개의 오얏꽃이 장식된 것은 20세기 초에 와서 추가된 부분이다.

인정전仁政殿

조하 의례를 비롯한 가장 중요한 의례와 잔치가 벌어졌다.
마당에는 품계석이 늘어섰다.

(국보 제225호)

연혁

인정전은 창덕궁의 정전이다. 정전은 궁궐의 가장 핵심 전각이며 왕실의 큰 행사
는 거의 다 이곳에서 지러셨다. 왕이 성월 초하루와 동시, 생일을 맞아 문무백관으로로부
터 하례를 받는 곳이 이곳이며, 중국 황제에게 예를 올리고 황제의 칙서나 조서가 오면
이를 맞이하고 이웃 나라 왕의 서신을 받는 것이 모두 정전에서 이루어졌다. 왕세자의 관
례, 왕비를 책봉하거나 왕세자를 책봉하는 의례, 왕세자빈을 맞는 의례도 정전에서 했고,
왕이 교서를 내리는 곳도 이곳이었다. 또 왕이 사직단이나 종묘에 직접 가서 제사를 지내
고 나면 정전에 돌아와 신하들로부터 축하를 받았고, 나라의 큰 경사가 있거나 군사의
출정, 승첩을 기념한 의례도 모두 여기서 거행했다. 문무과文武科 전시殿試도 정전 마당에서
거행했고, 양로연養老宴을 비롯해서 왕실에 경사가 있으면 정전에서 이를 축하하는 행사를
벌였다.

창덕궁의 정전인 인정전과 앞마당에 놓인 품계석(오른쪽). 현재의 건물은 1804년 중건된 것으로 여겨지고,
마당에 처음 품계석을 놓은 것은 1777년 정조 1년 무렵이다.

창덕궁이 창건되던 1405년에 지어졌지만, 이때는 정면 세 칸의 작은 규모였다. 창덕궁이 왕이 잠시 머무는 이궁이었기 때문이다. 그러나 왕이 창덕궁에 머무는 일이 잦아져 이곳에서 국가적 의례를 거행할 일이 생기면서 규모를 정면 다섯 칸으로 늘렸는데, 창건 후 불과 13년이 지난 1418년^(태종 18)의 일이었다. 애초 위치에서 약간 동쪽으로 이동했다고 한다. 이때의 건물은 임진왜란으로 소실되고, 1609년^(광해군 1)에 다시 지어졌다. 재건된 건물은 19세기 초까지 잘 유지되었지만, 1803년^(순조 3) 12월, 선정전 서쪽 행각에서 발생한 화재가 때마침 분 겨울바람에 인정전까지 연소했다. 수직하던 군사 몇이 불 속으로 뛰어들어가 다행히 어좌는 내올 수 있었지만, 건물은 전소하고 말았다. 소실된 건물은 화재 만 1년 후인 1804년 12월에 예전 모습대로 다시 복구되었다. 이때 기단이나 초석^{礎石}은 화재 이전 것을 그대로 사용했다. 그러나 다시 짓고 53년이 지난 1857년^(철종 8)에 와서 건물이 기울고 바닥이 균등하지 않은 문제들이 있어서 전면적으로 수리하지 않을 수 없었다. 무엇보다 화재를 당했던 석재들의 손상이 많아서 교체했다. 월대의 장대석이나 기단, 초석 대부분이 새로운 재료로 교체되었다. 큰 힘을 받지 않는 처마나 지붕의 목재들도 일부 교체되었다. 이후에 인정전의 큰 수리는 없었다. 비록 석재가 교체되고 목재 부분도 교체가 적지 않았지만, 기둥이나 보와 같은 건물 뼈대는 1804년 중건 애초의 것들이 그대로 존속되었다. 따라서 현재의 인정전 건물은 1804년의 중건 건물이 지금까지 존속해오는 것으로 평가된다.

행사

조하 의례 | 조하^{朝賀}는 '조현봉하'^{朝見奉賀}의 약칭으로, '조현'은 왕에게 절을 올리는 의례이고, '봉하'는 축하하는 잔치를 여는 일이다. 공식적으로는 정월 초하룻날과 동짓날, 그리고 왕의 생일, 국가 차원에서 축하해야 할 일이 있을 때 했다. 정월 초하루와 동지에 하는 조하를 '정지조하'^{正至朝賀}라 했다. 조하 의례의 절차는

세종 때 확정되고, 『국조오례의』國朝五禮儀에 상세히 규정되었다. 조하는 먼저 왕세자가 왕에게 사배四拜를 올리고 치사를 바치고 나면, 종친과 2품 이상 문무관이 사배하고 치사를 올리고, 종친 이하 문무관이 사배하고 나면, 교지가 선포되고, 이어서 문무백관이 세번 머리를 조아리고 나서 천세千歲를 세 차례 외치게 된다. 모든 절차마다 음악이 연주되었음은 물론이다. 이런 의례는 경복궁 근정전을 염두에 두고 참여 인원이나 시위하는 군사의 숫자 등이 정해져 있었던 것인데, 인정전에서 조하를 하는 경우에는 공간에 제약이 있어서 일부 참여 인원을 조절하지 않으면 안 되었다. 1744년(영조 20)에 편찬된 『국조속오례의』國朝續五禮儀는 이런 변화를 감안하여 행사 내용을 약간 수정한 것인데, 『국조속오례의』에 의하면 조하 때 시위하는 군사는 본래 좌우 아홉 줄로 늘어서도록 했던 것을 여섯 줄로 줄였다. 본래 시위군사侍衛軍士는 근정전 상하 월대에 세 줄로 늘어서 있었으나 『국조속오례의』에서는 월대 아래로만 늘어서도록 한 것이다. 또 정조 즉위 후에는 참여하는 문무관의 열도 줄였다.

정조는 1777년(정조 1)에 인정전 마당에 품계석을 놓도록 했다. 이전까지는 마당에 품계석은 없었던 것으로 보인다. 이때 품계석은 모두 12열로 했다. 조선 초기 『국조오례의』에는 정6품까지 정正과 종從을 나누어 모두 15열이었고, 영조 때 간행된 『국조속오례의』에서도 마찬가지였다. 그것을 정조 때 와서 정3품까지만 정과 종을 구분하고, 4품 이

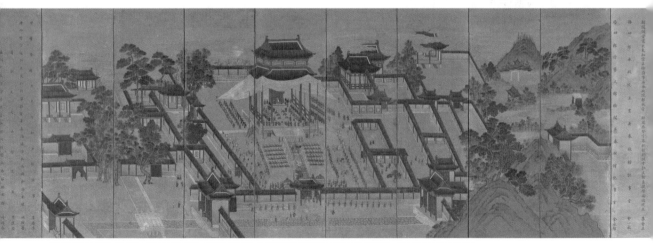

〈원자탄강진하도〉. 1874년 고종의 둘째 아들 탄생을 기념하여 창덕궁 인정전에서 신하들이 하례하는 모습을 그린 그림이다.

하는 1열로 해서 전체 12열로 줄였다. 이렇게 함으로써 인정전의 내정에 문무백관이 모두 질서 있게 늘어서도록 했다.

외진연 | 조선 초기에는 조하를 하고 나서 회례연會禮宴이나 풍정연豊呈宴 같은 의례를 정전에서 치렀다. 그러나 17세기 이후에는 회례연은 물론 풍정연도 거의 치러지지 않았고, 대신 간소한 진연進宴으로 대체되는 경향이었다. 진연은 정전에서 치르는 외진연과 침전에서 치르는 내진연으로 나눌 수 있는데, 17세기 이후에 내진연은 오히려 더 성대하게 치러지는 경향이었지만, 외진연은 그 행사 수도 줄고 규모도 축소되었다. 17세기 이후 인정전에서 거행된 진연의 대표적인 행사로는 1706년 숙종의 즉위 30주년을 기념해서 거행한 행사를 꼽을 수 있다. 행사를 마치고 그 모습을 그림으로 담은 〈진연도첩〉進宴圖帖이 국립중앙도서관에 전하는데, 그 그림에 의하면 인정전 중앙 북쪽에 어좌를 두고, 어좌 뒤에는 오봉병五峯屛을 설치했으며, 어좌 앞에는 음식을 높게 괴인 어찬안을 둔 모습을 그렸다. 또 어좌 동남에 왕세자의 자리를 마련했다. 2품 이상 종친과 의빈儀賓, 문무관은 인정전 밖에 설치한 임시 무대인 보계補階 위에 세 줄 또는 네 줄로 독상을 받고 서로 마주 앉은 모습이다. 보계 서쪽과 동쪽 끝에는 악공, 무동 등이 늘어서 있다. 참여한 사람은 모두 213명에 달했다. 이날의 진연은 아홉 번 술잔을 돌리는 행사였다. 왕세자와 영의정을 비롯하여 연잉군延礽君(영조) 등 세자와 종친, 판서 등이 술잔을 올리고 나면 참석한 신하들에게도 음식이 내려졌다. 모든 행사 사이에는 음악이 연주되었다. 숙종 이후에도 인정전에서 외진연을 거행한 일은 종종 있었는데, 특히 대왕대비의 50세 생일이나 회갑이 되었을 때 치렀다.

인정전의 과거 시험 | 과거 시험의 최종 단계는 왕 앞에서 치르는 전시殿試였다. 전시 중 문과 시험은 인정전 마당에서 치르고, 무과 시험은 창경궁 춘당대나 아니면 모화관 뜰에서 치렀다. 광해군이 즉위하고 인정전이 막 복구되었을 때 문과 전시를 인정전 안에

서 치르도록 했는데, 엄격하게 시험장 관리가 안 되었으며, 심지어는 실내에서 소변을 보는 자까지 발생했다고 『광해군일기』光海君日記에 적었다. 미처 정전에 대한 인식이 충분히 자리 잡지 못한 결과였다고 하겠다. 뒤를 이은 인조 때 와서는 정전 실내가 아니고 정전 마당에서 시험을 치르게 되었으며 이후 전시는 인정전 마당에서 치르는 것이 관례가 되었다.

사건과 인물

인정전 화재와 정순왕후의 수렴청정 ┃ 1800년(정조 24) 부왕 정조의 급작스런 승하에 따라 11세의 순조가 왕위에 올랐다. 왕을 대신해서 왕실 최고 어른이었던 대왕대비 정순왕후가 수렴청정을 시작했다. 정조가 추진하던 제반 정책이 중단되거나 폐지되었다. 수렴청정 4년째인 1803년이 거의 저물어가던 12월, 해가 바뀌면 순조는 15세 성년이 될 때였지만 왕후는 수렴청정을 거둘 뜻을 비치지 않고 있었다. 그러던 차에 12월 13일 밤에 선정전 서행랑에서 불이 나면서 정전인 인정전이 전소되는 사고가 났다. 인정전은 광해군 때 재건되어 근 200년 동안 조선 법궁의 정전으로 쓰이던 곳이었으니 충격이 적지 않았다. 그로부터 보름이 지난 12월 28일에 정순왕후는 수렴청정을 거두었다. 수렴청정을 그만둔 것이 전적으로 인정전 화재 탓만은 아니었겠지만, 화재 직후에 왕후가 스스로의 허물을 크게 책망한

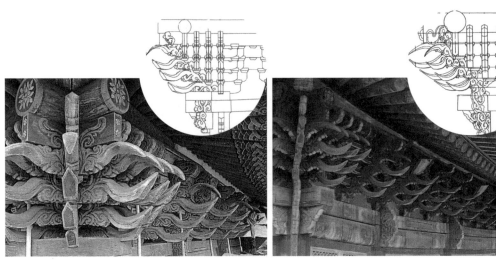

1804년 화재로 불 탄 인정전을 다시 지은 목수 윤사범은 1794년 수원 화성의 팔달문을 짓는 데 참여하기도 했다.
두 건물의 세부가 비슷한 것은 같은 사람이 작업에 참여했기 때문이다. 왼쪽은 팔달문의 공포이고 오른쪽은 인정전의 공포이다.

것으로 미루어 전혀 무관하지 않은 듯하다.

불에 탄 인정전은 곧바로 다시 짓는 공사에 들어가 만 1년이 지난 1804년 12월에 준공을 보았다. 건물 규모로 보아 단기간에 이루어진 공사였다. 공사를 맡은 도감에서 불에 탄 주춧돌을 그대로 사용하는 것을 염려했지만, 정순왕후는 불에 탄 부분을 보이지 않도록 돌려놓고 그대로 사용하도록 지시했다. 건물 준공을 서둘러 마무리하려는 조급함을 읽을 수 있다. 정순왕후는 인정전이 다시 지어지고 불과 2개월 후에 숨을 거두었다. 다시 지은 인정전은 53년이 지난 1857년(철종 8)에 와서 건물이 기울고 바닥이 균등하지 않은 문제들이 있어서 전면적으로 수리하지 않을 수 없었다. 이때 화재를 당했던 석재들은 모두 교체했다.

강원도 회양 목수 윤사범, 인정전을 짓다 ㅣ 1803년(순조 3) 12월에 화재로 불에 탄 인정전을 다시 짓는 공사는 19세기가 시작되면서 이루어진 왕실 건축 공사의 첫 번째 일이었다. 전국에서 기둥이나 대들보에 쓸 대형 목재가 조달되고, 당시 최고 기량을 지닌 기술자들이 동원되었다. 공사를 총괄하는 제조는 호조판서 이만수李晩秀(1752~1820)가 맡았으며, 장인의 최고 우두머리인 목수도편수는 어영청御營廳의 별무사別武士 직에 있던 목수 김재명이었다. 김재명은 정조 때부터 왕실 내 각종 건축 일에서 경력을 쌓은 목수였다. 김재명 밑에서 공사 전체를 총괄하는 목수부편수는 윤사범尹師範이 맡았는데, 윤사범은 멀리

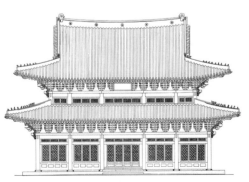
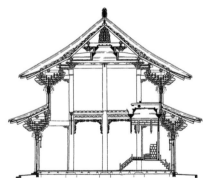

창덕궁 인정전의 입면도(왼쪽)와 단면도(오른쪽)

강원도 회양에서 온 목수였다. 인정전 공사를 관장한 도감이 일부러 그를 차출했던 것이다. 서울에도 유능한 목수들이 적지 않을 터인데, 굳이 회양에서 불러낸 점이 특이하다. 윤사범은 10년 전인 1794년에 수원 화성 축성 때 팔달문을 짓는 데 참여한 목수였다. 이때는 같은 강원도의 금화에서 온 굉흡宏洽이라는 승려 목수와 함께 수원에 와서, 굉흡은 장안문을 짓고, 윤사범은 팔달문을 지었다. 두 건물은 구조가 복잡한 중층의 다포식 건물이었는데, 두 목수가 이런 건물을 지은 경험이 있었기 때문에 동원되었다고 짐작되며, 역시 같은 중층 다포식 건물인 인정전에서 다시 윤사범이 회양에서 올라와 건물 조성에 부편수로 참여한 것이다. 수원의 팔달문과 인정전 세부가 유사한 점이 많은 것은 이런 배경에서이다.

건물

현재의 인정전 건물은 정면 다섯 칸, 측면 네 칸의 중층 건물이며, 처마 밑에는 다포식의 공포를 조립하여 화려함을 갖추었다. 지붕은 팔작지붕이며 용마루를 비롯해서 내림마루, 추녀마루에 모두 양성을 해서 위엄을 더했다. 양성한 각 마루에는 취두, 용두, 잡상 등을 장식했다. 건물은 장대석으로 쌓은 커다란 상하 2단의 월대 위에 마련되었다. 월대는 경복궁 근정전처럼 평지 위에 네모반듯하게 축조한 것이 아니고, 건물의 앞부분에

『인정전영건도감의궤』 중 인정전 부분이다.
당시 인정전의 형태를 짐작할 수 있다.

서만 월대를 축조하고, 건물이 놓이는 위치에서부터 뒤는 후면 담장에서 내려오는 경사지에 맞추어 3단 정도의 축대로 조성했다. 인정전 뒤로 언덕이 자리 잡고 있는 지형 조건을 살린 결과였는데, 그 덕분에 인정전의 월대는 인공적인 느낌이 근정전에 비해 훨씬 덜하다. 계단도 근정전 월대처럼 사방에 마련된 것이 아니고 정면과 좌우 측면에만 설치되었다. 정면의 중앙 계단에는 상하 월대에 각각 구름 사이에 날개를 활짝 편 두 마리 봉황을 양각한 답도踏道를 두었다. 경복궁 근정전 월대 끝에는 난간이 있지만, 여기에는 난간은

없다. 근정전에 비하면 월대의 크기 자체도 작지만, 치장 면에서도 한 단계 격식을 낮춘 셈이다.

월대 위에는 한 단 낮은 기단을 두고 그 위에 중층 건물을 세웠다. 건물의 기본적인 짜임은 조선 시대 중층 건물에서 하는 일반적인 방식을 취했다. 즉, 중심부에 상하층을 관통하는 고주를 높이 세우고, 고주 바깥쪽으로 하층의 바깥 기둥을 빙 돌려 세우고 이 기둥 위에 툇보를 걸어 고주와 연결되도록 했다. 또 툇보 위에 상층의 바깥 기둥을 올리는 방식을 취했다. 이런 구조 방식은 규모가 크고 지붕을 중층으로 꾸미는 경우에 가장 흔히 사용하던 것으로, 안정감이 있고 또 상하층이 관통되어 넓고 개방된 밝은 실내를 갖추는 이점이 있었다. 다만, 이를 위해서는 고주에 쓰이는 굵고 긴 튼튼한 목재가 필요했다. 인정전의 경우, 실내 바닥에서 천장까지 높이는 거의 15미터에 달했으며 조선 시대에 이런 높이의 실내는 근정전 외에 화엄사 각황전 정도가 남아 있는 정도이다. 기둥 위에 짜인 공포는 상하층이 동일한 방식이며, 내4출목內四出目 외3출목外三出目이다. 쇠서라고 부르는 살미첨차의 바깥 끝은 아래로 내려가지 않고 첨차 몸체와 거의 수평을 이루고 있고, 내부는 4단의 첨차가 한 몸처럼 둥글게 초각草刻되어 치장되었다. 또 네 모서리의 첨차들은 가지런히 정열해 있다. 이것은 모두 18세기 후반 이후에 보이는 전형적인 시대 특징들이다.

실내는 앞뒤로 고주가 세 개씩 열 지어 있으며, 후면 중앙 고주 뒤편으로 어좌가 놓여 있다. 어좌 앞은 넓은 공간이 마련되어 있어서 정전에서 거행되는 다양한 행사를 대비하여 건물이 계획되었음을 잘 보여준다.

보통 조하 의례를 비롯해서 인정전에서 큰 행사가 있으면 어좌에는 일월오악도병풍日月五嶽圖餅風이 쳐지고, 어좌 좌우로 수직하는 군사들이 서고, 어좌 앞쪽 좌우로 왕세자나 2품 이상 종친이 도열하기도 하므로, 정전 내부는 제법 넓은 공간을 필요로 한다.

현재의 출입문이나 창문은 20세기 초에 와서 서양식을 가미한 모습으로 변형되어 있다. 본래의 창호 형태는 확실히는 알 수 없지만, 〈동궐도〉의 그림에 의하면 정면 가운데 세 칸에 출입문이 달려 있고, 양 측면도 가운데 두 칸에 문이 달리고, 아마도 후면 한 칸 출입문이 있었던 것으로 추정된다. 현재는 정면 어칸만 출입문이 달리고, 나머지 는 머름을 둔 창문들이 설치되었다. 정면 양 협칸에는 하부에 벽돌로 낮은 벽을 쌓고 그 위에 창문을 단 모습이었다. 지붕에는 각종 장식물이 놓여 있는데, 용마루 양 끝은 취두 를 올리고 박공마루가 끝나는 곳에 용두, 그리고 추녀마루에 잡상을 올렸다. 상층 추녀 에 각 아홉 개씩, 하층 추녀에 일곱 개씩을 들어갔다.

인정전 상층 중앙 처마 밑에 현판이 걸려 있다. 현판은 대내 주요 전각에서 하는 일반적인 관례에 따라 검은 바탕에 금빛으로 글씨를 양각했다. 글씨를 쓴 사람은 정조 때 규장각 직각直閣을 지내고 인정전 중건 때는 예조판서로 있던 서영보徐榮輔(1759~1816)였다. 서영보는 3대에 걸쳐 영의정을 지낸 명문가 출신으로 문장과 글씨가 뛰어났다.

현재 조선 시대에 지어진 중층 건물은 십수 동에 지나지 않는다. 조선 전기까지 는 중층 건물이 일반적이었지만, 후기에 와서는 불교 사원의 법당 중에도 특별히 중요하 게 여긴 건물이 아니면 짓지 못했다. 궁궐의 경우에도 경복궁 근정전과 인정전 외에는 남 은 사례를 보기 어렵다. 그런 가운데 인정전은 상하층의 안정된 구조와 석조 기단과 목 조건물의 적절한 비례감, 기둥이나 보, 공포 세부의 단정한 가공과 비례의 안정감 등에서

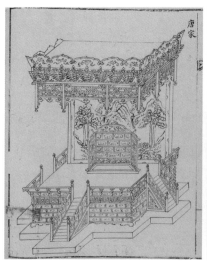

『인정전영건도감의궤』 중 당가 부분(왼쪽)과 실제 어좌 사진(가운데), 그리고 〈일월오봉병〉(오른쪽).
당가는 어좌가 위치하는 곳이며 어좌 뒤에는 일월오봉병이 놓여 있는 것이 일반적이었다.

단연 돋보이는 건물이다.

인정전의 어좌

조하 의례 시 왕이 나와 앉는 의자를 '어좌'御座라고 칭한다. 『인정전영건도감의궤』(1805)에서는 당가唐家라 불렀다. 당가는 좌탑座榻이라고 하는 나무로 짠 높은 단 위에 낮은 의자인 곡병曲屛을 놓고 상부에 천장을 꾸며서 한 틀을 이룬다. 곡병 뒤에는 해와 달이 있고 다섯 산봉우리가 그려진 오봉병五峯屛을 놓고, 천장에는 여의주를 사이에 둔 봉황 두 마리를 그리며 천장 테두리에는 허주머름虛柱流音이라는 장식 치장을 한다. 당가 사면에는 행사할 때 왕이 오르내리는 계단을 설치하는데, 계단 난간은 용으로 조각된 장식을 가미하며 단 주변 역시 용 장식을 가득 채웠다. 근년에 어좌를 옥좌玉座라고 칭하는 경우가 있지만, 조선 시대에는 쓰지 않던 근대기 이후 외래용어이다.

인정전의 근대기 변화

1907년 순종 황제가 처소를 경운궁에서 창덕궁으로 옮기면서 제일 먼저 착수된 것이 정전인 인정전의 개조였다. 이때는 일본의 내정 간섭이 본격화된 시기였으며 인정

전 개조는 통감부가 주관하고, 개조를 담당한 사람들도 일본인 기술자들이었다. 개조의 큰 방향은 인정전을 근대식 알현소로 꾸미는 것이었다. 개조 공사는 1908년 봄에 시작되어 이듬해 봄에 마쳤다. 개조 공사에 따라 실내 바닥은 기존의 전돌 위에 서양식으로 짠 마루를 깔았다. 어좌도 여러 단의 계단이 사면에 설치되던 기존의 당가 대신에 마룻바닥 위에 바로 낮은 단 하나를 둔 형태로 개조되었다. 또 어좌 후면에는 일월오악병 대신 봉황새 그림이 새로 그려졌다. 다만, 어좌 상부의 당가 천장과 주변 장식물은 그대로 두었다. 실내 창문에는 황색의 서양식 커튼을 달고, 창문 안쪽에 상하로 열리는 유리창을 달았다. 이런 개조의 모델이 된 것은 일본 교토에 있는 메이지 궁전의 알현실이었다고 추정된다.

건물 외관은 크게 달라지지 않았지만, 지붕 용마루 양성 부분에 다섯 개의 오얏 문양 장식물이 첨가된 점이 눈에 띄는 변화이다. 또 전에 박석을 깔고 품계석이 놓였던 마당은 박석이 제거되고 품계석도 사라졌다. 인정전 건물 측면 좌우에 행각이 새로 생긴 점도 눈에 띄는 변화였다. 본래 인정전에는 동행각의 끝 부분에서 인정전 북동쪽 모서리로 월랑이 연결되어 있었는데, 1908년의 개조 공사로 본래의 동월랑은 철거되고 대신 인정전 좌우 측면에 행각이 연결되었다. 이것은 조선 시대 궁궐 전각에서는 하지 않던 방식이었다. 또 동서 행각 역시 개조되어 전에 있던 서행각의 향실, 내삼청 등이 모두 사라졌다. 이곳에는 한동안 식당과 휴게소가 설치되었다가 사라졌다.

전반적으로 이 시기의 개조 공사로 인하여 인정전은 조선왕조 법궁의 정전이 갖던 형식을 적지 않게 상실하게 되었다. 1960년대 이후에 와서 다시 어좌가 제자리로 돌아오고, 마당의 박석과 품계석이 다시 설치되고, 좌우 행각도 철거되었지만, 아직도 근대기에 설치된 실내 마룻바닥이나 커튼, 용마루에 장식된 장식 문양 등은 그대로 남아 있다.

인정전 내행랑

내행랑은 인정전 내정內庭을 둘러싼 ㄷ자 형태의 행랑으로, 동·서·남 세 방향에 세워졌다. 남쪽 행랑에는 전문인 인정문이 있고, 동쪽은 광범문, 서쪽은 숭범문이 나 있다. 〈동궐도형〉에 그려진 내행랑 모습을 보면, 각 행랑은 폭이 두 칸으로 되었고, 남행랑은 빈 공랑의 형태지만, 동·서행랑은 전면은 벽체 없이 비어 있지만, 안쪽은 마루나 헛간 등 실내를 여러 용도로 사용할 수 있도록 했다. 동행랑은 행랑 너머에 있는 승정원의 창고가 절반을 차지하고 있고, 서행랑은 마당 쪽으로 면해서 내삼청이 길게 이어진다. 내삼청의 북쪽으로 숭범문을 지나면 예문관과 향실이 있다.

'예문관'은 왕명으로 작성되는 각종 문서를 다루는 곳이다. 특히, 왕이 내리는 교서나 왕실 사당에 올리는 제문을 작성하고 보관하는 일을 맡았다. 따라서 조선 왕실에서 가장 격식을 갖춘 문서가 작성되는 곳이었으며, 이를 보관하는 각별한 곳이었다고 하겠다. 예문관을 정전의 바로 옆에 둔 것도 이런 상황을 반영한다고 볼 수 있다. 건물은 정면 네 칸, 측면 두 칸이며, 〈동궐도형〉의 평면은 중앙 두 칸의 대청을 두고, 왼쪽은 누상고, 오른쪽은 온돌방이 마련되어 있는 모습이다.

'향실'은 궁중에서 사용하는 각종 향을 관리하던 곳이다. 궁중 의례에서는 조하 의식을 비롯해서 국왕이 정전에 임어할 때 향을 피우고 음악을 연주하도록 했다. 또한 왕릉에 제사를 지낼 때도 왕이 제관에게 향을 내려주었는데, 종종 정전에서 향을 내려주는 의식을 거행했다. 그 때문에 정전 가까운 곳에 향을 관리하는 곳을 두었다. 향실은 예문관 뒤 인정전 서행각의 북쪽 끝 세 칸에 마련되었다. 측면은 두 칸이다. 〈동궐도형〉에 그려진 평면 모습은 가운데 앞뒤가 터진 대청이 있고, 왼편으로 마루 두 칸, 오른편에 누상고가 있는 모습이다. 향실 서북쪽에 난 일각문을 나서면 양지당이 되고, 이 당을 지나면 선원전 건물이 된다. 역대 왕의 어진을 모신 선원전 역시 제향 시 많은 양의 향을 필요로 했으므로 향실 위치는 여러모로 적당한 곳이었던 셈이다.

1908년 인정전을 개조할 때 예문관과 향실은 철거되고, 이곳에 한동안 식당과 휴게소가 들어섰다가, 지난 1995년 인정전 행각 복원에 따라 건물만 다시 세워 놓았다.

편전, 선정전과 주변을 살피다

선정전 | 연화당 | 보경당 | 태화당 | 재덕당

정전인 인정전의 동쪽에는 편전인 선정전이 놓여 있다. 왕이 집무를 보고 경전의 강론을 듣는 편전 영역이다. 인정전의 동월랑에 나 있는 광범문을 나서면 선정문 앞에 이르게 되며, 문을 들어서면 비교적 좁은 마당 북쪽에 선정전 건물이 있고, 건물 앞에는 벽체 없이 기둥과 지붕만으로 된 복도각이 마당 한가운데 놓여 있다. 복도각은 선정전이 빈전이나 혼전으로 쓰일 때 제수를 마련해놓는 배설청으로 쓰이던 시설이다. 본래 선정전은 사방에 행랑이 둘러싸고 있었으며 남쪽 행랑의 바깥에 또 하나의 행랑이 있어서 이곳 중앙에 선정문이 마련되어 있었지만, 지금은 외행랑이 사라지고 없기 때문에 과거의 내행랑 중앙에 선정문 현판을 달아놓았다.

외행랑 앞으로는 왕을 보필하는 승지들이 근무하던 승정원과 왕이 탄 가마를 인도하는 선전관이 근무하던 선전관청 등이 있었고, 이들 관청으로 들어서는 주 출입문인 연영문이 남쪽에 있었지만, 현재는 이들 관청은 모두 사라지고 선정문 앞이 넓은 공터가 되어 있다. 또 선정전의 뒤에는 왕이 신하들과 작은 연회를 열던 별당인 보경당, 태화당, 재덕당이 있었지만, 이들 별당도 모두 사라지고 없다. 연영문 안쪽 승정원이나 선전관청, 그리고 선정전 후방에 있었던 보경당, 태화당 모습은 〈동궐도〉에 자세한 그림이 있다. 선정전의 동쪽 행랑 너머에는 연화당이라는 별당이 있어서 왕이 신하들을 편하게 만나는 데 쓰였지만, 지금은 동행랑이나 연화당도 사라지고 담장만 남아 있다.

보경당(지금 없음) 태화당(지금 없음) 재덕당(지금 없음)

선정전

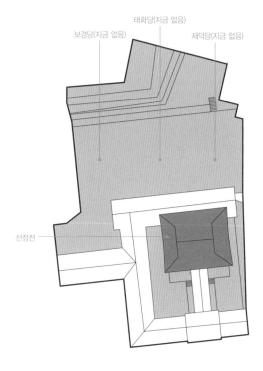

관람 포인트

청기와를 덮은 건물
선정전 지붕은 창덕궁에서 유일하게 청기와로 덮여 있다. 이 청기와는 1647년에 선정전을 다시 지을 때 덮은 것인데, 당시는 인왕산 아래 있던 인경궁에서 집 짓는 자재들을 가져다 지었다. 인경궁에서 가져온 청기와는 여러 건물에 쓰였지만 지금까지 남은 것은 선정전뿐이다.

선정전 실내 천장 쌍봉
봉황은 기린·거북·용과 함께 네 가지 신령한 동물의 하나로 여겼다. 수컷이 봉이고 암컷이 황이다. 왕이 계신 곳에는 으레 용과 함께 봉황을 치장했다. 봉과 황은 꼬리 모습으로 구분하는데 수컷의 갈기 끝은 벌어지고, 암컷의 갈기 끝은 둥글게 오므린 모습이다.

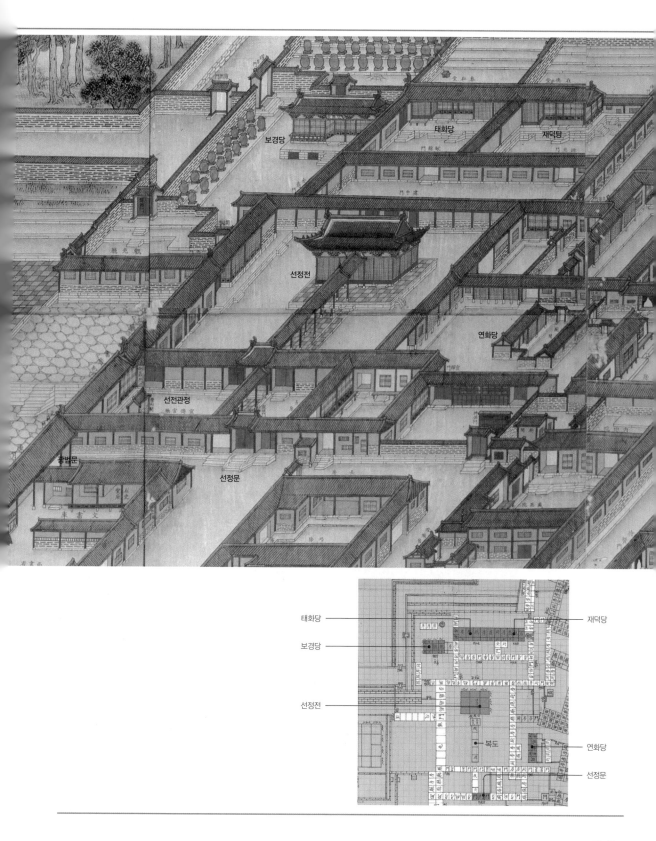

보경당

태화당

재덕당

선정전

연화당

선전관정

광범문

선정문

태화당

보경당

선정전

재덕당

복도

연화당

선정문

선정전宣政殿

왕이 경전을 강독하고 또 대신들과
나랏일을 논의하던 곳이다. 청기와가 눈길을 끈다.

(보물 제814호)

연혁

1405년(태종 5) 창덕궁이 창건될 때 지어졌으며, 이후 여러 차례 소실과 재건을 거듭
했다. 임진왜란 때 소실되었나가 1609년(광해군 1)에 재건되었지만 1623년(인조 1) 인조반정 시
불에 타고 1647년(인조 25) 다시 지어졌다. 이때 인경궁의 편전인 광정전을 철거하여 그 자
재를 그대로 가져와 다시 지었다. 현재의 건물은 이때 지어진 것이다. 창덕궁 안에서는
정문인 돈화문 다음으로 오래된 건물이다.

행사

선정전의 상참과 경연 ┃ 대신들이 왕 앞에 나와서 나랏일을 아뢰는 것을 통상 '어
전회의'라고 부르지만, 이 말은 근대기 이후 나타난 외래용어이다. 조선 시대에 왕과 신하
들이 국사를 논하는 것은 '청정'聽政이라고 했는데, "정치를 듣는다"는 이 말의 주체는 왕
자신인 셈이다. 청정을 할 때는 먼저 신하들이 왕에게 절을 올리는 간단한 의식을 치렀는

창덕궁 선정문(본래는 선정전 남행각 중문)과 선정전 내부

데 이를 상참례라고 했으며, 여기서 유래되어 상참常參은 청정과 같은 뜻으로도 쓰였다.

국왕에게 요구되는 실천 덕목의 하나는 매일 고전의 경전을 듣고 깨우쳐 이를 바탕으로 백성을 다스려야 한다는 것이었다. 『논어』나 『맹자』 같은 고대 경전 외에 『근사록』近思錄, 『자치통감』資治通鑑 등 후대 경전들도 교재로 삼았다. 이를 경연經筵이라고 했으며, 조강朝講 · 주강晝講 · 석강夕講 등 때에 따라 명칭을 달리하기도 했다. 장소도 편의에 따라 달라졌지만, 가장 기본적인 경연 장소는 편전이었다. 청정을 하기 전이나 후에 경연을 열었다. 경연은 왕의 하루 일정 중 필수적인 것이었으며, 즉위 초년이나 나이 연소할 때는 경연을 자주 열었지만 나이가 들어서는 갖가지 이유를 대서 거르는 경우가 많았다.

상참 의식은 먼저 편전 마당에 정5품 이상의 신하들이 도열하여 대기하고 있다가 왕이 편전 안 어좌에 당도하면 마당에서 절을 올렸다. 절을 마치면 대신들이 전 안에 들어와 아뢸 일이 있는 신하는 차례로 왕 앞에 나가서 아뢰고 왕의 재결을 받고 모두 마치면 왕이 안으로 들어가고 대신들도 물러났다. 상참을 할 때는 왕은 선정전 북쪽에 마련된 어좌에 앉았으며, 실내 동편에 영의정과 호조, 이조의 참찬參贊 이상, 한성부윤, 홍문관, 사헌부, 사간원의 책임자 등이 앉고, 서편에는 대군, 종친과 병조, 형조, 공조의 참찬 이상이 앉았다. 승지는 고주 바깥 남쪽에 앉았다. 상참 때는 관리들이 마루 위에 방석을 놓고 앉아 업무를 보았다.

선정전의 빈전과 혼전 활용 | 국왕이 세상을 뜨면 시신을 안치하는 빈전은 정전 다음으로 격식이 높은 전각을 선택했는데, 인조 · 효종 · 현종 · 현종 비 · 경종의 국장 때 선정전이 빈전으로 사용되었다. 선정전이 빈전으로 활용되게 되면 5개월간 실내 중앙에 시신을 모신 영좌靈座를 안치하게 되는데, 시신의 부패를 막기 위해 얼음으로 바닥과 주변을 채우고 매일 평상시처럼 음식을 올리고 향을 피우는 제례가 치러진다. 또 영좌 앞에는 제례 시 술을 땅에 붓는 관지灌地를 행하기 위해 마룻바닥에 작은 구멍을 낸다. 선정전 주변 행각은 곡림청 등 빈전의 부속 용도로 이용된다. 이 기간 동안 상참과 경연은 주로

인접한 희정당에서 치렀다. 1800년 정조의 국장을 당하여 처음으로 선정전을 혼전으로 사용했으며, 이후 순조·헌종·철종의 국장 때도 선정전이 혼전이 되었다. 혼전으로 활용될 경우에는 실내에는 위패位牌만 모시지만 혼전 제례에 참여하는 사람의 범위가 넓어지기 때문에 주변 행각은 물론 인정전의 동행각 일부까지 혼전 관련한 용도로 활용되었다. 선정전이 혼전으로 활용되면서 25개월 정도 편전의 본래 기능을 할 수 없게 되자, 희정당이 상참 장소로 고정되게 되었다. 그 결과 헌종 때 편찬된 『궁궐지』宮闕志에서는 선정전은 옛 편전이라고 하고, 희정당을 지금 편전이라고 적었다.

건물

현재의 선정전 건물은 1647년(인조 25)에 재건된 것이다. 정면 세 칸, 측면 세 칸에 내부에는 중앙 북쪽에 왕이 앉는 어좌가 마련되어 있고 실내 바닥은 마루가 깔려 있다. 기단은 세 벌의 장대석으로 되고 남쪽에 한 단 낮은 월대가 마련되어 있다. 월대는 회의를 열기 전 신하들이 왕에게 절을 올리는 상참 의식을 거행할 때를 위해서 마련되었다. 건물은 원기둥의 기둥머리에 창방과 평방平枋을 걸고 그 위에 다포식의 공포를 짰다. 공포는 내3출목, 외2출목이며 쇠서가 간결하게 아래로 향한 모습을 보이는 등 전형적인 17세기 초기의 특징

〈영조신장연화시도〉. 1735년 영조가 창덕궁 선정전에서 직접 인사행정을 하고 신하들에게 술을 내리고 시를 주고받은 일을 그렸다.

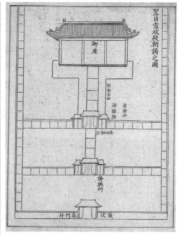

〈선정전익일조알지도〉 1670년 숙종이 세자 시절 관례를 치른 일을 그림으로 남긴 〈시민당도첩〉 중 세자가 선정전에서 왕을 알현한 일을 그렸다.

을 갖추고 있다.

건물은 고주 두 개가 남쪽에 세워져서 대들보를 받도록 하고 측면에서 충량이 대들보에 연결되어 건물의 뼈대를 형성하는데, 이런 구조는 편전에서 거행되는 왕과 신하 사이의 의례와 연관된다. 즉, 북쪽에 어좌를 설치하고 어좌 앞 동서 방향에 대신들이 도열하고 남쪽에 아뢸 것이 있는 신하들이 서는 위치 관계가 반영되어 고주가 남쪽에 둘선 것이다.

지붕은 청기와가 덮여 있다. 이 청기와는 인경궁 광정전에 쓰였던 것을 그대로 가져와 다시 사용한 것이다. 지붕 용마루 양 끝에는 청기와로 구운 취두가 장식되어 있으며, 내림마루 끝에는 용두가 있다. 단청은 부재 끝 부분에 머리초를 그리고 채색을 한 모루단청으로 되어 있다. 천장은 반자가 설치되고 반자 중앙에 오색구름이 떠 있는 가운데 중앙의 보주寶珠를 사이에 두고 봉황 두 마리가 날개를 활짝 핀 모습이 그려져 있다. 우물반자에도 봉황이 그려져 있어서 왕이 사용하는 건물을 상징하고 있다. 창호는 가운데 출입을 하는 어칸을 제외하고 모두 머름 위에 세살분합문을 설치한 상태이다. 선정전의 실내 바닥은 늦어도 17세기 이후에는 마루가 깔려 있었다. 1609년에 작성된 『영접도감사제청의궤』에 마루 설치가 언급되어 있다.

선정전은 1907년경 주변 행각에 변화가 초래되어 동행각과 남쪽 외행각이 철거되어 사라지고, 일제강점기에 출입문에 유리가 설치되고 앞마당은 월대 높이까지 흙으로 돋우어져 원형이 훼손되었으며, 이런 상태는 1990년대까지 유지되었다. 1998년 선정전 창호의 복구와 행각 주변에 대한 복원 공사가 이루어졌으며 월대를 본래 모습으로 복구하고 멸실되었던 중앙 계단이나 양 측면 계단도 새로 설치했다.

이 과정에서 복도각도 복원되었다. 복도각은 남쪽 행랑 출입문에서 선정전 어칸까지 마당 한가운데를 관통해서 있다. 본래 선정전이 편전으로 쓰일 때는 마당에서 신하들이 절을 올리는 상참례를 했기 때문에 복도각은 세우지 않았고 선정전이 빈전이나 혼전으로 쓰일 때 제수祭需를 배설排設하기 위해 복도각을 임시로 마련했다. 19세기에 와서 선정전은 정조, 순조, 헌종, 철종의 혼전이 되었기 때문에 늘상 복도각이 설치되었고, 그 모습이 〈동궐도〉나 〈동궐도형〉에 그려졌다. 지난 1998년에 선정전을 정비하면서 그림에 나와 있는 대로 복도각도 복원했지만, 본래 편전 용도와는 맞지 않는 점이 있다. 복도각 때문에 선정전 현판은 가려서 보이지 않는다.

연화당讌和堂

왕이 편안히 신하들을 만나
나랏일을 논하고 술잔을 나누었다.

(지금 없음)

선정전 동편에 있었다고 『궁궐지』에 언급되어 있다. 1784년(정조 8)에 왕이 자주 이곳에 머물면서 주강, 즉 오전에 하는 경전 강론을 하고, 이따금 비변사 당상 등 대신을 만나 나랏일을 의논하기도 했다. 그러나 정조 이외에는 이 건물을 이용한 기록은 보이지 않는다. 실내는 대청마루와 온돌방이 있고 앞에 툇마루가 있었다. 대청 앞은 작은 마당이 있고 동쪽에 일각문을 둔 담장이 쳐져 있어서 비교적 은밀하게 감추어진 공간을 이루고 있다. 연讌 자가 잔치를 열거나 이야기를 나눈다는 뜻을 지니고 있고, 화합한다는 글자 화和가 있으니 편전 옆에 조금 편안히 왕과 신하가 술잔도 나누고 대화도 나눈다는 의미를 담은 건물이라 할 수 있다. 1907년경 내반원 등을 철거하면서 사라졌다.

보경당寶慶堂

왕의 연회 장소로 지었다가 뒤에 후궁 처소로 바뀌었다.
영조가 여기서 태어났다.

(지금 없음)

연혁

조선 초기에는 왕이 신하들에게 연회를 베풀던 곳이었다. 또 편전으로도 쓰였다. 세조는 이 건물에서 종친들이나 여러 신하들을 불러 작은 연회를 자주 가졌다. 성종이 나이 13세로 즉위하자, 대왕대비 즉 할머니인 정희왕후貞熹王后(1418~1483)가 보경당에서 수렴청정을 했다. 이때 성종은 보경당에서 경전 강론을 듣는 경연을 가졌다. 광해군 때는 중국 황제가 선조의 제사를 위해 내린 부의賻儀를 받는 의식을 인정전에서 치르면서 왕이 보경당에 머문 적도 있다. 18세기 이후에는 선정전 대신에 희정당이 편전으로 활용되면서 보경당도 편전과 연관된 용도로는 쓰이지 않고 침전인 대조전과 가까운 위치 관계 때문에 후궁이 거처하거나 왕자들이 어릴 때 머무는 경우가 종종 있었다. 보경당 동쪽에 태화당, 재덕당이 지붕으로 연결되어 있다. 보경당의 뒤편과 서쪽은 인정전 뒤 경사진 언덕을 이루었으며 연산군 때는 이곳에 석축을 쌓고 화계를 가꾸었다고 한다.

창덕궁 창건 때부터 있었던 건물로 추정된다. 인조반정 때 보경당도 소실되었다가 1647년(인조 25) 창덕궁 내전 일곽을 재건하면서 다시 지어졌는데 이때는 인경궁의 경극당 등을 철거해서 지었다. 이후에도 소실과 재건을 거듭해서 20세기 초까지 존속해왔으나 일제강점기 때 사라졌다.

행사와 사건과 인물

연회와 책례 | 선정전 뒤 건중문을 나서면 행각을 통해 바로 접근할 수 있는 위치에 있었기 때문에 편전에서 상참을 마친 후에 왕이 신하들과 격의 없이 연회를 즐기기 적당했다. 세조는 1467년(세조 13) 생일을 맞아 세자가 백관을 거느리고 탄신의 하례를 올리자 효령대군, 임영대군, 정인지, 신숙주, 한명회 등 원로대신들과 영의정, 좌우의정 등을 보경당으로 불러 잔치를 열었다. 조선 후기에는 이런 연회는 자주 벌어지지 않은 대신 소규모 왕실 의례가 여기서 벌어졌다. 숙종은 여기서 원자로 책봉되었고, 경종도 이곳에서 책례冊禮를 행했다.

영조의 탄생지 | 영조의 생모 숙빈 최씨淑嬪崔氏(1670~1718)는 회임 후 이곳으로 거처를 옮겨 여기서 영조를 낳았다.

〈동궐도〉의 창덕궁 보경당

그 때문에 영조는 보경당을 각별히 아꼈으며 실내에 '탄생당'이라는 편액扁額을 직접 썼다. 순조의 생모 수빈 박씨綏嬪朴氏(1770~1822) 역시 이곳을 처소로 삼았다. 수빈은 비록 후궁의 신분이었지만, 아들이 왕위에 오른 후에는 아들과 가까운 곳에 머물기 원하여 대조전 남행각인 양심합과 이곳 보경당에 거처하면서 왕의 식사를 일일이 살피는 등 모자간의 정을 나누다가 53세에 보경당에서 숨을 거두었다.

건물

『창덕궁수리도감의궤』昌德宮修理都監儀軌에 의하면 1647년(인조 25) 재건되었을 때 규모는 몸체 세 칸에 양면에 퇴를 두어 전체 아홉 칸이며, 이 가운데 온돌 세 칸은 천장에 지반자를 두고 마루 여섯 칸 중에 한 칸 반에 판반자를 두었다고 적었다. 〈동궐도〉에 묘사된 보경당의 모습은 정면 다섯 칸에 가운데 두 칸의 대청을 두고, 서쪽에 온돌방 두 칸이 보이며, 남쪽에 넓은 마당이 있고, 서쪽에는 남북 방향으로 길게 장독이 가득 놓여 있는 모습이다. 현재 보경당이 있던 곳은 빈터로 남아 있다. 1907년 순종 황제의 이어에 맞춰 보경당을 철거하고 그 자리에 음식물 등을 준비하는 선무실이 설치되었다. 이때 본래 있던 담장도 헐고 언덕을 넓게 파내고 담장을 물러서 새로 쌓았다. 그 때문에 이 주변은 조선 시대와는 지형 자체가 크게 달라졌다.

태화당泰和堂

왕의 휴식처였다가
후궁 처소가 되었다.

(지금 없음)

선정전 뒤편, 보경당 동편에 행각을 사이에 두고 연이어 있었다. 이따금 왕이 머물면서 의원의 진료를 받거나 그 자리에서 대신들을 가볍게 접견하는 일이 있었는데, 조선 전기에는 성종이 이곳을 이용하고, 후기에는

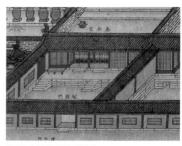

〈동궐도〉의 창덕궁 태화당

1684년(숙종 10)에 왕이 이곳을 이용한 기록이 전한다. 그러나 조선 후기 대부분의 기간에는 보경당과 함께 후궁의 처소로 쓰였던 것으로 보인다. 〈동궐도〉에 그려진 태화당 모습은 남향한 정면 다섯 칸 건물이고 가운데 두 칸 대청이 있고, 대청 왼쪽에 방 두 칸, 오른쪽에 방 한 칸에 전면 마당으로 행각이 둘러싼 모습으로 묘사되어 있다. 기단이 장대석 네 벌로 높은 편이어서 집은 간소하지만 상당히 격식을 갖추었음을 알 수 있다. 건물 뒷마당은 3단의 화계花階가 꾸며져서 후궁들이 머물 때 뒷마당의 꽃나무들을 구경할 수 있는 분위기를 만들어놓았다. 태화당 역시 보경당과 마찬가지로 1907년경 철거되었다.

재덕당 在德堂

후궁이 머물렀다.
건물 뒤에 화계가 마련되어 있었다.

(지금 없음)

선정전 뒤편, 태화당 동편에 태화당과 지붕이 연이어 있었다. 17세기 사료에는 소덕당이라는 표기가 보이지만, 『궁궐지』나 『승정원일기』承政院日記에서는 재덕당으로 표기하고 있다. 건물 용도는 불분명하지만 태화당과 지붕을 연잇고 있는 점이나 행각 하나를 사이에 두고 나란히 있는 것으로 미루어 조선 후기에는 태화당과 함께 후궁이 머물던 곳으로 추정된다. 태화당과 마찬가지로 네 벌 장대석으로 기단을 높이 축조한 점이 돋보인다. 건물 뒷마당에는 화계가 마련되어 있다. 역시 1907년경 철거된 것으로 보인다.

희정당 | 극수재 | 제정각

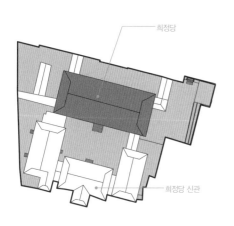

희정당

희정당 신관

선정문을 나서면 동쪽으로 한 단 높은 축대 위를 올라서게 되며 희정당으로 들어가는 돌출한 출입문을 마주하게 된다. 출입문은 전통적인 건물에서는 볼 수 없는 특이한 모습인데, 지붕이 돌출해 있고 그 아래는 사람들이 드나들 수 있도록 했다. 일제강점기에 희정당을 다시 지으면서 승용차로 희정당 입구까지 갈 수 있도록 만들어진 부분이다.

희정당은 조선 시대에는 왕의 서재와 같은 용도로 출발했다가 조선 말에 와서 선정전을 대신해서 편전으로 쓰였으며, 일제강점기에는 순종 황제의 서재 및 접견실로 이용되었는데, 현재의 건물 모습은 순종 황제 당시의 것이다. 희정당은 본채가 있고 그 전면과 좌우 측면으로 희정당 신관이라고 부르는 부속채가 삼면을 감싸면서 가운데 둘러싸인 마당을 이룬다.

본래 희정당 앞으로는 내시들이 거처하던 내반원이 있었다. 신하들이 희정당으로 접근할 때는 남쪽의 협양문을 거쳐 선화문을 지나서 희정당 앞마당으로 갈 수 있었다. 이 부분은 1908년에 모두 철거되고 넓은 마당으로 변해버렸다.

희정당 서쪽에는 왕이 진료를 받거나 신하들을 만나던 국수재가, 남월랑 동쪽 끝부분에는 일영대와 누기 등을 보관했던 제정각이 있었으나 지금은 모두 없다.

관람 포인트

희정당 실내의 서양식 가구와 벽화
1921년 다시 지어진 희정당 내부에는 순종 황제를 위해 서양식 가구를 들여놓고, 대청 동서 벽에는 당대 최고 화가였던 김규진이 그린 벽화가 걸려 있다. 또한 창이나 출입문도 서양식으로 갖추었고 벽에도 서양식 도배지를 붙였다. 여기서 순종은 찾아오는 사람들을 만나고 업무를 보았다.

복도로 전체가 연결된 희정당
다시 지어진 희정당의 큰 특징 중 하나는 희정당에서 대조전까지 전체 영역이 복도를 통해 연결되도록 한 점이다. 이처럼 복도로 통로를 길게 만드는 방식은 조선 시대 건축에서는 볼 수 없는 부분이고 일본의 영향이 반영된 결과이다.

극수재

희정당

제정각

선화문

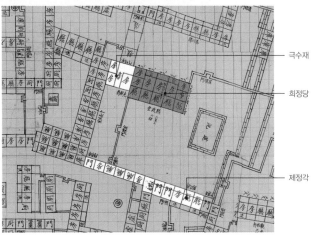

극수재

희정당

제정각

희정당熙政堂

(보물 제815호)

온돌과 마루가 있는 편전이었다.
20세기 초에 재건되면서 실내를 서양식으로 꾸몄다.

연혁

희정당은 창덕궁이 창건되면서 지어졌다고 추정된다. 처음 창건되었을 때는 왕의
학문소로 지었다가 나중에 왕이 신하들과 정사를 보는 편전으로 쓰였다. 건물 명칭도
처음에는 "학문을 닦는다"는 뜻의 '숭문당'이었다. 성종이 즉위하자 정희왕후가 수렴청정
을 하면서 이 건물을 사용했다. 1496년^(연산군 2)에 화재로 불에 탄 것을 다시 지으면서 명
칭을 "정사에 빛을 비춘다"는 뜻의 '희정'으로 고쳤다. 이때부터 상참과 경연을 하는 곳으
로 용도가 변했다.

임진왜란 이후 재건되었지만 인조반정으로 소실되고 1647년^(인조 25)에 와서 인경궁
의 화정당을 철거해서 그 자재로 다시 지었다. 이때 지어진 건물은 1833년 소실되었다가
이듬해 복구되었으며, 건물 규모나 형태는 화재 이전 모습을 답습했다고 판단된다.

〈갑인춘친정도〉甲寅春親政圖. 1734년 영조가 창덕궁 희정당에서 펼친 친정親政을 기념하기 위해 그린 그림이다.

19세기 이후에는 선정전을 대신해서 편전으로 위상을 굳혔다. 건물 북쪽으로는 대조전이 자리 잡고, 서쪽은 선정전 일곽이, 남서쪽에는 내시들이 머무는 내반원, 남동쪽에는 왕세자의 학문소인 성정각 일곽이 있어서 창덕궁의 가장 중심을 이루는 위치에 있었다.

순종 황제가 창덕궁으로 거처를 옮겨온 이후에는 주로 신하들을 접견하는 용도로 쓰였다. 1917년에 와서 대조전에 화재가 발생하면서 연소되어 소실되었다가 1921년에 다시 지어졌다. 다시 지어진 건물은 이전과는 전혀 다른 형태와 규모로 지어졌다. 희정당 본건물은 경복궁 강녕전의 자재로 지어지면서 강녕전의 형태를 취하게 되었고, 주변에는 서양식의 내부 시설이 가미된 행랑이 ㄷ자 형태로 희정당 앞마당을 감싸는 형태로 지어졌다. 이 행랑은 '희정당 신관'으로 불리고 있다.

행사

희정당의 상참과 경연 ㅣ 상참과 경연은 본래 선정전에서 하도록 되어 있었지만 실제로는 희정당에서 더 이루어졌다. 건물 위치가 대조전에서 가까운 데다 희정당 실내에는 마루와 온돌이 있어서 겨울철에는 이곳이 더 알맞았기 때문으로 짐작된다. 날씨가 추울 때는 본래 선정전에서 거행해야 하는 의례들을 이곳에서 하는 경우가 종종 있었다. 희정당에서 상참을 하게 되면 왕은 북쪽 중앙에 평좌平坐해서 앉고 영의정과 종친 등은 동서로 나누어 온돌방에, 나머지 상참관들이 기둥 밖 마루에 앉고 승지들이 마루 중앙에 앉았던 것으로 보인다. 실내가 넓지 않았으므로 얼굴을 마주하면서 회의를 하는 이점이 있었다. 그러나 희정당의 건물 구조는 서적을 보관하고 왕이 공부하는 용도에 맞추어 지어졌기 때문에 상참이나 경연에 적합하지 않은 점이 있었다. 본래 상참을 하기 전에 건물 마당에서 절을 올리는 상참의를 해야 하지만, 희정당은 월대도 없고 마루에 오르기 위해 가파른 계단을 올라야 했기 때문에 상참의를 거행하기에 불편함이 많아서 생략하는 경우가 잦았다.

1670년(현종 11) 2월에는 중국에서 칙서를 가지고 사신이 왔는데 마침 발이 약간 불편했던 왕은 희정당에서 칙서를 맞았다. 이때는 칙서를 담은 용정을 실내 중앙 북쪽에 두고, 왕은 온돌방 서쪽에 동향하고, 칙사는 동쪽에 서향하여 사배를 생략한 채 각각 평좌 자세로 대화를 나누고, 대신들은 마루 쪽에 북향하고 앉았다. 다례茶禮를 할 때도 상탁床卓을 진설할 여유가 많지 않아 상탁을 설치하는 동안 왕이나 칙사가 일어나 물러서 있는 불편도 겪었다.

사건과 인물

정순왕후의 수렴청정 ┃ 정조가 갑작스럽게 승하하고 1800년 7월, 나이 11세의 순조가 즉위하자 영조의 계비인 정순왕후가 수렴청정을 하게 되었다. 인정문에서 즉위식을 마친 순조는 인정전으로 들어가 문무백관의 하례를 받는 대신, 바로 대비가 대기하고 있는 희정당으로 갔다. 희정당 안에는 발을 쳐놓고 정순왕후가 발 안쪽에 앉아 있었다. 순조는 면복을 갖추어 입고 희정당 마당 한가운데 마련해놓은 판 위에 올라서서 사배례를 올렸고, 왕을 따라 마당에 들어선 대신들과 각신, 종친과 2품 이상 문무관들이 사배례를 올렸다. 이윽고 순조가 건물 안으로 들어가 발 바깥쪽 약간 서쪽에 동쪽을 향해 앉고 영의정을 비롯한 신하들이 차례로 실내에 들어가 동서로 나누어 앉아 대비에게 절을 올렸다. 수렴청정을 할 때도 대비는 실내 발 안쪽에 약간 서쪽에 앉고 왕은 발 바깥 약간 동쪽에 앉아서 실내 남쪽 마루에 앉은 신하들을 만나보았다. 희정당에서 이루어진 정순왕후의 수렴청정은 4년간 지속되었다. 이후에 헌종과 철종의 즉위 후에도 희정당에서 수렴청정이 있었다. 두 경우 모두 순조 비 순원왕후純元王后(1789~1857)가 수렴청정을 했다.

희정당의 야대 ┃ 왕이 저녁 시간에 승지나 대신들을 만나 강론도 하고 나랏일을 논의하는 것을 야대夜對라 하는데, 그 장소는 편전 외에 작은 별당에서 치르는 것이 보통이었다. 희정당 역시 이따금 야대 장소로 쓰였다. 야대 때에는 가끔 왕이 술자리를 마련하여 신하들과 격의 없이 술을 마시기도 했으며, 때로는 술이 과하여 예의를 잃은 신하들이 나오기도 했다. 효종 때 영의정 이경여李敬輿(1585~1657)는 고령에 야대 자리에서 너무 술에 취하여 나갈 때 문이 어디 있는지도 몰랐다고 한다. 이 이야기는 왕이 신하들과 친밀한 관계를 맺었던 미담으로 여겨져서 1682년(숙종 8)에 왕은 희정당에서 신하들에게 술을 권하면서 이 이야기를 떠올린 기사가 『승정원일기』에 보인다.

건물

희정당은 1921년에 이름만 그대로 두고 건물을 완전히 다른 모습으로 새로 지었기 때문에 조선 시대 희정당 건물 모습은 정확하게 파악하기 어렵다. 16세기 이전의 모습은 전혀 알 수 없으며, 17세기 이후 다시 지어진 후의 모습을 문헌 기록이나 그림 자료를 통해 추정할 수 있다. 『창덕궁수리도감의궤』에 의하면 희정당은 열다섯 칸 규모에 팔작지붕이며 실내는 동서·온돌 여섯 칸에 마루가 아홉 칸이었다. 여기에 내행각 일곱 칸, 서월랑 스물세 칸, 남월랑 여섯 칸이 주변에 있었다. 이 건물 모습은 〈동궐도〉에 그대로 묘사되어 있다. 정면 다섯 칸, 측면 세 칸으로 『창덕궁수리도감의궤』 기사와 일치한다. 건물 전면에 긴 돌기둥이 세워지고 그 위에 나무 기둥이 올라서 있어서 마치 누각 같은

창덕궁 희정당으로 들어가는 출입문이다. 1921년 다시 세우면서 전통 건축에 없는 현관이 생겼다.

모습을 한 점이 눈에 띈다. 1층 바닥에 오르기 위해 목조 계단이 높게 세워져 있다. 돌기둥 안쪽은 툇간 크기 정도가 개방되고, 그 안쪽에 장대석을 쌓아 기단을 조성한 모습이 보이며, 그중 서쪽 끝에는 불을 넣는 아궁이가 그려져 있다. 이처럼 건물 전면에 돌기둥이 높게 세워지고 기단이 그 안쪽에 마련된 사례로는 창경궁의 숭문당 건물이 있는데, 이 건물 역시 왕의 학문소로 쓰인 곳이다. 또 동쪽 측면에는 가퇴假退라고 하는 좁은 툇간이 덧달아 있고, 가퇴 부분으로 오르는 좁은 계단이 따로 설치된 모습이다. 지붕은 당당한 팔작지붕이며 취두와 용두, 토수吐首를 갖춘 모습이 묘사되어 있고, 기둥 위에는 공포가 짜인 듯이 표현되어 있다. 희정당은 1834년에 다시 지어졌는데, 정면 다섯 칸, 측면 세 칸으로, 17세기 때와 동일한 모습이었다.

근대기 희정당 ┃ 1921년 다시 지어진 희정당은 정면 열한 칸, 측면 다섯 칸 규모였으며, 이전과 전혀 다른 형태로 바뀌었다. 경복궁 강녕전을 철거해서 그 자재로 다시 지으면서 기본 평면은 강녕전을 따라서 가운데 세 칸 대청을 두고 좌우에 방을 둔 모습이었다. 다만, 강녕전의 좌우 방은 온돌방이었지만, 희정당은 의자를 둔 집무실 형태였

창덕궁 희정당 접견실의 서양식 화장대(왼쪽)와 희정당 대청(오른쪽)

다. 건물 구조는 전통적인 목조건축 방식을 취했다. 내부에 고주를 2열 세우고, 바깥쪽으로 평주平柱를 세우고, 고주와 평주 사이에 툇보를 거는 전통적인 구조였다. 강녕전은 용마루가 없는 무량각의 지붕 구조였지만 희정당은 침전이 아니기 때문에 용마루를 설치했다. 다만, 강녕전의 자재를 그대로 뜯어서 지었기 때문에 희정당 지붕 안에는 본래 무량각 건물에서만 하는 종도리가 둘 나란히 배열되는 쌍종도리 방식이 그대로 남아 있다. 희정당의 건물 외관은 전통적인 형태를 취했지만, 내부의 창호나 벽체, 천장과 바닥은 과거와 다른 모습으로 설치되고 실내에는 서양식의 가구가 도입되었다. 창호는 밖에서 보이는 부분은 전통적인 분합문을 달되 안쪽에는 서양식의 들어 여는 창호를 이중으로 달았다. 또 창호 안쪽에 서양식 커튼을 달았다. 커튼은 황제를 상징하는 황색이었다. 천장 역시 중앙 대청은 전통적인 우물반자를 댔지만 좌우 익실翼室은 석고틀로 만든 서양식 천장을 설치했다. 바닥도 서양식의 쪽마루를 깔았다. 실내 천장에는 서양식 전등을 달았다. 이처럼 희정당은 건물 뼈대와 외관은 가급적 전통적인 형태를 취하면서 내부는 서양식을 취하는 절충적인 방식을 취했다.

희정당의 〈금강산만물초승경도〉와 〈총석정절경도〉 ｜ 1921년 희정당이 다시 지어졌을 때 대청 좌우 벽에 벽화를 그려넣는 작업이 이루어졌다. 당시 가장 뛰어난 화가의 한 사람으로 꼽히던 52세의 중진 김규진金圭鎭(1868~1933)이 벽화를 맡았다. 동쪽 벽에는 파도가 넘실대는 바다 위에 병풍처럼 바위들이 열 지은 〈총석정절경도〉를 그렸으며, 서쪽 벽에는 〈금강산만물초승경도〉라 해서 비죽비죽 솟은 수많은 산봉우리와 그 아래 골짜기들이 구비구비 펼쳐진 경승을 그렸다.

희정당 신관 ｜ 1921년 다시 지어진 희정당에는 동·서·남쪽 삼면에 부속 건물이 ㄷ자 형태로 감싸면서 희정당 앞마당을 형성한다. 이 부속 건물은 정확한 명칭이 사료상에 명시되지 않고 조선총독부에서 제작한 도면에 남쪽 부속사를 '현관'이라고 표기하고 있다. 현관은 출입문을 지칭하는 일본식 용어이므로 현재 이 부속 건물 전체는 편의상 희정당 신관이라고 부르고 있다. 남쪽 부속사 정면에는 지붕이 돌출한 한 칸의 출입문이 딸려 있고 그 서쪽에도 역시 지붕을 돌출시킨 부출입문이 있다. 신관 역시 기본적인 구조는 전통적인 목조로 되어 있지만 실내는 서양식의 편의 시설이 들어 있다. 남쪽 부속사는 중앙 한 칸을 개방하여 마당으로 들어올 수 있도록 하고, 좌우는 네 칸의 방을 두고 앞뒤로 통로가 연결되는데 이 통로는 동서 부속사로 연결되어 희정당 본채 좌우로 이어진다. 통로 바깥쪽으로는 여러 개의 부속실이 마련되어 있다. 따라서 이들 부속 건물의 평면 형식은 조선 시대 전통적인 방식과는 다른 모습이다. 즉, 창호는 외형만 전통적인 창호 형태를 취하고 안쪽에 유리를 달고 서양식 정첩丁牒(경첩)을 단 모습이다. 또 동쪽 부속사에는 서양식의 세면대를 두거나 왜식 도자기 변기가 설치되고 왜식의 목욕 시설도 설치해놓았다. 이들 시설 중 대부분은 1921년 건립할 당시 설치된 것으로 보이지만 그 후 오랜 세월이 흐르면서 일부 망실되거나 변형된 부분도 적지 않을 것으로 추측된다.

1921년 다시 지어지면서 희정당의 외관은 전통적인 형태를 취했으나 내부는 서양식을 취했다.
대청에는 김규진의 〈금강산만물초승경도〉(위)와 〈총석정절경도〉(아래)가 걸렸다.

극수재 克綏齋

왕이 의원에게 진료를 받거나 편하게
신하들을 만나 보던 곳이다.

(지금 없음)

1907년 이전까지 희정당의 서쪽에 희정당과 연접해 있던 작은 별채이다. 숙종 때는 희정당 서변별당西邊別堂이라고 부르면서 주로 약방에서 왕을 진료할 때 썼다. 본래 건물 이름이 따로 없고 내시들이 고방이라고 부르던 것을, 영조가 명하여 이름을 짓도록 해서 극수재라 했다. 이곳은 대조전으로 연결되는 복도각의 남쪽이어서 왕이 드나들기 편한 위치에 있었기 때문에 왕이 여기서 편하게 신하들을 만나거나 야대를 하는 데 즐겨 이용했다.

〈동궐도〉에는 희정당에 접해서 서쪽으로 낮은 지붕 아래 세살분합문을 단 한 칸과 그 측면에 쌍창雙窓을 단 건물 한 칸을 그려놓았다. 분합문 앞에는 툇마루가 있다. 극수재는 1917년 화재 전까지 존속했지만 화재 후에는 복구되지 못하고 사라졌다.

제정각 齊政閣

천체를 관측하던 선기옥형과 해의 움직임을 관측하는
일영대, 우량을 재는 누기를 보관해두었다.

(지금 없음)

1907년 이전 희정당 남월랑의 동쪽 끝 부분이다. 남월랑은 전체 열세 칸이었으며 제정문, 희인문, 적오문 등이 있었다. 이 가운데 희인문은 바깥쪽의 협양문, 선화문을 거쳐 희정당으로 진입하는 주 통용문이었다. 제정각에는 숙종 때 천체를 관측하는 기구인 선기옥형璇璣玉衡(혼천의)을 보관해두고 일영대日影臺(해시계)와 누기漏器(물시계)도 만들어 보관했다고 한다. 순조가 지은 「제정각명」齊政閣銘에는 "남쪽에는 선기璇璣를 설치하고 위쪽에는 복도複道가 있는데, 혼천渾天의 의상儀象은 땅의 넓음을 본받았다네. 우리 숙종 임금께서는 간의簡儀의 형상을 본떴는데 간의란 무엇인가 세종 임금께서 창설한 것이라네"라는 글이 전한다.

대조전 | 흥복헌과 융경헌 | 양심합 | 징광루 |
경훈각 | 옥화당 | 영휘당 | 청향각 | 함원전 |
집상전 | 수정전 | 가정당

대조전은 내정전, 즉 내전의 정전이다. 왕과 왕비가 사용하는 정침전이다. 창덕궁의 가장 깊고도 지엄한 곳이라고 하겠다. 조선 시대에 이 일대는 겹겹이 행각들이 감싸고 있고, 시중드는 수많은 상궁과 나인들, 그리고 내시들이 주변에 항시 대기하고 있고, 음식을 조리하고 장만하는 곳이 자리 잡고 있었다. 현재의 건물은 1921년에 다시 지어진 것이어서 조선 시대 대조전과는 차이가 많다. 그러나 기본적인 건물 형태나 주변 부속 건물의 구성은 달라지지 않았다.

희정당 북쪽 중앙에 대조전 남행각이 있고, 그 중앙에 대조전으로 들어가는 주 출입문인 선평문이 있다. 선평문을 들어서면 대조전 마당이 나오고 마당 북쪽에 대조전이 자리한다. 대조전은 정면 아홉 칸 규모이고 좌우로 융경헌과 흥복헌이 대칭으로 놓이고 삼면으로 행각이 둘러싸고 있다.

대조전 후면으로 몇 개의 부속 건물이 연결되어 있는데 서북쪽에 경훈각, 동북쪽에 함원전, 동쪽 끝에 청향각이 있다. 대조전 뒤 화계 너머에는 왕의 어머니 대비가 거처하던 수정전이 있었다. 수정전은 고종이 이 일대를 크게 개조했다가 건물들을 경복궁으로 가져갔고, 1920년대에는 가정당이라는 작은 별당이 새로 지어졌다. 현재는 가정당이 따로 울타리를 두른 넓은 대지 안에 남아 있다.

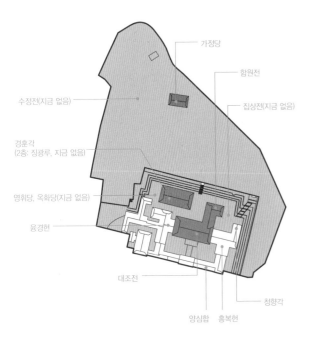

가정당

함원전

수정전(지금 없음)

집상전(지금 없음)

경훈각
(2층: 징광루, 지금 없음)

영휘당, 옥화당(지금 없음)

융경헌

대조전

청향각

양심합   흥복헌

관람 포인트

대조전의 동온돌과 서온돌
궁궐 침전에 마련된 온돌은 온돌이라는 구조가 우리 문화에 얼마나 깊이 뿌리내렸는지를 보여준다. 1921년 대조전이 다시 지어진 후에는 서양식 가구들이 온돌방에 들어왔다. 현재 서온돌에는 쌍룡이 조각된 의자와 침대가 놓여 있다.

대조전의 월대
대조전 월대는 정월 초하룻날이나 동짓날 궁 안 신분 높은 여성들과 각부 장관의 부인들이 왕비에게 하례를 올릴 때 활용되었다. 월대 모서리에는 화재 예방을 위한 물동이인 청동제 드므가 놓여 있다.

옥화당　영휘당　　　　　　징광루　　　　　　　　　　　집상전

경훈각

대조전

응경헌　　　　　　　　　흥복헌

선평문　　　　양심합

희정당

대조전 후면의 화계
대조전 뒤는 후원으로 연결되는 언덕을 이룬다. 언덕은 장대석으로 몇 단의 석축을 꾸미고 각 단마다 계절에 맞추어 꽃들이 필 수 있도록 꾸며 놓은 화계가 있다. 조선 시대 궁궐에서 화계의 본래 형태가 잘 남아 있는 곳이 많지 않은데, 대조전 후면 화계가 본모습을 남기고 있다.

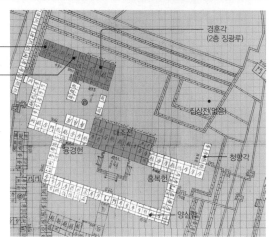

경훈각
(2층 징광루)

옥화당

영휘당

집상전(없음)

대조전

응경헌

청향각

흥복헌

양심합

대조전大造殿

왕과 왕비의 침전으로 내전의 가장 깊은 곳이다.
동온돌은 왕이, 서온돌은 왕비 침소로 썼다고 전한다.

(보물 제816호)

연혁

창덕궁이 창건되면서 함께 조성되었으며, 이후 줄곧 같은 자리에서 조선 말기까지 창덕궁 내정전의 지위를 유지했다. 조선 전기에는 성종이 오래 거처로 이용했고, 연산군과 중종도 거처로 삼았다. 임진왜란으로 소실되었다가 재건되었으며, 다시 이괄의 난으로 내전이 한 차례 소실되었다가 1647년(인조 25) 재건되었다. 이때는 인경궁의 내정전인 경수전 건물을 뜯어서 옮겨 지었다. 재건 후 약 200년 지난 1833년에 내전 일대가 화재로 불에 타면서 전소되었고 이듬해 1834년(순조 34)에 와서 옛 모습대로 복구되었다. 17세기 이후 창덕궁이 법궁이 되면서 왕과 왕비의 침소로 약 250년간 사용되었으며, 조선 후기 왕실 역사의 중심 무대 중 하나가 되었다. 정월 초하룻날과 동짓날, 왕비의 생일에는 왕비가 궁궐 안 비빈들과 궁 밖에 사는 왕실 출신 여성들과 2품 이상 품관의 부인들로부터 하례를 받고, 또 이들에게 회례回禮를 베풀었다. 왕이 새로 왕비를 맞게 되면 두 사람이 처음 술잔을 나누는 동뢰연同牢宴도 이곳에서 치렀다. 대조전은 창덕궁의 가장 깊은 곳에

창덕궁 창건 당시부터 조선 말까지 왕과 왕비의 침전이었던 창덕궁의 대조전.

자리했다. 앞에는 왕의 서재로 지었던 희정당이 있으며, 서남쪽에 왕이 일상적으로 집무를 보는 편전인 선정전이 있었다. 뒤로는 왕대비의 처소인 수정당이 높은 언덕 위에 자리 잡았고, 주변은 후원의 울창한 숲으로 둘러싸였다. 1907년 순종 황제가 창덕궁으로 들어오면서 황제의 침소로 쓰이던 중 1917년 또다시 화재를 당하여 불에 탔고, 4년이 걸려 1921년에 가서 재건되었는데 이때는 경복궁 교태전의 재목을 이용해서 지었다. 이때 실내 일부는 서양풍이 가미되고, 대청 좌우에 벽화가 설치되는 변화가 따랐다.

대조전 주변은 시대 흐름에 따라 적지 않은 변화가 있었다. 17세기에는 대조전 좌우로 부속 전각인 흥복헌과 융경헌이 연접해 있고 융경헌의 북쪽으로는 2층 누각이 있는데 상층은 징광루, 하층은 경훈각이라 하며, 경훈각에서 서쪽으로 부속채인 영휘당과 옥화당이 서쪽으로 길게 이어진다. 서월랑의 바깥쪽에는 정묵당이라는 별당이 있다. 정묵당의 남쪽, 희정당의 서쪽 일대에 여러 부속 건물이 복잡한 평면 모습으로 이루어져 있는데 이곳은 대전 안에 있던 소주방으로 주로 왕의 조석 수라를 장만하던 내소주방內燒廚房과 주로 선원전에 차례를 올리거나 진연進宴, 회작會酌, 또는 그 밖의 잔치 때에 음식을 만들던 대전 밖에 있던 외소주방外燒廚房이 있던 곳이다. 즉, 왕의 수라를 비롯해서 대조전에서 필요로 하는 음식을 준비하는 공간이다. 대조전 동북쪽에는 대비 처소인 집상전이 남향해 있었는데 이 건물은 1668년(현종 9)에는 현종이 왕대비를 위해 새로 지은 것이었으며 후에 철거되었다.

창덕궁 대조전의 대청. 1921년 재건되면서 실내 일부에는 서양풍이 가미되었다.

부속 시설이 복잡하게 연결되었기 때문에 각 시설을 연결하는 출입문이 다양하게 마련되어 있었다. 여러 출입문 중에 가장 중요한 곳은 남행각 중앙의 선평문이다. 이 문 남쪽으로 복도각이 마련되어 희정당의 서쪽과 연결된다. 이 문을 통해 왕이 대조전에서 희정당으로 이동했다. 이런 주변의 구성은 20세기 초까지 지속되었지만, 1917년 화재 후 다시 지어지면서 변화가 나타났다. 우선 대조전 동쪽 뒤편에 함원전이라는 왕의 서재가 등장하고, 서쪽 뒤편의 경훈각이 형태가 달라지면서 왕비 서재로 바뀌었다. 또 서양식의 욕실이 지어지고 서양식 주방 시설도 나타났다. 그러나 전체적인 외관은 이전과 크게 달라지지는 않았다.

행사

중전이 명부로부터 받는 조하와 회례 ㅣ 정월 초하룻날과 동짓날, 그리고 왕비의 생일이 되면 내명부內命婦와 외명부外命婦가 대조전 마당에 와서 왕비에게 절을 올려 절기를 축하하는 조하를 올리고 조하를 마치고 나면 술과 음식을 올리고, 또 왕비가 참석한 사람들에게 음식을 나누는 회례연을 열었다. 그 절차는 『국조오례의』에 상세히 규정되었는데, 내명부는 궁궐 안에서 생활하는 지위가 높은 여성들, 즉 빈에 책봉된 후궁 등이며, 외명부는 궁 밖으로 나가 생활하는 왕실 식구들과 품관의 부인들을 가리킨다. 이때 왕비의 자리는 대조전 대청에 마련하고 참석하는 명부들은 월대와 마당에서 절을 올렸으며 매 절차마다 음악을 연주하고 연회를 열 때는 향을 피우고 음악과 춤을 곁들였다.

대조전의 동뢰연 ㅣ 동뢰연은 신랑과 신부가 처음 마주 앉아 술잔을 나누는 행사로 혼례의 마지막 절차이다. 왕이 왕비를 맞아 치르는 동뢰연은 대조전에서 거행된다. 왕실에서는 대개 세자 나이 10세가 지나면 혼례를 올리기 때문에 대개의 경우 이미 세자 시절에 다른 곳에서 혼례를 치렀다. 때문에 국왕이 되어 혼례를 치르고 대조전에서 동뢰연을 연 사례는 많지 않았다. 11세에 즉위한 순조, 8세에 즉위한 헌종, 그리고 19세에 강화도에서 살다가 갑자기 왕위에 올랐던 철종이 왕이 된 후에 혼례를 올려 대조전에서 동뢰연을 거행했다.

사건과 인물

국왕의 출생과 사망 | 대조전이 정침전이므로 이곳에서 왕이 태어나거나 승하하는 일이 자주 있었을 듯하지만 그 빈도수는 낮았다. 국왕이 대조전에서 태어난 사례는 실록에 언급된 사례는 찾아볼 수 없고, 추존된 익종효명세자이 태어난 사례만 보인다. 이곳에서 승하한 국왕은 성종, 인조, 효종, 철종과 마지막 순종 황제로, 대조전에서 숨을 거두었다는 사실이 실록에 적혀 있다. 출생 사례가 없는 것은 기록의 누락일 수도 있지만, 조선 전기에는 경복궁에서 지내는 일이 많았고, 후기에는 경희궁을 이용했기 때문이기도 하며, 또 후기에는 왕비 소생보다 후궁 소생으로 왕위를 계승하는 사례가 흔한 것도 원인이 되었던 것으로 보인다.

대조전에서 침을 맞으며 정사를 본 왕들 | 보통 정침전의 동온돌은 왕이 거처하고 서온돌에 왕비가 머무는 것으로 알려져 있지만, 실제로는 그 구분이 모호했던 것으로 보인다. 숙종은 자주 서온돌을 이용하고 또 여기서 침을 맞은 기록이 여러 차례 나오며, 경종도 서온돌에서 침을 맞는 일이 잦았다. 종종 왕이 침을 맞으면서 신하들을 대조전까지

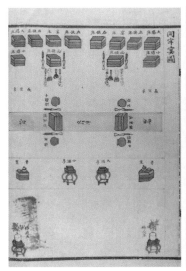

〈동뢰연도〉. 1802년 순조 가례 당시 의궤에 수록된 그림으로, 찬상과 교배석, 향안, 주정 등의 배치도라 할 수 있다.

대조전의 서온돌. 왕비의 침실로 쓰였다.

불러서 정사를 논의한 기록도 『승정원일기』에 등장하는데, 순조는 재위 9년이 되는 1809년 이후 종종 승지뿐만 아니라 원임原任 대신이나 각신들을 대조전에 불러 정사를 논의한 일이 기록에 나온다. 급기야 1815년(순조 15)에 와서는 대제학이나 영상 등이 대조전은 내전이므로 이곳에 신하들을 부르는 것이 적절하지 않다는 점을 지적하는 사태까지 빚어졌다.

선공감 관원 이이순이 살핀 대조전 실내 ㅣ 왕과 왕비가 거처하던 대조전은 실내에 각종 상징물과 병풍, 가구 등이 가득 채워져 있었다. 1802년(순조 2)에 순조의 혼례를 앞두고 대조전을 수리했는데, 선공감繕工監에 근무하던 관리가 대조전에 미리 들어가 실내의 상황을 기록한 내용이 「대조전수리시기사」大造殿修理時記事라는 제목으로 이이순李頤淳(1754~1832)의 문집인 『후계집』後溪集에 전한다. 이이순은 퇴계 이황의 8대손이다. 기록의 주요 부분을 보면, "가운데 여섯 칸이 정당正堂이다. 왼쪽 여섯 칸은 동상방東上房이고 오른쪽 여섯 칸은 서상방西上房이며 동상방은 6방房이고 서상방은 8방이다. 전후에 모두 퇴가 있어서 모두 서른여섯 칸이다. 전후좌우 사방은 모두 창호와 장지가 설치되어 토벽인 곳은 없다. 당의 마루 틈은 종이를 바르고 오래된 깔개를 덮었으며 다시 채화가 그려진 깔개를 더했다. 당의 북벽 한가운데 금으로 글씨 쓴 병풍 둘이 설치되고 광두정을 둘렀다. 병풍 앞에는 요지연瑤池宴병풍 10첩이 있고, 용상을 놓았는데 상 위는 용문석이 깔렸다. 물으니 안동석장安東席匠이 바친 것이라 한다. 용문석 위는 교의가 있는데 교의 앞에 답상踏牀(다리 얹어 놓는 기구)이 놓이고 좌우에 붓과 벼루와 책상과 향로가 있다. 상 아래 동편에 짧은 걸개에 화간옥대畵竿玉臺가 놓이고 그 위에 여러 창호의 놋쇠 열쇠가 걸려 있다. (중략) 남쪽 양 기둥에는 큰 거울 한 쌍이 걸렸고, 북퇴 양 기둥에도 중간 크기 거울 한 쌍이 걸렸다. 남퇴 양 기둥에도 중간 크기 거울 한 쌍이 걸렸다. 당의 남쪽 두 기둥과 남퇴 두 기둥에는 각각 장검 한 쌍이 걸리고, 누런 사슴 가죽으로 끈을 맸다. 당의 남쪽 세 칸 출입처는 모두 주렴이 걸리고 남북 퇴는 자리가 깔렸다. 그 위에는 채화석을 더했고, 자리 가장자리는 척목尺木을 붙였다. 동상방 정침 세 칸의 동벽은 모란병이 서고, 북벽에는 〈구추

봉도〉九雛鳳圖가 붙어 있고, 가운데 양쪽 상부에 예서체로 '창승월광'蒼蠅月光이 써 있고, 서쪽은 팔분체八分體로 '정심수신'正心修身이라고 썼다. 가장 가운데 한 칸 방 서벽은 매화 병풍이 세워져 있고, 북벽은 죽엽 병풍이 서고, 동쪽 문짝 하나에는 매죽화가 그려지고 바닥은 황화석이 깔리고 채화 등이 있으며, 그 위에 연화 방석이 설치된다. 이것이 정중침正中寢이다. 좌우 및 뒤의 협실은 혹은 병풍이 설치되거나 혹은 옷가지를 두고, 남퇴에는 구갑경龜甲鏡 한 쌍이 걸려 있고 가마솥 정도 크기의 구리 화로가 있다. 서상방 두 칸은 남쪽에 영창이 설치되고, 나머지는 모두 한 칸 지게문으로 통하게 되어 있다. 북편 양방은 큰 장롱이 있다. 침실 반자와 장지는 모두 백릉화지白綾畵紙로 도배하고 청박지青箔紙로 테두리를 돌렸다. 창호는 초주지로 바르고, 납유로 칠했으며, 방바닥은 유장판油張板을 깔았다. 그 위에 채화석을 깔았다. 동상방 각방만은 채화석 바닥에 황화석을 깔아 이중으로 깔개를 했다. 외벽은 창문 안쪽에 작은 장지를 덧붙여 이중문으로 했는데 생각해보니 동상방은 왕이 머무는 정침이기 때문이리라. 병풍이 10여 부이고, 그중 금병 하나에는 학 일곱 마리를 그렸고 나머지는 신선이나 비룡, 진귀한 금수와 기이한 화초들이 그려졌는데 다 기록할 수가 없다. 당의 북편 편액은 이르기를 '적선무위'積善無爲이고, 글씨 크기는 팔뚝만 하다. 남쪽은 '사무사'思無邪이고 어필이다. 남퇴 앞 편액은 '대조전'大造殿이라 했고, 이번에 모두 금칠을 다시 했다'고 밝혔다.

건물

창건 시 대조전은 중앙에 대청마루 세 칸이 있고, 좌우에 침전이 각각 두 칸씩 대칭을 이룬 모습이었다. 1647년에 다시 지어진 건물은 『창덕궁수리도감의궤』에 '어칸 마루 세 칸에 사면에 툇마루가 돌아가고 동서 익실이 온돌이 열두 칸'이고, 전체 규모는 마흔다섯 칸이라고 했다. 여기에 더해서 동익각이 퇴를 합해서 여섯 칸, 서익각이 퇴를 합해서 아홉 칸이라고 했다. 가운데 마루 세 칸이 있고, 동서로 온돌방이 대칭으로 구성되는 원칙은 창건 때와 동일하다. 창건 때와 달라진 점은 사면으로 퇴가 돌아가고, 또 본 건물의 동서에 익각이 세워진 점이다. 동서 익각은 창건 이후 공간을 확장하면서 생겨난 부분으로 보인다. 또 창건 때에는 주변에 천랑이 감싸고 있었지만 1647년에 와서는 남쪽과 서쪽으로 월랑이 조성되었다. 이 시기의 대조전은 〈동궐도〉에 묘사되어 있다. 〈동궐도〉에 의하면, 대조전은 가운데 대청 세 칸을 중심으로 좌우에 동온돌·서온돌이 놓이고 온돌 주변으로 툇간이 돌아가고, 대청 앞으로 월대가 마련되어 있는 모습이다. 지붕은 대청 부분이 높고 좌우 익실 부분이 낮은 형태로 되어 있다. 이때의 건물은 1833년 화재로 소실되고, 이듬해 동일한 규모로 재건되었다. 대조전의 규모는 사료에 따라 마흔다섯 칸이라는 기록과 서른여섯 칸이라는 기록이 있지만 내용은 결국 같다. 대조전은 건물 외벽에서 보면 측면이 다섯 칸이지만 내부에서는 기둥 간격이 네 칸이 되기 때문에 외관을 기준으로 하면 마흔다섯 칸이 되고 내부 공간을 기준으로 하면 서른여섯 칸이 된다. 1921년 재건된 대조전 역시 기본적인 건물 구성은 달라지지 않았다. 즉, 마흔다섯 칸의 전체 규모에 좌우 익각이 딸리고 대청 앞에 월대를 갖춘 모습이다.

이방을 둔 건축 형식과 독특한 기단 구조 ┃ 대조전은 가운데 세 칸의 대청이 있고 좌우에 온돌방이 대칭으로 놓이는 구성을 기본으로 한다. 이때 대청 부분은 지붕이 한 단 높고 좌우 방은 낮아서 특별한 외관을 이루었다. 이런 형식의 사례는 서울 문묘 명륜당에서 볼 수 있고, 또 일부 지방 객사 건물에 남아 있다. 태조 때 창건된 경복궁의 침전인 강녕전 역시 같은 구조였는데 『태조실록』太祖實錄에는 가운데 세 칸의 대청이 있고, 좌우에 각 두 칸의 이방耳房이 있었다고 명시했다. 이방이란 사람 얼굴의 귀처럼 몸체 부분에 비해서 규모가 눈에 띄게 작은 방이 좌우에 붙어 있는 모습을 지칭하며, 고려 시대 궁궐에서도 볼 수 있었다. 대조전의 건축 형식이 이런 고려 시대 이래의 형식을 계승한 것이었다. 궁궐은 전통적으로 내려오는 옛 방식을 고수하는 경향이 강하게 남아 있어서, 궁중에서 사용하는 언어나 음식 등에 그런 요소가 확인된다. 그러한 궁궐의 전통이 건축물에서도 그대로 존숭되어온 점을 대조전의 건축 형식에서 확인할 수 있다. 대조전의 이런 좌우대칭 구성 방식은 창건 때부터 17세기의 재건 및 19세기의 재건까지 그대로 계승되었다. 그러나 1921년 재건되면서 중앙 대청 부분과 좌우 익실이 동일한 높이로 조정되어 이런 왕실의 오랜 전통은 사라지고 말았다.

또 하나 대조전에서 발견되는 흥미로운 점은 기단부 구성 방식이다. 〈동궐도〉에 의하면, 대조전의 기단부는 돌기둥이 열 지어 있고 돌기둥 안쪽에 기단이 쌓여지면서 이곳에 측면으로 온돌방에 불을 넣기 위한 아궁이가 마련된 모습이다. 돌기둥은 건물 사면에 툇마루가 돌아가면서 툇마루를 지탱하기 위해 세웠다. 이런 방식은 다른 건물에서는 보기 어렵지만 궁궐에서는 비교적 흔한 것이어서, 〈동궐도〉에는 대조전 외에도 창경궁 환경전, 숭문당에서도 확인된다. 다만, 대조전의 돌기둥이 열 지어 있던 기단부는 1921년 다시 지어지면서 사라지고 없으며, 환경전 역시 1834년 재건 때 평범한 기단 형태로 바뀌었다. 예외로 숭문당만은 1834년 재건되었지만 기단부만은 화재 이전의 방식을 간직하여 대조전의 본래 기단 모습을 추정해볼 수 있다.

용마루 없는 지붕 | 대조전의 지붕에서 주목되는 부분은 용마루를 두지 않은 것인데, 이를 『궁궐지』에서는 '무량각'無樑閣이라고 했다. 조선 시대 많은 건물 중에 이처럼 용마루가 없는 건물은 현재는 대조전 외에 창경궁 통명전과 경복궁 강녕전과 교태전 정도이다. 이런 희귀성 때문에 대조전 지붕에 용마루가 없는 이유에 대해 궁금증도 많았고, 또 그에 대한 근거 없는 추측도 횡행했다. 가장 흔히 듣는 이야기는 왕의 침전에 이미 용을 상징하는 왕이 있으니 지붕에는 용마루를 두지 않았기 때문이라는 것이지만, 이것은 아무 근거도 없는 지어낸 이야기에 지나지 않는다. 용마루가 없는 건물은 〈동궐도〉에 의하면 왕대비를 위해 지었던 집상전集祥殿에도 보인다. 집상전에서 왕이 잠을 잘 리가 없으므로 위의 이야기가 근거 없는 말이라는 것은 쉽게 알 수 있다.

용마루를 두지 않은 건물은 대개 궁궐 안에서도 신분이 높은 사람, 즉 왕과 왕비 또는 왕대비의 침소에 한정되고 있다. 따라서 용마루를 두지 않은 것은 궁궐 내에서도 격식이 높은 건물에 한정했던 것으로 보인다. 용마루를 두지 않는 집은 지붕 속에 종 도리를 두 개 나란히 세운다. 그리고 그 위에 별도로 구운 곡와膊瓦라고 하는 곡선 기와 를 올리게 되는데, 이런 것들은 모두 공사 비용을 증가시키는 요인들이다. 따라서 용마 루 없는 건물은 집 짓는 비용을 고려하지 않고 격식을 높이는 것을 최우선으로 하는 건 물이 아니면 지을 수 없는 것이었다.

근대기 대조전 | 1921년에 와서 다시 지어진 대조전은 건물 규모나 외관은 화재 이 전과 달라지지 않았지만 내부에서는 적지 않은 변화가 따랐다. 우선, 가운데 대청 좌우 상 부 벽에 벽화가 설치되었다. 좌우 익각인 홍복헌과 융경헌은 이전과 같은 형태로 재건되었 지만, 홍복헌 끝에 왕을 위한 이발소 시설이 도입되고 욕실이 갖추어졌으며, 서쪽 융경헌

대조전의 벽화들. 서쪽에는 오일영과 이용우의 〈봉황도〉(위)가, 동쪽에는 김은호의 〈백학도〉(아래)가 그려져 있다.

서편에도 왕비를 위한 욕실이 마련되었다. 외부에서는 보이지 않지만 화재 예방을 위한 시설도 나타났는데 동서 행랑과 흥복헌, 융경헌이 만나는 지점에는 벽이나 서까래를 콘크리트로 짓고 출입문도 철문을 달았다. 서까래의 경우 형태는 목조면서 재료를 콘크리트로 만들었다. 또 대청에는 온수에 의한 증기 난방을 도입했고 이를 위해 방열기放熱器가 설치되었다. 대청 좌우 방은 이전과 같이 온돌을 들였지만, 화재 예방을 위해 함실 아궁이 사방에 벽돌 벽을 쌓아 방화벽을 만든 점도 이전과 달라진 점이었다.

대조전 대청에 그려진 벽화 | 1921년 새로 지어진 대조전에는 대청 양쪽 벽에 대형 벽화를 그려넣었는데, 이것은 이전에 없던 일이었다. 당시는 일제강점기로 궁중에도 일본인 화가들이 활약하고 있었지만, 대조전 등 창덕궁 내 벽화 그림은 조선인 화가들이 맡았다. 희정당은 중견 화가인 김규진이, 대조전은 20대의 청년 화가들이 일을 맡았는데 동쪽 벽의 〈백학도〉白鶴圖는 김은호金殷鎬(1892~1979), 서쪽 벽의 〈봉황도〉鳳凰圖는 오일영吳一英(1890~1960)과 이용우李用雨(1902~1952)가 그렸다. 그림은 각각 가로 5.8미터, 세로 2미터의 크기였으며, 비단에 그려 벽에 부착하는 방식을 취했다. 〈백학도〉는 파도 일렁이는 바닷가 노송 사이를 여러 마리 학이 혹은 날고 혹은 서 있는 자태로 묘사되었으며, 〈봉황도〉는 붉은 해가 떠 있는 하늘을 여러 마리 봉황이 나는 모습을 그렸다. 그림은 지금도 대조전 대청에 남아 있다.

흥복헌興福軒과 융경헌隆慶軒

흥복헌은 대조전의 동쪽 날개집,
융경헌은 대조전의 서쪽 날개집이다.

대조전의 동익각 흥복헌은 대조전 창건 시에는 없었지만, 얼마 후 대조전 공간의 확장을 위해 조성한 것으로 추측된다. 건물 정면이 여섯 칸이고, 실내에 다섯 칸의 마루와 세 칸의 온돌이 있고, 전면으로 툇간이 있는 모습이었다고 판단된다. 흥복헌은 동익각의 당호堂號이다. 이 규모는 1834년(순조 34) 대조전이 다시 지어질 때도 그대로 유지되었

으며, 1921년 대조전을 재건할 때에도 지속되어 현재에 이르고 있다. 대조전의 서익각 융
경헌은 홍복헌과 대칭 구성을 한다. 마루 여덟 칸 반, 온돌 세 칸 반이 있고, 또 남쪽으
로 서월랑이 툇간과 합해서 아홉 칸이 있다.

양심합 養心閤

> 침전에 머문 왕이 여기서 신하들을 불러 만났다.
> 앞에 희정당이 있어서 신하들이 접근하기 쉬웠다.

대조전의 남월랑 동남 모서리에 있다. 외형상으로는 대조전 남월랑의 모서리 일
부에 지나지 않지만, 그 위치가 갖는 특수성 덕분에 창덕궁 안에서 각별한 쓰임을 가진
곳이다. 양심합 앞에는 희정당과 희정당 동쪽 담장이 가로놓이면서 작은 마당을 형성한
다. 담장에는 희정당에 바짝 붙어서 장순문이 있어서 이 문을 통해 희정당에서 양심합으
로 쉽게 이동할 수 있었다. 이런 위치 관계 때문에 양심합은 왕이 편하게 신하들을 만날
수 있는 곳이었다. 실제로 현종에서 숙종, 영조에 이르는 역대 왕들은 양심합에 나와서
침을 맞거나 뜸을 뜨면서 신하들과 접견했다. 또 서울에 올라온 지방관들을 여기서 직접
만나보기도 했다. 특히, 현종은 건강이 좋지 않았던 재위 10년 이후에는 자주 양심합에
서 대신들을 만나 나랏일을 논의했으며, 현종 15년인 1674년에 왕이 숨을 거두자 아들
숙종은 양심합을 거처로 삼아 반달 정도를 이곳에서 지냈다. 1677년[숙종 3] 1월에는 좌의
정이 날씨가 차가워 법전에서 경연을 할 경우 몸을 상할 우려가 있다면서 양심합에서 경
연할 것을 청한 대목이 『승정원일기』에 보인다. 왕은 "양심합이 신하들을 불러 만나보는
소대[召對]에는 적합하지만, 내전과 가까워 말소리가 들릴 수 있어서 여기서 경연을 하는 것
이 마땅치 않다"고 했지만, 대신들이 계속 주장하여 왕의 승낙을 받는 내용도 보인다. 이
런 기사들로 미루어 양심합은 비록 격식을 갖춘 장소는 아니지만, 편하게 왕이 대신들과
국사를 논의하거나 학사들로부터 강론을 듣기에 편한 장소로 쓰였음을 알 수 있다. 한
편 순조 때에는 왕의 생모인 가순궁[수빈 박씨]이 양심합에 거처할 일이 있었다. 가순궁은 후

궁 신분이었기 때문에 왕대비가 있을 때는 순조 곁에 가까이 가지 못했지만 대비들이 다 세상을 떠난 이후에는 양심합에 머물면서 순조의 식사까지 일일이 챙겼다고 한다.

징광루澄光樓 　내전 깊은 곳에 마련한 2층 누각이었다. 　　　　　　　　(지금 없음)
　　　　　　　왕실 가족들이 누각에서 휴식을 즐겼다.

　　대조전의 서북쪽에 세워진 2층 누각이다. 침전 가까이에 2층 누각을 세운 것은 조선 전기 경복궁에서도 유례가 없던 모습인데, 언제 처음 지어졌는지는 불분명하다. 1647년 인조반정으로 소실된 내전을 재건할 때에는 지어졌으므로 늦어도 17세기 초기 이전에는 있었다고 보아야 할 것이다. 1647년 재건 시의 규모는 '상하층 합해서 마흔 칸'이며, 하층 어칸 마루 네 칸은 모란반자에 툇마루가 열네 칸, 온돌이 두 칸에 지반자로 되고, 상층은 마루 네 칸에 모란반자이고, 툇마루가 열세 칸 반이라고 명시했다. 기록으로 보아, 징광루는 아래층은 가운데 마루가 있고 그 곁에 온돌방을 갖추고 사방이 툇마루가 돌아가고, 상층은 하층보다 면적이 작아서 마루가 네 칸 있고 사방에 툇마루가 돌아가는 모습이었다고 추정된다. 이 기사로 미루어 징광루는 하층이 정면 다섯 칸에 측면 네 칸이고, 상층은 정면 다섯 칸에 측면은 두 칸 정도가 아니었나 추정된다.

　　징광루는 내전의 깊숙한 곳에 위치했다. 징광루로 오르는 진입은 대조전의 서북쪽 익사에서 천랑을 통해 올라가거나 대조전 서행랑에서 올라가도록 되어 있었다. 따라서 징광루는 왕과 왕비가 내전 안에서 2층 누각에 올라 주변을 내려다보며 바람을 쐬기에 알맞은 모습을 보여준다. 또한 대조전 서행랑인 영휘당이나 옥화당에 거처했다고 짐작되는 왕실의 어린 가족들도 이곳에 올

1834년 그려진 『창덕궁영건도감의궤』의 징광루 부분

라 주변을 구경했다고 짐작된다. 본래 궁궐에는 2층 누각이 제법 있어서 왕이 신하들과 연회를 열기도 하고, 때로는 외국 사신을 접대하기도 했다. 경복궁의 경회루가 대표적인 곳이며, 창덕궁에도 15세기 이전까지 광연루가 있어서 그런 기능을 맡았다. 그러나 16세기 이후 광연루가 사라지면서 창덕궁에서 2층 누각은 징광루가 유일한 전각이 되었다. 다만, 징광루는 일반 신하들이 접근할 수 없는 내전의 깊은 곳에 있었기 때문에 이곳에서 왕이 신하들과 연회를 열 수 있는 여건은 갖추어지지 않았다. 징광루 하층은 광세전光世殿으로 불리다가, 숙종 때 경훈각으로 이름을 고쳤다.

징광루는 1917년 창덕궁 내전 화재 시 소실되었다. 이후 1921년 대조전, 희정당 등이 재건될 때 징광루 2층 누각은 복구되지 못하고 단층 전각이 지어지면서 경훈각 당호를 이었다.

경훈각景熏閣

왕실 가족들이 휴식하던 곳인데,
순종 황제 때 황후의 서재로 고쳤다.

징광루 누각이 있을 때 그 하층은 경훈각이라 편액했다. 경훈각은 온돌방이 있었으므로 아마도 추운 겨울철에 이곳을 일종의 별당처럼 이용했을 가능성이 있다. 또한 옥화당 등에 거처하던 나이 어린 왕자나 공주, 옹주들과 왕실 가족이 즐거운 시간을 보냈을 수도 있다. 1917년 징광루가 불에 탄 후에 1921년 경훈각 건물만 복구되었으며 용도도 이전과 달리 왕비의 서재로 바뀌었다. 새로 지어진 경훈각은 경복궁 만경전의 자재를 활용했으며 규모도 정면 아홉 칸, 측면 세 칸이 되었다. 가운데 세 칸의 대청을 두고 좌우 두 칸씩 온돌을 두었으며, 대청 벽에는 대형 벽화를 그려넣었다. 그림

1921년 복구된 경훈각은 서양식으로 내부를 고치고 대청의 벽에는 벽화를 그려 넣었다.

은 중국 전설을 소재로 하여 동쪽은 신진 화가 노수현盧壽鉉(1899~1978)이 공자가 천도복숭
아를 들고 있는 내용을 그린 〈조일선관도〉朝日仙觀圖, 서쪽은 신선이 바다를 가리키며 바
다가 뽕나무밭으로 변하도록 오래 사는 내용을 담은 〈삼선관파도〉三仙觀波圖로 역시 신
진 화가 이상범李象範(1897~1972)이 그렸다. 창문도 두 짝을 한 편으로 밀어 겹쳐지게 여닫는
미세기 유리창으로 개조하고 커튼 박스를 다는 등 서양식으로 고쳤다.

옥화당玉華堂

나이 어린 왕자와 공주들이
지내던 곳으로 추정된다.

(지금 없음)

징광루에서 서쪽으로 연접한 행랑의 서쪽 끝 부분이다. 1917년 화재 후 다
시 지어지지 않았다. 〈동궐도〉에는 징광루의 서쪽으로 네 칸 정도 남향한 건물이 있
고, 지붕 위에 영휘당에 이어 옥화당이란 당호를 적었다. 〈동궐도형〉에 그려진 옥화당
은 〈동궐도〉와는 약간 형태가 달라서 대청 세 칸이 있고, 서쪽에 전면, 측면 각 두 칸
의 방이 갖추어진 모습이다. 19세기에 와서도 이 부분은 건물에 변화가 계속 나타났
음을 알 수 있다. 효명세자의 글 중에는 옥화당에서 누이동생 명온공주와 지낸 일을
언급한 기사가 보여서 왕자와 공주들이 어렸을 때 이곳에 거처한 것으로 추정된다.

영휘당永輝堂

왕실 가족들이 휴식하던
경훈각과 이어져 있었다.

(지금 없음)

징광루의 서쪽 월랑으로, 경훈각 건물과 연접해 있었다. 1917년 화재 후 다시 지
어지지 않았다. 〈동궐도〉에는 정면 두 칸에 전면에 창문이 설치된 모습이 묘사되고, 하
부에 온돌 아궁이가 그려져 있다. 〈동궐도형〉에서는 징광루 옆 한 칸 방을 영휘당으로
표기한 듯하여 변화가 엿보인다.

청향각 淸香閣

왕의 서재 또는 휴식처로
추정된다.

청향각은 홍복헌의 동쪽 끝에서 북쪽으로 꺾인 일곽에 마련되어 있었다. 용도는
왕의 서재가 아니었을까 여겨진다. 1921년 대조전 일곽이 다시 지어지면서 재건되어 지금
도 건물이 있다. 본래는 대청과 방이 갖추어져 있었지만, 다시 지어지면서는 선체 마루가
깔리고 청향각 앞에는 이발 시설을 갖춘 시설이 들어서면서 왕의 휴식 용도로 달라진 듯
하다.

함원전 咸元殿

순종 황제 때
왕의 서재로 새롭게 지어졌다.

1921년 대조전이 재건되면서 새롭게 지어진 전각이다. 용도는 왕의 서재였다. 대
조전의 동북 모서리에서 북쪽으로 정면 여섯 칸, 측면 두 칸에 북쪽 끝에서 동쪽으로 두
칸 꺾여 있다. 경복궁 교태전 동북 익각인 건순각을 헐어 그 자재로 지어진 것으로 판단된
다. 내부는 사방 두 칸 크기의 온돌방이 세 군데 정도 마련되고 퇴가 방 바깥쪽으로 돌
아가는 형태로, 19세기 말 이후 궁궐 침전에서 나타나는 시대 특징을 반영한 평면구성이
다. 서북 모서리 부분에는 가퇴가 달리고, 가퇴 상부는 구리로 만든 지붕이 씌워져 있다.

집상전 集祥殿

대비가 거처하는 전각이다.
현종이 모후 인선왕후를 위해 지었다.

(지금 없음)

연혁

1667년(현종 8)에 현종이 모후(효종 비 인선왕후)를 위해 지은 대비전이다. 대조전에 인접
해서 동북쪽에 세웠다. 현종이 즉위했을 때 왕실에는 대왕대비 장렬왕후(인조 비)가 생존해

있으면서 만수전을 거처로 삼고 있어서 대비인 인선왕후는 통명전에 머물고 있었는데 왕은 모후를 더 가까이 두고 모시고자 하여 집상당이라는 건물 터에 새 건물을 지었다. 집상전이라는 전각은 조선 초기 세조 때에도 창덕궁에 있었고, 세조는 이 건물에서 중신들을 만나 크고 작은 나랏일을 처리하곤 했다. 17세기에는 대조전 인근에 열 칸 규모의 집상당이라는 건물이 있었다. 새로 지은 집상전은 이 집상당 터에 지었다고 하며 이를 위해 경덕궁의 집희전을 철거하여 그 자재를 가져와 건물을 지었다.

인선왕후는 건물이 완성되고 집상전에 들어가 거처로 삼았다. 대조전에 머물던 현종은 마침 병환을 앓던 모후를 밤낮으로 찾아가 시봉(侍奉)했다고 한다. 인선왕후 승하 후의 집상전은 숙종의 모후(현종 비 명성왕후)가 거처로 삼았다. 즉, 집상전은 현종과 숙종 두 왕의 재위 중에 모후의 거처로 쓰인 것이다.

집상전에는 왕실에서 가지고 있던 소중한 유품이 보관되어 있었는데, 선조가 사용하던 옥대가 보관되어 있어서 명성왕후가 이 옥대를 아들 숙종에게 주어서 숙종이 이를 차고 조참에 나갔다고 하며, 영조도 문과전시 때 이 옥대를 두르고 사람들 앞에 나갔다고 한다. 집상전은 1833년 창덕궁 내전이 소실될 때 함께 불에 탄 것으로 보이며, 이후 재건되지 못하고 사라지고 말았다.

사건과 인물

상복을 1년 입을지 9개월 입을지 논란을 부른 인선왕후의 국장 | 집상전을 거처로 삼았던 효종 비 인선왕후는 1674년(현종 15)에 57세로 경희궁 회상전에서 승하했다. 당시 왕실에는 대왕대비인 인조 비 장렬왕후가 생존해 있었으므로, 국장 때 대왕대비인 장렬왕후가 상복을 언제까지 입어야 하는가 하는 '예송 문제'가 대두되었다. 이것은 서인과 남인 간의 권력 다툼이 상복 문제로 표출된 것이었다. 그 전에 효종의 국장 때는 효종을 왕위를 계승한 장자로 보아 3년간 상복을 입어야 한다는 남인의 주장과 효종은 둘째 아들이므로 1년간 상복을 입어야 한다는 서인의 주장이 대립했다. 그때 정권을 쥔 서인의 주장

이 받아들여져 1년간 상복을 입는 것으로 결정되었는데, 이번에도 서인들은 인선왕후가 둘째 아들의 며느리이므로 9개월간 상복을 입어야 한다고 주장하고, 남인은 장자의 며느리로 보아 1년간 입어야 한다고 주장했다. 이는 국왕의 정통성에 도전하는 문제였으므로 현종은 서인 세력의 주장을 물리치고 1년 상복을 밀어부쳤다. 아울러 정권도 남인의 손에 넘어오게 되었다. 집상전은 국왕의 생모가 거처하던 대비전이었다는 점에서 정치적 긴장감을 유발하는 전각이었던 셈이다.

며느리를 먼저 저세상으로 떠나보낸 장렬왕후는 당시 51세로 며느리보다 여섯 살이나 적었다. 장렬왕후가 15세에 인조의 계비로 들어왔기 때문에 이런 역전이 발생했던 것이다. 이후 장렬왕후는 1683년(숙종 9) 손자며느리인 현종 비 명성왕후의 죽음도 지켜봐야 했고, 그로부터 5년 후인 1688년에 65세로 숨을 거두었다.

집상전의 금 그릇 도난 사건 | 1763년(영조 39), 주인 없이 비어 있던 집상전에 도둑이 들어 100년 동안 간직해두었던 금·은그릇 등이 없어지는 사건이 벌어졌다. 그 그릇은 심양에서 가져온 것이라고 하므로 세자들이 심양에 볼모로 지내다가 돌아올 때 챙겨온 것들로 추정된다. 왕이 즉각 범인 탐색을 시작하여 내시로 있던 사람의 종들의 소행임을 밝혀냈다. 당연히 종들이 엄한 형벌을 받았고, 또 그 물건을 시중에 내다팔려고 했던 주인인 내시도 매를 때리고 종으로 삼아 흑산도에 보냈다. 이 집상전 도난 사건은 왕실이 죄인을 엄히 처벌하는 전례로 전해져서 30여 년 뒤 정조는 죄인을 감쌌다는 이유로 아끼던 원로대신 채제공을 파직하면서 '집상전 금그릇 일'을 언급했다.

건물

현재 집상전 건물은 없어져서 그 모습은 〈동궐도〉에서만 그림으로

〈동궐도〉의 창덕궁 집상전

볼 수 있다. 그 그림에 의하면, 집상전은 대조전의 바로 동북쪽 인접한 곳에 자리 잡고 있다. 전체적인 건물의 형태는 대조전과 거의 흡사하여 집상전이 대조전에 버금가는 높은 격식을 지녔음을 알 수 있다. 우선, 이 건물은 대조전과 마찬가지로 전면에 커다란 월대를 갖추고 있다. 또 건물은 가운데 세 칸이 높고 좌우가 이방처럼 지붕이 낮게 연결되어 대조전과 동일한 형식이다. 또한 이 건물도 용마루가 없는 무량각 구조이다. 건물 서쪽 마당에는 기이한 형상의 괴석이 셋 놓여 있고, 그 뒤에는 늘어진 가지를 자랑하는 소나무가 세 그루 서 있는데 둘은 큰 화분에 심어져 있다. 물항아리인 드므도 둘이나 보인다. 괴석이나 소나무를 둔 점에서는 대조전보다 더 운치가 있는 모습이다. 이러한 집상전의 모습을 통해 모후에 대한 현종이나 숙종의 각별한 효심을 읽을 수 있다.

수정전壽靜殿

왕대비가 거처하던 곳인데 대조전 뒤 한 단 높은 곳에 있었다. (지금 없음)
고종이 함녕전이라 이름을 짓고 왕의 거처로 삼으려 했다.

연혁

창덕궁의 왕대비 처소 일곽이다. 수정전은 본래 명칭은 수정당이었지만, 효종 때 건물을 수리하고 '수정전'으로 고쳤다. 위치는 선정전 뒤에 있던 별당인 옥화당의 북쪽 언덕 위에 남향해 있었다. 동남 방향으로 대조전을 내려다볼 수 있는 곳이었다. 왕이 승하하면 왕비는 왕대비의 신분이 되면서 대조전을 다음 왕비에게 물려주고 자신은 수정당으로 거처를 옮겼다. 건물 이름에 목숨 수壽 자가 들어 있는 것은 이 건물이 현역에서 물러난 사람이 머무는 곳임을 상징한다.

창건 시기는 알 수 없다. 수정당은 17세기 초 인조반정 시에 인근 전각이 모두 불에 탈 때 소실을 면했다고 『궁궐지』에 기록되어 있다. 따라서 이 건물은 적어도 광해군 때 창덕궁을 재건할 당시에도 존재하고 있었으며, 아마도 16세기 이전부터 창덕궁에서 왕대비가 머무는 전각으로 존속해왔다고 판단된다. 고종은 수정전을 자신의 거처로 삼으려는 의도에서 크게 고치고 주변에 별당을 증축하면서 수정전을 함녕전, 별당을 집옥재로 고쳤지만 실제 사용하지 못했고 이후 건물을 철거하여 이전했다.

사건과 인물

비어 있어서 화재를 면한 수정전 | 효종은 즉위하면서 왕대비인 장렬왕후를 극진히 모셨다. 애초 장렬왕후는 창경궁의 통명전을 처소로 삼았다. 그러나 통명전 주변에서 흉물이 나온다는 이야기가 나오면서 효종은 1654년 즉위 5년에 본래 왕대비전인 수정당을 수리하도록 하고 이곳을 왕대비 처소로 삼았고, 이듬해에는 당호를 수정전으로 고치도록 했다.

그러나 수정전에 장렬왕후가 들어가는 일은 없었다. 수정전이 터가 가파르고 비좁다는 이유로 인정전 서쪽에 만수전이라는 장대한 전각을 지어 장렬왕후가 거처하도록 했기 때문이다. 뒤를 이은 현종은 대조전 북쪽에 따로 효종 비 인선왕후仁宣王后(1618~1674)를 위하여 집상전을 짓고, 숙종 때 만수전에 화재가 나 전소되자 경종은 그 자리에 숙종의 계비 인원왕후仁元王后(1687~1757)를 위해 경복전을 지었다. 이 사이에 수정전은 줄곧 빈 전각으로 남았다.

왕대비 처소로 가장 먼저 지어진 수정전이 있는데도 불구하고 효종, 현종, 경종 등 역대 왕들이 별도의 대비전을 계속해서 지은 이유는 수정전의 위치가 옥화당 북쪽의 높은 언덕 위에 있고, 또 전각이 비좁았던 탓으로 볼 수 있지만, 그보다는 효종 이후 증대된 왕대비의 위상이 과거의 체제를 연상시키는 수정전 거처를 기피했기 때문으로 생각할 수 있다. 본래 궁궐에서 대비의 존재는 허울뿐인 것이고 현실적인 권력 구조에서 벗어나 있었다. 그러나 조선 후기에 들어와 궁중에서 대비의 위상이 높아지면서 대비들이 수정전 대신 다른 전각을 처소로 삼게 되었다. 수정전은 밀집해 있던 내전 건물과 어느 정도 거리를 두고 높은 곳에 있어서 화재로부터 덜 위험한 데다 거주하는 사람이 없었기 때문인지 19세기 중엽까지 온전히 남아 있었다.

고종, 수정전을 함녕전으로 고치다 | 고종은 즉위 초 5년 정도 창덕궁에 있다가 부친 흥선대원군의 주도로 경복궁이 지어지자 그곳으로 옮겨갔지만 경복궁보다 창덕궁을 선호했다. 대원군이 실각하고 불과 한 달여가 지난 1873년(고종 10) 12월에 거처를 창덕궁으로 옮긴 왕은 다음날 대신들에게 "이 대궐이 좁기는 하지만 환어하여 밤을 지내고 보니 내 마음이 대단히 기쁘다. 참으로 열성께서 임어하셨던 곳이기 때문이다"라고 술회할 정도였다. 이후에 여러 차례 창덕궁과 경복궁을 옮겨 지낸 고종은 1881년(고종 18)에 수정전을 중건할 것을 명했는데, 이때 동별당, 남별당을 짓도록 하고, 수정전의 명칭을 함녕전咸寧殿으로 고치고 동별당은 연복당衍(延)福堂, 남별당은 정선당正善堂으로 고치도록 했다. 함녕전으로 새로운 전각명을 얻은 수정전은 건물의 상량문上樑文을 당시 척신戚臣의 한 사람이던 민태호閔台鎬(1834~1884)에게 맡길 만큼 비중이 높았다. 또한 북별당을 짓도록 하고 당호를 집옥재集玉齋로 했다. 공사 도중에 화재가 났지만 다시 공사를 벌였다. 아마도 고종은 이 건물들을 자신의 거처로 삼으려고 한 듯하다. 그러나 이듬해인 1882년(고종 19) 6월에 가서 왕은 함녕전 공사를 중지하도록 명했는데 직접적 계기는 임오군란壬午軍亂이었다. 처우에 불만을 품은 군인들이 난을 일으켜 창덕궁으로 난입하고 대원군이 다시 정계에 복귀하는 사태가 벌어지면서 공사는 중지되었다. 이후에 고종은 창덕궁과 경복궁으로 거처를 옮기기를 반복했으며, 함녕전도 어느 정도 건물이 갖추어진 듯한데, 1891년(고종 28)에 와서 함녕전의 여러 전각을 옮기도록 하는 왕명이 『고종실록』高宗實錄에 등장한다. 옮기는 곳은 경복궁이었지만, 그 위치는 불분명하다. 이렇게 해서 오랜 역사를 지녔던 창덕궁의 수정전은 자취를 완전히 잃고 말았으며, 지금도 그 자리는 빈터로 남아 있다.

건물

〈동궐도〉에 묘사된 수정전 건물은 정면 여섯 칸으로 묘사되어 있으며 가운데 두 칸의 대청을 두고 좌우 대칭으로 온돌방이 있다. 통상 정전의 가운데 대청은 세 칸이 기본이지만 여기서는 두 칸만 갖추어서 격식을 한 단 낮추었다. 대청은 전면에 툇간을 마런하고 툇간은 개방된 상태이다. 대청 앞으로는 계단이 마련되어 있는데 그 모습은 세 방향에서 오를 수 있도록 한 특이한 형태를 취하고 있다. 본래 정전의 앞에는 월대를 두는 것이 일반적이지만 여기서는 월대는 마련되지 않았지만 특이한 형태의 계단을 두었다. 더욱이 그림에 의하면 계단 상부에서 건물의 대청마루로 가기 위해서는 별도로 마련한 목재의 발판을 거지도록 했다. 아마도 계단을 이루는 석조부는 정전 대청의 툇간과 분리되어 있어서 여기에 발판이 필요했다고 추측되는데, 이런 특이한 모습을 만든 이유는 잘 알 수 없다.

　기단 앞으로 장초석이 기둥 하부 또는 전면에 설치되어 툇간의 하부 기둥을 이루고 있고, 그 안쪽 기단 면에 아궁이가 설치된 모습이어서 대조전이나 숭문당 등과 동일한 구조를 이루고 있다. 정전의 좌우로는 이방이라고 부를 수 있는 지붕이 낮은 행랑이 좌우에 두 칸씩 딸리고, 양 끝에서 남쪽으로 각각 동서 월랑이 남쪽으로 길게 뻗어 있다.

　수정전 남월랑의 출입문은 영훈문迎薰門이며, 북쪽 담장의 동북 모서리에는 읍청문挹淸門이 있어서 이 두 문이 남북의 주 출입구 역할을 한다. 동월랑의 출구를 나오면 동쪽 담장에 금광문琴光門이 나 있는데, 이 문을 나서면 후원으로 통한다. 〈동궐도〉의 그림으로 보아도 수정전은 창덕궁 내전 일곽과도 동선이 잘 연결되지 않는 데다 내전보다 높은 곳에 위치하여 있고 후방 삼면이 언덕으로 둘러싸여 있어서 약간 외따로 떨어진 느낌이 있다. 더욱이 대조전과는 동선이 복잡하게 얽혀 있어서 접근도 쉬워 보이지 않는다. 아마도 이런 폐쇄적인 구성은 처음부터 의도된 것으로 추정되며, 중전에게 대조전을 물려준 왕대비의 위상을 고려한 결과였다고 볼 수 있다.

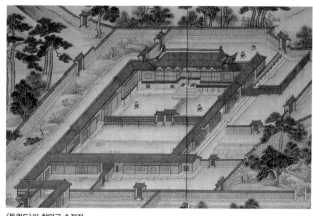

〈동궐도〉의 창덕궁 수정전

가정당嘉靖堂

순종 황제를 위한 별당으로
1920년대 시내가 내려다보이는 곳에 지었다.

현재 대조전 북쪽, 후원 진입부 왼편에 별도의 담장 안에 놓여 있는 건물이다. 본래 수정전이 있던 위치에서 약간 북쪽에 해당된다. 1925년 『시대일보』時代日報 기사에 의하면, 이해 6월에 순종과 순종 비를 위해 후원 높은 곳에 가정당을 지어 두 분이 소요하며 휴식할 수 있는 정자를 지었다는 내용이 있다. 신문 기사에 의하면 이 건물에 앉아서 창밖을 내다보면 서울 시내가 일목요연하게 보인다고 하며 짓는 데 수만 원의 건축비가 들었다고 했다. 따라서 이 건물은 순종 황제의 휴식처로 지어졌음을 짐작할 수 있다.

현재의 건물은 정면 다섯 칸, 측면 두 칸 규모이며, 가운데 세 칸 대청을 두고 좌우에 온돌방이 갖추어져 있다. 건물 앞으로 넓게 공터가 트여 있고, 주변은 수목이 둘러싼 가운데 사방이 별도의 담장으로 둘러싸여서 아늑한 별세계를 이룬다.

덕수궁에 같은 이름의 건물이 석어당 뒤편에 있었는데, 정면 여섯 칸에 측면 두 칸 규모였다. 1904년의 덕수궁 화재 때도 불에 타지 않았다고 하는데, 창덕궁에 지은 가정당이 덕수궁의 건물을 옮겨온 것인지 아니면 새로 창건한 것인지는 불분명하다.

가정당은 1960년대 이후 정부에서 연회를 열 때 종종 이용했으며, 1970년대 초에는 각종 행사장으로도 쓰였다. 가을 단풍이 아름답고 건물 앞 잔디가 잘 가꾸어져 있어서 서울 시내 몇 안 되는 접대장소로 활용되었다. 그러나 1970년대 말 창덕궁을 정비한 이후에는 개방을 제한하고 건물의 유지 관리에 힘을 기울이고 있다.

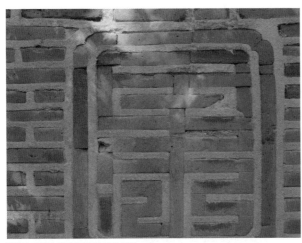

창덕궁 가정당 담에 장식한 글자 문양

성정각 | 관물헌 | 대종헌 | 중희당 | 유덕당 |
삼삼와 | 승화루 | 문화각 | 연영합

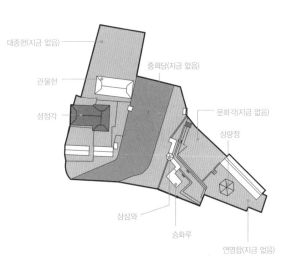

대종헌(지금 없음)
중희당(지금 없음)
관물헌
성정각
문화각(지금 없음)
상량정
삼삼와
승화루
연영합(지금 없음)

희정당 동쪽에 인접해 있는 성정각은 숙종 이후 동궁, 즉 왕세자가 사용하던 건물이다. 성정각 뒤에는 부속 건물인 관물헌이 있다. 현재 성정각의 동쪽 담장 밖은 후원으로 넘어가는 넓은 길이 되어 있고, 길 건너에는 육각형의 정자를 끼고 담장이 나 있다. 이 담장 너머에 왕세자가 공부하던 서재인 승화루가 있다. 따라서 성정각에서 승화루 사이는 넓은 영역에 걸쳐 왕세자의 거처였다. 이 일대의 중심 전각은 동궁 정당인 중희당인데, 중희당이 있던 곳은 지금 후원으로 가는 넓은 길 한가운데이다. 중희당을 중심으로 서쪽에 서재인 성정각이 있고, 동남쪽에도 서재로 지은 승화루가 있었던 셈이다. 또 승화루 뒤에는 역시 왕세자 거처 겸 서재인 문화각과 연영합이라는 건물이 있었다. 현재는 중희당이나 문화각, 연영합은 모두 사라지고 없다. 〈동궐도〉에는 중희당의 당당한 모습과 그 서쪽의 문화각, 연영합이 그려져 있다.

이외에도 대종헌과 유덕당이 있었으나 지금은 없고, 중희당 동쪽 삼삼와와 승화루가 〈동궐도〉의 모습대로 남아 있다.

관람 포인트

성정각의 누마루
숙종이 어린 왕세자가 공부에 전념할 수 있도록 한 배려가 엿보인다. 가장 돋보이는 곳은 보춘정. 희우루라는 편액을 단 누각이다. 이 일대는 낮은 건물들이 연이어 있어서 바람이 잘 통하기 어려우므로 일부러 높은 다락(누각)을 지어 바람도 잘 통하고 주변을 내려다볼 수 있게 했다.

어린 세자가 공부하던 관물헌 실내
관물헌은 책을 소장하고 세자가 스승의 가르침을 받던 공부방이다. 대청이 넓고 양옆 온돌방은 다락이 비치되어 있다. 온돌방은 장지문으로 칸막이가 있었다. 효명세자는 여기서 여덟 살 때 『소학』과 『격몽요결』을 익혔다고 한다.

죽향소축
(대종헌 추정)

유덕당

유여청언
(관물헌)

문화각

연영합

성정각

삼삼와

중희당

승화루

대종헌(없음)

관물헌

성정각

승화루

유덕당(지금 없음)

중희당
(지금 없음)

삼삼와

문화각(없음)

연영합(없음)

상량정

성정각誠政閣

왕세자가 공부하던 곳으로 숙종 때 지은 건물이다.
효명세자의 입학식 행사가 치러졌다.

연혁

세자 주연소冑筵所, 즉 왕세자가 공부하는 곳이며 왕세자와 관련된 각종 의례가 있을 때 이곳에서 행사를 치렀다. 주冑는 왕의 맏아들을 가리키는 말이다. 정확한 창건 연대는 확인이 안 되지만 숙종이 왕세자를 책봉한 1690년(숙종 16) 이후 얼마 지나지 않은 시점으로 추정된다. 후에 묘호를 경종景宗이라고 한 세자가 책봉되었을 때 나이는 세 살이었다. 숙종은 성정각을 짓고 나서 '세자의 몸가짐을 경계하는 열 가지 글'을 지었다. 어른에게 문안 드리는 일, 어진 선비를 가까이하는 일, 강학講學에 힘쓰기, 혼자 있을 때 조심할 일, 안일에 빠지지 않도록 하는 일, 충언을 좋아하는 일, 참설讒說을 미워하는 일, 희로를 삼가는 일, 검약을 숭상하는 일, 상벌을 분명히 하는 일을 일깨우는 글이었다. 희정당의 남쪽에 위치하며, 협양문을 들어서서 동쪽 협문 안쪽에 자리 잡았다. 성정각은 희정당과 거의 인접해 있었기 때문에 왕이 세자를 가까이에 두고 자주 만날 수 있는 이점을 지녔다.

본래 창덕궁의 동궁전인 저승전은 대내 동편 외진 곳인 건양문 밖에 있었다. 성정각을 희정당 바로 동편에 새로 지은 것은 세자를 대내 가까이에 두려는 의도에서 비롯된 것으로 볼 수 있다. 세자를 위한 전각이지만 세자가 없는 기간에는 왕이 이곳을 편전처럼 이용했다.

세자 신분으로 성정각 건물을 가장 적극 활용한 사람은 효명세자였다. 효명세자는 성정각에서 입학례를 치렀고, 대리청정을 맡은 1827년부터 3년 동안 여기서 신하들을 접견하고 학문을 익혔다. 이 기간에 세자는 관물헌 뒤에 대종헌을 비롯한 몇 개 작은 건물들을 짓고 소박한 건물에서 계절을 따라 변하는 수목과 꽃나무를 노래한 시를 남겼다. 이 일대 건물은 1907년 순종 황제 이어 이후에 주변 건물들이 철거되고 성정각과 관물헌만 남게 되었다. 이때 성정각은 약을 제조하고 황실 가족을 진료하는 의원으로 활용했다. 그 때문에 이 일대는 지금도 내의원으로 알려졌지만, 그것은 근대기의 짧은 기간 일이었고, 조선 후기 내내 왕세자의 학문소로 왕세자와 관련한 다양한 의례와 정치가 펼쳐진 곳이었다. 성정각은 창덕궁 내 얼마 없는 숙종 때 지어진 건물이다.

행사

효명세자의 입학식 ┃ 성정각이 가장 돋보이던 때는 여기서 효명세자의 입학식이 거행된 날이었을 것이다. 순조의 맏아들로 일찍부터 총명함이 돋보였던 세자는 9세 되던 1817년 3월에 입학례를 치렀다. 왕세자의 성장 과정에서 치르는 첫째 의식은 '세자 책봉'을 하는 것이고, 어린아이의 단계를 지나 본격적으로 학습을 시작하는 '입학례'가 두 번째이며, 성인이 되는 '관례'가 세 번째, 다음은 혼인을 하는 '혼례'가 될 것인데, 입학례는 왕세자의 학식과 인품을 닦는 의미에서 각별한 것이었다. 입학례는 우선 왕세자가 성균관에 가서 공자의 신위를 모신 대성전에 나아가 성현에게 술을 올리는 의식에서 시작

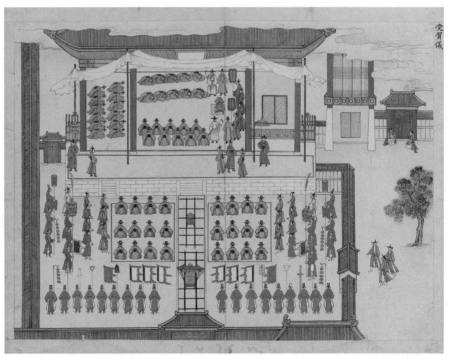

《왕세자입학도첩》에 실린 〈왕세자수하도〉. 세자가 입학례를 마치고 창덕궁 성정각에서 신하들에게 축하를 받는 모습을 그렸다.

된다. 이어 명륜당에서 스승에게 예물을 올리는 수폐의修幣儀를 치른다. 수폐의에는 스승에게 가르침을 청하는 절차가 있다. 당시의 스승은 대제학 남공철南公轍(1760~1840)이었으며, 교재는 『소학』小學이었다. 『소학』의 내용을 두고 세자가 질의를 하면 스승이 답을 해주는 의례이다. 문답을 나누고 나서 세자는 궁으로 돌아와 성정각에서 신하들로부터 축하 인사를 받았다. 왕세자가 동쪽 계단으로 해서 방 안에 들어오고, 종친과 2품 이상 문무관원들이 서쪽 계단으로 해서 방 안으로 들어와 두 번 절을 올리고 관리가 세자의 덕을 치하하는 글을 낭독하고 나면 3품 이하 관원들이 뜰에서 두 번 절을 올리는 것으로 행사를 마친다. 입학례 때는 시종하는 사람과 선비 등 구경하는 사람들이 수천 명이나 되었고, 모두 목을 길게 늘이고 손을 모아 세자를 송축했다고 하며, 왕은 이튿날 인정전에서 세자의 입학을 알리는 교서를 반포하고 참여자에게 상을 내렸다. 또 그 행사를 그림으로 그린 《왕세자입학도첩》王世子入學圖帖을 만들었는데 지금 고려대학교박물관에 소장되어 있다. 《왕세자입학도첩》은 모두 여섯 쪽의 그림으로 되어 있으며, 앞의 다섯 그림은 출궁

창덕궁 성정각

도와 문묘에서 치른 의례이고, 마지막 여섯째 그림이 성정각에서 거행된 〈왕세자수하도〉王世子受賀圖이다.

건물

숙종 때 지은 건물이 지금 남아 있다. 전체는 ㄱ자형이며, 몸체 정면 다섯 칸에 측면 두 칸이 있고 몸체 동편에 2층 누각 정면 한 칸, 측면 세 칸이 붙어 있는 모습이다. 몸체는 서쪽부터 방 한 칸, 대청 한 칸, 방 두 칸이 되고, 동쪽 끝은 작은 부엌이 마련되어 방에 불을 넣는 아궁이를 두었다. 각방은 저마다의 기능이 있었을 것이지만 구체적으로 어느 방에서 어떤 일이 진행되었는지는 잘 알 수 없다. 몸체 동쪽에 붙은 누각은 남쪽에 '보춘정'報春亭이라는 현판을 걸었다. 이 동루 건물은 아래층은 한 길 높이로 잘 다듬은 돌기둥을 올리고 상층은 계자각이라는 화려하게 치장을 한 난간을 돌렸다. 동루 위에 올라서면 주변이 한눈에 들어온다. 누각 위에 올라 시원한 바람을 쐬고 경치를 보면서 공부로 피로해진 심신을 달래라는 뜻으로 건물을 세운 듯하다. 세자를 아끼는 부왕의 마음이 읽혀진다.

성정각 남쪽에는 어진 이를 맞이한다는 뜻을 가진 '영현문'迎賢門이 있고, 좌우에 월랑이 마련되어 있다. 지금 영현문은 한 칸의 작은 문이지만 지붕은 좌우 월랑보다 한

〈동궐도〉의 창덕궁 성정각

창덕궁 성정각의 내부 온돌방

단 높은 솟을지붕으로 되어 있다. 그러나 〈동궐도〉에는 이 부분이 좌우 월랑과 같은 높이의 평지붕으로 되어 있다. 또 월랑 동쪽은 〈동궐도〉에는 담월루라는 한 칸의 누각과 양성재라는 ㄱ자로 꺾인 작은 부속채가 묘사되어 있는데, 현재는 一자형의 네 칸 월랑이 있다. 이 부분은 20세기에 들어와 달라진 것으로 보이는데, 순종 황제가 창덕궁에 거처하면서 성정각을 내의원으로 사용한 것이 계기가 된 것으로 추정된다. 현재 네 칸 월랑에는 왕의 약을 지어 왕의 몸을 보호한다는 의미의 '조화어약'調和御藥, '보호성궁'保護聖躬이라는 현판이 걸려 있어서 이곳에서 순종에게 올리는 약을 다린 것으로 짐작된다.

관물헌觀物軒

왕세자를 위해 서적을 보관하던 곳이다. 효명세자가 다섯 살 때 여기서 천자문을 익혔다.

성정각의 부속 건물이다. 성정각의 북쪽에 있으며 왕세자를 위해 서적을 보관하고 학업을 닦을 목적으로 지은 건물로 보인다. 건물이 언제 처음 지어졌는지는 명확하지 않은데, 숙종 때 지은 『어제궁궐지』에는 성정각만 나오는 것으로 미루어 영조 이후에 지어진 것으로 추정된다. 건물 이름이 처음 나오는 것은 『승정원일기』 1783년(정조 7) 11월이며 이때 왕이 관물헌에서 초계문신抄啓文臣(초계를 통하여서 뽑힌 당하관 문신)의 강경講經 시험을 거행했다고 한다. 1813년(순조 13)에는 왕세자(효명세자) 나이 다섯 살이 되자 천자문을 가르치기 시작했는데 이때 공부하는 곳을 관물헌으로 했다.

효명세자는 아홉 살에 입학례를 치르고 나서 성정각과 관물헌을 자주 이용했으며, 관물헌에서 사계절의 변화를 노래한 「관물헌사영시」觀物軒四詠詩를 지었다. 그중에 여름을 노래하면서 "옥계에 바람 자니 매미 울음 좋은데, 꽃 나비 날고 날아 나의 방을 찾는다"玉階風息蟬鳴好 花蝶飛飛入我床라고 하고, 겨울에 대해서는 "바람 찬 고각에서 비단 휘장 걷으니, 분분한 새 발자국 은빛 눈 위에 박혔네"風寒高閣錦帷捧 鳥跡紛紛踏雪銀라고 노래했다.

즉위 이후 이곳에서 수학했던 고종이 직접 쓴 현판이 창덕궁 관물헌에 걸려 있다.

열두 살에 왕위에 오른 고종은 즉위 직후 이 건물에서 수학했다. 『소학』을 시작으로 『자치통감』 등을 읽었다. 지금 관물헌 건물에는 고종이 갑자년, 즉 1864년^(고종 1)에 '집희^{緝熙}라고 쓴 현판이 걸려 있다. '집희'는 밝고 환하다는 뜻으로, 『시경』^{詩經}, 「주송」^{周頌} 편에 "날로 달로 나아가 학문이 밝고 환히 되어 광명에 이른다"^{日就月將 學有緝熙于光明}는 글에서 취했다. 어린 고종이 스스로 학문에 임하는 자세를 다지면서 직접 현판 글씨를 쓴 것으로 보인다.

현존하는 관물헌은 기단부나 건물 몸체의 중심부는 처음 지어진 모습을 유지하고 있으면서 좌우 양 끝 부분은 후대에 주변 지형이 달라지는 데 따라 부분적으로 개조된 것으로 판단된다. 〈동궐도〉에는 '관물헌'이라는 이름의 건물은 없다. 성정각 북쪽에 높은 장대석 위에 정면 다섯 칸의 긴 건물이 그려져 있어 이 건물이 관물헌을 묘사한 것임을 알 수 있는데, 이 건물의 이름을 두고 '유여청헌'이라고 지붕 위에 적어 놓았다. '여유를 지닌 맑은 집'이라는 뜻의 이 말은 관물헌을 두고 효명세자가 이름을 달리해서 부른 것으로 추정된다.

대종헌待鍾軒 | 효명세자가 대리청정을 하면서 별당으로 짓고, 10여 편의 시를 지은 곳이다.　　　　　　　　　(지금 없음)

『궁궐지』에 관물헌 북쪽에 있으며 익종^(효명세자)이 동궁에 있을 때 지은 것이라고 했다. 대종헌이 어떤 용도의 건물인지는 잘 알 수는 없지만 효명세자가 대리청정을 하는 시기에 지은 것이라는 점과 효명세자의 문집인 『경헌집』^{敬軒集}에 수록된 시를 통해서 이 건물이 세자가 대리청정을 맡아 복잡한 나랏일을 수행하는 와중에도 궁궐 안에 소박한 집을 짓고 거기서 마음을 한가로이 가지려고 했던 곳이라고 짐작된다.

〈동궐도〉에는 관물헌 북쪽에 남북 방향의 긴 행랑이 있고, 이 행랑에 연접하면서 서쪽으로 두 개의 작은 건물이 앞뒤로 있고, 또 동쪽에도 건물 하나가 그려져 있다. 또

한 동쪽 건물 아래는 초가^{草架}로 지붕을 덮은 정면 두 칸 정도의 작은 집도 보인다. 대종헌은 관물헌 바로 뒤 〈동궐도〉에 '죽향소축'이라고 적은 건물로 추정된다. 『경헌집』에는 세자가 지은 시 가운데 「창순루사영」, 「죽향소축사영」이 있고, 이와 별도로 「창순루」, 「죽향소축」이란 제목의 시가 수록되어 있다. 이 시들은 모두 세자가 대리청정을 시작하고 3년째인 1829년에 지은 것들이다. 「창순루사영」은 각각 종화^{種花}, 문죽^{問竹}, 사금^{寫琴}, 열책^{閱冊}으로 창순루 초가집에서 체험하는 꽃이나 대나무, 거문고와 서책들을 노래하고 있어서 일반적인 선비들의 음유와 유사한 마음을 노래하고 있으며 「죽향소축」은 독서^{讀書}, 고금^{鼓琴}, 효몽^{曉夢}, 야화^{夜話}로 역시 선비의 마음가짐을 반영한 시들이다. 따라서 〈동궐도〉에 그려진 이 일대의 모습은 효명세자가 대리청정을 맡으면서 틈나는 대로 한가한 마음의 여유를 즐기기 위해 마련한 시설들로 볼 수 있을 것이다. 대종헌 등은 1830년 5월 효명세자가 갑자기 세상을 뜨고 나서 철거된 듯하며, 1907년경의 〈동궐도형〉에도 건물 흔적이 보이지 않는다. 현재 이 일대는 성정각에서 후원으로 넘어가는 길로 변해 있다.

중희당^{重熙堂}

정조 때 지은 왕세자^(동궁) 정당이다. 앞마당이 넓고 높은 기단을 갖추었다. 고종과 명성왕후의 혼례가 치러졌다.

(지금 없음)

연혁

왕세자를 위해 조하를 비롯한 각종 의례를 거행하도록 지은 전각이다. 본래 이 기능은 저승전이나 시민당이 맡고 있었지만, 1764년^(영조 40)에 저승전이 불에 탄 후에 복

정조가 문효세자를 위해 세운 창덕궁 중희당은 건물은 남아 있지 않고 편액만 전해온다.

구하지 않았고, 1780년(정조 4)에 시민당마저 소실된 후 1782년(정조 6)에 와서 중희당을 세웠다. 이해는 정조가 기다리던 아들이 태어난 해이다. 26세에 왕위에 오른 정조는 즉위 6년째인 1782년에 후궁 의빈 성씨의 몸에서 고대하던 아들을 얻었으며, 바로 그해에 중희당을 지은 것이다. 아들이 세 살이 되던 1784년에는 세자 책봉 의식을 중희당에서 치렀다. 그 위치는 성정각의 바로 인접한 동편이었다. 창건 당시에는 세자가 아직 어린 나이였으므로 새로 지은 중희당은 왕 자신이 이곳에서 신하들을 접견하고 정사를 보기도 했다. 그런데 세자가 나이 불과 다섯 살에 세상을 뜨고 말았다. 이후로 중희당은 동궁전 본래의 용도로는 쓰이지 못했다. 첫아들을 잃고 4년 후인 1790년에 정조는 수빈 박씨로부터 둘째 아들을 얻었다. 그러나 이번에는 곧바로 세자 책봉을 하지 않고 아들이 열한 살이 된 1800년(정조 24)에 가서야 책봉을 했다. 세자 책봉을 미룬 것은 길한 해를 기다렸기 때문으로 전한다.

이해에 정조는 갑자기 숨을 거두고 열한 살의 세자가 즉위했다. 조선 제23대 왕 순조純祖(1790~1834)다. 세자로 책봉되고 그해에 바로 왕위에 올랐으므로 중희당은 여전히 주인 없는 전각으로 남았다. 1827년에 와서 순조는 아들 효명세자에게 대리청정을 맡겼으며 효명세자는 드디어 중희당에서 신하들의 조하를 받는 의식을 거행할 수 있었다. 이로부터 3년간 중희당은 동궁전의 정당으로 위상을 높일 수 있었다. 그러나 효명세자가 1830년에 22세의 젊은 나이로 숨을 거두면서 다시 중희당은 본래의 용도로 쓰일 기회를 잃었다. 순조의 뒤를 이은 헌종은 중희당을 편전처럼 적극 활용했다. 본래의 편전이던 선정전은 혼전으로 사용되는 기간이 길어 제 기능을 잃었고 희정당은 집이 좁고 마루가 높아서 이용에 불편함이 있었던 데 비해서 중희당은 집이 크고 양명하며 신하들이 접근하는 데도 편리했기 때문으로 보인다. 중희당은 고종 때 와서 다시 각광을 받았다. 고종은 중희당에서 관례를 치르고, 혼례의 마지막 절차인 동뢰연도 거행했다. 고종은 중희당 건물에 큰 애착을 가졌던 것으로 보인다. 왕은 신하들이나 외국 사신을 접견하는 데도 적극 활용했다.

1891년^(고종 28)에 고종은 중건소에 명하여 중희당을 이건하도록 지시했다는 기사가 『고종실록』에 나온다. 이때 수정전 부근에 지었던 함녕전이라는 건물을 창덕궁에서 경복궁으로 옮겨오고, 동궁전인 계조당을 고쳐 짓고 있었다. 이런 와중에 중희당을 경복궁으로 옮겨 짓도록 한 것이다. 1891년은 익종, 즉 효명세자가 승하한 지 60돌이 되는 해이고, 조 대비^{趙大妃}로 알려진 효명세자 비 신정왕후^{神貞王后(1808~1890)}가 경복궁에서 숨을 거둔 해이기도 하다. 이런 시점에 중희당 건물을 철거하여 경복궁으로 옮겨가도록 한 배경이 궁금하지만 더 이상의 추론은 어렵다. 이때 중희당 외에 뒤에 있던 유덕당^{維德堂}도 사라진 것으로 보이며, 중희당의 동쪽 월랑과 육각정자 건물은 철거하지 않고 그대로 두어 지금까지 남아 있다.

중희당은 정조가 의욕을 가지고 창덕궁에 세운 동궁전이었던 만큼 건물 주변에

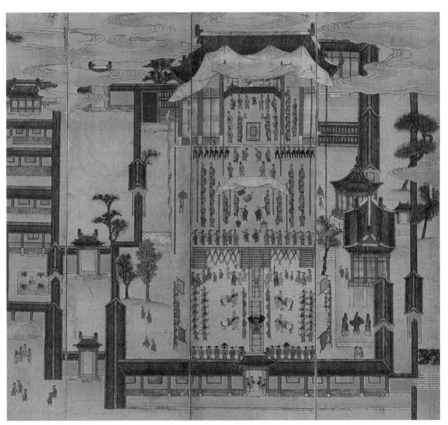

〈왕세자두후평복진하도병〉에 등장하는 창덕궁 중희당. 이 그림은 순종이 어린 시절 병에 걸렸다가 회복한 것을 축하하는 자리에서 진상된 것이다.

는 동궁을 위한 다양한 건물들이 함께 조성되었다. 중희당 북쪽은 부속채인 유덕당이 남향해 있고, 유덕당 북쪽에도 一자형 작은 건물이 마당을 사이에 두고 놓여 있으며, 지붕에 '어필자선재'御筆資善齋라고 적었다. 중희당 동편으로는 중희당에 연접해서 45도 방향으로 비스듬히 놓인 두 칸 행각 끝에 육각형의 삼삼와三三窩가 있고, 그 동남쪽에 '소주합루'小宙合樓라고 편액을 단 세 칸의 2층 누각이 있다. 소주합루 북쪽은 특이한 문양이 그려진 담장 북쪽으로 별도의 전각 영역이 펼쳐지는데, 그 중심은 수방재漱芳齋이다. 수방재의 동편은 다시 담장이 남북 방향으로 쳐지고, 담장 너머에 채색을 하지 않은 커다란 민가풍의 전각인 연영합延英閤이 있다. 이처럼 중희당 동편은 하나의 독립된 커다란 건물군이 넓게 자리하고 있는 모습이었다.

사건과 인물

중희당에서 거행된 고종과 명성왕후의 혼례 ┃ 1863년 12월 8일 철종이 승하하던 날, 대왕대비 조씨는 흥선대원군의 둘째 아들 익성군益城君을 다음 왕으로 정했다. 당시 열두 살이었다. 4일 후인 12월 12일에 익성군은 중희당에서 관례부터 치렀다. 왕위에 오르기 전에 성인이 되는 의식을 먼저 거행한 것이다. 그리고 이튿날인 12월 13일에 드디어 인정문에서 즉위식을 거행하여 비로소 조선 제26대 왕이 되었다. 3년 후 열다섯 살이 되던 1866년(고종 3) 3월에 왕비를 맞았다. 그해 정월에 백성들의 혼례를 정지시키는 명이 내려지고 왕비 후보를 고르기 시작하여 2월 25일에 초간택을 행하고, 다시 2월 29일에 재간택에서 민치록閔致祿(1799~1858)의 딸을 뽑아 3월 6일 삼간택에서 최종 결정이 내려졌는데, 세 번의 간택을 모두 중희당에서 치렀다. 혼례는 3월 21일에 거행되었는데, 혼례의 마지막 절차인 동뢰연 역시 중희당에서 거행되었다. 왕실의 혼례는 민가와 달리 신랑인 국왕이 처가에 나가지 않고 신부 후보자가 별궁에 머물면서 납채納采 등의 절차를 치르고 마지막 단계에서 신랑신부가 술잔을 나누는 동뢰연을 치르는 것으로 끝을 맺는데, 그 장소를 중희당으로 삼은 것이다. 약 60년 전인 열한 살에 왕위에 오른 순조가 동뢰연을 대조전에서 치른 것과 달랐다. 지은 지 오래고 행랑으로 겹겹이 둘러싸여 있던 대조전에 비해서 중희당은 비교적 새 집인 데다 주변이 넓게 트이고 개방적이어서 당시 창덕궁에서 가장 번듯하고 세련된 전각으로 인식되었던 것으로 보인다. 다시 세월이 흘러 1882년(고종 19)이 되어 고종의 장자 순종의 혼례가 있을 때도 동뢰연 장소는 중희당이었다. 그만큼 중희당은 고종 연간에 창덕궁에서 가장 중요한 의례가 거행되던 곳이었다.

건물

〈동궐도〉에 그려진 중희당의 모습은 앞에는 넓은 마당을 두고 8단에 이르는 장대석을 쌓은 높은 기단 위에 정면 아홉 칸의 당당한 것이다. 〈동궐도〉에 그려진 여러 전각 가운데도 특별히 돋보이는 점은 전각 앞의 넓은 공간이다. 마당에는 바람의 방향을 측정하는 풍기風旗가 높이 세워져 있고, 해시계나 측우기 등 천문 기구들이 배치되어 있다. 또 넓은 마당에는 동쪽에서부터 중희당으로 향하는 ㄱ자로 꺾인 진입로가 나 있다. 건물 앞 빈 공간으로 치면 인정전 앞마당 다음으로 넓고 트인 모습이라고 하겠다. 마당에 놓인 풍기, 해시계와 측우기는 왕세자에게 계절의 변화와 하늘의 운행에 대한 각별한 관심을 촉구하는 뜻을 담은 것으로 보인다.

중희당의 기단은 〈동궐도〉의 그림에 의하면 장대석이 무려 8단이나 층을 이룬 모습이다. 특별히 지형에 큰 경사가 있는 것이 아님에도 이처럼 기단을 높인 것은 전각의 외관을 당당하게 보이도록 하려는 의도가 엿보인다. 아울러 동쪽으로 이어지는 소주합루와 동일한 높이의 기단 면을 유지하기 위한 목적도 있었다고 생각된다. 어떤 이유이든 8단의 장대석으로 이루어진 높은 기단은 중희당 건물이 갖는 중요한 특징의 하나임은 분명하다.

건물은 一자의 몸체에 서쪽 끝에서 북쪽으로 뻗은 부분이 있어서 전체적으로 ㄴ자 형상을 하고 있다. 남향하고 있는 一자 몸체는 정면 여덟 칸 반(또는 9칸)의 단정한 형태이며 서쪽부터 다락 한 칸에 방 한 칸이 있고, 옆으로는 길게 전면에 툇간을 두고 방

한 칸, 대청 네 칸, 방 한 칸 반 또는 두 칸으로 이루어져 있다. 서쪽 끝 다락에는 '중희루'라는 편액이 있고, 툇간이 시작되는 첫 번째 방 창문 위에는 '예필대여헌'睿筆大與軒이라고 편액되어 있어서 효명세자가 직접 편액을 썼음을 알 수 있다. 서쪽 끝에서 북쪽으로 꺾인 부분은 규모는 알 수 없지만, 지붕에 '서주'書廚라고 표기되어 있다. 서주가 과연 어떤 용도를 지칭하는지 불분명하지만, 아마도 일부 아궁이 시설을 둔 주사廚舍와 책을 보관하는 서고가 있는 곳이 아닐까 추측된다.

서주 북쪽으로는 '석류실'이라는 이름으로 네 칸의 월랑이 딸려 있다. 한편, 중희당 몸체의 동쪽 끝은 동남 방향으로 약 45도 각도로 틀어져서 '칠분서'라는 월랑과 육각형 정자인 삼삼와가 있고, 다시 같은 각도로 높은 기단 위에 월랑 두 칸이 이어져서 동쪽의 소주합루로 연결된다. 이처럼 중희당 건물은 본 건물 자체는 단정한 一자형을 유지하고 있지만 양 끝에서는 변화 많은 색다른 건물이 연접해 있는 모습이다. 이 건물이 지어지던 정조 연간의 건축은 기술적으로 안정되고 형태상으로 색다른 시도가 표출되던 때여서 후원의 주합루나 영화당 같은 건물은 물론 수원 화성의 방화수류정 등 이전에 보기 어려운 색다른 형태가 나타나는 경향이었는데, 그러한 시대 특성이 중희당과 그 부속 건물에서도 잘 나타난다고 하겠다.

유덕당維德堂

중희당 북쪽에 있던
동궁전의 별당이다.

(지금 없음)

중희당 북쪽에 있는 별당이다. 중희당과는 나란히 남향해 있으며, 서남쪽의 월랑인 석류실을 통해 중희당과 연결되는 구성이다. 중희당이 조성될 때 함께 지어졌으며 왕이나 세자가 중희당을 이용할 때 잠시 휴식을 취하는 정도의 별당이 아니었을까 추측된다. 기록상으로는 1882년(고종 21)에 고종이 여기서 대신들을 만나 가벼운 나랏일을 의논한 내용이 『승정원일기』에 나오는 정도이다.

〈동궐도〉에 따르면 유덕당은 一자형의 전각으로 정면은 여섯 칸이다. 서쪽 끝에서부터 대청 두 칸, 방 세 칸이 이어지고, 동쪽 마지막 한 칸은 부엌으로 보인다. 서쪽 끝에서 남쪽으로 석류실이라는 명칭의 행랑이 연결되어 중희당으로 통하도록 되어 있다. 유덕당 남쪽은 툇마루가 설치되고 이 툇마루는 석류실 동쪽으로 이어져 중희당으로 연결되어 있다. 따라서 중희당에서는 툇마루를 통해서 유덕당까지 왕래할 수 있었다. 유덕당 남쪽 마당 한가운데는 널빤지로 친 울타리 판장板牆이 세워진 모습이다. 중희당에는 신하들이 대청에까지 올라와서 왕이나 세자를 알현할 수 있었으므로 이쪽에서 유덕당이 들여다보이지 않도록 시선을 차단할 목적으로 판장을 설치했던 것으로 짐작된다. 중희당이 경복궁으로 이건되던 1891년에 함께 이건되거나 철거된 것으로 추정된다. 현재 이 건물이 있던 자리는 성정각에서 후원으로 넘어가는 통로로 변했다.

삼삼와三三窩

중희당 동쪽의 육각 정자로 계자난간이 화려하고
담장 벽돌 문양이 아름답다.

중희당 동쪽의 육각 정자를 가리키며, 중희당과는 칠분서라는 월랑으로 연결되어 있다. 삼삼와는 동편에 지은 소주합루(승화루)와 함께 모두 왕세자의 서재 또는 학문소와 연

삼삼와는 중희당의 별당이다.

관된 건물이다. 칠분서와 삼삼와 건물은 지금도 남아 있다. 중희당을 철거할 때 동쪽에 접해 있던 칠분서 등은 그대로 남겨두었다. 전체적으로 서향을 하고 있는데, 과거 중희당이 있을 때 서쪽의 월랑 구실을 하여 중희당 마당을 형성하던 흔적인 셈이다. 칠분서는 정면 네 칸에 북쪽 끝은 중희당에 연결되던 반 칸이 남아 있고, 남쪽 끝은 삼삼와와 접해 있다.

　　삼삼와는 육각형의 누각이며 하층은 3단의 장대석으로 역시 육각형 석축을 쌓아 올렸다. 칠분서 전면에서 삼삼와 전면으로 연속해서 화려하게 꾸민 계자난간鷄子欄干이 이어져서 두 건물이 서로 연결된 성격임을 보여준다. 이 난간은 남쪽으로 더 이어져서 승화루 건물로 연결된다. 〈동궐도〉에 그려진 삼삼와 건물은 현재와 거의 같다. 다만 〈동궐도〉에는 삼삼와 건물 하층 석축의 남쪽 면에 실내에 불을 넣는 아궁이로 보이는 작은 문이 그려져 있는데, 현재는 이런 아궁이 모습은 없다. 아마도 당초 온돌로 꾸며져 있던 삼삼와 건물 바닥을 어느 시점에서 마루로 개조한 것이 아닐까 추측된다. 〈동궐도〉에 의하면 칠분서나 삼삼와 기단은 장대석이 8단 정도 그려져 있지만, 현재는 장대석이 한 단 정도만 노출되어 있다. 따라서 현재 삼삼와 앞부분은 거의 사람 키 높이 정도로 흙이 돋우워져 있는 것으로 볼 수 있다.

승화루承華樓
(소주합루小宙合樓)

| 왕세자가 학문하는 곳으로, 수많은 서적이 소장되어 있었다.

　　승화承華는 "정화를 잇는다"는 의미로 해석된다. 삼삼와에서 동쪽으로 작은 월랑을 사이에 두고 남향해 있다. 왕세자의 학문과 연관된 건물로 알려져 있으며, 승화라는 명칭 역시 왕권을 이어갈 세자가 학문을 익히는 장소라는 의미가 있다. 『궁궐지』에는 건물명이 '소주합루'로 나와 있고, 아래층을 의신각儀宸閣이라고 부른다고 했다. 정조는 소주합루를 세우고 나서 곧 이 건물의 당호를 '승화루'로 지어서 편액을 단 것으로 보인다. 1783년(정조 7) 7월의 『내각일력』內閣日曆 기사에 왕이 승화루에 나아가 승지를 비롯한 여러

신하들에게 선왕의 글씨 등을 보여주었다는 글이 보인다.

지금 규장각에는 『승화루서목』承華樓書目이라는 도서목록집 책자가 전한다. 이 책자에는 과거 승화루에 소장해 있던 각종 서책과 서화 등의 목록이 망라되어 있는데 모두 910종에 4,555점이나 된다고 한다. 『승화루서목』에 실린 서책이나 그림은 헌종의 명으로 수집되어 이 건물에 소장된 것으로 알려져 있다. 목록 중에는 특히 청나라에서 입수한 중국의 서화류 서책과 함께 화첩이 99종, 그림 족자가 172종, 그림 횡축이 19종 등 방대한 양의 중국 그림들도 들어 있다. 효명세자의 맏아들로 태어난 헌종은 어려서부터 총명했으며 여덟 살 때 할아버지 순조의 뒤를 이어 왕위에 올랐다. 헌종은 학문에 자질을 보였을 뿐 아니라 문예에도 조예가 깊었고, 특히 글씨와 그림에 남다른 관심이 있었다고 전한다. 헌종은 추사 김정희의 글씨를 좋아하여 거처하는 방 주변에 추사의 글씨를 가득 걸어두었으며 청나라 서예가의 글씨들을 자주 감상했다고 한다. 승화루는 이런 헌종의 예술 취미에 따라 방대한 서책과 그림 등을 소장했던 곳이다.

〈동궐도〉에 묘사된 건물은 하층에 긴 돌기둥이 전면에 세워지고 이 돌기둥 위로 사면에 난간이 설치되어 난간이 동쪽 월랑으로 연결된 모습을 보여준다. 건물 앞마당에는 제법 큰 규모의 수석壽石 두 개가 받침 위에 세워져 있다. 아래층은 서쪽 한 칸은 온돌방이고, 나머지 두 칸은 마루가 설치되어 분합문을 단 모습이 그려져 있다. 현재 승화루 건물은 상층은 본래의 모습을 간직하고 있지만 하층은 모두 개방되어 있다. 또한 건물 주변도 크게 달라져서 정조 때나 헌종 때의 모습은 완전히 상실되어버렸다. 승화루 하층이나 주변이 개조된 시점은 불분명하다.

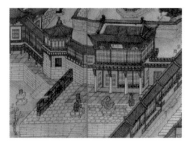

〈동궐도〉의 창덕궁 승화루

문화각文華閣

왕세자를 위해 서적을 보관하던 곳으로,
벽돌벽에 둥근 창이 이색적이었다.

(지금 없음)

〈동궐도〉 그림에 의하면 승화루의 북쪽에 담장으로 둘러싸인 일곽의 중심부에 정면 다섯 칸의 一자형 건물 하나가 있는데, 중앙 처마에 '문화각'이라는 편액이 걸려 있고 그 동편에 '수방재'芳齋라는 편액이 있다. 건물 앞마당에는 서쪽에 다각형의 평면을 가진 해당정海棠挺이라는 채색한 건물이 있고, 동쪽에는 도서루圖書樓라는 단칸의 2층 누각 형태의 건물이 보인다. 두 건물 사이에는 작은 소나무 한 그루가 단 위에 있는데 '선송장춘'仙松長春이라는 글씨가 있고, 수석 1기와 비석 하나가 세워져 있다. 남쪽 담장에 '보운문'寶雲門이라는 문이 있는데 문 좌우 담장은 3단으로 각기 문양이 다른 장식이 길게 이어지는 모습이어서 창덕궁의 다른 곳에서는 보기 어려운 모습이다. 문화각 서쪽에는 저방실貯芳室이라는 네 칸의 행랑이 남북 방향으로 놓이고 북쪽 담장에 여화문麗華門이 있다.

이 일곽에서 가장 눈길을 끄는 부분은 문화각 건물의 세부 형태이다. 건물은 좌우 벽체가 회색 빛깔의 벽돌로 축조되고 벽체 중앙에 둥근 창이 열려 있어서 중국풍의 건물을 연상시킨다. 또 해당정이라는 건물은 기단이나 건물 평면이 여러 각도로 조금씩 틀어진 모습이어서 역시 창덕궁에서 달리 보기 어렵다.

이 건물이 어떤 목적으로, 언제 건립되었는지를 알려주는 기록은 찾기 어렵다. 『궁궐지』에도 건물명이 나오지 않는다. 수방재는 청나라 궁궐 전각 이름에 등장하는데 1805년(순조 5) 조선 사신이 중국 황제를 그곳에서 알현한 일이 있다. 중희당의 동편, 승화루 북쪽이라는 건물 위치로 봐서 왕세자와 관련이 있는 전각으로 추정되며, 중국풍의 세부나 마당에 도서루가 있는 점으로 미루어 중국에서 가져온 도서나 물품을 보관한 곳으로 보이지만 확실히는 알 수 없다.

〈동궐도〉의 창덕궁 성정각

연영합 延英閣

효명세자가 세자빈과 지내던 곳으로, 단청 칠을
하지 않고 누마루를 두어 사대부 집을 연상시키던 집이다.

(지금 없음)

〈동궐도〉에 의하면 문화각의 동쪽 인접해서 사금랑寫琴廊이라는 행각으로 연결되어 연영합이 그려져 있으며, 단청 칠을 하지 않은 민가 같은 모습이다. 지어진 시기는 1782년(정조 6) 중희당을 세우던 때로 추정되며, 1819년(순조 19) 효명세자 혼례에 맞추어 크게 수리되었을 가능성이 있다. 효명세자는 열한 살 되던 1819년에 경희궁에서 관례를 치르고, 그해에 혼례까지 치렀다. 혼례를 치르고 이듬해 1820년 4월에 다시 창덕궁으로 세자빈과 함께 돌아왔으며 거처로 삼은 곳이 연영합이었다고 추정된다. 〈동궐도〉에 그려진 연영합 모습은 정면 다섯 칸 이상의 一자형 몸체가 있고 서쪽 끝에서 누마루가 두 칸이 남쪽으로 돌출해 있는 형태인데, 특이한 점은 채색이 없어서 민간의 살림집 같은 외관을 하고 있는 점이다. 여러 개의 편액이 있는데 중앙에 연영합, 서쪽에 학몽합, 동쪽에 천지장남지궁天地長男之宮이라 되어 있고, 누각에는 오운루라는 편액이 처마 밑에 있다. 장서각(한국학중앙연구원 도서관)에 소장된 글씨 중에는 효명세자가 쓴 '천지장남궁'天地長男宮이라는 글이 전하고 있으며,『일성록』기사에는 세자가 천지장남지궁에서 과거에 급제한 사람의 등수를 매기는 과차枋次를 행했다는 기사도 보인다. 또 이 건물에서 효명세자가 대리청정을 하면서 신하들을 접견한 기사가 많다. 연영전延英殿 또는 연영각이라는 건물 이름은 중국 당나라 때 숙종이 나이 많아 거동이 불편한 신하를 배려하여 일부러 연영각이라는 곳에서 신하를 만났다는 고사를 통해 널리 알려져 있다. 고려의 궁궐에도 연영전이 있었고, 그 앞 보문각에는 송나라 황제가 내린 조서를 보관했다고『고려도경』高麗圖經에 적었다. 회경전 서남쪽에 왕실의 도서를 수장한 건물명이 연영각이었다.

〈동궐도〉에는 연영합 앞마당 건너에 역 ㄱ자로 연영합과 마주 보는 역시 채색하지 않은 작은 건물이 그려져 있으며, 동쪽 지붕에

창덕궁 연영합에서 세자빈과 함께 머물렀던
효명세자가 친필로 남긴 천지장남궁.

확여실確如室, 남쪽 지붕에 영하루瑛霞樓라고 적혀 있다. 남쪽 대문에는 화청관華淸觀이라고 적고, 마당에는 수석과 비석 외에 두 마리 학이 화청관 좌우에 그려져 있다. 세자의 시문을 모은 『경헌집』에는 세자가 지은 시 중에 구리로 만든 학이라는 『동학』銅鶴이라는 시가 있다. 세자는 자신의 호를 학석鶴石이라고 했으며, 자신을 학에 비유한 몇 편의 시도 남겼다. 화청관 남쪽에는 학금이라는 명칭의 다섯 칸 행랑이 있어서 연영합으로 들어가는 중문 역할을 한다. 따라서 연영합을 둘러싼 이 일대는 효명세자와 직접적인 연관을 지닌 곳이라는 점이 분명하다 하겠다.

연영합이나 확여실이 채색을 하지 않았고, 또 연영합 서쪽에 돌출한 누마루를 둔 점은 18세기 이후 도성의 사대부가와 공통되는 점이 많다. 18세기에 들어오면 도성 내 사대부가는 획일적인 대칭적 구성을 벗어나 크고 작은 건물이 변화를 만들어내고 다양한 형태의 창호를 갖추고, 특히 돌출한 누마루를 두어 건축적으로 세련된 수준에 달성해 있었다. 이러한 사대부가의 건축 구성은 대칭을 위주로 경직된 공간구성을 하고 있던 궁궐에도 자극을 주었던 것으로 보이며, 연영합은 그런 사대부가의 영향이 구체적으로 나타난 사례로 평가된다.

연영합은 효명세자가 1830년에 갑자기 세상을 뜨자 주인을 잃게 되었으며, 그해 세자의 시신을 안치했던 환경전 근처에서 불이 나면서 내전 일대가 모두 소실되었다. 내전은 1833년에 가서야 복구에 들어가 이듬해 마쳤는데, 이때 연영합을 철거하여 내전 복구에 자재가 전용되었다. 『창경궁영건도감의궤』승전조에 의하면 이때 장남궁(연영합)을 헐어 그 재목을 영춘헌 등에 충당하라는 지시가 기록되어 있다. 연영합은 효명세자와 함께 영화와 재난을 같이한 셈이다. 현재 연영합이 있던 자리에는 상량정 뒤 긴 창고 건물이 세워져 있다.

〈동궐도〉의 창덕궁 연영합

낙선재 | 석복헌 | 수강재 | 취운정 | 상량정 |
한정당

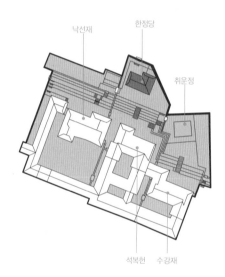

성정각에서 동쪽으로 약간 내리막길을 따라가면 왼쪽에 높은 담장 너머 승화루 지붕이 살짝 보이고, 조금 더 가면 갑자기 거대한 살림집 같은 건물이 눈앞에 나타난다. 낙선재 일곽이다. 서남 모퉁이에 마련된 장락문이라는 출입문을 들어서면 넓은 마당 너머에 낙선재 본채가 보이는데, 어느 사대부가의 사랑채를 연상시키는 단아한 모습이다. 돌출한 누마루 위로 하늘로 솟아오른 지붕이 인상적이고, 본채 건물이 높은 기단 위에 단정하게 세워져 있다. 출입문 좌우로는 행랑간이 길게 이어지고 부엌이나 한 칸짜리 작은 방들이 이어져 있어서 마치 살림집의 아랫사람들이 거처하던 것 같은 느낌이다. 그러나 자세히 들여다보면 툇마루 난간마다 정교한 장식이 가미되어 이곳이 여느 살림집과는 차원이 다른, 세련되고 고급스런 건축물임을 알 수 있다.

동쪽 담장 너머에도 비슷하게 단청을 칠하지 않은 소박한 건물이 이어지는데, 이곳은 석복헌이며 다시 동쪽으로 수강재가 연결된다. 수강재는 정조가 처음 이곳에 지은 서재 용도의 건물인데, 낙선재를 세우면서 쓰임새를 달리하게 되었다. 낙선재 뒤로 높은 언덕이 이어지고 언덕 위에는 상량정, 한정당 등 작고 아담한 정자와 별당이 놓여 있으며, 그 곁으로는 숙종이 지은 취운정이라는 정자가 있다. 취운정 너머는 창경궁이 된다. 〈동궐도〉의 수강재 서편 빈터가 이후 낙선재와 석복헌이 들어선 자리다.

관람 포인트

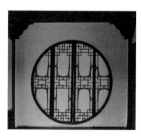

낙선재의 중국풍 요소
낙선재는 헌종의 서재로 지은 건물이다. 청나라 문물을 사랑한 헌종의 취향을 반영하여 이 건물 곳곳에는 이전에 볼 수 없던 중국풍의 세부 치장이 많다. 누마루 아래 빙렬문양으로 한 담도 인상적이고 누마루 실내의 원형 출입문도 독특하다.

낙선재 후원의 벽돌담
낙선재 뒤 언덕 위는 작고 아담한 후원이 펼쳐진다. 이곳 담은 벽돌로 다양한 문양을 꾸민 점이 주목되는데, 문양은 수복 글자나 꽃무늬로 이루어져 있다. 승화루 뒤 후원 담장에 벽돌로 둥글게 출입문을 낸 만월문도 이색적이다.

승화루

취운정

홍서각

수강재

수강문

석복헌 주변의 포도문양과 호리병
석복헌은 아들이 없었던 헌종이 새
로 맞이한 후궁 경빈 김씨를 위해
지은 전각이다. 따라서 이 건물 곳
곳에는 다산이나 풍요를 상징하는
요소들이 많다. 건물 후면 출입문
옆에는 포도문양을 새긴 벽이 있고
난간 곳곳에는 호리박을 치장해 놓
았다. 호리박은 박 중에도 씨앗이
많다고 알려져 있다.

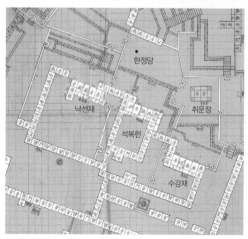

한정당

낙선재

취운정

석복헌

수강재

낙선재 樂善齋

> 헌종이 자신의 서재로 지었다. 청나라 문예에
> 조예가 깊었던 헌종의 취향을 반영한 건물이다.

연혁

헌종은 즉위 13년째인 1847년에 와서 과거 동궁전이었던 저승전의 별당인 낙선당이 있던 부근의 빈터를 이용해서 낙선재를 세웠다. 왕의 개인적인 서재였던 낙선재 일대는 과거 저승전이 지어졌을 때와 마찬가지로 내전에서 멀리 떨어져 있는 한적한 곳이었다. 헌종은 이곳에서 정조와 순조 등 선왕들의 업적을 본받으며 왕의 자질을 가꾸어나갈 결심을 굳혔다. 그런 왕의 의지는 헌종 스스로 지은 「낙선재 상량문」에 잘 나타나 있다.

낙선재를 세운 이듬해에는 마침 새로 맞이한 후궁 경빈 김씨慶嬪金氏(1831~1907)를 위해 낙선재 동쪽에 인접해서 석복헌을 지었으며, 그 곁에 정조가 지은 수강재를 일부 개조해서 낙선재, 석복헌, 수강재가 하나의 전각으로 서로 통할 수 있도록 했다. 후궁 처소인 석복헌이 동편에 지어지면서 낙선재가 왕과 후궁이 함께 지낼 목적으로 지은 별당 같은

창덕궁 낙선재

성격으로 보이기도 하지만, 적어도 낙선재가 처음 지어질 때 건립 목적은 왕의 서재를 신설하는 것이었다.

낙선재 곁에 석복헌이 지어져 경빈 김씨가 거처하게 되자 수강재에는 대왕대비인 순원왕후가 머물렀다고 한다. 나이 어린 후궁의 바로 곁에 대왕대비가 계셨으니 경빈 김씨로서는 여간 행동이 조심스러울 수밖에 없었을 듯하다. 낙선재를 지어 경빈 김씨와 지내던 헌종은 불과 2년 후인 1849년(헌종 15)에 후사도 얻지 못한 채 23세로 세상을 떴다. 이후 낙선재는 고종이 업무를 보거나 대신들을 접견하는 장소로 이용하다가 한동안 빈 건물이 되었다. 1926년 순종 황제가 대조전에서 숨을 거두자 계비 윤비는 거처를 낙선재로 옮겼다. 이때 알현실을 새로 꾸미고, 후원에 별당으로 한정당이 조성되었다. 1960년대 이후 왕실 후손들이 거처하면서 일부 시설들이 추가되었다가 1996년에 와서 19세기 말의 모습을 기준으로 해서 복구되었다.

사건 및 인물

낙선재에서 허련을 접견한 헌종 | 헌종은 부친 효명세자 못지않게 학문을 즐기고 또 문예에 남다른 조예를 갖추었다고 전한다. 특히, 글씨와 그림을 좋아하여 추사 김정희의 글씨를 늘 가까이에 두고 감상했으며, 중국 역대 서화도 즐겨 감상하곤 했다. 김정희가 정치적인 문제에 얽혀 제주로 귀양살이를 하는 동안에도 그에게 글씨를 청했다. 허련許鍊(1809~1892)은 김정희의 제자로 특히 남종화에 능했는데, 헌종은 허련을 직접 낙선재에 불러 서화를 부탁하고, 또 그와 함께 중국 서화를 감상했다. 허련이 헌종의 부름을 입어 낙선재에 들어가 보니 주변에 추사의 글씨 현판이 여러 곳에 걸려 있었다고 그가 쓴 『소치실록』小癡實錄에 전한다. 허련이 마지막으로 헌종을 알현한 것은 1849년 5월 29일이었는데, 이때 이미 병색이 완연했다고 하며 그로부터 불과 7일 후인 6월 6일에 헌종은 승하했다.

조선 왕실 마지막 사람들이 머문 낙선재 | 1926년 4월 25일에 순종 황제가 대조전에서 숨을 거두자, 순종 비 순정효황후純貞孝皇后(1894~1966, 윤비)는 더 이상 대조전에 머물지 않고 거처를 낙선재로 삼았다. 1945년 광복 후에도 계속 거처를 낙선재로 삼고 있었지만, 6·25전쟁이 나면서 피난길에 올라 낙선재를 떠났다. 환도 후에는 제1공화국에서 입주를 허락하지 않아 정릉 수인재에 머물다가 1960년에야 낙선재로 돌아왔다. 1962년에는 마지막 왕세자 영왕이 환국하면서 부인 이방자 여사와 아들 이구 내외가 이곳에 거처하여 한동안 낙선재는 왕실 가족들의 거처로 쓰였다. 1966년에 윤비, 1970년에 영왕, 1980년에는 덕혜옹주, 1989년에는 이방자 여사가 이곳에서 숨을 거두었고, 2005년에는 이구의 혼전으로도 쓰였다.

건물

낙선재는 20세기에 들어와 여러 차례 개조가 이루어졌다가 1996년에 와서 건립 당시의 모습에 가깝게 복구되었다. 현재의 모습을 보면, 낙선재는 정면 여섯 칸, 측면 두 칸의 몸체를 기본으로 서쪽 끝 한 칸이 돌출한 누마루로 되어 있다. 가운데 두 칸의 대청이 있고, 동쪽에 온돌방이 두 칸, 마지막 한 칸은 다락이다. 대청 서쪽은 온돌방 한 칸에 전면으로 누마루가 한 칸 나와 있다. 건물은 전체적으로 일반 사대부가의 사랑채 같은 분위기를 갖지만 잘 다듬은 장대석으로 이루어진 기단이나 기둥, 보, 창호의 정교하면서 세련된 치목治木과 가공은 궁궐에서나 볼 수 있는 정교한 면모를 유감없이 보여준다.

창덕궁 낙선재에 가면 특히 눈여겨보아야 할 누마루(왼쪽), 그리고 그 하부의 빙렬무늬(가운데), 구름무늬(오른쪽)

특히, 눈길을 끄는 부분은 누마루와 안쪽 온돌방 사이 창문인데, 전체를 둥근 원형으로 문틀을 짜고 가늘면서 정교한 창살로 문틀을 지탱하는 모습이다. 또한 누마루를 지지하는 장초석長礎石은 위로 가면서 약간 가늘어지는 모습이고, 장초석 상부에 놓이는 기둥에 짜인 받침재는 구름무늬가 선명하게 양각되어 있어서 마치 누마루가 구름 위에 떠 있는 듯한 이미지를 제공한다. 누마루 아래는 아궁이가 보이지 않도록 가벽을 쳤는데 그 벽면을 빙렬무늬, 즉 얼음이 갈라지면서 생기는 자연스런 문양으로 치장했다. 이 집에서 볼 수 있는 원형 문틀이나 빙렬무늬 등은 당시 청나라의 정원이나 살림집에서 유행하던 것들인데, 이런 요소들이 청나라 문물을 즐기던 헌종의 취향과 잘 맞아 떨어졌다고 하겠다. 중국을 왕래한 김정희는 이 건물을 위해 중국 서예가로부터 편액 글씨를 받아왔다. 낙선재 현판은 청나라 문인 섭지선葉志詵의 글씨이며 주련柱聯에도 옹방강翁方綱 (1733~1818), 영화英和(1771~1840) 등 청나라 문인들의 글씨가 남아 있다. 낙선재 서쪽과 남쪽은 행랑이 둘러싸고 있으며, 동쪽은 석복헌 사이에 담장이 가로놓여 있다. 행랑 남서 모서리에 낙선재 마당으로 들어가는 출입문이 나 있다. 장락문이라는 문의 편액은 흥선대원군의 글씨이다.

낙선재나 석복헌은 채색 칠을 하지 않은 소박한 민가풍 건물이다. 이런 민가풍 건물은 정조 이후 창덕궁에 새롭게 나타난 건물들이다. 건물 뒤는 화계를 여러 단 조성해서 사계절에 따라 갖가지 화초를 즐길 수 있도록 했다. 또한 낙선재 뒤편 과거 연영합이 있던 곳에는 평원루라는 누각을 세워 멀리 남산을 조망할 수 있도록 하고, 꽃문양으로 치장한 담장을 쌓고 만월문이라는 둥근 출입문도 내서 이전에 창덕궁에서 볼 수 없던 색다른 경관을 만들어냈다. 낙선재 권역은 창덕궁에서는 가장 늦은 시기에 건물들이 들어선 곳이면서 지형의 특성을 살리고 비대칭적이고 불규칙한 건물 구성을 통해 소박하고 자연스런 경관을 만들어낸 곳이다.

석복헌 錫福軒 | 헌종 후궁 경빈 김씨를 위한 집으로, 다산과 풍요를 상징한 장식이 돋보인다.

경빈 김씨 거처로 지었다. 헌종이 경빈을 맞은 것은 왕비와의 사이에 아들이 없었기 때문으로, 후사를 얻으려는 목적이었다. 그 때문에 새로 지은 석복헌과 그 주변에는 다산을 상징하는 장식들이 곳곳에 가미되어 눈길을 끈다. 본채가 정면 여섯 간, 측면 두 칸으로 중앙 두 칸의 대청마루와 온돌방을 중심으로 대청마루 옆에는 방, 온돌방 옆에는 누마루를 두는 유기적인 방식을 취한 평면 구성을 보여준다. 양 끝에서 행랑이 전면으로 여섯 칸이 돌출되고 남월랑이 가로막아 둘러싸인 중정을 이루고 있다. 서쪽 누마루 뒤로 작은 행랑이 딸려서 낙선재와 연결된다. 동쪽으로는 동월랑 중간에서 오른쪽 수강재로 통하는 행랑이 이어진다. 좌우에 다시 한 겹 더 담장이 가로놓여서 낙선재, 수강재 쪽에서 석복헌이 보이지 않도록 차단하고 있으며, 석복헌 남쪽으로는 바깥 남월랑이 가로놓여 수강재 남월랑으로 이어진다. 이 건물은 전체적으로 폐쇄적인 공간구성을 하고 있으며, 특히 석복헌 중정은 바깥이 전혀 보이지 않을 정도로 막혀 있다. 반면에 실내 곳곳은 정교하게 다듬은 창문들이 안팎에 설치되고, 담장에는 꽃무늬가 새겨져 있으며, 곳곳에 벽돌 조각으로 포도문양을 아로새긴 장식담이 있어서 여성적인 분위기를 자아낸다. 난간의 박쥐문양이나 호리병 장식도 수복과 다산을 상징한 볼거리다.

창덕궁 석복헌 곳곳의 아름다운 장식은 이곳이 헌종의 후궁 경빈 김씨를 위한 건물이었음을 짐작하게 한다. 출입문 옆에도 포도문양이 새겨져 있다.

창덕궁 석복헌의 편액

수강재 壽康齋

| 옛 수강궁 터에 지은 정조의 서재로,
| 헌종 때 낙선재 일곽에 포함되었다.

조선 제22대 정조가 자신의 서재로 지은 건물이다. 그 터에는 조선 초에 수강궁이 있었으며, 태종은 왕위를 세종에게 물려주고 수강궁에서 지냈다고 전한다. 이후 수강궁 동편으로 창경궁이 들어서면서 수강궁은 사라지고 부근에는 동궁전의 여러 전각들이 들어섰던 것인데, 동궁전의 저승전이나 시민당이 모두 불에 타 없어지고 난 후에 정조가 이곳에 자신의 서재를 세웠다. 정조는 창경궁 동편에 부친 사도세자의 사당인 경모궁景慕宮을 짓고 경모궁에 들렀다 돌아오는 길에 수강재에 머물곤 했다. 창덕궁 안에 왕의 개인적인 서재를 별도로 지은 것은 수강재가 거의 처음 있는 일이었다.

수강재가 지어진 것은 1785년(정조 9)이었다. 이극문 안에 오래된 우물터가 있었는데 주변을 정돈하고 전각을 지었다고 했다. 1847년(헌종 13), 헌종이 낙선재를 세우고 이듬해에 낙선재 동쪽으로 석복헌을 건립하면서 수강재와는 행랑으로 서로 연결되게 되었다.

정조가 지었던 수강재 모습은 〈동궐도〉에 나와 있다. 그림에 의하면 수강재는 정면 여섯 칸에 측면 두 칸이며, 전면과 동측면은 개방된 툇간이 마련되고 두 칸 반의 대청과 두 칸 온돌이 있고, 서쪽 끝은 다락처럼 바닥이 높다. 동쪽 끝에서 남으로 월랑이 열 칸이 넘게 길게 뻗었으며, 중간에 중춘문이 나 있다. 서쪽 끝에서는 뒤쪽으로 네 칸이 북쪽으로 나 있고 다시 서쪽으로 꺾인 모습인데 서쪽 두 칸 행랑은 수호헌收好軒이라 적었다. 수강재 앞은 넓은 마당이 있고, 남쪽 끝에는 우물이 하나 그려져 있는데, 석재를 2단으로 꾸미고 사방에 돌난간 기둥을 세운 모습이어서 진중하게 다룬 우물로 보인다. 마당 서쪽으로 길게 서월랑이 남북 방향으로 나 있고, 중간쯤에 홍서각弘書閣이라고 적었다. 마당 남쪽에 벽돌로 쌓은 담장이 있고, 이 담장의 서쪽 끝에 수강재의 정출입문이라고 할 수 있는 수강문이 있다. 수강문을 들어서면 길게 동쪽으로 담장을 따라가서 북쪽 출입문을 통해 수강재 마당으로 들어설 수 있도록 했다. 따라서 〈동궐도〉에 그려진 수강재는 정조가 자신의 독서처로 제법 넓은 영역에 걸쳐 당당한 전각을 지었음을 알 수 있으며, 마당 남쪽 우물은 저승전 건물에서 사용하던 유서 깊은 곳이었다고 짐작된다. 낙선재가 지어지면서 수강재 건물만 남겨두고 주변의 월랑이나 담장 등은 모두 사라졌다. 수강재 본채도 양 끝 부분은 개조되었고, 동서쪽의 월랑들도 소규모로 축소되었다. 그 결과 애초 마당 안에 있던 우물은 남월랑 바깥에 놓이게 되었다.

현재의 수강재는 본채 부분에 정조 때 지어진 모습이 제법 남아 있다. 〈동궐도〉에는 기둥에 주칠朱漆을 하고 서까래는 단청이 칠해진 모습이 그려져 있다. 지금은 멀리서 보면 단청 없는 건물처럼 보이지만 기둥이나 서까래에 주칠과 단청 흔적이 약간 남아 있다. 본채가 정조 때 모습을 남기고 있는데 반해서, 동쪽 월랑이나 서북쪽 월랑은 낙선재가 지어지면서 석복헌과 연결이 원활하도록 완전히 개조된 모습이다.

취운정翠雲亭

높은 언덕 위에 지은 정자로, 이곳에서 종묘를
바라보며 지은 숙종의 시가 전한다.

1686년(숙종 12)에 세웠다. 집이 서 있는 위치는 창경궁 함인정의 서쪽, 창덕궁 낙선재의 동쪽 언덕 위이다. 비교적 높은 언덕이어서 남쪽으로 목멱산(남산)이 바라다보이고 앞에는 종묘 숲이 눈에 들어오는 곳이다. 숙종이 취운정에서 지은 '종묘를 바라보며'望廟라는 시에서 이렇게 묘사했다.

울창하다 저 남쪽 정원 나무여	鬱彼南園樹
우거져 상서로운 놀 가득하구나	蔥蘢瑞靄多
매번 즐거이 맑은 사당을 지나가노라	每欣清廟邇
바라보며 흠모함이 어떠한가	瞻望慕如何

『승정원일기』에 1818년(순조 18)에 서까래를 고쳤다는 기사가 있고, 1820년(순조 20)에

는 건물 주변 담장을 고쳤다고 했다. 2013년 지붕을 해체한 결과, 건물이 한 차례 크게 개조되어 규모가 확장된 것을 확인했다.

2013년 건물 수리를 하는 과정에서, 창건되고 16년이 지난 1702년(숙종 28)에 툇간을 달아내서 건물을 증축한 흔적을 확인했으며, 공사에 참여한 감독과 장인의 이름이 적힌 묵서를 종도리 장여에서 발견했다. 공사는 중관 한신국이 감독을 했는데, 한신국은 숙종 초년부터 영조 초까지 45년간 내시로 있으면서 각종 왕실 행사를 주관한 인물이다. 숙종을 지근거리에서 모시면서 취운정 건물도 왕의 취향에 맞추어 건물 규모를 고쳤음을 알 수 있다.

현재의 건물 규모는 정면 네 칸, 측면 세 칸이며, 사방으로 툇간이 돌아가고, 내부에 온돌방 두 칸이 있다. 사면에 설치된 툇마루 끝에는 난간이 설치되었다. 건물 동쪽 기단에서 약 1.5미터 떨어져서 축대가 있는데, 이곳에 큰 돌을 이용해서 아궁이 입구를 만들어놓았고, 아궁이는 긴 통로를 통해 안쪽 깊숙한 곳에 마련되었다. 궁궐의 건물이 아니고는 보기 어려운 공을 들인 아궁이 구조라고 하겠다.

본래는 주변이 탁 트이고 조망이 잘되어 사계절을 따라 꽃나무들의 변화나 주변 경색이 달라지는 모습을 관찰할 수 있었다. 그러나 정조 연간에 남쪽에 수강재가 지어지면서 남쪽이 줄어들고 20세기에는 서쪽으로 한정당까지 들어서면서 조망은 상당히 줄어들었다고 판단된다. 현재는 수강재 동쪽 행랑 사이로 난 좁은 길을 통해 진입할 수 있다. 본래는 창경궁 함인정에서도 출입이 가능했지만, 현재는 이쪽은 동쪽 담장에 출입문만 나 있고, 통행이 불가능할 정도로 지형이 급한 경사로 변했다.

취운정은 동남향을 하고 있어서 그 아래 수강재나 낙선재와는 방향이 다르다. 목멱산을 조망하고 종묘의 숲을 언급한 숙종의 시로 미루어보면 의도적으로 이런 조망을 염두에 둔 좌향이 아니었을까 여겨진다.

2013년 창덕궁
취운정을 수리할 때
발견한 묵서

상량정上凉亭 (평원루平遠樓)

섬세하고 화려한 세부 장식이 돋보이는
육각 정자이다.

　　　낙선재 뒤 언덕 위에 있는 육각 정자이다. 애초 이름은 '평원루'라고 지었으나 지금은 상량정이라 부른다. 언제 이름을 고쳤는지는 불분명하다. 평원루라 쓴 현판이 국립고궁박물관에 있는데, 청나라 문인 옹방강의 아들 옹수곤이 쓴 것이다. 옹수곤은 김정희와 교유를 가진 인물이므로 평원루는 헌종 때 낙선재를 세우면서 함께 세워졌을 가능성이 크다. 1864년^(고종 1)에 고종이 평원루를 두고 시를 짓고 친필로 쓴 글이 장서각에 소장되어 있다. 원문은 이렇다.

　　　　평원루 높은 자리에 앉으니　　　　高坐平遠

　　　　누에 아름다운 기운이 가득하다　　　樓佳氣滿

　　　고종 나이 13세에 지은 것이다. 고종은 중희당에서 관리들에게 시를 보여주고 돌려서 읽어보도록 했다. 시를 읽은 관리가 기상이 화평하고 뜻이 심원하여 바른 성정에서 발로했다고 평하고 아름다운 분위기가 길상의 조짐이라고 아뢰었다.

　　　아래층에 사람 키 높이의 여섯 개 잘 다듬은 돌기둥을 육각에 맞추어 세우고, 그 위에 목조 육각 정자를 올렸다. 지붕도 육각형으로 기와를 덮고 꼭대기는 절병통^{節瓶桶}을 세웠다. 상층 난간을 돌출시켰는데 난간에는 정교하고 화려한 장식을 꾸몄다. 또 난간 아래로 가는 기둥을 늘어뜨리고 그 사이를 허주머름^{虛柱流音}이라고 하는 넝쿨식물 형태의 장식을 덧붙였다. 육면에 설치된 창호는 섬세하게 치장한 창살로 채워졌다. 장식 성향이 강한 19세기 건축의 특징이 잘 드러난 정자라고 하겠다.

　　　평원정 서쪽은 승화루 후원 사이를 가로지른 담장이 나 있는데 이 담장의 문양이나 출입

창덕궁 상량정을 아래에서 위로 올려다본 모습. 섬세하고 화려한 장식이
돋보인다.

문이 독특하다. 담장은 벽돌로 쌓았는데 안팎의 문양을 달리하면서 길상문자와 꽃무늬 등을 적절히 혼합한 치장을 했다. 현존하는 꽃담 가운데는 가장 아름다운 곳으로 평가된다. 특히, 담 가운데 난 출입문은 만월문이란 별칭을 지니고 있는데, 벽돌로 원형 개구부開口部를 만들어냈다. 이런 벽돌의 원형 출입문은 중국의 정원에서 흔하게 볼 수 있는 것이어서 청나라 문인의 현판 글씨와 함께 청나라 문물을 상찬한 헌종의 예술 취향을 반영한 것으로 볼 수 있다.

한정당閑靜堂

해 잘 들고 바람 잘 통하는 양명한 곳에 지은 단정한 살림채 같은 집이다.

석복헌 북쪽 언덕 위에 있다. 사료상에 건물 기록이 보이지는 않지만 1936년에 제작된 〈창덕궁 평면도〉에 건물이 그려져 있는 것으로 미루어 그 이전에 지어진 것으로 판단된다. 1926년 순종 승하 후에 윤비가 대조전에서 낙선재 석복헌으로 거처를 옮긴 후 1950년 초까지 살았으므로 윤비를 위해 석복헌 뒤 언덕 위에 이 건물을 지었을 가능성이 높다.

현재의 한정당은 정면 세 칸, 측면 두 칸 규모이며, 동쪽 두 칸은 마루로 되어 있고 나머지는 온돌방이다. 마루에는 머름 위에 화려한 문살 장식을 갖춘 분합문이 달려 있다. 동쪽 분합문 아래는 정교한 조각으로 장식을 넣은 난간이 설치되어 있다. 또 온돌방 앞은 툇마루가 있고 툇마루 서쪽 끝은 벽을 치되 마루와 같은 정교한 창을 설치했다. 낙선재의 특징 중 하나는 화려하고도 정교한 창살들인데 한정당에서도 그런 모습이 잘 남아 있다. 건물 앞에는 전체 높이 약 1.5미터의 수석이 하나 세워져 있다.

해가 잘 들고 바람이 잘 통하는 양명한 곳에 작고 단정한 살림채 모습을 하고 있으며 난간이나 창호에 정교하고도 화려한 장식 살들이 채워져서 여성이 거주하기에 알맞은 외관과 실내 구성을 하고 있다. 이 건물을 마지막으로 이용한 사람은 영왕의 아들 이구와 그 부인 줄리아 여사였다.

저승전 | 취선당 | 낙선당 | 시민당 |
진수당 | 장경각

낙선재가 있던 자리와 그 남쪽의 빈터가 과거 동궁이 있던 곳이다. 동궁 정전이 저승전이고, 시민당은 업무를 보는 곳이었다. 저儲는 '세자'를 지칭하며 이을 承承 자를 썼으니 장차 왕위를 이을 세자의 전각이란 의미다. 저승전이 있는 곳은 조선 초기에 광연루가 있던 곳으로 전한다. 광연루는 창덕궁이 창건될 때 이 궁의 가장 큰 누각이었으며, 태종은 중국 사신을 광연루에 불러 연회를 열었고, 태조 이성계가 숨을 거둔 곳도 광연루 별전이었다. 그 영역은 서쪽은 건양문이 시작되는 곳이며 동쪽은 동룡문의 담장에 이르는 창덕궁 동쪽의 넓은 지역이었다. 남쪽으로는 종묘 담장에 이어졌다. 사료에서 창덕궁을 설명할 때 그 동쪽 경계를 건양문까지로 삼았으므로 여기서부터는 동궁전으로 여긴 셈이다. 동룡문은 창경궁 선인문 서편에 마주 보이는 곳에 있었다. 저승전은 하나의 독립된 영역으로 취급되어서, 사료에서는 종종 창덕궁, 창경궁, 저승전을 각기 독립된 영역으로 기술하는 대목을 볼 수 있다. 동궁에 속하던 건물은 다 없어지고 자취마저 완전히 사라졌지만, 역사적으로는 많은 사건의 무대가 된 곳이다.

건양문

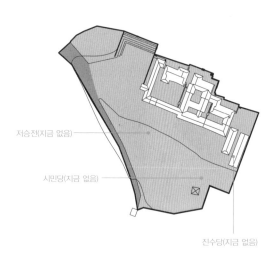

저승전(지금 없음)

시민당(지금 없음)

진수당(지금 없음)

관람 포인트

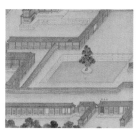

옛 동궁 터에 있던 광연루
광연루는 태종이 창덕궁을 창건하면서 신하들에게 연회를 베풀거나 외국 사신을 접대하기 위해 세운 장대한 누각이었다. 부근에 큰 연지가 있었다고 한다. 〈동궐도〉의 동궁 시민당 터 옆에 큰 연지가 있어서 호기심을 자아낸다.

취선당 우물은 어디 있었나?
지금 낙선재가 있는 부근에 취선당이 있었다. 희빈 장씨는 왕비 자리에서 쫓겨난 뒤 취선당을 거처로 삼으면서 취선당 서쪽 우물가에서 중전을 저주하는 기도를 했다고 전한다. 지금 낙선재 부근에 우물이 여럿 남아 있는데 과연 취선당 우물은 어디였을까?

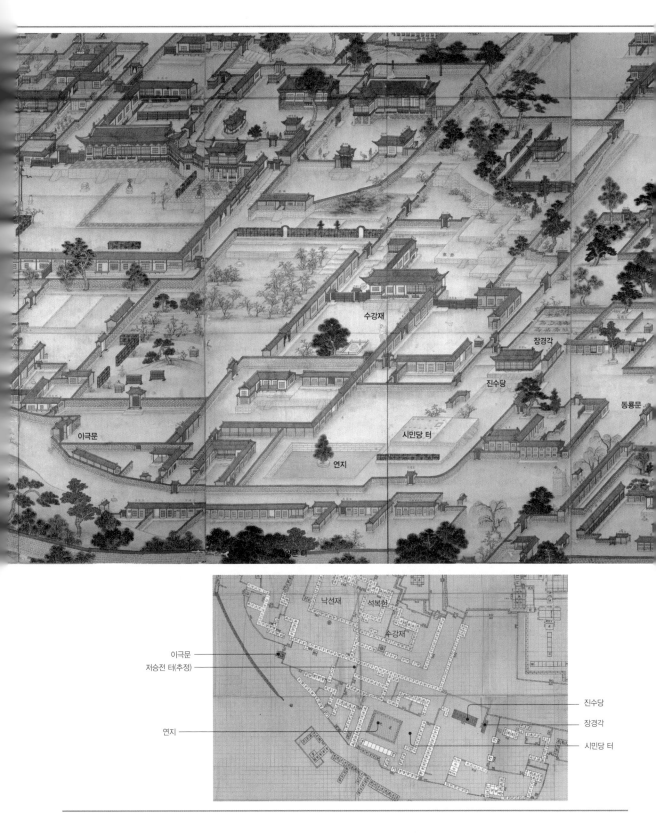

저승전儲承殿

왕세자가 거처하는 동궁의 정전이다.
조선 초기 광연루가 근처에 있었다고 전한다.

(지금 없음)

연혁

조선 전기부터 동궁 처소로 존재했으며, 1623년 인조반정 때 소실되었다가, 25년이 지난 1648년(인조 26) 인경궁의 동궁전을 철거해서 다시 지었다. 이후 약 120년 동안 여러 사건의 현장이 되었다. 즉, 이곳 별당인 취선당에서 희빈 장씨禧嬪張氏(1659~1701)가 거처하다가 죽었으며, 사도세자思悼世子(1735~1762)는 이곳 시민당에서 대리청정을 하다가 결국 부왕 영조에 의해 죽임을 당했다. 1763년(영조 40) 저승전 근처 별당에서 화재가 발생하면서 중심부 대부분이 소실되고 시민당 쪽만 화재를 면했는데 화재 이후 저승전은 재건되지 않았다. 이후 1780년(정조 4)에는 시민당마저 불에 타고 말았다. 화재 이후 시민당 역시 다시 지어지지 않았다. 정조는 시민당을 재건하는 대신 그 북쪽 일대에 새로 동궁전으로 중희당을 짓고 저승전이나 시민당 터는 빈터로 남겨두었다. 1847년(헌종 13) 저승전이 있던 일대에 낙선재가 들어서면서 옛 자취가 사라졌으며, 시민당이 있던 곳은 그대로 빈터로 남았다. 1936년의 〈창덕궁 배치도〉에는 시민당 뒤 연지蓮池가 그대로 보존되어 있는 모습이 확인되지만 이후에 연지마저 메워지면서 완전히 자취가 사라졌다.

『궁궐지』에 의하면 저승전을 중심으로 그 동편에 경극당과 낙선당이 있고, 저승전 남쪽에 연지가 있으며, 북쪽에는 숭경당이 있다고 했다. 또 저승전 서쪽으로는 취선당이 놓여 있는데 취선당 뒤에 우물이 하나 있고, 또 숭경당 남쪽에도 우물이 하나 있다고 했다. 경극당 남쪽 마당 앞에도 우물이 있다고 했다. 시민당은 저승전의 남쪽에 있으며 동쪽에 진수당이 있다고 했다. 〈동궐도〉에는 진수당과 장경각이 그려져 있고 시민당은 터만 나와 있으며, 동쪽에 네모반듯한 연지가 그려져 있다. 〈동궐도〉에는 저승전이 있던 위치에 꽃나무들을 가득 그려놓았으며 세 군데 우물이 그려져 있어서 경극당, 숭경당, 취선당의 대체적인 위치를 짐작할 수 있다.

사건과 인물

선의왕후를 둘러싼 음모와 저승전 | 경종이 승하했을 때 계비 선의왕후^{宣懿王后}
(1705~1730)가 대비가 되어 저승전을 처소로 삼았다. 당시 대비 처소로는 경복전이 있었지
만, 대왕대비인 숙종의 계비 인원왕후가 경복전에 거처하고 있었기 때문에 다른 전각을
선택해야 했다. 저승전을 대비전으로 삼은 것은 예외적인 일이었다. 영조가 왕위에 올랐
을 때 왕의 나이는 31세였다. 그런데 대비 선의왕후는 나이 불과 20세였다. 선의왕후는
아직 경종이 왕위에 오르기 전인 1718년(숙종 44)에 나이 14세로 세자빈이 되었다가 경종이
왕위에 오르면서 왕비가 되었는데, 경종이 재위 4년 만에 1724년 37세로 세상을 떠나면
서 대비가 된 것이다. 영조는 가족 관계로는 선의왕후의 시동생이지만 왕실 세계世系로는
아들이 되는 셈이었는데 이런 복잡한 관계 때문인지 두 사람은 사이가 좋지 않았던 것
으로 전한다. 대비는 영조를 위한 예식 등에 불참하기 일쑤였고, 영조 역시 대비의 잔치
예산을 삭감하는 처사로 대응했다. 대비 처소를 궁궐의 외진 곳인 저승전으로 한 것도
그런 맥락과 상통한다고 하겠다. 영조의 맏아들 효장세자孝章世子(1719~1728)는 저승전 인근
의 진수당에서 거처하다가 불과 10세에 세상을 떴다. 급작스런 죽음에 의심을 품은 영
조는 궁녀들을 직접 심문한 끝에 독을 쓰고 저주를 했다는 자백을 받아냈지만, 배후를
밝히는 데는 실패했다. 배후로는 선의왕후가 의심을 받았다. 저승전 서쪽에는 취선당이
있어서 이곳을 음식 장만하는 소주방燒廚房으로 삼았다. 효장세자의 동생인 사도세자는
어릴 때 대내에서 지내지 않고 저승전을 처소로 삼았다. 성년이 된 후 영조의 대리청정을
하는 동안에 비정상적인 행실로 부왕의 미움을 사다가 결국 뒤주에 갇혀 죽었는데, 사
도세자 부인 혜경궁 홍씨惠慶宮 洪氏(1735~1815)는 저서 『한중록』閑中錄에서 세자가 정신질환을
앓게 된 근본적인 원인이 불길한 저승전에서 자라고, 취선당에서 지은 밥을 먹은 탓이라
고 했다. 취선당은 다름 아닌 희빈 장씨가 거처하던 곳으로 장희빈이 사약을 받은 곳이
기도 하다.

건물

『저승전의궤』儲承殿儀軌(1626)에 의하면 저승전은 전체 스물여덟 칸 규모로 동온돌이 여섯 칸, 서온돌 여섯 칸에 대청마루 열여섯 칸이었으며 마루 상부 반자에는 모란을 그려넣었다고 한다. 건물이 전체 스물여덟 칸이라고 하므로 정면 일곱 칸, 측면 네 칸의 당당한 외관에 가운데 세 칸의 대청이 놓이고 좌우에 온돌방을 갖추어 일반적인 침전의 격식을 지녔다고 짐작된다. 또 동익각이 한 칸에 5단의 계단이 있고, 서익각·북익각이 각각 한 칸씩이고, 동부사 세 칸, 서행각 열다섯 칸, 소주방 여섯 칸, 내서월랑 일곱 칸에 가순문이라는 문이 있는 내남월랑 여섯 칸, 북월랑 여섯 칸이 있는 등 주변은 행랑으로 둘러싸여 있었다고 했다. 1764년(영조 40) 실화失火로 건물이 불에 타자 다시 지어지지 않았다. 1777년(정조 원년) 정조가 즉위하자마자 모친 혜경궁을 위해 창경궁에 자경전을 지으면서 저승전의 석재를 가져다 썼다는 기사가 『승정원일기』에 보이는 것으로 보아 이때 기단이나 초석 등이 모두 사라진 것으로 추측된다.

취선당就善堂

동궁전의 별당이다.
장희빈이 거처하던 곳으로 비극의 현장이 되었다.

(지금 없음)

『궁궐지』에 저승전의 서쪽에 있었다고 나온다. 건물의 정확한 위치는 불분명하지만 저승전에 거처하던 선의왕후의 음식을 이곳에서 장만했다고 하므로 멀지 않은 곳이었다고 추측된다. 『저승전의궤』에는 취선당이 몸체 일곱 칸에 전퇴前退를 합해서 전체 열 칸이며 온돌방 세 칸 반이 있고, 건물 후면에 우물이 하나 있다고 했다. 또 동루가 위아래층 합해서 열여덟 칸이 있고, 서월랑 일곱 칸, 남월랑 열 칸, 외월랑 여섯 칸, 외남월랑 스물네 칸이 있다고 했다. 월랑에는 온돌방, 마루, 헛간 등이 구비되어 있었다. 취선당 자체는 열 칸 규모에 지나지 않지만 주변에 월랑이 겹겹이 둘러싸고 있어서 부속실이 넉넉한 곳이었다. 겹겹이 둘러싸인 행랑들 때문에 폐쇄적인 곳이었다고 짐작되는데, 남쪽은 남월랑·외월랑·외남월랑이 있고, 동쪽은 저승전 사이에 2층 구조로 된 동루 열여덟 칸이 가로놓여 있고, 또 서쪽에도 월랑이 있다고 했다.

'장희빈'으로 널리 알려진 희빈은 어려서 궁에 나인으로 들어와 숙종의 눈에 들어 아들 경종을 낳고 빈으로 승격되어 취선당을 처소로 삼았다. 당시 저승전 일대는 아직 성인이 된 왕세자가 없었으므로 비워두거나 일시적으로 왕이나 왕대비가 잠시 거처로 삼는 데 쓰이는 정도였고 그럴 때 취선당은 그 별당 정도로 쓰였다. 그 후 희빈은 1690년(숙종 16) 왕비의 자리에까지 올라 대조전으로 거처를 옮겼지만, 4년 만에 다시 빈으로 강등되어 취선당으로 돌아왔다. 1701년(숙종 27) 왕비 인현왕후仁顯王后(1667~1701)가 죽자 희빈이 궁녀와 함께 취선당에 신당을 차려놓고 왕비를 무고했다는 혐의가 씌워지면서 왕이 내린 사약을 먹고 죽었다.

낙선당樂善堂

동궁의 별당으로 따뜻한 온돌방이 있어 왕들이 치료차 머물기도 했다.

(지금 없음)

『저승전의궤』에 낙선당은 퇴를 합해서 다섯 칸 규모이며, 온돌 두 칸과 마루 세 칸이 있는데 온돌 천장은 지반자, 마루는 모란반자를 가설했다고 했다. 곁에 서행각 세 칸(바닥은 전돌), 남월랑 여섯 칸(온돌 두 칸, 마루 네 칸)이 있다고 했다. 1678년(숙종 4) 왕이 저승전에 머물고 있을 때 낙선당에서 침을 맞거나 의원으로부터 진맥을 보았다는 기사가 『승정원일기』에 자주 보인다. 영조 역시 1730년(영조 6)에서 1731년(영조 7) 사이에 자주 낙선당에서 침을 맞았다. 이럴 때는 신하들을 불러서 나랏일을 논의하기도 했다.

낙선당 주변으로 협양문, 여경문, 청휘문, 자선문이 있고 청휘문은 열여덟 칸의 외남월랑을 이루었다고 하며, 또 자선문이 있고 주변에 청음정이라는 온돌 두 칸, 마루 한 칸을 갖춘 정자도 있었다고 『저승전의궤』에 밝혔다. 1731년(영조 7) 11월의 『승정원일기』에 따르면 당시 왕은 감기 증세가 있어서 낙선당에서 의원의 진료를 받고 있었는데, 의원들이 낙선당은 외따로 떨어져 있고 한냉한 곳이어서 오래 거처할 만한 곳이 아니고 몸을 다스리기 적합하지 않다고 아뢰었지만 왕은 이곳의 온돌방이 가장 따뜻하다고 강조한 대목을 볼 수 있다.

시민당 時敏堂

동궁의 편전으로
사도세자가 이곳에서 대리청정을 했다.

(지금 없음)

연혁

시민당은 저승전의 남쪽에 있었는데, 1611년(광해군 3)에 세자빈을 맞아 여기서 신랑과 신부가 처음 만나서 술잔을 나누는 동뢰연을 베풀었다는 기사가 『광해군일기』에 보인다. 왕세자가 어릴 때는 왕이 이곳에서 청정을 하기도 했다. 숙종에서 영조 연간에는 왕세자가 일시적으로 사용하기도 했지만, 왕 자신이 이곳을 일종의 편전으로 삼아서 신하들을 만나고 경연을 열고 청정을 했다. 1717년(숙종 43)에 세자에게 대리청정을 시킬 때 세자(경종)가 조하와 청정을 이곳에서 했으며, 사도세자도 이곳에서 대리청정을 했다. 이 일대를 가장 적극 활용한 왕은 영조였다. 영조는 1730년(영조 6) 왕대비 선의왕후(경종 계비)가 승하하자 혼전을 문정전으로 삼고 자신은 주로 창경궁에 머물렀다. 이때 왕이 주로 거처로 삼은 곳이 저승전이나 시민당이었다. 왕은 시민당 곁의 진수당에서 신하들을 접견하고 또 저승전 동편 낙선당에서 의원을 불러 침을 맞거나 진맥을 했다.

창덕궁 시민당에서 대리청정을 했던 사도세자의 〈개 그림〉이다.

사건과 인물

시민당에서 대리청정을 한 사도세자 | 사도세자는 영조의 둘째 아들이다. 첫째 아들 효장세자는 열 살에 요절했고 둘째 세자가 나이 두 살인 1736년에 왕세자에 책봉되었다. 세자는 어려서부터 영특했다고 하며, 15세 되

던 1749년^(영조 25)에는 대리청정을 했다.

세자의 대리청정은 형식상으로는 그가 죽던 1762년^(영조 38)까지 유지되었으며 세자의 대리청정 장소가 시민당이었다. 영조는 세자에게 대리청정을 맡기면서 청정을 하는 절차를 규정한 절목^{節目}을 정했다. 청정의 장소를 시민당으로 정하고, 문무백관이 세자에게 하례를 하는 장소도 이곳에 한정했다. 청정을 할 때 세자는 익선관^{翼善冠}을 쓰고 흑삼포를 입고 시민당 정청에 동향해 앉아서 신하들을 맞았다. 정월 초하루 등 하례를 올릴 때 종친 및 대신과 사부, 즉 세자의 스승은 뜰 아래에서 두 번 절하고 다시 당에 올라와 재배하고, 다른 빈객은 뜰 아래에서 절하는 것을 규칙으로 삼아서 대리청정하는 세자의 위상을 높였다. 세자의 상참, 즉 통상적인 회의는 대리청정을 시작한 1749년^(영조 25)부터 1762년^(영조 38)까지 14년 넘게 이어갔다. 그러나 1759년^(영조 35) 이후에 와서는 세자의 행실에 대한 각종 부정적인 말들이 왕의 귀에까지 들어갔으며 급기야 1762년^(영조 38) 윤달 5월에 세자는 뒤주에 갇혀 숨을 거두었다. 이 사건에 대해서는 세자 자신이 갖고 있던 병적인 증세가 원인이었다고 사료에 기술되어 있지만, 당시 정권을 장악하고 있던 노론의 정치적인 모략 탓으로 풀이하는 견해도 있다.

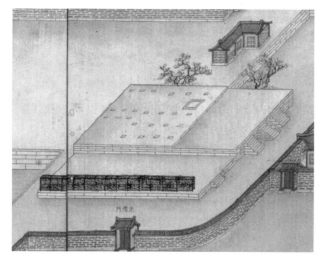

〈동궐도〉의 창덕궁 시민당 터

건물

『저승전의궤』에 시민당은 규모가 아홉 칸이라고 했다. 〈동궐도〉에도 시민당 터가 그려져 있는데 건물은 동향해 있고 높은 기단 위에 주춧돌이 정면과 측면에 각 네 개씩 놓인 모습이다. 같은 기단 위 정면 세 칸, 측면 세 칸 건물의 후면 북쪽으로 정면 세 칸, 측면 한 칸 반 정도의 건물이 덧붙여 있는 모습인데, 이 부분이 무엇인지는 알 수 없다. 기단은 동쪽으로 월대가 넓게 마련되어 있고, 남쪽으로도 한 단 낮게 기단이 조성되어 있고, 남쪽 끝에 취병翠屛이 마련된 모습이다. 동쪽의 월대는 시민당에서 하례를 올리게 되면 문무백관이 마당에서 절하고 월대는 향과 풍악을 올리는 장소로 쓰였다고 추정된다. 남쪽의 한 단 낮은 단은 유사한 사례를 볼 수 없는 특이한 모습인 데다 끝에 취병까지 설치하여 궁금중을 자아낸다.

1727년(영조 3)의 실록에는 당시 왕세자의 관례(성인식)를 시민당에서 치르려고 하는데 시민당은 건물 앞에도 계단이 있고 월대에도 계단이 있어서 예법에 맞지 않는다는 지적이 보인다. 즉, 시민당의 계단은 당 아래에 이미 두 개의 층계層階가 있고 층계 아래에 널찍한 대臺가 있으며 대 아래에 또 여러 계단의 준계峻階(높은 계단)가 있어서 관례를 할 때 모두 준계 밑에서 하게 되어 예법에 맞지 않는다는 지적이었다. 이에 따라 관례의 한 가지 절차만 준계 아래에서 행하고 기타의 예절은 모두 대 위에 있는 두 개의 층계 밑으로 옮겨 실행하게 한다면 예법에도 합치되고 또 오르내리는 수고로움도 없게 될 것이라는 건의를 하여 따랐다고 했다. 아마도 이 건물을 지을 때 의도적으로 월대 위아래에 2단의 계단을 설치했던 것으로 보인다. 기단 위에 어떤 형태의 건물이 서 있었는지는 전혀 알 수 없지만, 높은 기단 위에 건물이 지어진 점으로 미루어 선정전과 유사한 당당한 격식을 갖춘 건물이었다고 추정된다.

진수당進修堂

왕세자를 위한 서재로,
시민당의 부속 건물로 쓰였다.

(지금 없음)

〈동궐도〉에 건물 모습이 남아 있다. 진수당은 왕세자를 위한 서재로 마련된 건물이지만 왕이나 왕세자가 시민당을 편전으로 이용할 때 신하들을 접견하고 업무를 보는 용도로도 쓰였다. 숙종이나 경종은 진수당에서 자주 신하들을 접견했으며, 영조도 이곳을 이따금 이용했다. 〈동궐도〉에 그려진 진수당의 모습은 정면 일곱 칸에 측면 세 칸 규모로, 장대석 3단의 반듯한 기단 위에 팔작지붕을 한 건물로 묘사되어 있다. 남쪽 기단에는 세 개의 계단이 마련되어 있어서 이 건물이 단순한 서재로만 쓰이지 않았음을 보여준다. 창호는 모두 하부에 머름청판을 댄 분합문으로 그려져 있다. 따라서 이 건물은 여러 사람이 실내에 들어와 행사를 치르기에 적합하도록 지어졌다고 볼 수 있다. 〈동궐도〉 그림에 의하면 시민당의 월대 동쪽에도 세 개의 계단이 마련되어 있어서, 계단을 내려와 마당을 따라 북쪽으로 가면 진수당으로 향하는 축대 계단 세 개가 놓이고, 이 계단을 오르면 진수당 기단의 세 개 계단으로 연결되도록 되어 있는 모습을 볼 수 있다. 시민당과 진수당이 동선상 서로 연결되어 있음을 잘 보여준다.

장경각藏經閣 | 왕세자를 위한 각종 경전을 보관하던 곳이다.

(지금 없음)

진수당과 마찬가지로 〈동궐도〉에 건물 모습이 남아 있다. 진수당의 바로 동쪽에 거의 지붕 처마가 맞닿을 정도로 근접해서 진수당 쪽으로 향해 정면 세 칸, 측면 한 칸 규모로 묘사되어 있다. 건물 이름이 경전을 소장한 곳이라고 했듯이 이곳은 각종 서책들을 보관한 곳으로 판단되는데, 〈동궐도〉에는 남쪽 한 칸 벽은 전체가 벽돌로 마감되고, 동쪽 벽도 창문 없이 중방中枋까지 벽돌로 마감된 모습이다. 따라서 이 건물은 책을 보관하는 서고와 같은 용도로 지어진 것으로 보인다.

1721년 그려진 〈친정계병〉에 등장한 창덕궁 진수당의 모습

빈청 | 연영문 | 정원 | 대청 | 선전관청 |
협양문 | 내반원

현재 숙장문을 나오면 전면이 넓은 공터가 되고 문 오른쪽에 과거 빈청으로 쓰던 건물 한 채가 있다. 이 일대는 승지들이 근무하던 승정원이나 내시들이 머물던 내반원 등이 밀집해 있었다. 빈청 건너 맞은편에 선정전으로 들어가는 출입문인 연영문이 있고, 연영문 서쪽 일대에 은대, 우사 등 정원 관련 관청들이 자리 잡았다.

연영문에서 동쪽으로 나아가면 내반원으로 들어가는 출입문인 단양문이 있다. 단양문 안은 사옹원, 대전장방 등 내시나 상궁이 거처하던 건물이 있고, 중심부에 내반원 청사가 자리 잡고 있다. 단양문 동쪽으로 가면 희정당으로 들어가는 협양문이다. 협양문에서 동쪽으로 가면 과거 동궁전으로 가는 건양문이 된다.

내반원(지금 없음)　　협양문(지금 없음)

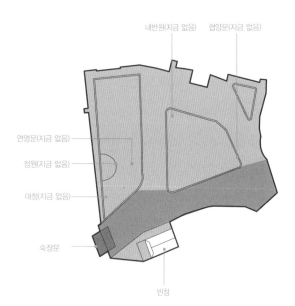

연영문(지금 없음)

정원(지금 없음)

대청(지금 없음)

숙장문

빈청

관람 포인트

편전 맞은편에 자리 잡은 빈청
대신들은 왕을 뵙기 전에 빈청에 모여 일을 논의하곤 했다. 논의 후 편전인 선정전이나 희정당으로 가서 왕 앞에 나아갔다. 빈청에 모인 대신들은 숙장문을 통해 정전 외행각에서 조참례에 참석했다. 숙장문 밖, 편전 맞은편에 있는 빈청은 이런 업무를 수행하기에 가장 알맞은 위치에 지어졌다.

빈청 앞 공터에 있던 내시들의 관청
희정당 앞 넓은 공터에는 내시들이 근무하던 내반원이 있었다. 음식 관리에서 왕의 신변 호위에 이르기까지 내시들은 잠시도 쉴 틈 없는 바쁜 일상을 보냈다. 그림은 〈조대비사순칭경진하도병〉의 내반원 모습이다.

선정관청

내반원

재읍원

대전장방

정원(승정원)

사옹원

수라간

누상교

사알방

협양문

연영문

대청

단양문

숙장문

빈청

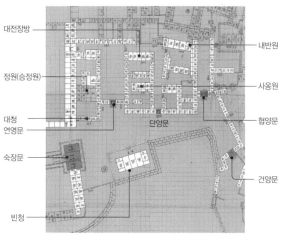

대전장방

내반원

정원(승정원)

사옹원

대청

협양문

연영문

단양문

숙장문

건양문

빈청

빈청賓廳 | 상참에 참석하는 관리들이 모여서
희의하던 곳이다.

상참에 참석하는 각부 장관들이나 비변사의 당상들이 모여서 회의를 하던 곳이다. 비궁당匪躬堂이라고도 불렸다. '비궁'이라는 말은 "자신의 몸을 돌보지 않는다"는 뜻 또는 "일신의 이해를 초월한다"는 뜻을 지니고 있으며 국사를 맡은 대신들이 이런 자세로 업무에 임해야 한다는 의미를 지녔다. 빈청의 위치는 승정원 일곽의 남쪽에 마당을 가로지른 곳이었다. 서쪽으로는 숙장문이 있다. 빈청에 있던 대신들은 건물 바로 북쪽에 있는 연영문을 통해 선정전으로 가거나 그 오른쪽 협양문을 통해 희정당으로 향할 수 있었다. 빈청 서쪽의 숙장문은 인정전의 외행각으로 가는 출입문이었는데, 〈동궐도〉에 의하면 이 문의 현판은 빈청을 향한 쪽에 걸려 있었다. 따라서 숙장문은 빈청 쪽에서 인정전으로 향하는 출입문의 구실을 했음을 알 수 있다. 〈동궐도〉에 묘사된 건물의 모습은 정면 다섯 칸, 측면 세 칸 규모에 가운데 세 칸의 몸체가 남향해 있고, 좌우에 남북 방향으로 지붕을 갖춘 부분이 딸려 있는 특이한 모습이다. 또한 건물 주변은 서쪽과 북쪽으로 낮은 담장이 둘러쳐져 있고 나머지는 수목으로 둘러싸여서 빈청이 독립된 일곽을 이루고 있었음을 보여준다. 〈동궐도형〉에 그려진 평면도에 의하면 중앙 세 칸은 대청으로 되어 있고, 좌우에 온돌방이 있으며, 건물 앞뒤는 툇간이 설치된 모습이다.

빈청 건물은 현재도 남아 있지만, 통상 '어차고'御車庫라는 이름으로 불리고 있다. 그것은 20세기 초에 와서 빈청의 기능이 상실된 후, 건물 내부를 개조해서 순종 황제가 이용하던 승용차의 차고로 이용한 데에서 비롯되었다. 여기 보관하던 승용차는 1910년대에 영국에서 제작된 것이며 순종 황제와 황제비가 타던 두 대가 놓여 있었다. 지금은 국립고궁박물관에 전시되어 있다.

현재의 건물은 외형은 〈동궐도〉와 유사하지만 세부에서는 기둥 형태나 초석 등에 차이가 있다. 일제강점기 이후 한 차례

〈동궐도〉의 창덕궁 빈청

이상 다시 지어졌으며, 2000년대의 발굴 조사에 의하면 본래 건물의 기초 부분 위에 건물을 약간 높여서 다시 지은 흔적이 확인되었는데, 다시 지은 시기는 불확실하다.

연영문延英門

(지금 없음)

**상참에 참석하는 관리들이
선정전으로 들어가던 통용문이었다.**

선정전으로 들어가는 바깥 통용문이며 이 문을 지나 북쪽으로 나아가면 선정문에 이르게 된다. 편전의 상참에 참여하는 5품 이상의 관원들이 출입하는 중요한 문이었으며, 승정원에 근무하는 승지들도 이 문을 이용했다. 숙장문 밖에 빈청과 마주한 위치에 남향해서 세워져 있었으며, 중앙 한 칸의 솟을대문과 좌우 각 두 칸의 행각이 있었다. 한 칸의 솟을대문은 세 칸 문 다음으로 격식이 높은 것이었으며, 그만큼 창덕궁 안에서 연영문의 비중이 컸음을 보여준다. 1907년경 사라졌다.

정원政院

(지금 없음)

**승정원의 승지들이 근무하던 곳으로,
승지들은 새벽부터 밤늦게까지 격무에 시달렸다.**

승지들이 모여서 왕명을 받들어 전하고 모으는 곳으로, '승정원' 또는 '은대'라고 불렸다. 선정전의 바깥 출입문인 선정문 남쪽의 건물군은 주로 상참에 참여하는 승지들이 근무하며 문서를 관리하고 왕명을 관리하던 곳이며, 정원은 그 중심이 되는 전각이었다.

〈동궐도〉의 창덕궁 정원

〈동궐도〉에 의하면 정원은 연영문의 서쪽 일곽에 자리 잡고 있으며, 북쪽부터 당후堂后와 우사右史가 기둥 좌우에 있고, 그 아래 문서고, 은대라고 적은 건물이 남향해서 나란히 서고, 그 좌우로 행각이 남북 방향으로 길게 이어지는데, 좌우 행각은 중층으로 이루어져 있다. '당후'는 승정원의 다른 명칭으로, 『승정원일기』를 '당후일기'라고도 불렀으며 '우사'는 역사를 기록하는 사관을 말한다. 은대 역시 승정원의 다른 명칭이다. 건물 아래층은 장대석 기둥을 세우고 기단 면을 안쪽으로 들여 넣은 모습이고 그 위에 기둥을 세우되 앞쪽은 툇마루가 놓여서 서쪽 행각으로 연결되어 있다. 가장 남쪽의 건물은 대청이라고 적었다. 승정원에 소속된 인원이 80명에 이르렀으므로 제법 넓은 공간을 필요로 했다고 하겠다. 〈동궐도형〉에서는 이것과 조금 다른 모습이다. 문서고 건물이 모두 사라지고 없고 정원은 규모가 더 확장되고 남북 양 끝의 당후와 대청은 거의 같은 모습이다. 19세기 말에 와서 정원 내부에 약간의 변화가 초래된 결과가 아닐까 추정된다. 이 일곽은 20세기 초까지는 존속했지만, 1907년경 순종 황제의 이어에 맞추어 인정전의 동행각에 해당하는 부분만 남기고 모두 철거해 없어졌다.

격무에 시달리던 승지들 | 승지는 왕의 명을 받아 이를 전달하고 각종 문서를 정리해서 왕에게 보고하는 역할을 했다. 요즘의 대통령비서실이 이와 유사한 역할을 한다. 도승지를 우두머리로 해서 정3품인 승지가 6명, 정7품인 실무자 주서가 3인에 제반 잡일을 맡는 이속이 72명으로 구성되어 있었다. 승지는 잠시도 쉴 수 없는 격무에 시달렸으며 새벽같이 나가 밤늦도록 일했다. 자기 신세를 모르고 남을 불쌍하다 할 때 하는 속담으로 "거지가 도승지를 불쌍하다고 한다"는 말이 있을 정도였다.

대청臺廳 | 사헌부, 사간원 관리들이 근무하던 곳이다. (지금 없음)

사헌부나 사간원의 관리들이 모여서 논의를 하고 업무를 보던 곳이며, 모두 상참이 있을 때 선정전에 들어가 왕에게 일을 아뢰는 역할을 했다. 정원 일곽의 가장 남쪽에 남향해서 자리 잡았다. 서쪽 행각은 인정전 동행각에 해당하며, 〈동궐도〉에는 이 부분 지붕에 육선루六仙樓라고 적혀 있다. 그리고 대청 건물 북쪽 마당에 장대석을 쌓아 만든 단이 그려져 있고, 단 북쪽 끝에 네모난 작은 대가 있고 그 위에 낮은 돌기둥 같은 것이 그려져 있는데, 그 용도는 확실하지 않다.

| 선전관청宣傳官廳 | 왕의 이동을 큰소리로 외쳐 알리는 일을 맡던 선전관의 근무처이다. | (지금 없음) |

왕이 이동할 때 의장을 갖추고 시위하고 왕명을 전달하는 임무를 맡았던 선전관이 속해 있던 관청이다. 선정전 외행각의 선정문 옆에 있었다. 〈동궐도〉에 의하면 선전관청은 선정문 옆의 외행각 다섯 칸에 걸쳐 있었다. 선전관청 앞 서쪽에는 광범문이 있는데, 이 문은 왕이 편전에서 정전으로 이동할 때 사용하던 문이다. 이때 선전관의 관원은 앞에서 왕이 문에 이르는 것을 큰 소리로 알렸다.

| 협양문協陽門 | 희정당으로 나아가는 출입문으로, 18세기 이후 희정당이 편전으로 자주 쓰이면서 사용 빈도가 높았다. | (지금 없음) |

1907년 이전까지 희정당으로 향하는 바깥 출입문으로 쓰였다. 문을 들어서면 왼쪽은 내시들이 근무하는 일곽의 긴 행랑이, 오른쪽은 성정각의 행랑이 남북으로 길게 이어져 좁고 긴 통로를 형성하며, 북쪽 끝에는 선화문이 있다. 선화문을 통과하면 전면에 희정당으로 통하는 희인문이 있었다. 이 부분은 1907년경 모두 철거되어 사라지고 없다. 보통 왕이 궁 밖을 나갈 때면 협양문으로 해서 진선문을 거쳐 돈화문으로 나갔다. 또한 희정당에서 하는 상참에 참석하는 상참관들도 이 문을 통해 회의에 오갔다. 18세기 이후 역대 왕들이 희정당에서 경연과 상참을 자주 가졌기 때문에 협양문은 이 일대에서 왕과 대신들에게는 사용 빈도가 가장 높은 문이었다.

내반원內班院

내시들이 근무하던 곳으로, 궁중의 음식을 관리하고
지근거리에서 왕의 수발을 들었다.

연혁

내시들이 근무하는 곳을 지칭하며, 내반원 권역은 궁중의 음식을 감독하고, 왕명을 전달하며, 건물을 지키는 일과 궁궐 내 청소 등을 담당하는 사람들이 머물렀다. 내반원은 '내시부'라고도 했는데, 성종 때 명칭을 '내반원'이라고 고쳤다고 하며, 김종직金宗直(1431~1492)이 쓴 『내반원기』內班院記에는 이들이 궁중에서 임해야 하는 자세를 글로 새긴 현판이 내반원 내에 게시되어 있었다고 한다. 『경국대전』經國大典에 의하면 내시부 관원은 최고위직인 종2품 상선을 비롯해서 총 140명에 달했다고 한다. 그 위치는 승정원의 동쪽, 희정당의 남쪽 일곽이다. 희정당 뒤에는 왕과 왕비의 침전인 대조전이 있으며, 내반원의 내시들은 대조전과 희정당에서 이루어지는 왕의 일거수일투족의 수발을 들었다. 내반원의 출입문은 서쪽 연영문과 동쪽 협양문 사이에 난 단양문이다.

〈동궐도〉에 묘사된 19세기 중엽 내반원 일곽 모습을 보면, 단양문을 들어서면 크게 동쪽과 서쪽에 건물군이 있으며 서쪽은 아래서부터 공상청, 주원(사옹원), 궁방, 대전장방이 있고, 동쪽은 사알방, 등촉방, 재은원, 내반원, 소주방 등이 있다. 공상청은 채소와 생선 등을 관리하던 관아이며, 사알방은 왕명을 전달하는 하급 관원이 거처하는 곳이며 중관(내시)이 이 일을 맡았다. 사옹원은 왕의 식사와 궁중의 음식 공급을 관장한 정3품의 관청이다. 평상시의 음식 외에도 사당에 올리는 새로 수확한 곡물 등을 관리하고 진찬이나 진연 등 궁궐 안의 큰 잔치가 있을 때에도 음식 장만을 책임졌다. 진찬이나 진연이 있으면 사옹원에서는 행사 전말을 등록으로 편찬했는데, 이를 통해 당시의

〈동궐도〉의 창덕궁 내반원과 그 주변

궁중 음식의 일면을 엿볼 수 있다. 이런 음식을 준비하고 감독하는 일은 내관(내시)들의 소관이었다. 이 일곽은 1907년 순종 황제의 이어에 앞서 창덕궁을 대대적으로 수리하면서 모두 철거되었으며, 지금은 내반원이 있던 희정당 신관의 현관 앞이 넓은 공터로 변했다.

내반원 건물은 좌우 앞뒤로 행랑들이 가로막은 밀폐된 분위기이다. 내반원의 남쪽으로 마당을 가로지른 곳은 재은원載恩院이라고 적힌 건물이 남향해 있는데 이곳은 실내가 2층으로 이루어져 있다. 재은원이 어떤 용도의 건물인지는 잘 알 수 없지만, 『일성록』 1783년(정조 7) 12월 20일의 기사 중에 왕이 재은원에 임어하여 원자를 시임과 원임 각 신에게 보여주자 신하들이 원자의 생김새가 의젓하여 나라의 큰 경사라고 아뢴 기사를 실었다. 당시 정조는 전년에 첫아들을 얻어 바야흐로 원자가 며칠 후면 세 살이 되는 때였다. 새해가 되면 원자를 세자로 책봉할 준비를 하고 있었는데 왕이 원자를 안고 재은원에 간 것이 이와 연관이 있는 듯하지만 그 이상의 일은 잘 알 수 없다. 재은원 남쪽에는 '수라간'이라고 적은, 실내가 개방된 두 칸 건물도 보이고, 그 남쪽에는 사알방, 누상고 등이 〈동궐도〉에 그려져 있다.

옥당 | 약방

옥당은 홍문관을 달리 부르는 이름이다. 왕을 가까이서 모시는 신하를 '시종관'이라고 부르며 예문관과 승정원의 관리 그리고 홍문관 관리들이 이에 속했다. 홍문관은 각종 경전과 서적을 관리하면서 왕의 자문을 하는 일을 했으며, 주로 경전에 밝은 학자들이 여기에 근무했다. 인정전을 중심으로 보면 그 동편에 승정원이 있고, 서쪽 행각에 근접해서 예문관이 있고, 홍문관은 거기서 약간 떨어진 서쪽 편에 있어서 왕을 가까이서 보필하는 위치를 차지했다.

약방은 옥당의 뒤편에 자리 잡고 있었는데 궁중의 의원들이 약재를 보관하고 제조하는 곳으로 보통 '내의원'이라 불렀다. 〈동궐도〉에 묘사된 약방은 제법 큰 규모로 되어 있다. 약방의 위치는 옥당의 북쪽 일대로, 동편은 인정전의 서행각과 접해 있고, 북쪽은 선원전의 재실인 영의사가 된다. 약방에는 약방제조를 비롯한 고위 관료와 여러 명의 의원들이 거처하며, 또 그 아래 의원을 도와 약재를 고르고 탕약을 달이는 일을 하는 아랫사람들이 거처했다. 따라서 약방은 비교적 넓은 공간을 차지하고 있었다.

약방

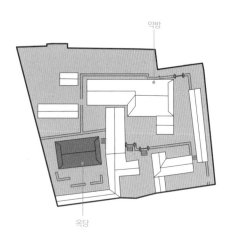

옥당

관람 포인트

홍문관 관원들이 관리하던 문서 창고들
옥당은 홍문관 관원의 근무처인데, 이곳에서 궁중의 각종 서적과 역사적인 기록 등을 관리했다. 따라서 옥당 주변에는 이들 문서들을 보관하던 많은 서적 창고들이 있었다. 지금도 옥당에는 다락식으로 꾸민 창고 건물을 곳곳에서 볼 수 있다.

밀폐된 느낌이 드는 약방
궁중에서 쓰는 약재는 다른 데서 쉽게 구할 수 없는 진귀한 것들이 많았다. 귀한 약재가 많은 만큼 그 관리도 여간 신중한 것이 아니어서 잡인들이 함부로 드나들 수 없도록 출입문도 복잡하고 내부도 밀폐된 영역이었다. 지금도 이곳은 좁은 출입문들이 복잡하게 얽혀 있다.

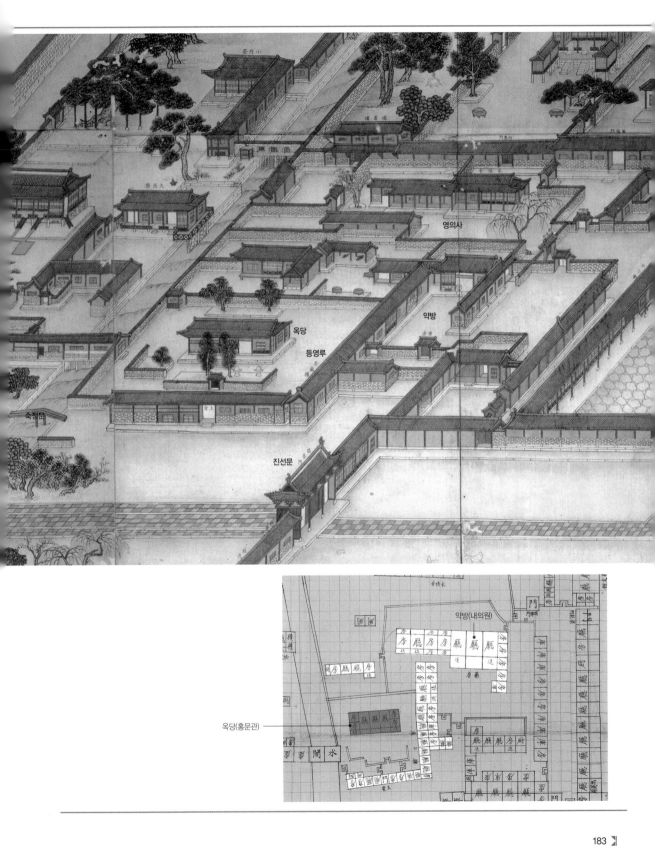

영의사

옥당

등영루

약방

숙정문

진선문

소주문

대서원

옥당(홍문관)

약방(내의원)

옥당玉堂 홍문관의 다른 명칭으로 각종 경전과 서적을
관리하는 학자들이 머물렀다. _(2003년 복원)

금천교를 건너자마자 진선문으로 들어가기 전 북쪽 긴 행랑 안쪽에 자리 잡았
다. 〈동궐도〉에 그려진 옥당 모습을 보면, 중심부에 정면 다섯 칸의 단정한 전각이 남
향해서 있고, 동쪽에 남북 방향으로 긴 행랑이 있는데, 집 이름을 등영루螢瀛樓라 했다.
당나라 태종이 문학관을 만들면서 18인의 학사를 선정해 그 상을 그려 모시도록 했고
사람들이 이를 선망하여 등영주螢瀛洲라 한 고사가 있는데, 여기서 유래된 명칭이 아닐까
추측된다. 남월랑 열세 칸이 있고, 중간에 한 칸의 평범한 출입문이 나 있다. 옥당의 본
건물 앞에는 따로 작은 문과 좌우 담장이 쳐지고 담장 안쪽에 단이 좌우로 나뉘어져 있
으면서 동쪽 단에 두 개의 석물이 놓여져 있는데, 이 시설이 무엇을 상징하는지는 잘 알
수 없다. 2003년 〈동궐도형〉을 기준으로 복원했다.

약방藥房 궁궐 내 약재를 관리하고 내의원의 의원들이 머물던 곳이다. _(2003년 복원)
약재를 가공, 조제하는 기구들이 있었다.

진선문의 북쪽으로 좁은 빈 공간 뒤로 약방으로 향하는 낮은 일각대문一角大門
이 있고 문을 들어서면 남북이 긴 좁은 마당이 있고 마당 북쪽에 약방의 본 건물인 정청
이 남향해 있다. 이 건물의 양 끝에서 긴 행랑이 남쪽으로 뻗어 있고, 본 건물의 서쪽으로
도 낮은 지붕의 행랑이 대여섯 칸 정도 뻗는다. 다시 서쪽에 ㄱ자 평면의 두 건물이 불규
칙하게 놓여 있는데 주변 마당에 약을 끓이는 탕기로 보이는 큰 솥이 두 개 단 위에 마련

옥당의 현판.

되어 있다. 또 ㄱ자로 꺾인 한 건물은 벽이 개방된 채로 내부에 약재를 가는 데 쓰이는 것으로 보이는 도구가 두 개 보인다. 아마도 이 일곽이 모두 약방의 기능을 가진 건물들인 것으로 보이며 비교적 넓은 공간을 차지하고 있다.

약방은 왕이 거처를 옮기게 되면 약방제조藥房提調를 비롯한 의원들이 동행했다고 짐작되는데, 고종 연간에 경복궁이 중건되면서 창덕궁의 약방도 그 기능이 경복궁으로 이전되었다고 추측된다. 1907년에 순종 황제가 창덕궁으로 이어하게 되면서 약방도 함께 옮겨왔지만, 이때는 기존 약방 건물이 아니고 성정각 건물을 내의원으로 전용했다.

1999년 약방 건물을 복원하기 위해 과거 약방이 있던 곳을 발굴한 결과, 정청이 있던 부근에서 고래가 위아래 이중으로 된 구들 유적의 일부가 확인되었다. 이런 이중 구들은 궁궐의 침전에서도 사용한 것으로 전하지만 그 실례를 확인하기는 어려운 실정인데, 약방 유적에서 사례가 나타났다. 아마도 환자들의 치료를 위해 일부러 이중 구들을 설치했던 것이 아닐까 추측되지만 확실히는 알 수 없다.

1847년에 그려진 〈조대비사순칭경진하도병〉에 등장하는 옥당과 약방.
이 병풍은 헌종의 어머니인 조 대비, 즉 신정왕후의 40세 생신 잔치
장면을 그린 것이다.

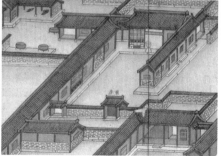

〈동궐도〉의 옥당(위)과 약방(아래)

어진을 모신 구선원전과 그 주변

만수전 | 경복전 | 구선원전 | 양지당 | 영의사

선원전은 왕의 어진, 즉 초상화를 모신 전각이다. 숙종 때 처음 설치했는데 만수전의 별당으로 쓰던 춘휘전을 용도를 바꾸어 선원전으로 삼았다. 만수전은 효종이 대비를 위해 세운 전각이었으며 만수전이 불에 타고 별당만 남자 이를 선원전으로 전용한 것이다. 이후 어진이 추가되면서 건물이 증축되고 주변에는 부속 시설이 들어섰다. 화재로 빈터가 되었던 만수전 자리에는 경종 때 역시 대비전으로 경복전이 들어섰다. 그러나 경복전 역시 순조 연간에 화재를 만났고, 이후에는 이 일대는 빈터가 되고 그 남쪽의 선원전 일곽만 남게 되었다. 고종 때 경복궁이 중건되자 어진들은 경복궁 선원전으로 옮겨가게 되어 창덕궁 선원전은 빈 건물이 되었다. 다시 고종이 덕수궁으로 이어하면서 어진은 덕수궁 선원전에 옮겨서 모셨으며, 고종 승하 후 창덕궁 후원 서쪽에 새로 선원전을 지었다. 지금 후원 서쪽 선원전을 '신선원전'이라 부르고, 기존 건물은 '구선원전'이라 한다. 이 일대는 홍문관 건물 뒤편에 있어서 접근이 쉽지 않다. 조선 시대에는 제례가 있을 때, 인정전 서행랑에서 출입하거나 규장각 쪽에서 금천을 건너서 선원전에 나아갔다.

춘휘전의 부속 건물이었다가 선원전의 부속 건물로 바뀐 양지당과 선원전에 절을 올릴 때 왕이 머물던 영의사는 지난 2004년 〈동궐도〉와 〈동궐도형〉에 근거하여 복원되었다.

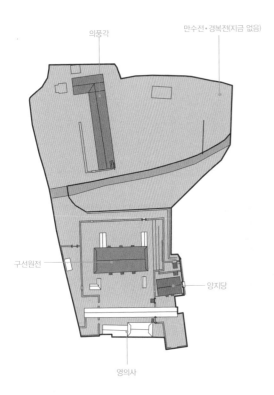

의풍각 / 만수전·경복전(지금 없음) / 구선원전 / 양지당 / 영의사

관람 포인트

구선원전에 남은 옛 춘휘전의 화계
춘휘전은 효종이 장렬왕후를 위해 세운 만수전의 별당이었다. 숙종은 춘휘전을 고쳐 왕의 초상화를 모신 선원전으로 고쳤는데, 그 동편에는 춘휘전 시절에 만든 것으로 보이는 화계가 남아 있다.

으슥하고 은밀한 양지당 주변
춘휘전의 별당이었던 양지당은 춘휘전이 선원전으로 용도가 바뀐 후에도 별당처럼 쓰였다. 건물 뒤는 인정전으로 통하는 작은 문이 있고 그 뒤는 담장과 계단이 좁은 공간을 이루는 후미진 곳이어서 제법 은밀한 분위기를 자아낸다. 궁궐 안에도 이런 으슥한 곳은 있게 마련이었다.

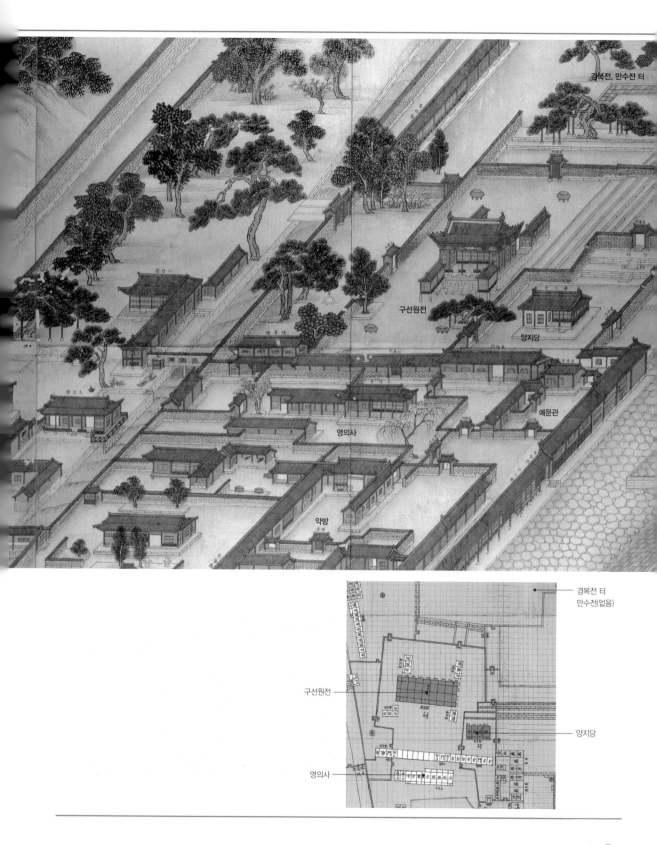

경복전, 만수전 터

구선원전

양지당

예문관

영의사

약방

경복전 터
만수전(없음)

구선원전

양지당

영의사

만수전萬壽殿

(지금 없음)

인조 계비 장렬왕후를 위해 효종이 지은 전각으로
화려한 치장에 아름다운 연못이 있었다.

연혁

1657년^(효종 8) 효종이 왕대비 장렬왕후를 위해 지은 대비전이다. 이 일대에는 조선 초기에 천문 기구를 두고 천문을 관측하던 흠경각^{欽敬閣}이 있었고, 17세기 초까지 도총부^{都撫府}가 들어서 있었다. 효종이 이곳에 만수전을 짓겠다고 하자, 대신들은 그곳이 흠경각이 있던 곳이어서 불가하다는 의견을 냈다. 또 하나 건립이 불가한 이유로는 본래 대비전은 궁궐의 동편에 있어서 '동조'라고도 불렸던 것인데, 도총부 터는 인정전의 서쪽이어서 궁제에 어긋난다는 점을 들었다. 그러나 왕은 자신의 뜻을 확고히 세우고 대신들의 반대를 누르고 일을 관철시켰다. 그 터는 약방 등이 있는 인정전 서쪽에서부터 후원에 이르는 광대한 영역이었다. 다만, 이곳은 터가 약간 높아서 이곳에 집을 지을 경우 궁장 바깥의 인가에서 들여다보일 우려가 있었다. 왕은 만수전 서쪽에 새로 높은 담장을 쌓아 시야를 가리도록 해서 집을 지었다.

만수전은 넓은 대지에 아름다운 수목과 화초를 가꾸었다. 주변에는 천경루, 헌선각이 들어서고, 별당인 춘휘전 주변에는 양지당을 비롯한 여러 부속사가 지어졌다. 또

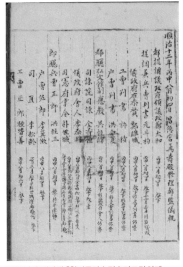

1653년에 제작된 『창덕궁만수전수리도감의궤』

창덕궁 만수문의 현판

한 만수전 뒤에는 갖가지 꽃나무로 치장된 화계가 있고, 앞에는 우물과 구름다리와 연지가 조성되었다. 연지 길이가 아홉 칸, 너비가 네 칸이었다고 하므로 한 칸을 여섯 자로 치면 연지는 가로 16미터, 세로 7미터에 달했다. 천경루 서쪽은 홍교, 즉 돌을 둥글게 다듬은 구름다리를 놓고, 양지당 북쪽 동산에는 층각을 두고 화계를 꾸몄다. 만수전은 지은 지 30년 만인 1687년(숙종 13) 화재가 발생하여 불에 탔다. 화재는 한밤중 부속 건물에서 일어나 정전으로 옮아 붙었으며 만수전 일곽이 모두 불에 탔다. 실내에 보관해오던 각종 의복류와 기물들이 모두 타버리고 오직 책보冊寶만 겨우 건졌다고 한다. 다만, 춘휘전 쪽은 넓은 마당을 사이에 두고 있었기 때문에 불이 번지지 않았다.

사건과 인물

30년에 걸친 장렬왕후의 만수전 생활 ┃ 본래 창덕궁에는 대비 처소로 수정당이 있었고, 창경궁 통명전도 대비가 머무는 데 쓰였다. 그런데 효종은 수정당이 산을 등지고 터가 좁아 마땅치 않고, 통명전도 불편하다고 하면서, 신하들의 반대를 무릅쓰고 만수전을 지었다. 장렬왕후가 만수전으로 거처를 옮기고 얼마 후에 나온 『승정원일기』 기사에는 만수전의 (온돌방에) 불 넣을 곳이 다른 곳에 비해 월등히 많아서 땔감이 부족할 것이 염려되니 해당 관청에서 땔감 지급을 두 배로 늘리도록 하라는 왕의 지시가 보인다. 17세기 초기까지 궁궐 내 전각에 온돌방은 많지 않았고, 특히 아랫사람들이 머무는 곳은 거의가 판방, 즉 마룻바닥이었다. 그런데 만수전의 경우에는 온돌방을 크게 늘려 지었으며 그 때문에 땔감이 갑절로 필요하게 되었던 듯하다.

장렬왕후가 만수전을 거처로 삼은 때가 34세였는데 왕후는 드물게 장수한 편이어서 65세까지 살았다. 그 사이에 왕대비를 거쳐 손자인 현종이 즉위하면서 대왕대비가 되고, 다시 1674년 51세에는 증손이 되는 숙종의 즉위를 지켜보았다. 이때까지 왕후는 만수전이라 불리며 왕실 가장 큰 어른 노릇을 했다. 숙종 9년인 1683년에 장렬왕후는 60주갑을 맞았다. 만수전에서 이를 기념한 성대한 잔치가 벌어질 예정이었지만, 마침 그해 가을에 손자며느리가 되는 현종 비 명성왕후가 승하하는 바람에 잔치는 치르지 않았다. 64세 되던 1687년⁽숙종 13⁾ 9월, 만수전이 화재를 당하여 건물이 전소되자 대왕대비는 창경궁 통명전으로 옮겨 지냈으나, 화재 후 1년을 넘기지 못하고 이듬해 8월에 숨을 거두었다.

건물

만수전을 짓는 공사 기록인 『창덕궁만수전수리도감의궤』昌德宮修理都監儀軌에 의하면, 만수전 전체 규모는 백여든 칸이었으며 춘휘전과 양지당 등을 포함하면 삼백마흔 아홉 칸에 달했다. 삼백여 칸에 달하는 큰 전각을 짓는 데는 많은 자재가 소요되었는데 그중 일부는 경희궁의 전각들을 뜯어와 옮겨 짓기로 하고, 나머지 자재는 강원도 등 전국에서 벌채하도록 했다. 또 공사에 동원되는 인력은 승군僧軍을 부렸는데 그 수는 함경도와 평안도를 제외한 전국 6도에서 3,000명을 동원했다. 만수전 자체는 사면에 툇간을 포함해서 전체 서른여섯 칸이고, 동익각이 온돌 아홉 칸, 서익각이 온돌 여섯 칸이며, 만수전 기단과 월대는 모두 장대석 네 벌에 계단에는 난간이 있고 전면 계단 위는 전돌을 깔았다고 했다. 대청 천장은 봉황을 그린 우물반자를 하고, 외벽에는 진채眞彩를 발랐다고 했는데, 진채란 중국에서 수입한 당주홍을 가미한 화려한 단청을 말한다. 건물 앞에 연지가 있어서 채색한 화려한 전각이 연지에 비친 아름다운 경관을 상상할 수 있다. 또 서루월랑을 지었는데, 서루월랑은 궁장 밖 인가에서 건물이 들여다보이는 것을 꺼려 일부러 터를 다져서 높이고 누각식으로 행랑을 지은 것이었다. 17세기 이후 왕실에서 짓는 건물이 대체로 규모를 제한하고 치장을 검소하게 하는 경향을 지녔지만, 만수전만은 예외적으로 화려한 치장을 하고 건물 주변에 연못과 층각을 지어 아름다운 경관을 꾸몄다.

경복전慶福殿

만수전 터에 숙종 계비 인원왕후를 위해
경종이 지었다.

(지금 없음)

연혁

1720년(경종 원년) 경종이 즉위하면서 왕대비 인원왕후를 위해 지은 전각이다. 경종은 희빈 장씨 소생으로, 생모는 사약을 받고 죽었다. 경종이 왕위에 오르자 숙종의 계비 인원왕후가 왕대비가 되었는데 왕대비를 위해 만수전 터에 경복전을 지은 것이다. 인원왕후는 경복전에서 여생을 마쳤다. 이후 영조의 계비 정순왕후가 오랫동안 거처로 삼고 지냈다. 정순왕후가 승하하고 약 20년 지난 1824년(순조 24)에 경복전이 화재로 불에 타면서 이곳에 더 이상 대비전은 세워지지 않고 빈터가 되었다.

사건과 인물

경복전에 거처한 인원왕후와 정순왕후 | 인원왕후는 16세에 숙종의 세 번째 왕비로 책봉되었으며, 경종이 즉위하면서 왕대비가 되었다. 경종이 건강이 좋지 않았기 때문에 후사 문제가 거론되었을 때 인원왕후는 연잉군(영조)을 왕세제로 책봉하는 데 힘을 발휘했다고 전한다. 그런 인연으로 영조는 즉위 후 대왕대비가 된 인원왕후를 각별히 모셔서 경복전에 자주 문안을 갔다.

경복전 뒤편에는 과거 도총부 시절부터 군사들의 활쏘는 장소가 있었으며 도총부가 옮겨간 후에도 군사들의 활쏘기인 중일시中日試는 계속 시행되었다. 그러나 영조는 대왕대비가 거처하는 경복전에 가깝다는 이유로 중일시를 다른 곳에서 시행하도록 명했다가 여의치 않자 활쏘는 방향이라도 바꾸라고 지시한 일도 있다. 경복전에서 거처하던 인원왕후는 1757년(영조 33) 71세로 경복전 서쪽 영모당에서 승하했다. 인원왕후가 세상을 뜬 후에도 영조는 경복전과 그 주변 건물 관리를 철저히 하도록 당부하고, 대왕대비 승하 1년 후인 1758년(영조 34) 11월에는 신하들을 거느리고 경복전 애련당에 가서 이 누각이 대왕대비가 자주 오르던 곳임을 알리고 스스로 글을 지어 현판을 걸도록 했다.

한동안 빈 건물로 있던 경복전은 1777년(정조 원년) 정조가 즉위하고 1년이 지나면서 새 주인을 맞았다. 정조가 즉위하면서 영조의 계비 정순왕후는 왕대비가 되었으며 경복전은 정순왕후의 처소가 된 것이다. 정순왕후는 15세에 당시 66세였던 영조의 계비로 들어가 32세에 왕대비가 되었다. 정치적으로 정조의 부친 사도세자와 갈등을 겪었던 정순왕후는 정조 재위 중에는 가급적 나서지 않고 경복전에서 조용히 지냈다. 그러다 1800년 정조가 승하하자 상황이 달라졌다. 당시 나이 11세이던 순조가 즉위하면서 정순왕후는 대왕대비의 신분으로 수렴청정을 하게 되었으며, 경복전은 다시 한 번 왕실의 이목이 집중되는 곳이 되었다. 정순왕후는 1805년(순조 5) 61세로 경복전에서 승하했다. 이후 경복전은 빈 건물인 상태로 지내던 중 1824년(순조 24) 8월 화재가 발생하여 건물이 전소되고 말았다. 겨우 옥책은 일부 건졌지만 나머지 오랫동안 간직해오던 왕실의 진귀한 물건들이 한 줌의 재로 화하고 말았다.

건물

〈동궐도〉에는 경복전이 불에 타고 기단만 남은 모습을 그림으로 남겼다. 그림에 의하면 건물은 남향을 하고 정면이 아홉 칸, 측면 세 칸인 몸체의 양 끝에서 남쪽으로 폭이 좁은 행각 두 칸이 돌출한 모습이다. 몸체 가운데 세 칸에 대청마루가 있고 좌우 세 칸에 동온돌과 서온돌이 있었던 것으로 보이며, 좌우 온돌의 끝에서 남쪽으로 돌출한 행각이 있었던 듯하다. 가운데 대청마루 쪽으로 전면에 월대가 길게 남쪽으로 뻗어 있어서 월대에서 각종 의례가 거행되었음을 짐작해볼 수 있다. 특이한 부분은 대청마루 중앙 어칸에는 1단의 장대석 기단이 있고, 1단의 디딤돌이 그려져 있다. 이 상황으로 미루어 경복전은 가운데 대청 세 칸 부분이 안쪽으로 들어간 모습이었다고 짐작되는데, 이런 평면구조는 창덕궁의 다른 전각에서는 유례가 없다.

건물 남쪽에 작은 건물 터가 그려져 있다. 경복전으로 들어가는 정출입문이 있었던 흔적으로 보인다. 그 동편에 네 개 초석이 놓여 있고 '애련정 터'愛蓮亭基라고 적었다.

애련정 남쪽에는 장방형의 큰 연못이 그려져 있다. 애련정은 인원왕후가 자주 오르내렸 다던 애련당을 가리킨다. 경복전 건물 뒤로는 화계가 3단 조성된 모습을 보인다. 이 화계 각 단에는 계절에 따라 아름다운 꽃나무들이 활짝 피었을 것이다. 경복전은 만수전에는 미치지 못했겠지만 역시 궁궐 전각 중에는 비교적 화려한 치장을 갖추었던 것으로 추정 되지만, 지금은 상상할 만한 근거조차 없다. 『경종실록』 부록의 경종 대왕 묘지문에 "본 래 경복당이 만수전 옛터에 있었는데 숙종 계비(인원왕후)를 위해, 왕이 경복전이라 편호를 고치고 왕 2년(1722년, 경종 2)에 모셨다"는 기사가 보인다. 이 기사에 의하면, 만수전 옛터에 경복당이라는 전각이 있었다고 되어 있는데 그 정체는 모호하다.

구선원전舊璿源殿

만수전의 별당인 춘휘전을 고쳐 숙종이 자신의 어진을 봉안하고 선원전이라 했고 이후 역대 왕 어진이 봉안되었다.

(보물 제817호)

연혁

숙종은 1695년(숙종 21) 빈 건물로 있던 춘휘전을 고쳐 자신의 어진을 봉안하도록 하 고 건물 이름을 선원전으로 고쳤다. 이로써 창덕궁에는 처음으로 왕의 어진을 봉안한 전각 이 들어섰다. 이후 영조, 정조의 어진을 추가로 봉안하면서 내부를 고치는 공역을 벌였다. 헌종 때는 다시 순조와 익종의 어진을 봉안하기로 했는데 내부 공간이 비좁아지자 건물 규 모를 늘렸다. 기존 건물은 정면 다섯 칸, 측면 네 칸이었는데 1846년(헌종 12)에 와서 정면을 일 곱 칸으로 늘려 신실 두 칸을 확보했다. 다시 1853년(철종 2)에는 실내를 한 칸 더 늘려 헌종의 어진을 봉안했다. 선원전은 마지막으로 1900년(광무 1)에 1실을 더 늘리게 되었는데 이때는 대 한제국이 선포되고 나서 태조고황제의 어진을 선원전에 모시기 위한 조처였다. 이렇게 해서 당초 정면 다섯 칸 건물이던 선원전은 정면 아홉 칸의 큰 건물로 변모되었으며 전내殿內에는 태조, 숙종, 영조, 정조, 순조, 익종, 헌종의 신위가 봉안되었다.

행사

선원전의 어진 봉안과 제례 | 궁궐 안에 역대 왕의 초상화를 봉안하고 철에 따라 찬품을 차리고 술잔을 올리는 것은 조선 초기부터 시행되던 일이었다. 세종은 선왕의 어진을 모신 선원전을 궁궐 밖에 세웠다가 이를 경복궁 안 문소전 곁에 옮겨 세웠다. 어진을 대궐 안에 모시는 데 대해서는 태종 때부터 논란이 있었으며, 신하들 간에 부정적인 견해가 있었다. 초상화를 모시고 절을 올리는 것은 불교에서 하는 관습이라는 비판이었다.

어진을 봉안한 건물은 통상 '진전'이라고 부르는데, 이는 선왕의 신주, 즉 위패를 모신 종묘와는 성격상 구분된다. 위패는 죽은 사람의 혼령이 깃든 것이어서 혼령을 위로하는 의미가 있는 데 반해서, 초상화를 모신 진전은 생시의 모습을 그대로 봉안하는 것이므로 술잔을 올리거나 절을 하는 것도 마치 살아 있는 선조를 대하듯 하는 것이다. 따라서 그 찬품도 살아생전처럼 장만하게 된다. 제주도에서 귤이 진상되면 다른 곳보다 먼저 진전에 귤을 올렸는데, 이는 살아 계신 부모에게 햇과일을 올리는 정성을 보이는 일로 받아들여졌다.

1548년(명종 3)의 기록에 의하면 경복궁의 선원전에는 태조 외에도 태종, 세종, 세

조선 시대 역대 왕의 어진은 임진왜란과 6·25전쟁 등을 겪으며 대부분 불에 타 사라졌다. 남은 것 역시 그 흔적이 역력하다.
왼쪽부터 태조, 영조, 철종의 어진과 영조의 연잉군 시절 그림

조, 덕종(성종의 아버지), 성종, 중종의 어진이 봉안되었다. 그러나 경복궁의 선원전이 임진왜란 때 불에 타버리고 17세기 이후 한동안 궁궐 안에는 진전을 두지 않고 대신 궁궐 밖 도성 남쪽에 영희전을 세워 어진 봉안을 했다. 영희전은 '남전'이라고도 불렸으며 태조와 세조, 원종(인조의 아버지)의 어진을 봉안했다.

숙종은 재위 21년이 되던 1695년에 자신의 초상화를 두 벌 그려서 하나는 선원전에 두고 다른 하나는 강화도 장녕전에 봉안하도록 했다. 강화도는 외적의 침입을 막을 수 있는 곳으로 여겼기 때문에 그런 재난에 대비한 뜻도 있었지만, 그보다는 신하들에게 왕실의 존엄을 살리려는 정치적 의도가 깔려 있었다. 어진을 봉안하면 매달 초하루와 보름에 향을 피우고 절을 올리는 분향 제례를 하고, 생일에는 다례를 올렸는데, 이는 국왕의 존엄을 드러내는 일이었다. 장녕전에 어진을 봉안할 때는 왕세자와 종친, 문무백관은 정전 마당에 도열해 있다가 어진을 담은 상자가 정전 월대에서 나가면 사배를 올렸으며 상자가 장녕전에 도착할 때까지 곳곳에서 이런 의례를 베풀었다. 어진을 장녕전에 봉안하는 의식은『국조속오례의』에도 수록하여 추후 다른 왕의 어진이 봉안될 때의 전례를 삼았다. 선원전은 결국 왕권 강화의 일환이었던 셈이다.

건물

1657년(효종 8)에 만수전의 별당으로 지었던 춘휘전은 전체 스무 칸에 사면 툇간이 있는 집이었다. 온돌이 여섯 칸이고 마루가 열네 칸이었는데, 툇간 중 서쪽 네 칸은 온돌방이고 나머지는 마루였다. 어칸 한 칸은 천장에 봉황을 그린 반자가 처지고 협칸 한 칸

구선원전에 걸려 있던 선원보각의 현판

1900년 이루어진 창덕궁 선원전의 증축 내용이 적힌 『진전증건도감의궤』 일부.

은 모란이 그려진 우물반자가 처져 있었다고 『창덕궁만수전수리도감의궤』에 밝혔다. 숙종 때는 이 건물을 손대지 않고 숙종의 어진을 봉안했는데 평상시에는 상자에 어진을 모셔두었다가 술잔을 올리는 작헌례를 할 때만 어칸에 그림을 펼쳐놓고 술잔을 올렸다고 짐작된다.

그 후 헌종 때와 철종 때 증축되고 마지막으로 1900년(광무 1)에도 다시 신실 증축이 이루어져서 정면 아홉 칸, 측면 네 칸 규모가 되었다. 세 벌의 장대석 위에 네모기둥을 세우고 내부에 고주를 2열로 배열하여 고주에 맞추어 실내에 일곱 칸의 벽감을 갖추었다. 본래 실내 어진을 두는 곳 바닥은 온돌을 들여서 습기를 막도록 했지만, 1872년(고종 9)에 와서는 화재 예방을 위해 온돌을 모두 철거하고 전체를 마루로 바꾸었다. 건물 밖 네 모서리에 제례를 올릴 때 음식을 준비하는 진설청이 세 곳에 마련되었고 뒤쪽 동편은 재관이 머무는 재실로 이용되었다.

창덕궁 후원 안에 신선원전이 세워지면서 구선원전은 빈 건물이 되었다. 이후 건물은 거의 관리가 안 된 상태로 내부의 벽체가 모두 제거되어 창고처럼 쓰이다가 근년에 와서야 겨우 내부가 정리되었다. 다만, 실내는 마룻바닥에 기둥만 남아 있고, 과거 각 신실마다 나뉘어져 있던 벽체나 휘장, 화려한 치장을 했던 신실 등은 전혀 흔적을 찾아볼 수 없는 상태이다.

창덕궁 구선원전

양지당養志堂 | 춘휘전의 부속사로 지었다가 선원전의 부속 건물로 바뀌었다. 터가 은밀하여 왕들이 이따금 들렀다. (2004년 복원)

본래 춘휘전의 부속 건물이었다가 춘휘전이 선원전이 되면서 임시로 어진을 모셔 두는 용도로 쓰였다. 효종 때 규모는 전퇴를 합해서 열두 칸이었으며 온돌이 여섯 칸에 마루가 여섯 칸으로 되어 있고, 건물 뒤 북쪽 동산에 두 칸짜리 층각이 있었다고 했다. 양지당에는 동쪽에 만안문萬安門, 북쪽에 만수문萬壽門, 남쪽에 만복문萬福門이 있고, 서쪽은 선원전으로 향하는 보춘문報春門이 있었다. 만안문은 인정전 서행각 향실의 바로 북쪽에 위치하여 왕이 선원전으로 갈 때는 만안문을 거쳐 양지당 앞을 지나 보춘문으로 해서 선원전으로 갔다. 이 문의 이름은 모두 1656년(효종 7) 만수전을 세울 때 지은 이름들이다. 이름에 들어가는 '만, 안, 복, 춘' 등은 모두 경사스런 뜻을 지닌 것이어서 왕대비 처소의 별당을 염두에 둔 이름이다. 따라서 선원전 주변의 문 이름으로는 맞지 않는 점이 있지만, 후대에도 고치지 않고 그대로 사용했다.

양지당 건물은 20세기에 들어와 사라졌다가 지난 2003년 선원전 주변을 정비하면서 〈동궐도〉의 그림과 〈동궐도형〉 도면에 의존해서 복구되었다. 복구된 건물의 형태는 정면 네 칸, 측면 세 칸의 맞배지붕 건물이며 왼편에 대청마루, 오른편에 온돌방을 둔 모습이고 대청마루 전면의 툇간은 개방되었다. 북쪽 동산에 있었다는 2층 층각은 복구되지 못했다.

양지당에 대해서는 일화가 전한다. 양지당은 비록 만수전에 딸린 별당이었지만 만수전에서 멀리 떨어져 있었기 때문에 장렬왕후가 거처할 당시에도 왕후가 이곳을 이용하는 일은 거의 없었던 것으로 보인다. 대신 건물이 인정전의 바로 측면에 있었기 때문에 오히려 왕이 신하들과 가볍게 만나는 용도로 쓰이는 일이 잦았다. 1659년(현종 즉위년)에는 왕이 대신들과 이조판서 송시열, 대사헌 송준길을 양지당으로 불러 만난 일이 있고, 숙종은 이따금 양지당에서 주강을 열었다. 양

〈동궐도〉의 창덕궁 양지당

지당이 있는 곳은 사람들 눈에 잘 띄지 않고 한적한 곳이었는데 이런 장소 탓에 엉뚱한 일이 벌어지기도 했다. 1677년^(숙종 3)에는 내관으로 있는 자가 선발된 기생 여러 명을 양지당에 불러 북 치고 가야금을 타면서 노래를 부르게 해서 그 소리가 밖까지 들린 일이 있었다. 기생들은 곧 있을 만수전의 잔치에 대비해서 불려온 것이기는 하지만, 내관이 양지당에서 풍악을 울린 일은 문제가 될 수밖에 없었다. 대사헌 등 대신들이 내관의 처벌을 수차례 강력하게 요구했다. 왕이 내관을 감싸는 바람에 큰 처벌은 내리지 않았지만 한동안 양지당이 왕과 신하들 사이에 화제가 되었다. 1681년^(숙종 7)의 『승정원일기』에는 내의원에서 왕에게 양지당이 여름에는 습기가 많이 차고 음습해서 옥체를 손상할 우려가 있으므로 오래 머물지 말기를 청하는 기사도 보인다. 꼭 습기가 차서라기보다는 양지당이 외진 곳이어서 왕이 머물러 있기에 마땅치 않다고 여긴 탓으로 추측된다. 만수전이 불에 타고 춘휘전만 남게 되자 양지당은 거의 왕의 전유물이 되었는데, 특히 영조는 이곳을 편하게 여겨 즐겨찾았고 여기서 신하들을 만나보곤 했다.

| 영의사永依舍 | 선원전에 절을 올릴 때 왕이 머물던 재사 건물이다. 본래는 약방의 부속 건물로 추정된다. | (2004년 복원) |

선원전 남쪽 행각 너머에 있는 남향한 긴 전각으로, 선원전에 전배를 할 때 왕이 미리 머물던 재사 건물이다. 영의사永依舍라는 이름은 영조가 1763년^(영조 39) 선원전 전배를 위해 이곳에 재숙하면서 "영원히 이 재사에 의지하리라"는 뜻으로 지었으며, '영의사' 세 글자를 친필로 써서 현판을 건물에 걸도록 했다.

건물이 언제 지어졌는지 불분명하다. 효종 연간에 춘휘전을 세울 때는 남행랑까지만 조성한 듯하여 그 당시에는 없었던 것으로 보이며,

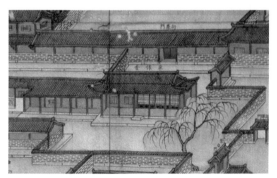
〈동궐도〉의 창덕궁 영의사

건물의 위치가 남행랑 바깥, 약방의 뒤편에 있는 것으로 미루어 당초는 약방의 부속 건물이다가 선원전이 들어오면서 재실로 전용된 것으로 추정된다.

〈동궐도〉에 건물 모습이 남아 있다. 정면 다섯 칸에 측면 세 칸 정도 되는 반듯하게 생긴 건물이 남향해 있고, 그 서쪽으로 연접해서 행랑으로 보이는 지붕이 낮은 다섯 칸짜리 건물이 길게 옆으로 이어지고 다시 폭이 좁은 두 칸 부속 건물이 딸린 모습이다. 영의사는 동쪽 세 칸은 마루로 되어 남쪽에 분합문이 달린 모습이고, 그 서쪽 두 칸이 온돌방인 것으로 보인다. 왕이 재숙할 때 온돌방에 거처하고 여기서 신하들을 만날 경우에는 대청을 이용한 것으로 짐작할 수 있다. 건물 남쪽 마당 옆에 버드나무로 보이는, 가지가 늘어진 큰 나무가 그려져 있다. 건물 뒤는 선원전의 남행랑이 길게 가로막고 있으며, 행랑 중간에 영의사에서 선원전을 통하는 출입문인 연경문衍慶門이 나 있다. 연경문은 넘칠 연衍 자에 경사 경慶 자를 썼으니 '경사가 넘친다'는 의미로, 효종 때 춘휘전의 남행랑 출입문 이름이었는데 선원전으로 용도가 바뀐 뒤에도 문의 이름은 그대로 두었다. 재숙하던 왕이 이 문을 통해 선원전으로 이동했는데, 문 이름과는 걸맞지 않은 행보였다고 하겠다.

20세기 초까지 건물이 있었지만 그 후 사라지고 없어졌다가, 지난 2004년에 복구되었다.

이문원 | 대유재 | 소유재 | 봉모당

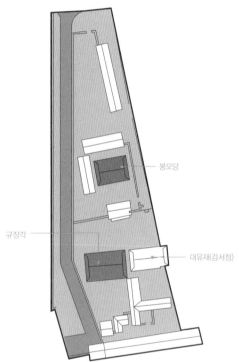

봉모당

규장각

대유재(검서청)

규장각은 정조 때 후원 안에 설치되었으나 위치가 신하들이 드나들기 어려워 1781년(정조 5) 선원전 서편 금천 건너편에 새로 건물을 짓고 이문원이라고 명명했다. 규장각의 각신들이 이문원에 머물면서 규장각의 역할이 자연스럽게 이곳으로 이전되었고, 호칭도 규장각으로 정착되었다. 그 위치는 대보단에 제사 지내러 갈 때 지나치는 곳이었다. 정조는 대보단 친제親祭에 앞서 전날 이문원에 재숙하면서 규장각의 젊은 학자들과 담화를 나누었다.

이문원 동편에는 규장각 각신들을 위해 지은 대유재가, 그 뒤로는 소유재가 있었는데 대유재는 2003년 복원이 되었고 소유재는 현재 없다.

역대 왕의 글씨 등을 봉안하던 봉모당은 〈동궐도〉 제작 이후에 지어졌던 것으로 역시 2003년 복원되었다.

관람 포인트

금천 물가에 지은 누각
규장각 각신들이 머물던 대유재(검서청) 동쪽 끝은 동이루라는 누각이 있어서 난간 기둥이 금천 물 위에 세워져 있다. 이곳 난간에 앉으면 금천 흐르는 물을 즐길 수 있다. 격무에 시달리는 각신들에게 잠시라도 휴식을 주려고 한 정조의 배려를 엿볼 수 있다.

창덕궁의 역사를 지켜본 향나무
〈동궐도〉에는 소유재 서쪽 마당에 가지가 거의 땅에 닿을 듯한 고목 한 그루가 그려져 있다. 뒤에 소유재 터에 봉모당이 들어서면서 나무는 봉모당 마당에 들어섰다. 지금도 남아 있는 이 향나무는 창덕궁이 창건되던 때부터 있었던 것으로 추정된다.

소유재
養齋小

대유재
養齋大

이문원

내각

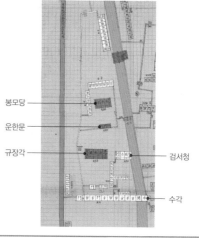

봉모당
운한문
규장각
검서청
수각

이문원摛文院
(규장각奎章閣)

규장각 각신들이 머물던 곳이다. 정조가 여기서
각신들과 밤새 학문을 토론했다.

(2003년 복원)

연혁

이문원이 선원전 서쪽 금천 너머에 세워진 것은 1781년^(정조 5)이었다. 본래 그 자리에는 도총부 청사가 있었다고 한다. 규장각 제학^{提學}으로 있던 유언호^{俞彦鎬(1730~1796)}가 왕에게 청하여, 도총부는 창경궁으로 옮기고 그 자리에는 규장각 각신들이 머물며 왕실의 도서와 글씨 등을 관리하고 근무할 수 있도록 했다.

규장각 주변에 대유재를 비롯해서 검서청檢書廳, 동이루, 소유재가 있었다. 동이루는 1785년^(정조 9)에 조성되어 장서각으로 쓰였으며, 소유재는 1795년^(정조 19)에 지어졌다. 정조는 이문원의 각신들을 총애하여 자주 이문원에 재숙하면서 이들과 시를 주고받고 고전에 대해 토론했다. 주변에 동이루, 소유재 등이 해를 거듭하면서 조금씩 늘어난 것도 왕의 이문원에 대한 애착을 말해준다. 봉모당은 역대 왕들의 글씨 등을 보관하던 곳으로 정조 때 후원 안 주합루 근처에 지었다. 이후 순조, 익종을 거쳐 헌종을 지나면서 소장해야 할 글씨들이 늘어나 전각이 비좁아진 데다 후원 안이 습기가 차서 글씨들을 보관하는 데 어려움이 생기자, 1857년^(철종 8) 이문원 뒤로 장소를 옮겨 지었다. 그 터는 이전에 소유재가 있던 곳이다. 소유재를 철거하고 그 자리에 봉모당을 세운 것이다. 봉모당이 들어서면서 이문원 주변은 정조 때처럼 규장각 각신들이 재숙하면서 학문을 탐구하고 왕과 격의 없이 토론하던 분위기는 사라지고, 단지 왕실의 서책을 보관하고 또 각종 유물을 관리하는 성격이 커졌다. 〈동궐도형〉에서는 이 일대의 건물명을 이문원은 규장각으로 명시하고, 대유재는 검서청이라고 했다.

1847년에 그려진 〈조대비사순칭경진하도병〉에 등장하는 규장각.

사건과 인물

이문원에서 각신들과 밤새워 토론한 정조 ㅣ 이문원이 지어지자 정조는 해마다 거르지 않고 서너 차례 정도 이문원에 재숙했다. 대보단에 전배할 때나 선원전에서 작헌례가 있으면 전날 저녁에 이문원에 와서 밤을 지내고 한밤중에 제례를 지냈다. 이때는 이문원에 근무하는 규장각 각신들과 고전의 경전에 대한 토론도 벌이고 시를 지어 나누기도 하는 등 격의 없는 시간을 즐겼다. 1781년^(정조 5) 3월에는 규장각 각신들과 『근사록』近思錄을 두고 왕과 신하가 서로 번갈아가며 밤새워 토론한 내용을 기록하여 『이문원강의』라는 책자까지 간행했다. 이때 규장각 각신 중에는 정약용丁若鏞(1762~1836)도 들어 있었다. 정조는 어떤 때는 열흘 정도 이문원에 머물며 다른 국사를 처리하면서 신하들과 학문을 논하고, 또 여유가 있으면 이곳에서 시를 짓기도 했다.

이만수가 이문원 뜰에 심은 회나무 ㅣ 이문원이 세워지자 규장각 제학으로 있던 이만수는 회나무 두 그루를 이문원 마당에 심었다. 60년이 지나 나무가 울창하게 자랐는데, 그중 하나가 말라죽고 말았다. 고종 때 규장각에 근무하던 이유원李裕元(1814~1888)이 어린 나무 하나를 다시 심었다. 이를 지켜보던 동료 윤정현尹定鉉(1793~1874)이 웃으며 말하기를, "이 나무는 제학이 심은 것인데, 그대가 제학이 되면 내 무덤의 나무는 아름드리가 되었겠네" 했다고 한다. 세월이 흘러 회나무는 서너 길이 될 만큼 크게 자랐는데 이유원은 아직 제학에 오르지도 못한 채 어느덧 머리털이 하얗게 되었고, 윤정현은 아직도 정정하게 지내고 있었다. 이유원이 "나무는 하늘의 뜻을 얻었으나 사람은 본디 미치지 못하는 것인가" 하고 탄식했다는 말이 『임하필기』林下筆記에 전한다. 여기에 나오는 회나무는 〈동궐도〉 그림에도 보인다.

건물

　　〈동궐도〉에 그려진 이문원 건물은 정면 다섯 칸, 측면 세 칸에 팔작지붕을 한 단정
한 모습이다. 특이한 부분은 바닥이 지면에서 높도록 모든 기둥이 장초석 위에 세워지고 기
단은 장초석 안쪽에 들어간 모습인데, 이런 구조는 창경궁 숭문당에서도 볼 수 있다. 숭문
당은 서책을 보관하고 왕이 서재로 이용하도록 지은 것이므로, 이문원 역시 서책이나 글씨
를 보관하는 데 적합하도록 장초석을 높이 올린 구조를 택한 것으로 판단된다. 20세기 초
에 사라졌던 이문원을 2003년 〈동궐도〉 그림과 〈동궐도형〉 등을 참고하여 복원했다.

대유재大酉齋
(검서청檢書廳)

규장각 각신들을 위해
이문원 동편 물가에 세운 건물이다.

(2003년 복원)

　　이문원 바로 동편에 있다. 역시 〈동궐도〉에서 건물 모습을 찾아볼 수 있는데,
규모는 정면 다섯 칸, 측면 두 칸이다. 동쪽 끝 두 칸이 금천 물가에 바짝 붙어 있고, 삼
면에 난간이 드리워 있으며, 난간을 지지하는 기둥이 물 위에서 세워져 있는 점이 특이하
다. 마치 후원의 정자에서 보듯이 기둥 일부가 물가에 세워진 모습을 연상시킨다. 『궁궐
지』에서는 물가에 세워진 동쪽의 두 칸 누각은 동이루東二樓라고 표기했다. 2003년 〈동
궐도〉 그림과 〈동궐도형〉을 참고해 복원했다.

소유재
小酉齋

규장각 각신들의 처소로 마련된 건물인데,
뒤에 그 자리에 봉모당이 들어섰다.

(지금 없음)

　　평상시 규장각 각신들이 머물던 곳이며 국왕이 선원전 친제 때 재계(몸과 마음을 깨끗
이 하는 것)하던 곳이다. 〈동궐도〉에는 건물 모습이 묘사되어 있지만, 철종 때 소유재를 철
거하고 그 자리에 봉모당이 들어서면서 건물이 사라졌다. 소유재 건물 형태는 정면 다섯

칸, 측면 한 칸의 본채와 동쪽 끝에서 남쪽으로 여섯 칸의 행랑이 뻗어 전체가 ㄱ자를 이룬다. 행랑의 남쪽 끝 부분에서 벽돌담이 동쪽으로 뻗어서 금천 물을 가로지르는 모습이 그려져 있다. 물길 위는 세 개의 개구부가 그려져 있고, 아래는 물살을 맞으며 격자형 망이 설치되어 있다. 금천 물길을 따라 떠내려오는 것들이 하류로 흘러내려가지 않도록 한 조치로 보인다. 본채 동북쪽에도 물길을 따라 네 칸의 작은 행랑이 지어졌다. 소유재 건물의 서남 방향에는 커다란 반송이 그려져 있는데, 가지 몇 개는 땅으로 늘어져 있고, 버팀재로 가지를 지지한 모습이 묘사되어 있다.

봉모당奉謨堂

역대 왕의 글씨 등을 봉안하던 곳이다.
근처에 책고가 두 곳 있어서 왕실 서적을 두었다.

(2003년 복원)

〈동궐도〉 제작 이후에 건물이 지어졌기 때문에 〈동궐도〉에는 건물이 보이지 않고 〈동궐도형〉에만 평면이 그려져 있다. 봉모당 본 건물은 정면 다섯 칸, 측면 두 칸 반 규모이며, 남쪽에 출입문인 운한문이라는 삼문이 있고, 북쪽과 서쪽에는 각각 책고라고 표기된 창고가 있다. 북쪽 책고가 일곱 칸, 서쪽 책고가 여섯 칸 규모이다. 역대 왕들의 글씨, 어제, 어필, 서적 등을 보관하던 곳이며 북쪽과 서쪽의 책고는 이런 자료들을 둔 창고였다고 짐작된다. 〈동궐도형〉 그림에 의하면, 운한문 동쪽 담장이 꺾인 곳에서 다시 동쪽으로 담이 금천을 가로지르고 있다. 이 부분은 〈동궐도〉에서 소유재 남월랑 끝의 담장과 동일한 모습이어서 봉모당이 소유재 터를 그대로 차지하고 있음을 보여준다. 봉모당에 보관되어 있던 어필, 서책 등은 일제강점기 동안에 장서각으로 이전되었다가 지금은 장서각에 소장되어 전한다. 봉모당 건물에 대해서는 20세기 초에 촬영한 약간의 사진 자료들이 있어서 〈동궐도형〉 그림과 사진 등을 토대로 2003년 제자리에 복원해놓았다.

신선원전 | 의로전 | 몽답정 | 괘궁정

창덕궁 후원의 서북 모퉁이에 신선원전이 자리 잡았다. 이곳은 창덕궁 정문에서 서쪽 담장을 끼고 한참을 가서 후원 반대편으로 난 출입문을 통해 들어갈 수 있다. 넓은 대지 안에 신선원전 일곽이 울타리 안에 남향해 있고, 그 남쪽에는 의로전 건물이 있다. 또 의로전 서쪽 개울가에는 몽답정과 괘궁정 건물이 남아 있다. 이곳은 응봉에서 내려오는 샘물이 흐르고 바위와 언덕들이 발달해서 도성에서도 경승지로 알려진 곳이었다.

〈동궐도〉의 공북문 남쪽 빈터가 훗날 신선원전이 들어선 자리다.

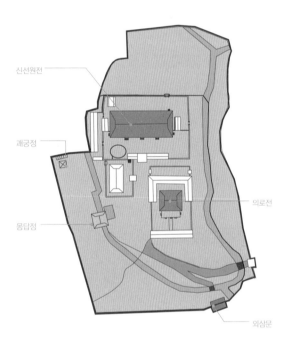

신선원전

괘궁정

몽답정

의로전

외삼문

관람 포인트

종묘 정전에 버금가는 신선원전의 장엄함
12대에 이르는 역대 왕의 초상화를 모신 정전은 19대 왕의 신주를 모신 종묘 정전에는 못 미치지만 그에 버금가는 장엄함을 느낄 수 있다.

장안의 이름난 활쏘기 명소
신선원전이 지어지기 전에 이곳은 북군영의 활쏘기 터였으며 장안 명사들이 샘물과 바위를 즐기던 이름난 경승지였다. 그 자취를 괘궁정과 몽답정 건물에서 찾을 수 있다.

대보단

열천문

공북문

대보단

신선원전

신선원전 新璿源殿

고종황제 승하 후 후원 서북쪽 옛 북군영 터에 새로 지은
선원전이다. 실내 어진을 모신 감실의 정교한 치장이 돋보인다.

연혁

신선원전은 1920년부터 건립 준비에 들어가 이듬해인 1921년에 창덕궁 후원에 세
워졌다. 1919년 고종황제가 승하하고 3년상을 마치는 시기에 맞추어 기존 덕수궁에 있
던 선원전 건물을 철거하고 부족한 신실을 확장하여 창덕궁에 이전한 것이다. 새로 지은
선원전은 어진을 봉안하는 12실 외에 좌우에 협실 각 한 칸씩을 두어 전체 열네 칸 규모
로 지었다. 각 실에는 태조, 세조, 원종(인조의 부친), 숙종, 영조, 정조, 순조, 문조(효명세자), 헌
종, 철종과 고종의 어진을 봉안했으며, 마지막 1실은 비워두었다가 1928년에 순종 황제
어진을 모셨다.

덕수궁에 있던 의효전 건물도 함께 신선원전 남쪽으로 옮겼다. 의효전(의로전) 정전
은 장방형의 반듯한 울타리로 둘러싸고 남쪽 중앙에 세 칸의 정문인 숙경문을 냈다. 숙
경문 서쪽에 어재실이 있고 정전 서쪽에는 전사청 등 부속사가 마련되었다. 6·25전쟁 중
에 신선원전에 모셨던 어진이나 기타 어보 등은 전란을 피해 부산으로 옮겼으나 피난지
에서 화재로 모두 소실되고 말았다. 현재 정전은 건립 당시의 모습을 유지하고 있으며,

신선원전 정전 내부

각 실에는 용상과 병풍, 홍주갑장이라고 하는 거북문양의 발, 실내 바닥의 깔개 등 관련 유물 일부가 잔존해 있다.

건물

정전은 정면 열네 칸, 측면 네 칸의 긴 건물이며 기단 앞으로 월대가 길게 이어졌다. 월대에 오르기 위해 세 개의 계단이 중앙과 양 측면에 마련되고, 계단 측면 우석에는 구름 문양이 양각되었다. 주춧돌은 반듯한 사각형을 이루고 기둥도 네모기둥을 세웠으며 기둥 위에 조선 말기의 시대 특징을 갖춘 이익공의 공포를 짜고 공포 사이에는 화반을 세 개씩 올렸다. 전면에는 하부에 청판을 댄 사분합문을 달았다. 신선원전 정전은 조선왕조 궁궐에 지어졌던 역대 선원전 건물 중에 가장 규모가 크다. 창덕궁 안의 선원전은 숙종 때 춘휘 전을 어진 봉안 처소로 삼아 선원전으로 쓰기 시작하여 건물을 몇 차례 증축하여 신실을 확장했으며, 경복궁과 덕수궁에 각각 정면 열한 칸의 선원전을 지었다. 또한 건물 세부의 형태는 조선 시대 제사 지내는 건축이 달성한 일정한 격식을 충실히 계승한 모습이었다.

실내는 열두 칸마다 화려한 치장을 갖춘 당가唐家가 갖추어져 있다. 당가는 왕이 앉는 어좌를 두고 그 주변을 치장한 바닥과 벽, 지붕 전체를 지칭하는 말인데, 궁궐의 정

화려한 치장을 갖춘 신선원전의 당가

전이나 편전에 설치하고 왕의 초상화를 모신 곳에도 설치했다. 신선원전의 당가는 인정전의 당가보다 높이는 낮지만 세부 치장은 더 화려한 모습이었다. 당가 바닥은 용무늬를 새긴 돗자리와 채색 치장을 한 깔개를 깔았다. 당가에는 어진을 담은 상자를 올려놓는 교의^(의자)와 어진을 봉안하는 용상만 남아 있다. 당가 전면 벽에는 오봉병이 있고, 뒷면은 모란꽃을 그린 모란병풍이 부착되어 있다. 오봉병은 군청색 하늘에 해와 달이 뜨고, 다섯 개 봉우리가 그려져 있다. 봉우리 사이로 폭포가 떨어져 강으로 흘러가고 폭포 양쪽에 소나무가 한 그루씩 있다. 당가의 상부는 머름풍혈流音風穴이라고 하는 투각된 장식판이 기둥과 창방 사이로 돌아간다. 이런 모습은 통상 궁궐 정전의 어좌 주변과 동일하다.

어진을 봉안한 건물은 혼령을 상징하는 위패를 봉안한 종묘나 사당과 구분된다. 위패를 모신 경우에는 혼령이 제사의 대상이 되지만, 초상화인 어진을 봉안하는 경우에는 살아 있을 때의 국왕과 같은 개념으로 대상을 봉안한다. 그 때문에 그 치장 역시 국왕 생전의 정전 당가와 동일한 개념으로 봉안한다. 아울러 제례할 때 진설하는 제수에서도 생존했을 때를 염두에 둔 제물을 진설하는 것을 특징으로 한다. 어진을 봉안한 진전^(선원전) 건물의 한 가지 특징은 신실 좌우에 빈 공간인 협실을 한 칸씩 둔다는 점이다. 이 좌우 협실은 어진을 교체해야 할 경우를 대비한 공간이다. 어진을 교체하면 먼저 동쪽 협실로 새로 제작한 어진을 잠시 봉안하고 그 사이에 신실에 모셨던 어진을 꺼내어 서협실로 옮겨 여기서 어진 그림을 지우는 세초 작업을 하고 세초를 마치면 내가고, 동협실

거북문양의 발

의 새로 준비한 어진을 신실에 봉안하는 것이다. 신선원전 정전의 경우에도 열두 칸 신실의 좌우에 빈 공간인 동서 협실 각 한 칸을 두어 이를 대비했다.

의로전懿老殿

덕수궁에 있던 순종 황제 비 순명비의 혼전인 의효전을
창덕궁으로 옮겨놓은 것이다.

순종 황제의 황태자 시절 황태자비였던 순명비純明妃(순명효황후로 추존)의 혼전으로 1904년 덕수궁에 지었던 건물이다. 1920년까지 덕수궁에 있다가 1921년 신선원전 남쪽으로 이전되었다. 덕수궁 선원전을 창덕궁에 이전해 세우면서 의효전도 함께 이전했다. 이전한 후에 명칭이 '의로전'으로 바뀌었는데, 그 경위는 불분명하다. 정면 세 칸, 측면 세 칸의 팔작지붕 건물이다. 네모반듯한 기단 앞으로 폭 2.5미터의 월대가 마련되어 있어서 이 건물이 혼전 기능에 맞추어 지어졌음을 알 수 있다.

본래 이 건물은 1868년(고종 5) 경복궁을 중건하면서 세운 문경전이다. 문경전은 왕실의 혼전으로 쓸 목적으로 경복궁 서북쪽 태원전 남쪽에 세웠던 건물이다. 문경전은 신정왕후(익종 비) 혼전으로 쓰인 적이 있으며, 명성황후의 혼전으로도 예정되어 있었지만 사용되지 않았다. 이후 왕실이 경운궁으로 옮겨가면서 문경전 건물도 1904년에 이전되었고, 순종 황제의 황태자비였던 순명비의 혼전으로 쓰였다. 순종이 생존해 있었으므로 3년상이 지나서도 계속 순명비의 혼전 기능을 유지했다. 순종이 승하하고 3년상을 마친 1928년에 순명효황후로 추존된 순명비의 신위를 함께 종묘에 모시면서 비로소 혼전 제사를 그치고 이후로는 빈 건물로 남았다. 정전 남쪽에 행랑이 있고, 측면과 후면에도 ㄷ자 형태로 행랑이 있다. 실내는 오래 방치되면서 혼전 본래의 모습은 거의 사라지고 비어 있으며 건물 곳곳에 과거 화려하게 치장되었던 채색의 흔적이 남아 있다.

몽답정夢踏亭

훈련도감 북영 내 정자로 숙종이 몽답이란 이름을 하사했다.
도성 경승지 중 하나였다.

훈련도감 북영北營 안에 있던 정자로, 영조 때 훈련대장을 지낸 김성응金聖應이 세웠다고 한다. 고종 연간에 편찬된 『동국여지비고』東國輿地備考에 의하면, 숙종이 일찍이 꿈에 이 정자에 행차한 일이 있어서 몽답이란 이름을 하사했다고 적었다. 그러나 『영조실록』에는 영조가 대보단에서 이 집을 보고 '몽답정'이라고 이름을 내려주었다는 기사도 있다. 건물이 영조 때 지어졌으므로 후자가 맞을 것으로 판단된다. 몽답정 주변이 샘과 바위가 있는 경승景勝이어서, 유득공柳得恭(1749~1807), 박지원, 박제가朴齊家(1750~1805) 등 조선 후기 도성에 살던 문인들이 이곳에 와서 경승을 노래한 시들이 전한다. 유득공의 「몽답정에서 더위를 피하며」避暑夢踏亭에서는 건물 앞의 연지를 언급했으며, 박제가의 시 「몽답정」夢踏亭에서는 건물을 '수각'水閣으로 표현하고 건물이 대보단 서쪽에 있고 저녁노을에 건물이 물든 모습을 노래했다. 정면 네 칸, 측면 두 칸의 누각 형태로 동향해 있으며 건물 앞에 네모난 연지가 있다. 건물은 장초석으로 하층을 꾸미고 개방해놓았으며 상층 누각은 사방을 툇간으로 개방하고 안쪽으로 분합문을 단 실내를 꾸몄다. 측면 기둥 배열은 앞쪽에 한 칸을 넓게 잡고, 뒤쪽은 툇간이 두 칸 나란히 놓인 특이한 구성인데, 당초 한 칸 반 규모였던 것을 후면 툇간을 증축한 것으로 보인다.

바위에 새겨진 몽답정

괘궁정掛弓亭 | 북영 내 활쏘기를 하던 곳이다.
부근에 신선원전이 들어서기 전부터 정자가 있었다.

몽답정 북쪽에 있다. 몽답정과 마찬가지로 훈련도감 북영에 있던 건물이며, 이곳에서 활쏘기를 한 것으로 보인다. 부근 바위에 괘궁정掛弓亭이라 쓴 각자刻字가 남아 있다. 순조 때 문인 윤기尹愭가 지은 「몽답정에 올라 차운하다」登夢踏亭次人韻에 괘궁이란 글씨가 병풍처럼 선 바위에 완연하다는 글귀가 있어서 이곳 정자와 정자 주변 각자가 몽답정이 세워져 있을 때에도 사람들에게 알려져 있었음을 알 수 있다. 건물은 사방 한 칸의 작은 규모지만 하층에 석재를 쌓아 높은 단을 만들고 그 위에 한 칸 정자를 세워 바닥을 높이 올렸다. 건물 앞으로 개울물이 몽답정으로 흘러들어간다. 신선원전이 들어서기 전에는 이곳 경승지에서 연지를 바라보기도 하고, 활도 쏘며, 심신을 달랬다고 짐작된다.

옛날 대보단이 있던 자리

대보단

신선원전 담장을 끼고 올라가다가 동쪽으로 난 길을 따라가면 천연기념물로 지정된 다래나무 서식지가 나오는데, 그 서북쪽 일대 넓은 영역에 걸쳐 대보단과 그 부속 시설들이 있었다. 지금은 건물 터만 남아 있지만, 이곳에는 역대 왕들이 명나라 황제들에게 정성을 기울여 제례를 올리던 황단이 있었다.

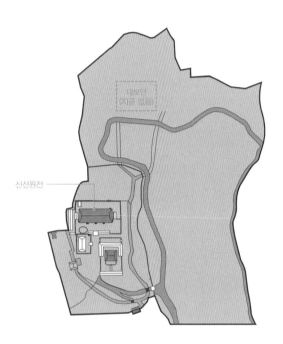

대보단
(지금 없음)

신선원전

관람 포인트

대보단 터 부근의 다래나무
대보단은 중국 명나라 황제들을 위한 제단으로 축조되어 숙종 이후 역대 왕들이 직접 제례를 지낸 곳이다. 지금은 터는 사라지고 그 부근에 수령 600년으로 추정되는 다래나무가 군락을 이루면서 옛 기억을 되살리고 있다.

대보단 남쪽 열천문 현판
대보단 근처에 열천이라는 이름의 샘이 솟아서 이 물을 제사에 올렸다. 샘으로 향하는 출입문을 열천문이라 했는데 지금 현판만 국립고궁박물관에 소장되어 있다.

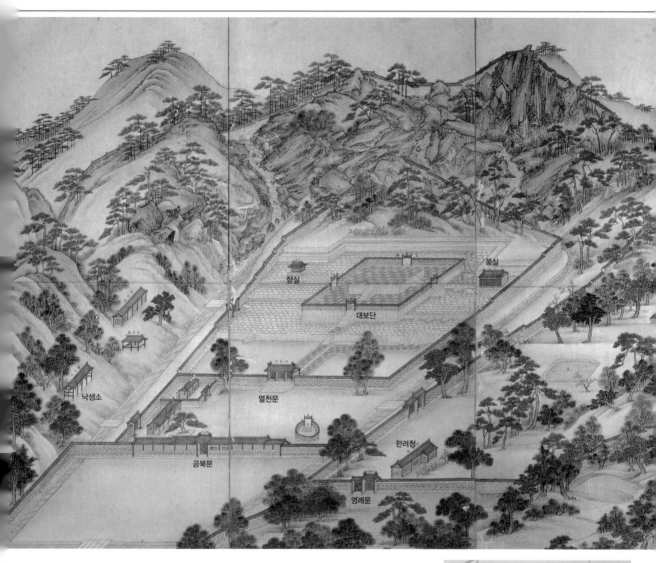

향실

봉실

대보단

낙생소

열천문

한려청

공북문

영례문

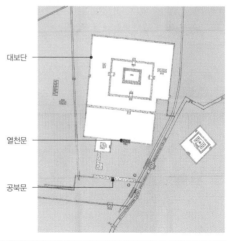

대보단

열천문

공북문

대보단大報壇

명나라 황제들을 위해 제사지내던 단이다.
창덕궁 북쪽 가장 깊은 곳이다.

(지금 없음)

연혁

명나라 황제인 신종, 의종 및 태조를 위한 제단. '황단'皇壇이라고도 부른다. 창덕궁 후원의 서북 모서리 과거 도성의 군사시설인 별대영別隊營이 있던 자리이다. 이곳에는 내빙고內氷庫가 있었다. 1704년(숙종 30)에 처음 제단을 설치했다. 이해는 명이 멸망하고 1주갑周甲, 즉 60년이 지난 해였다. 숙종은 임진왜란 때 조선에 원군을 보내 도왔던 명의 신종을 기념해서 신종의 사당을 세울 뜻을 밝혔다. 숙종이 이런 구상을 하게 된 것은 표면적으로는 조선이 명의 정통적인 계승자임을 내세우려는 뜻이 있었지만, 내면에는 조선 국왕이 명을 계승한 왕조의 군주라는 점을 신하들에게 내세우려는 의도가 있었다고 평가된다. 당시 실권을 쥔 노론 측은 명을 멸망시킨 청나라를 물리치자는 북벌론을 지지하고 있었기 때문에 국왕의 뜻에 동조했다. 다만, 사당을 세우게 되면 관리하기도 어렵고 혹시 청나라가 이를 못마땅하게 여길 우려도 있어서 사당보다 규모가 간단한 단만 세우기로 결정했다. 단은 그해 12월에 완성되었다. 처음에는 큰 단이란 뜻으로 태단泰壇으로 이름 지으려 하다가 크게 은혜에 보답한다는 뜻으로 '대보단'이라 정했다. 이를 더 높여 황단이라고도 했다. 단이 세워지고 이듬해 3월 9일이 되자 숙종은 문무관료를 거느리고 직접 단에 나아가 제례를 올렸다. 3월은 명이 망한 달이었다. 아울러 단을 마련하고 제사를 지낸 일에 마음이 움직인 국왕 스스로 시를 지어 올리고 또한 신료들에게도 국왕의 시에 화답하는 시를 짓도록 했다.

대보단을 설치한 후 숙종은 직접 단에 가서 제사 지내는 일은 거르고 왕세자를 대신 보내거나 신하들을 보내는 정도로 소극적으로 대응했다. 그러나 영조, 정조로 가면서 국왕이 직접 제

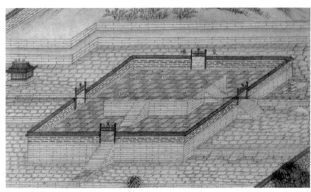

〈동궐도〉의 대보단

사를 지내는 경향이 더 강화되었다. 특히, 영조는 신종만이 아니고 명의 마지막 황제였던 의종도 함께 제사 지내도록 하고 더 나아가 명의 태조까지도 합사하도록 했다. 영조가 이처럼 대보단의 제사 대상을 확대한 것은 대보단 제사가 조선 국왕의 위상을 높이는 효과가 크다고 인식한 결과라고 풀이된다. 특히, 조선의 건국에 호의적이지 않았던 태조까지 제사에 모시는 데 대해 신하들이 이의를 제기하기도 했지만 영조는 자신의 뜻을 관철시켰다. 제사 대상이 커지자 단의 규모도 대폭 확장하고, 또 평소 신주를 모셔 두는 신실도 다시 짓고, 여러 부속 시설도 늘렸다. 이로써 대보단은 후원 북쪽의 장대한 제사 시설로 확대되었다.

정조는 대보단 제사를 가장 열성적으로 치렀다. 재위 24년 동안 한 해도 친제親祭를 거른 일이 없었고, 어떤 해는 무려 다섯 차례 이상 대보단으로 발길을 옮겼다. 이후 순조, 헌종, 철종도 대보단 제사는 왕실의 다른 제사보다 중요하게 여기며 친제를 거행했다. 고종은 대보단 친제에서는 선왕들에 지지 않았다. 특히, 경복궁에 거처하는 동안 일부러 궁을 나서서 창덕궁 깊숙이 자리 잡은 대보단까지 와서 친제를 거행했다. 1893년(고종 30) 3월 경복궁에 머물고 있던 고종은 왕세자를 대동해서 대보단 친제를 거행했는데, 이것은 대보단에 국왕이 와서 친제를 한 마지막 행사가 되었다. 이로부터 15년 후인 1908년에 와서 향사이정享祀釐正의 칙령을 내려 국가의 각종 제례를 간소 및 폐지하는 조처가 내려졌는데 이때 대보단 제례도 폐지되었다. 당시는 통감부가 설치되어 일본인들이 내정을 간섭하던 시기였다. 제례 폐지 후 대보단 시설은 방치되었다가 1921년 대보단 남쪽에 신선원전이 세워지면서 석재 등이 이전되고 터는 숲이 우거진 채 황폐해졌다.

행사

대보단 제례 | 처음 대보단이 설치되었을 때 제단의 위상은 애매했다. 본래 국가의 제례는 『국조오례의』에서 대사, 중사, 소사의 세 등급으로 나뉘어져 있었으며 대사는 종묘와 사직단만이 해당되었다. 공자의 위패를 모신 문묘나 농사를 주관하는 선농단 등

은 중사였다. 대보단을 어느 등급에 둘지는 명확하지 않았다. 1896년^(고종 33), 국호를 대한제국으로 고치고 나서 국가 제례의 틀을 손보게 되자 대보단은 당당히 대사의 하나로 편입되었다. 종묘, 사직단과 함께 하늘에 제사 지내는 원구단에 이어 대보단 제사도 대사에 포함된 것이다. 그만큼 조선 왕실에서 대보단 제사를 진중하게 여겼다. 숙종 때 대보단 제례는 명나라가 멸망한 시점에 맞추어 3월에 시행되었다. 이후 영조 때 신위가 확대되면서 세 황제의 사망한 날에도 제례가 시행되었다. 그에 따라 의종의 기신일^{忌辰日}인 3월 19일, 태조의 기신일 5월 10일, 신종의 기신일인 7월 21일 전후해서도 제례를 거행했다. 제례에 참석하는 사람도 영조 때 와서는 기존의 참석자인 국왕과 문무백관 및 종친 외에 명나라 유민들의 자손을 참석시키고 또 삼학사^{三學士(홍익한·윤집·오달제)}를 비롯하여 병자호란 때 충절을 보인 신하들의 후손도 참석시켰다. 이들은 처음에는 뒷자리에 배석했지만 정조 때는 오히려 일반 관리들의 앞자리로 자리를 옮겨주어 충절의 의미를 기렸다.

해마다 친제를 행한 정조 | 재위 중 한 해도 거르지 않고 대보단 친제를 치른 정조는 1792년^(정조 16)에는 3월 7일, 3월 19일, 5월 10일, 7월 21일 등 모두 네 차례 황단에 가서 친제를 드렸다. 특히, 7월 21일 친제 때는 임진왜란에 참전한 중국인 후손으로 조선에 거주하고 있는 자손 49명과 조선의 충신 자손 121명을 참여시켰다. 제사 며칠 후에는 앞으로는 충무공 이순신과 충민공 임경업 장군의 자손들도 제사에 참여토록 명했다.

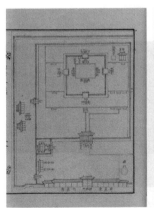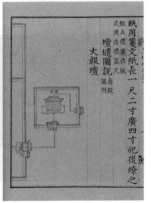

정조가 황단 친제를 할 때는 대내에서 재숙하다가 대보단으로 가기도 하지만 종종 이문원에 가서 재숙했다. 재숙하면서는 규장각 각신들과 학문적인 토론을 하고 이문원에서 대보단까지 긴 길을 가마를 타고 가서 조종문^{朝宗門}을 들어가 열천문으로 해서 단에 나아가 제례를 올리고

1749년에 나온 『황단중수의』에 실린 대보단

대내로 돌아오곤 했다. 조선 국왕이 이미 멸망한 명나라 황제를 위한 제사를 치르는 것이 과연 꼭 필요한 일인가 하는데 대해서는 현재의 관점에서는 이해하기 어려운 점도 없지 않다. 그러나 숙종 이후 조선의 역대 국왕에게 있어서 대보단 제사는 단순한 제사를 넘어서 조선 국왕의 어깨에 드리워졌다고 자부하는 유교적 통치 이념의 실천 덕목이었다고 볼 수 있다.

건물

대보단의 형식은 사직단과 유사한 체제로 지어졌다. 숙종 때 단의 크기는 사직단과 같은 사방 25자로 하고, 사방에 낮은 담장인 유壝를 두었다. 다만, 지형 조건에서 사직단이 훨씬 넓고 개방된 데 비해, 대보단 터는 지형에 굴곡이 많았기 때문에 이런 지형 조건에 맞추면서 형태에 차이가 났다. 영조 때는 제향 대상이 늘어나면서 단의 크기를 확장하여 가로 3장 9척, 세로 3장으로 약간 가로가 긴 장방향으로 바뀌었다. 유 바깥에 다시 이중으로 담장을 둘렀다. 남쪽 중앙에 외대문인 공북문이 있고, 안쪽에 중문인 열천문을 두고 가운데 담장 안쪽 동북 모서리에는 신위를 봉안한 봉실을 두었다. 또 열천문 밖 서쪽에는 향실을 두었는데, 그 자리는 숙종 때 신설이 있던 곳이었다. 중간 담장의 서쪽 밖에 제사를 준비하는 전사청, 재생소, 악생청이 남북으로 나란히 세워져 있었다. 이 시설 외에 영조 때는 대보단 동쪽에 조종문을 열고 문 동편에 어재실이 마련되었다. 어재실은 '만세송은'萬世誦恩이라 명명했다. 어재실 남쪽에는 네모난 연못도 갖추었다. 어재실 일곽으로 들어가는 출입문은 명례문明禮門이라 했는데, 문 안쪽에 한려청을 두었다. 한려청이란 명나라 사람 자손 중에 무관을 지낸 사람들이 머무는 관청으로, 이들이 대보단을 돌아가며 지키도록 했다. 이런 모습은 〈동궐도〉에 잘 나타나 있다.

궁궐 정원의 아름다운 대명사,
후원

조선 시대 후원은 내원內苑 또는 금원禁苑으로도 불렸지만, 가장 일반적인
호칭은 후원이었다. 대한제국 선포 후에는 후원을 관리하는 별도의 기관
으로 비원사秘苑司를 설치했고 이후로 비원이라는 호칭이 한동안 쓰였다.
일반적으로 후원이라고 하면 집 뒷마당에 꽃나무를 심고 못을 파서 계절
의 변화에 따라 모습을 달리하는 꽃이나 나무를 즐기고 물가에 앉아 휴
식을 취하는 곳을 일컫는다. 궁궐의 후원 역시 아름다운 경치를 감상하
고 휴식을 취하는 기능을 가졌지만 그보다 더 중요한 정치적 공간이었다
는 점을 상기할 필요가 있다.

멀리 중국 한나라 이전으로 거슬러 올라가면 왕이 머무는 도성 인근에는
사람들의 출입을 막은 광대한 수림대樹林帶를 확보하여 왕이 말 달리며 사
냥할 수 있는 공간을 확보했다. 도시의 인구가 늘면서 이런 수림대는 더
이상 유지하기 어려워져 위진남북조시대魏晉南北朝時代(220~589)가 되면서
궁궐의 후방에 소규모의 수림대를 갖추어 사냥과 활쏘기가 가능한 정도
로 축소되다가, 수당 대에는 궁궐의 일부로 내원 또는 금원을 갖추는 정
도로 축소된다. 후원은 내원 또는 금원이나 상림원上林苑으로 불리면서,
이곳에 인공적인 못이나 언덕, 정자 등을 꾸미게 된다. 그러나 이런 축소
된 형태의 후원에서도 사냥이나 활쏘기는 멈추지 않았다. 이것은 나라를
다스리는 통치자의 오랜 관습이었다. 이따금 신하들을 불러 성대한 연회
를 베푸는 것도 후원에서 하는 중요한 통치 행위였으며 내원에 논밭을 꾸
며 농사를 흉내 내는 것 역시 후원에서 치르는 의례의 하나였다.

후원의 역사와 특징

1463년(세조 9)	후원의 궁장을 넓혀 성균관과 맞닿음(현재의 후원 범위)
1506년(연산군 12)	후원에 서총대 건립
1619년(광해군 11)	광해군 후원 어수당에 있을 때 인조반정 발생
1636년(인조 14)	후원에 옥류천 일대 조성, 소요정, 태극정, 청의정 건립
1644년(인조 22)	존덕정 건립
1653년(효종 4)	천향각 건립
1691년(숙종 17)	능허정 건립
1692년(숙종 18)	애련정, 연못 조성. 영화당 중건
1776년(정조 즉위)	후원에 규장각(2층은 주합루), 서향각, 봉모당, 열고관 건립
1793년(정조 17)	후원 주합루 앞의 연못에 기존 정자(택수재)를 부용정으로 개축
1826년(순조 26)	석거서실(의두합) 건립
1827년(순조 27)	부왕 존호 올리고 연경당 건립
1865년(고종 2)	연경당 사랑채 · 안채 · 서재를 둔 모습으로 개축
1907년	관람정 · 승재정 건립
1911년	반도지 축조

왕들이 사랑한 공간, 그 오래된 시간 속으로

조선 건국 초기에 경복궁 후원에서는 노루와 사슴을 사냥했다는 기사가 왕조실록에 자주 보이지만, 창덕궁 후원에서 사냥한 기사는 보이지 않는다. 대신 성종 이후에 왕이 주로 창덕궁에 머물면서 후원에서 문무관료들에게 활쏘기를 시키고 왕이 이를 지켜본 기사를 볼 수 있다. 1492년(성종 23)에는 창덕궁 후원에 내농작內農作, 즉 작은 논을 만들어 농사를 시범적으로 지은 일도 보인다. 성종 때 후원에서 뿌리 하나에 줄기가 아홉이나 되는 파가 돋아나 '상서로운 파'를 의미하는 서총瑞蔥이라 이름 붙인 일도 있었다. 이때까지 창덕궁 후원은 활쏘기 행사를 하는 정도로 쓰인 듯하며 그곳을 춘당대라 불렀다. 춘당대에서 활을 쏘고 나면 왕이 신하들에게 잔치를 열어주곤 했다.

연산군은 재위 대부분의 기간을 창덕궁에서 지내면서 각종 건축 공역을 명했다. 1499년(연산군 5)에는 후원에 비로소 담장을 쌓았는데, 이 때문에 성균관 아래 있던 민가들이 많이 철거되었다고 한다. 또 춘당대를 돌로 다시 쌓도록 하고 1506년(연산군 12)에는 서총이 나왔다는 곳에 역부 2,000명을 징발해서 돌로 높은 대를 쌓고 '서총대'라 이름 지었다. 사냥을 즐겼던 연산군은 후원에 멧돼지와 노루를 풀어 사냥을 하고 갖가지 놀이를 벌였다. 연산군을 쫓아내고 즉위한 중종은 서총대를 헐어내고 대신 춘당대에서 적극 활쏘기 행사를 벌이고 활쏘기를 마친 후에는 연회를 가졌다. 춘당대에서는 활쏘기 외에도 가뭄이 들었을 때 기우제를 지내는 등 후원 내에서 가장 중요한 행사를 가졌다.

16세기 이전까지 창덕궁 후원은 안쪽 깊은 곳까지는 건물이 들어서지 않고 왕의 발길도 거의 닿지 않은 상태였다고 볼 수 있다. 활발하게 쓰인 곳은 춘당대였으며 춘당대 주변에 몇 군데 정자나 누각이 있어서 왕이 휴식을 취하거나 신하들을 접견했다고 추측된다.

광해군은 임진왜란으로 소실되었던 창덕궁을 재건했으며 아울러 후원에도 소실 전에 있던 몇몇 전각들을 다시 지었다. 그 가운데 대표적인 곳은 어수당魚水堂이었다. 어수당은 춘당대에서 안쪽으로 들어간 한적한 곳으로, 주변은 소나무 숲과 못이 어우러진 곳이었다. 왕과 신하의 관계를 물과 물고기에 견준 데서 유래한 어수당은 춘당대와 함께 후원의 대표적인 시설이었다. 후원 안쪽 가장 깊은 곳까지 정자를 짓고 못을 판 것은 광해군의 뒤를 이은 인조 때였다. 인조는 창덕궁 후원을 적극 확장하여 후원 가장 깊숙한 곳에 물길을 새로 내고 정자들을 여럿 짓고 바위틈 물이 흐르는 곳을 옥류천玉流川이라 했다. 옥류천 개척으로 후원 가장 안쪽까지 사람들이 왕래할 수 있는 길이 열렸다. 또한 옥류천 남쪽에도 몇 개 정사를 지어 소요하며 꽃나무를 관상할 수 있도록 꾸몄다. 취규정, 심추정, 존덕정, 취향정醉香亭(뒤에 희우정으로 이름을 고침), 벽하정碧荷亭(뒤에 청연각으로 고침), 취승정 聚勝亭(뒤에 낙민정으로 고침) 등이 인조 연간에 새로 지어진 정자들이다.

　　숙종도 후원을 크게 확장했는데 후원 내 가장 높은 언덕 아래에 능허정이란 정자를 짓고 후원 중앙을 흐르는 물길 주변 여러 곳에 정자를 지었다. 청심정, 택수재, 척뇌당, 영타정, 애련정 등이 숙종 때 와서 신축된 곳이며 심추정을 개수했다. 신축한 정각들은 대개 능허정 아래 물길을 따라 지어졌다. 숙종은 자주 춘당대에서 과거 시험을 치르도록 했으며 춘당대 안쪽에 영화당을 짓고 이곳에서 과거 합격자들을 직접 만났다. 영화당은 어수당과 근접해 있었는데 숙종은 종종 신하들을 이곳까지 불러 연회를 열었다. 당시 후원에 들어오는 신하들이나 과거 시험 응시자들은 문묘 쪽으로 나 있는 집춘문을 통하거나 창경궁의 통화전 옆 청양문을 통해 영화당이나 춘당대로 들어왔다. 이런 행사 덕분에 후원의 동쪽 일대는 외부인들에게 개방되는 일이 잦았다.

　　정조는 즉위하자마자 영화당 서쪽 높은 언덕 위에 규장각과 봉모당을 지어 역대 왕들의 초상화나 글씨, 그림을 보관하게 하고 또 왕조의 족보인『선원계보기략』璿源系譜紀略을 봉안하도록 했다. 왕의 초상화가 모셔진 건물에서는 반드시 철 따라 제사를 지내야 하며 왕실의 족보나 어필을 봉안한 건물 역시 각별한 의미를 지니게 마련이었는데 이렇게 해서 정조는 후원을 왕실의 존엄을 높이는 곳으로 삼았다. 아울러 규장각 인근에 중국과 조선의 귀중한 서책을 보관한 서고 건물을 짓고 이를 관리하고 탐구하는 학자들이 근무하도록 했다. 이런 시설들이 지어진 곳은 신하들이나 과거 응시자들이 접근하기 쉬운 춘당대 뒤 영화당 인근이었다. 그 때문에 후원에 발길을 옮긴 사람들은 왕실의 권위와 위엄을 새삼스럽게 인식하지 않을 수 없었다. 1793년(정조 17)에 개축한 부용정은 이런

"임금의 마음이 바르면 조정이 바르게 되고,
조정이 바르면 사방이 바르게 되어 모든 복과
좋은 상서가 모두 이르지 않음이 없을 것이니,
하늘과 땅의 지극한 즐거움이 어찌 이에서 벗어나
겠는가. 만일 풍경의 번화함만 구경하겠다는
즐거움이라면 나는 이를 취하지 않겠다."

—숙종이 남긴 애련정 「어제기」에서

君心正而朝廷正, 朝廷正而四方正,
諸福休祥莫不必臻, 而王道終矣.
天壤至樂寧逾是耶.
若其風景之繁華玩賞之逸興, 吾所不取也.

—肅宗, 愛蓮亭「御製記」中

목적을 최대한으로 끌어올린 전각이었다. 정조는 일부러 신하들을 대동해서 부용정과 그 앞 연못 부용지를 구경시키고 시를 짓도록 해서 왕실의 존엄을 노래하도록 했다.

순조의 맏아들 효명세자는 청소년 시절부터 시에 자질을 보여 후원 곳곳을 소요하며 많은 시를 남기고, 대리청정을 하는 동안 후원 안에 몇 군데 건물도 지었다. 연경당은 부친 순조에게 존호를 올리는 경사스런 일을 맞아 어수당 북쪽에 지은 진각이며, 의두합은 자신의 독서처로 어수당 서쪽에 지은 작은 서재이다.

후원에 지어진 건물들은 견고한 구조로 지어진 것도 있었지만 대개는 작은 규모에 구조도 간략하고 소박한 것이 많았다. 그 때문에 세월이 지나면서 언제 사라졌는지도 모르게 자취를 감추곤 했다. 인조나 숙종 때 지어진 정자 중에는 이름만 전할 뿐 위치가 어디였는지 모르는 건물이 많다. 정조 이후에도 후원에는 새로 지어진 정자들이 있었지만 흔적을 남기지 않는 경우가 적지 않다. 〈동궐도〉에는 지금은 남아 있지 않은 많은 정자들이 그려져 있고 그중에는 정체를 알 수 없는 건물도 적지 않다. 〈동궐도〉와 견주어볼 때 현재의 후원은 〈동궐도〉에 그려진 건물의 절반에도 미치지 못하는 상태이다.

후원은 일제강점기에 들어와 결정적으로 훼손되었다. 1907년 순종 황제가 창덕궁으로 거처를 옮기자, 정부의 실권을 장악한 일제는 창덕궁과 창경궁의 일부 전각을 철거하고 도로를 신설하는 한편, 후원 춘당대를 없애고 백련지와 내농포를 고쳐 춘당지 못을 만들었다. 또한 내농포 부근에 식물원을 만들고 영화당 앞에서 철조망을 쳐 후원을 절반으로 나누어 일부는 창덕궁에서, 일부는 창경궁 쪽에서 출입하도록 했다. 후원의 훼손은 광복 후에도 지속되었다. 후원 내에 차량 통행로가 개설되는 바람에 골짜기가 끊어지는 곳이 생기고 지형이 손상되는 곳이 생겼다. 관람객에 대한 통제도 없어서 행락객들이 옥류천 계곡까지 가서 무질서한 놀이를 벌이기 일쑤였다. 다행히 1970년대 말에 후원을 적극 정비하여 수목과 물길을 정비하고 사람들의 출입을 제한하여 더 이상의 훼손을 막을 수 있었다.

후원은 본래 창덕궁과 창경궁 양쪽 궁궐에서 공동으로 이용할 수 있는 시설이었다. 역대 왕들은 창덕궁에 머물거나 창경궁을 거처로 삼거나 상관없이 후원 곳곳을 찾아가 즐겼으며 따로 영역을 구분하지도 않았다. 그러던 것이 후원의 동쪽 일부는 창경궁에 속하도록 하고 서쪽 후원 시설의 대부분을 창덕궁으로 편입한 것은 일제강점기 때였다. 이런 구분은 후원의 본래 모습과 크게 다른 것이므로 향후 반드시 원형대로 복구되어야 마땅하지만, 그것이 하루아침에 이루어지기는 쉽지 않아 보인다. 무엇보다 시급히 모습을 되찾아야 할 곳이 춘당대다. 춘당대는 조선 초부터 무과 시험을 치러 무관을 길러내고 활쏘기 행사를 벌여 상무 정신을 키우던 곳이다. 이런 행사 때면 왕은 영화당에 나와 행사를 지켜보고 상을 내리곤 했다. 일제강점기 후원 사이에 담장을 설치하면서 춘당대와 영화당이 갈라지고 말았는데 지금까지도 그 상황이 계속되고 있다.

지금은 후원이 창덕궁에 속한 것으로 인식되고 있지만 그런 방식으로는 후원이 가진 본래의 모습이나 각 시설들의 쓰임새를 제대로 이해하기에 한계가 있다. 여기서는 부득이 현재의 진입 방식이나 관람로의 여건에 맞추어 후원 중에 창덕궁 쪽에서 관람할 수 있는 부분만 싣고, 춘당대를 비롯해서 후원 동편의 시설은 창경궁 편에 나누어 다루었다. 머지않은 때에 후원이 본래대로 하나로 통합되어 후원을 설명하는 글도 하나로 통합될 날을 기다린다.

**그 구성과
원림의 특성**

창덕궁 후원은 응봉 아래 산자락이 만들어주는 천연의 언덕과 골짜기 그리고 그 사이를 흐르는 물줄기가 이루어내는 천연의 원림에 자리 잡았다. 이런 곳에 인공을 최소화하고 자연이 주는 숲과 바위와 언덕을 위주로 아름다운 경관을 만들어낸 데에 창덕궁 후원의 진면목이 있다.

응봉은 북악산의 동쪽에 있는 작은 봉우리다. 조선 초기 응봉의 바로 정남방에는 북군영이라는 군부대가 있었고, 동남쪽에는 공자를 모신 문묘文廟가 자리 잡고 있었다. 창덕궁 후원은 북군영과 문묘 사이의 울창한 숲에서 시작해서 남쪽으로 완만한 경사와 골짜기를 끼고 펼쳐졌다. 응봉에서 두 개 물줄기가 내려오는데, 물줄기 하나는 북군영에서 내려와 후원의 서쪽 경사지를 따라 금천교를 지나 돈화문 곁으로 빠져나간다. 이 물줄기 주변은 지형이 감싸는 맛이 없고, 인가에서 바라다보이는 흠이 있어서, 수풀만 무성할 뿐 후원으로는 쓰이지 않았다. 다른 물줄기는 응봉에서 동남 방향으로 흐르는데, 골짜기는 물이 많고 주변이 언덕으로 감싸이고 작은 바위와 동산이 열렸다가 닫기를 되풀이하면서 아늑하고 싶은 정취를 만든다. 이곳이 바로 창덕궁 후원의 핵심부이다. 물길은 큰 골을 이루면서 남쪽으로 흘러내려가 창경궁의 금천을 이룬다.

물길을 따라 큰 골이 세 개가 형성되는데 가장 남쪽은 골이 작고 가파르다. 지금 부용정과 주합루가 있는 곳이다. 여기서 언덕 하나를 넘은 곳의 골은 국이 넓고 평탄한 땅을 지니고 있다. 어수당이 있던 곳이고 안쪽에 연경당이 있다. 세 번째 골은 깊으면서 길고 아기자기한 맛이 있다. 존덕정이 있는 곳이다. 이 세 골을 중심으로 후원이 형성되었다. 이 외에 후원 가장 깊은 곳에 또 하나의 작은 물줄기가 바위틈을 흘러가다가 동편으로 빠져나가 문묘 앞 개울과 합류하는데, 이 물줄기가 바로 '옥류천'이다. 옥류천을 따라 작은 정자들이 운집한 이곳도 역대 왕들의 사랑을 받았다.

본래 후원의 진입은 창덕궁에서 들어가는 것이 아니고, 창경궁의 홍화문 북쪽 청양문에서 넓은 공터를 지나 춘당대로 해서 각 골로 이어지는 동선이었다. 특히, 춘당대에서 과거 시험이 있으면 외부 사람들이 이곳에서 무예를 펼치고 왕은 영화당에 나와 상을 내리곤 했다. 영화당까지는 특별한 경우에 외부인의 출입이 허용된 것이다. 영화당 좌우로 담장과 행랑이 처지고 그 안쪽으로는 들어갈 수 없었다. 영화당 안쪽부터 후원의 가장 높은 봉우리에 세운 능허정까지가 내원이었기 때문이다. 내원은 크게 나누어 부용정과 주합루가 있는 구역, 어수당과 연경당이 있는 구역, 존덕정과 폄우사가 있는 구역, 가장 높은 지대인 능허정이 있는 구역, 그리고 후원 가장 깊숙한 곳인 옥류천 구역으로 구분할 수 있다. 한편, 춘당대 동편에는 농사를 돌보는 관풍각과 활쏘기를 관리하는 관덕정이 있는데, 이 지역은 후원의 동편 변두리라고 볼 수 있다. 관풍각 아래로는 왕실 가족이 농사 시범을 보이는 내농포가 있었다.

창덕궁 후원은 인공을 최소화하고 자연 그대로의 숲과 바위와 샘과 흐르는 물이 주는 정취를 최대한 살리면서 그 주변에 작은 정자와 누각을 지어 자연과 건축이 조화를 이루도록 한 데서 특징을 찾을 수 있다. 무엇보다 계절의 변화에 따라 달라지는 자연의 경승을 느낄 수 있도록 하는 데 세심한 주의를 기울인 점이 돋보이며 여러 곳에 분산되어 지어진 작은 전각들은 이런 사계절의 변화를 만끽할 수 있도록 건물의 위치나 크기, 방향들을 고려하여 안치되었다. 이처럼 자연 지형을 그대로 살리면서 있는 듯 없는 듯 작고도 정교한 정자와 누각들이 곳곳에 자리 잡고, 500년 전통의 왕실이 간직한 각종 어보와 글씨, 그림을 봉안한 전각과, 왕과 신하들이 물과 물고기처럼 교유하던 별당이 한데 어울려 하나의 이상적인 동산을 만든 것이 바로 창덕궁 후원이라 하겠다.

시를 짓고 노래하다

조선 시대 역대 왕들은 후원에 와서 자연의 변화에 매료되어 빼어난 경승景勝을 노래한 시들을 지었다. 현재 전해지는 시에 국한해서 보더라도 숙종, 정조, 순조 그리고 순조의 아들인 효명세자가 남긴 시들은 후원의 아름다운 경승과 그 안에서 느낀 다양한 심사를 노래하고 있다. 특히, 내원은 외부 사람들이 들어갈 수 없는 금단의 영역이었다. 그곳의 아름다운 경승은 오로지 이곳의 주인이었던 왕과 왕실 가족에 한정되어 있었다. 후원은 시대 흐름에 따라 새로 건물이 지어지고 또 사라지곤 했다. 『궁궐지』도 모든 건물들을 다 담아내지 못하고 있다. 따라서 역대 왕들이 남긴 후원의 시들은 당시의 후원을 있는 그대로 전달해주는 소중한 정보의 창고 구실도 한다.

숙종은 가장 적극적으로 후원에 와서 시를 지은 왕으로 꼽힌다. 『궁궐지』에 실린 후원을 노래한 숙종의 시는 24수에 이른다. 왕권을 강화하려고 고심한 숙종은 신하들과 정치적으로는 날카로운 대립 관계를 끌고 갔지만, 한편으로는 자주 후원에 와서 자연의 변화를 관상하며 아름다운 시를 남겼다. 정조 역시 후원에서 시를 짓는 데 열심이었다. 특히, 정조는 꽃이 만발한 3월이 되면 신하들을 내원 깊은 곳까지 불러들여 후원의 경승을 구경하도록 하고 시로써 신하들과 교유했다. 정조의 문집 『홍재전서』弘齋全書에는 후원 곳곳에서 지은 정조의 시가 전한다. 뒤를 이은 순조도 후원의 시를 제법 남겼지만, 그 아들 효명세자는 가장 돋보이는 후원의 시인이었다. 처음 시를 지은 것이 10세 지나서였다고 추정되는데 이때부터 22세에 세상을 뜰 때까지 효명세자가 지은 시는 무려 400여 수가 그의 문집『경헌집』,『학석집』등에 전한다. 특히, 대리청정을 하기 이전인 17세에서 19세 사이에 지은 시들은 남달리 예민한 감수성과 자연에 대한 애정을 담은 아름다운 시들로 평가된다. 세자가 특히 좋아한 곳은 농수정에서 능허정 꼭대기로 이어지는 골짜기로, 능허정 아래 영조가 지은 사가정을 유산정사, 태고정 등으로 이름을 고쳐서 많은 시를 남겼다. 효명세자의 시에는 이화정십경, 만향헌십경, 매춘헌팔경, 태고정사팔경 등 지금 소재가 불분명한 많은 건물명이 등장한다. 이 중에는 기존 건물 이름을 새롭게 고쳐 경승을 노래한 경우도 있었던 것으로 보이며, 이를 통해 세자의 후원에 대한 남다른 애정을 엿볼 수 있다.

후원의 열 군데 경승을 노래한 것이 상림십경上林十景이다. 창덕궁 후원에 대해서는 숙종이 남긴 상림십경이 가장 대표적이며, 정조는 그 대상을 조금 달리해서 상림십경을

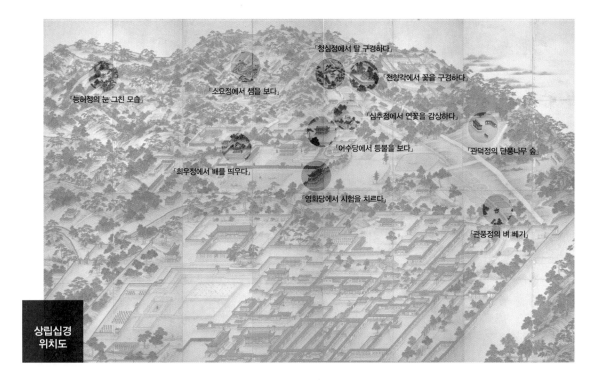

상림십경
위치도

「능허정의 눈 그친 모습」
「소요정에서 샘을 보다」
「청심정에서 달 구경하다」
「천향각에서 꽃을 구경하다」
「심추정에서 연꽃을 감상하다」
「어수당에서 등불을 보다」
「관덕정의 단풍나무 숲」
「희우정에서 배를 띄우다」
「영화당에서 시험을 치르다」
「관풍정의 벼 베기」

지었다. 뒤를 이은 순조는 숙종이 지은 열 군데 제목을 따르고 운을 맞추어 십경을 지었으며, 그의 아들 효명세자 역시 숙종의 상림십경 제목을 취하여 자신의 십경을 노래했다. 숙종의 상림십경은 아래와 같은 제목으로 되어 있다.

「천향각에서 꽃을 구경하다」 天香看花

「어수당에서 등불을 보다」 魚水觀燈

「심추정에서 연꽃을 감상하다」 沈秋賞蓮

「소요정에서 샘을 보다」 逍遙觀泉

「희우정에서 배를 띄우다」 喜雨汎舟

「청심정에서 달 구경하다」 淸心玩月

「관덕정의 단풍나무 숲」 觀德楓林

「관풍정의 벼 베기」 觀豊刈稻

「영화당에서 시험을 치르다」 映花莘試

「능허정의 눈 그친 모습」 凌虛霽雪

제목은 후원의 열 군데 명승지를 골라 각각의 볼거리를 노래했다. 열 군데 경승 가운데는 숙종 때 와서 새로 지은 건물 네 곳이 포함된다. 심추정, 청심정, 영화당, 능허정이다. 그만큼 십경에 대한 숙종의 남다른 관심을 엿볼 수 있다. 정조는 심추정 대신에 숙종이 다루지 않은 망춘정을 꼽아서 「망춘한앵」望春閒鶯을 지었다. 이 가운데는 천향각이나 심추정처럼 지금은 존재하지 않는 건물도 있지만, 대부분은 남아 있다. 숙종이나 정조 또 차운을 한 순조와 효명세자가 각 건물에서 무엇을 보고, 무엇을 시로 남기려 했는지를 음미해보는 것도 후원을 이해하는 좋은 길잡이가 될 것이다.

〈후원 배치도〉

0 10 20   50   100m

역사와 생물로 만나는
후원의 모든 곳

N

4

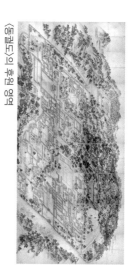

《동궐도》의 후원 영역

영화당 | 부용지 | 부용정 | 주합루 | 서향각 |
희우정 | 천석정 | 술성각 | 서총대 | 봉모당 |
불운정 | 열고관

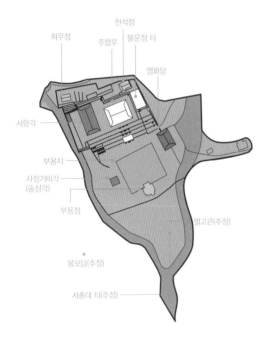

창덕궁 성정각 동쪽 담을 따라 앞으로 나아가면 후원으로 들어가는 진입로에 접어들게 된다. 후원 초입 경사진 길을 조금 더 내려가면 갑자기 울창한 숲이 나타나면서, 후원에서 가장 잘 알려진 영화당과 주합루 일원에 이르게 된다. 영화당 뒤편으로 부용지라는 네모반듯한 커다란 연지가 있고, 연지 북쪽으로 몇 단의 화계로 가파른 경사지가 꾸며지고, 그 언덕 위에는 당당한 자태의 다섯 칸 누각인 주합루가 서 있다. 주합루 서쪽에는 서향각, 서향각 뒤에는 희우정, 그리고 주합루 동편 후방에 천석정이라는 단청을 칠하지 않은 소박한 정자가 언덕 위를 채우고 있다. 부용지 영화당 앞에서 바라보는 연못과 누각과 작은 정자들이 이루는 아름다운 경관은 보는 사람에게 저절로 탄성을 자아내게 한다.

부용지 남쪽에는 十자 형태의 정자 부용정이 기둥 둘을 물에 담그고 서 있고, 연지 서편에는 술성각이라는 한 칸의 작은 비각이 있다.

영화당과 부용지 주변 일대가 지금과 같이 개방된 것은 일제강점기에 들어와서이며, 그 이전에는 지금과는 전혀 다른 모습이었다. 영화당 건물의 측면에는 행랑과 담장이 뻗어 있어서 행랑 출입문을 통하지 않고는 부용지 쪽으로 들어가는 것이 불가능했다. 영화당 앞은 춘당대까지 넓게 개방되어 있었다. 춘당대에서 무과 과거 시험을 치르면, 영화당에서 왕이 이를 지켜보기도 하고 입격한 사람에게 상을 내리기도 했다. 이 일대는 후원 중에서 20세기에 들어와 가장 크게 변한 곳인 셈이다.

관람 포인트

영화당의 월대
영화당은 2단으로 된 높은 단 위에 우뚝 세워져 있다. 이 단은 기단이라고 하지 않고 월대라고 불렀다. 영화당 월대는 과거 합격자나 특별히 이곳에서 왕이 내리는 상을 받는 사람이 올라와 대기하는 장소로 쓰였다.

주합루 앞 화계의 취병
주합루 앞은 5단의 화계가 꾸며져 있다. 그 첫 번째 단 위에 어수문이라는 출입문이 있고, 어수문 좌우로 나뭇잎과 줄기로 낮은 담을 이루고 있다. 이것을 취병(翠屏)이라고 부른다. 취병은 돌담과 달리 틈이 많아 시선도 열리고 바람이 통하는 칸막이 시설이다.

희우정

주합루

천석정

서향각

부용지

비각

영화당

부용정

어수

열고관

부용지 못가의 석등
부용지 못가에는 작은 집 모양의 석
물 세 개가 놓여 있다. 이것은 밤중
에 부용지 주변을 걷는 사람들을 위
한 조명 기구이다. 부용지에서는 야
간에 꽃구경 행사를 벌이기도 하고
왕이 저녁 늦게 걸음을 옮기기도 하
므로 어두워서 자칫 물에 빠지는 것
을 방지하기 위한 조명 시설이 필요
했다.

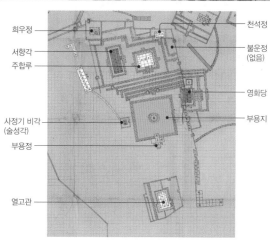

희우정

서향각

주합루

사정기 비각
(술성각)

부용정

열고관

천석정

불운정
(없음)

영화당

부용지

영화당映花堂

춘당대를 내려다보는 전각이다.
과거 시험이나 활쏘기 후 이곳에서 왕이 상을 내렸다.

연혁

영화당은 건물 앞 넓은 들판에 마련된 춘당대와 불가분의 관계였다. 춘당대에서 무과 시험이 있을 때 왕이 춘당대 북쪽에 큰 천막인 장전帳殿에 앉아 행사를 지켜보고 합격한 사람에게 치하하고 꽃을 내려주곤 했는데, 숙종 때 와서 장전을 대신할 본격적인 건물을 지어 당호를 영화당이라 했다. 영화당은 시험장 모습이 한눈에 들어오는 곳에 높은 기단 위에 우뚝 섰다. 춘당대 동쪽에는 백련지라는 큰 못이 있었다. 춘당대에서는 백련지를 넘어 반대편 언덕에 설치한 과녁을 향해 화살을 쏘게 되는데 영화당에 앉은 왕은 이런 모습을 모두 지켜볼 수 있었다.

숙종 이후 역대 왕들은 이 건물에 나와 과거 시험을 지켜보았음을 물론, 이따금 신하들에게도 활쏘기를 시키고 좋은 성적을 낸 관리들에게 상을 내렸다. 이렇게 함으로써 신하들 위에 군림하는 왕의 위상을 높였다. 이 건물 뒤로는 울창한 숲으로 둘러싸인 언덕이 감싸고 있고, 앞으로는 춘당대의 넓은 개활지가 열려 있었다. 평상시 이곳은 일반인의 출입이 엄격히 금지된 금원이었지만 과거 시험이 있거나 특별한 활쏘기 행사가 있을 때에 한해서 영화당 앞까지 출입이 허용되었다.

영화당 측면, 즉 남쪽에는 행각과 담장이 세워져 있었다. 〈동궐도〉에는 영화당

1780년경에 그려진 〈어제준천제명첩〉에 등장하는 영화당

〈규장각도〉에 등장하는 영화당

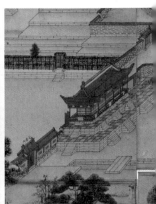

〈동궐도〉의 후원 영화당

남쪽으로 행각 다섯 칸이 그려지고, 중앙에는 의춘문이라는 솟을대문이 있고, 이어서 영화문이라는 일각문을 낸 담장이 그려져 있다. 따라서 영화당 뒤 부용지 쪽은 이 출입문을 통과하지 않으면 접근할 수 없었다. 영화당 남쪽에 길게 이어지던 담장과 행각은 일제 강점기에 모두 철거되었다. 그 결과 지금은 영화당과 그 후방의 부용지, 부용정 등이 하나의 영역처럼 개방되게 되었다.

행사

차일과 보계를 갖추었던 영화당 ┃ 영화당에서 큰 행사가 있을 때는 영화당 앞에 차일遮日이라는 햇볕 가리개와 보계補階라는 나무로 짠 행사용 발판을 세웠다. 차일은 큰 대나무 가지를 좌우에 세워서 기둥으로 삼고 그 위에 천막을 넓게 치는 것을 말한다. 기둥 높이가 열 길이나 되어 주변의 높은 나무들이 모두 천막 아래 들어갔다고 하는 기록도 있다. 보계는 나무로 받침대를 짜고 그 위에 보계판이라는 널빤지를 깔아 평탄한 바닥을 만드는데 바닥의 높이는 영화당 월대와 같게 했다고 한다. 보계판 위에는 300명 정도가 앉을 수 있었고, 마루 밑으로 사람이 서서 다닐 정도였으며 보계판에서 9단의 계단을 내려가야 비로소 바닥에 닿았다고 한다.

이런 보계는 행사가 있을 때 임시로 설치했다가 행사를 마치면 철거했는데 그 설치 노력과 비용이 적지 않게 들었다. 1786년(정조 10) 선공감 감역을 맡았던 실학자 박지원은 보계를 설치하는 대신 벽돌로 대를 쌓는 방안을 제안한 적이 있었지만 실현되지는 못했다.

건물

영화당은 정면 세 칸, 측면 한 칸의 몸체를 중심으로 사면에 툇간이 돌아가는 구조이다. 따라서 밖에서 칸 수를 헤아린다면 정면은 다섯 칸, 측면은 세 칸이라고 볼 수 있다. 몸체는 남쪽으로 한 칸의 마루방을 두고 북쪽에 몸체 한 칸과 퇴 반 칸을 하나로 해서 온돌방을 두었다. 몸체 마루방이나 온돌방과 툇간 사이는 각각 창문을 달아 실내가 밖에서 들여다보이지 않도록 했는데 왕이 거처하는 곳에 대한 배려였다고 하겠다. 마루방의 천장에는 봉황새가 그려진 우물반자를 쳤다. 민간집의 마루는 천장을 개방하는 것이 보통이지만, 여기서는 왕이 거처하는 곳을 상징하여 반자를 치고 봉황까지 그려넣은 것이다. 기둥은 네모기둥에 기둥머리에 익공이 이중으로 겹치는 이익공을 썼고, 익공과 익공 사이의 화반은 간결한 초각을 했다. 온돌방이 있는 서북쪽을 제외한 삼면의 툇간에는 난간을 둘렀는데 간결한 계자각을 새겼을 뿐이다. 왕이 신하들을 대하는 건물치고는 화려한 치장이나 과다한 격식을 꾸미지 않은 소박한 외관이다.

현재 영화당에는 1754년^(영조 30) 영조가 직접 쓴 현판이 걸려 있다. 옻칠한 검은색 판에 금으로 글씨를 치장한 것으로, 본래는 어필 현판을 보호하기 위해 사롱^{紗籠}이라는 비단이나 천으로 덮개를 씌워두었지만 지금은 사롱은 없이 현판만 남아 있다.

| 부용지 芙蓉池 | 네모난 못 한가운데 둥근 섬을 두었다.
못에서 뱃놀이를 했다. |

이 일대는 동·남·북쪽의 경사지에서 흐르는 물이 가운데로 모여서 동쪽 개활지로 흘러나가는 곳이다. 이곳에 큰 못이 처음 만들어진 것은 연산군 때 서총대를 만들

부용지의 여름과 겨울 전경

면서 대 앞으로 못을 꾸밀 때였다고 추측된다. 숙종 때 와서 영화당을 지으면서 못을 대대적으로 수축하고 못가에 택수재라는 정자를 꾸몄다. 정조 때 와서 못을 정비하고 택수재가 있던 곳에 부용정이라는 정자를 지으면서 못 이름을 부용지라 했다. 김홍도金弘道 (1745~?)가 그린 〈규장각도〉奎章閣圖는 아직 부용정이 지어지기 전 단계의 모습을 보여주는데, 가운데 둥근 섬이 있고 섬 안에 잘 다듬은 나무 한 그루가 보인다. 난간을 갖춘 다리가 섬과 연결되어 있고, 섬에도 난간이 둘러쳐진 모습이다. 〈동궐도〉에는 못 안 뱃놀이를 위한 놀잇배 한 척과 못을 관리하는 데 쓰이는 것으로 보이는 작은 배가 그려져 있다. 놀잇배는 앞머리에 용이 조각되어 있고 중간에 정자도 갖추어졌다. 순조가 지은 글 중에 「탁룡정상량문」이 있는데, 배를 새로 만들고 배에 작은 정각을 지어 탁룡정이라 이름 짓고 쓴 글이다. 용주는 번화하고 봉지는 맑으니 배 위에 정자를 지어 이름을 탁룡이라 해서 편액을 걸었다고 밝히고, 못가 부용정의 빛나는 채색과 붉은 난간, 어수문 높이 걸린 금빛 현판, 녹음 방초 승한 곳의 대와 봉모당 먼 곳의 찬 기운 등을 노래했다.

현재는 부용지에 탁룡정 정자를 띄운 배는 없지만, 숲 사이 번듯한 전각들 사이의 네모난 못과 남쪽 부용정의 아기자기한 모습은 보는 사람들의 찬탄을 자아낸다.

부용정 芙蓉亭

꽃피는 계절이면 한밤중 못가에 등불을 밝혀놓고
정조가 신하들과 잔치를 즐겼다.

(보물 제1763호)

연혁

주합루 남쪽 부용지로 부르는 큰 연못가에 있는 정자다. 『동국여지비고』에는 정조 때 꽃을 감상하고 고기를 낚던 곳이라고 설명했다. 숙종 때 못가에 택수재라는 집이 있었는데, 집이 오래되어 허물어지고 기울어지자 1793년(정조 17)에 다시 지었다. '부용'이란 연꽃을 가리키며 정자와 함께 연못 이름도 부용지로 고쳐 부르게 되었다. 정조 자신이 쓴 「부용정상량문」芙蓉亭上樑文에서는 본래 이곳에 선대에 지은 정자가 있었다고 하고, 꽃구경하고 고기 낚는 곳에서 신하들과 연회를 열었다고 밝혔다. 집에 대해서는 "창문을 마주보게 내고 난간을 둘렀는데 숭상하는 바는 소박함이었고 대는 서늘하고 관은 따뜻하여 체제를 갖추면서도 작게 했다"고 적었다. 상량문의 마지막 구절은 이렇게 마친다. "물은 더욱 맑고 땅은 더욱 깊숙하고 해는 떠오르고 달은 차오르며, 축하하는 만세를 세 번 부르니 꽃은 천 년 동안 한결같이 피기를 삼가 바라노라." 부용정을 싯고 8년 후에 정조는 48세의 나이로 숨을 거두었다. 이후 부용정은 정조 때처럼 적극 활용되지 못하다가 1829년경에 와서 정조를 본받으려 애쓴 효명세자가 대리청정을 하면서 잠시 활기를 띠었다. 세자는 정조 때처럼 부용정에서 신하들을 불러 주연을 베풀었다. 그러나 효명세자가 이듬해 갑작스럽게 사망하면서 부용정의 행사도 막을 내렸다.

행사

정약용이 글로 적은 부용정의 꽃구경 │ 부용정이 지어지자 정조는 자주 신하들을 이곳까지 불러 작은 연회를 열고 시를 지어 경승을 노래하도록 했다. 어느 때는 한밤중에 달이 밝게 뜨자 중신들을 거느리고 부용정에 나와 부용지에 배를 띄웠다. 신하 10여 명이 배에 오르고 못가 나무에 사롱등^{紗籠燈}을 밝혀 놓았다. 화려한 꽃, 밝은 달빛과 사롱등 불빛이 환하게 비치는 가운데 왕은 부용정에 앉고 신하들은 일부는 배에 오르고, 일부는 못가에 모여 흥취를 나누고 시를 지었다. 1795년^(정조 19) 3월의 꽃구경에 참석한 정

〈규장각도〉에 등장하는 부용지와 부용정

〈동궐도〉의 부용지와 부용정

약용은 「부용정시연기」라는 글에서 그 소감을 이렇게 적었다.

"온갖 꽃이 활짝 피어 있었고, 봄빛이 매우 화창했다. 상께서 여러 신하들을 둘러보시며, 말씀하시기를, '내가 이곳에 온 것은 유희 삼아 즐겁게 놀려는 것이 아니다. 다만, 경들과 함께 즐기면서 마음을 서로 통하게 하여 천지의 조화調和에 응하려는 것이다' 했다. 그러자 여러 신하들이 모두 머리를 조아리며 성은에 감사했다. 술을 마시자 상의 얼굴은 희색이 넘쳤고, 목소리도 온화하고 부드러웠다. 술상을 물리치고 상께서는 여러 신하들과 자리를 옮겨 원苑 가운데 있는 여러 정사亭榭에 도착했는데, 이때는 해가 저물녘이었다. 부용정에 이르러 상께서는 물가의 난간에 임하여 낚싯대를 드리웠다. 여러 신하들도 연못 주위에 앉아 낚싯대를 드리우고 고기를 낚아서 통桶 안에 넣었다가는 모두 다시 놓아주었다. 상께서는 또 여러 신하들에게 배를 띄우라고 명하고 배 안에서 시를 지었는데, 정해진 시간 안에 시를 지어 올리지 못하는 자가 있으면, 연못 가운데 있는 조그만 섬에 안치安置시키기로 했다. 몇 사람이 과연 섬 가운데로 귀양을 갔는데, 곧 풀어주었다. 또 음식을 올리게 하여 취하고 배가 부르도록 먹었다. 상께서 어전御前의 홍사촉紅紗燭을 내려주셨으므로, 그것으로 길을 밝히며 원院으로 돌아왔다."

정약용으로서는 잊을 수 없는 추억이었을 것이며, 이 글은 그의 문집 『다산시문집』茶山詩文集에 실렸다.

건물

부용정은 지금도 200여 년 전 지어진 당시의 모습을 비교적 잘 간직하고 있다. 건물은 전체적으로 十자 형태의 평면을 이루며 북쪽 돌출부가 일부 못에 걸쳐 있고 나머지 삼면은 못가 지면에 의지해 서 있다. 돌기둥 둘을 물 위에 세워 북쪽 돌출부를 지지하도록 해서 마치 물가에 두 다리를 담그고 있는 듯한 모습을 연상시킨다. 이런 방식은 이미 후원 안에 숙종 때 지었던 존덕정이나 애련정에서 시도된 것인데 부용정에서도 반복되었다. 동남 모서리와 서남 모서리를 돌출부를 두어 평면이 복잡해보인다. 사면에 창을 달았는데 북쪽 못가 쪽은 완자창을 달고 나머지 삼면은 일반적인 분합문을 달고 전체적으로 난간을 돌렸다. 실내는 중앙에 별도의 구획을 둔 방을 마련했으며 북쪽 방은 바닥을 한 단 높였다. 이렇게 해서 북쪽 돌출부에서는 못을 내려다보는 느낌을 강조했다. 〈동궐도〉 그림에는 지붕의 용마루가 교차하는 부분에 절병통이 있고 용마루 끝에는 취두가 보이는데 20세기 초에 들어오면서 이런 것들이 사라지고 없어졌기 때문에 지난 2013년 수리 시에 절병통과 취두를 새로 올렸다.

주합루宙合樓
(규장각奎章閣)

아래층은 왕실 서적을 보관하여 규장각이라 하고,
위층 누각에는 왕의 어진을 모셨다.

(보물 제1769호)

연혁

정조는 1776년 즉위한 바로 그해 3월 후원 안에 선왕 영조가 지은 글들을 보관하는 어제각御製閣을 짓도록 했다. 9월에 완성되면서 이름을 규장각이라 고쳤다. 규장각은 숙종 때부터 궁궐 안에 왕실 서책을 보관하는 용도로 지었던 건물 이름이었다. 집은

아래층인 규장각과 상층인 주합루의 실내 모습

중층으로 해서 상루하헌上樓下軒, 즉 위는 누로 하고 아래는 헌으로 했다고 『정조실록』正祖實錄에 적었다. 보통 '누'는 사방이 개방된 다락을 말하고, '헌'은 방이나 마루를 둔 작은 집을 지칭하지만, 실제로 지어진 건물은 상하층 모두 툇간만 개방해놓고 몸체 부분은 사방에 분합문을 달아 내부에 방을 꾸몄다. 상층은 전체가 트인 마루방이고, 하층은 좌우에 온돌방이 있고 가운데 마루방을 둔 구조였다. 상층은 정조 자신이 주합루라 이름 짓고 편액 글을 써서 걸었고, 하층은 과거 숙종이 쓴 규장각 편액을 다시 걸었다.

행사

후원을 정치 공간으로 꾸민 정조 | 1776년 정조는 즉위하자마자 명을 내려 후원 내에 규장각을 짓고 규장각에는 학자들로 이루어진 각신閣臣을 두어 이를 관리하도록 했다. 규장각 건물은 중층의 누각으로, 상층은 주합루라 편액했다. 또 규장각 서남쪽 옛날

1776년 김홍도가 그린 〈규장각도〉에는 후원의 전경이 펼쳐져 있다. 한가운데 가장 큰 건물이 주합루, 왼편은 서향각, 오른편 앞 건물은 영화당이다. 왼편 아래 부용지와 부용정이 보인다.

열무정이 있던 곳에는 역대 왕의 어제와 어필, 고명, 유고와 왕실의 족보와 보감 등을 봉안한 봉모당을 짓도록 했다. 규장각은 숙종 때 설치된 적이 있었지만 명맥이 끊어진 상태였는데 이를 복원한 것이다. 여기에 학자들을 둔 것은 송나라의 선례를 따른 것이었는데, 학자들의 학문적 뒷받침을 통해 조선 왕실의 유구한 역사와 전통을 높이고, 통치의 당위성을 바로 세우려는 의지를 내세웠다. 아울러 왕은 중국에서 『고금도서집성』古今圖書集成이라는 5,000여 권에 달하는 방대한 서적을 구입하고, 또 조선의 각종 서책을 수집하여 이를 보관하는 서고를 규장각 인근에 지었다. 그중 중국의 서책을 모은 서고는 규장각을 마주보는 남쪽 언덕에 지어 열고관이라 이름 짓고, 조선의 서적을 모은 서고는 규장각 서북쪽에 지었다. 규장각 서쪽 바로 옆에는 서향각이라는 긴 건물도 지었는데, 이곳은 규장각과 주합루에 보관한 어필과 인근 서고에 있는 책을 볕에 말리는 용도를 지녔다. 이로써 과거 희우정 작은 정자와 그 아래 못가에 택수재가 있는 정도의 한적한 곳이 갑자기 번듯한 누각과 전각을 덮은 기와지붕들이 숲 사이 여기저기에 빛을 발하는 색다른 곳으로 변했다. 정조는 자주 규장각 각신들에게 각종 서책을 보여주고 역대 왕의 어필을 설명해주며 군신 간의 교유를 가졌다. 1793년(정조 17)에 와서는 퇴락한 택수재를 고쳐 十자 형태의 아름다운 정자를 지어 부용정이라 이름 짓고 연못 이름을 부용지라 지었다. 부용정이 완성된 후에는 종종 신하들을 이곳에 불러 뱃놀이를 즐기고 시를 짓는 자리를 마련했다. 또한 규장각 동북쪽 언덕 위에는 불운정을 지어 이곳에서 연사례燕射禮를 했다. '연사례'란 왕과 신하들이 함께 활쏘기를 하면서 군신 간의 의례를 밝히는 것이었다. 정조에게 후원은 단순히 휴식하는 장소가 아니라 군신 간의 교유와 충의의 의미를 지닌 곳이었던 셈이다. 정조의 이런 의지는 후대 순조, 헌종으로 이어져 주합루에는 역대 왕의 초상화를 모시고 철 따라 제사가 치러졌다. 근래 후원을 찾는 사람들에게 주합루 누각과 그 아래 연못, 그리고 부용정 정자는 단지 아름다운 경관을 갖춘 휴식처처럼 보일지 모르지만, 이곳에 누각과 정자와 연못을 만든 것은 그런 휴식의 차원을 넘어서 더 큰 정치적 성취를 목표로 한 것이었다.

주합루에 정조의 어진을 봉안하다 | 주합루 건립 때 아래층 규장각은 각종 어제, 어필을 봉안하도록 했으므로 그 용도가 뚜렷했지만, 위층 주합루가 어떤 용도로 쓰일 것인지는 명시하지 않았다. 비록 주합루가 주변을 잘 내려다볼 수 있는 높은 언덕 위에 세워져 있었기 때문에 이곳에 올라 주변의 경치를 감상하기에 알맞았지만, 왕이 여기 올라가 경치를 즐겼다는 기록은 찾아볼 수 없다. 더욱이 주합루는 사방이 탁 트이지 않고 툇간만 개방하고, 안쪽은 분합문을 단 마루방으로 되어 있어서 주변 경치를 감상하기에 한계가 있었다. 건립 5년째가 된 1781년(정조 5)에 정조는 화원畵員을 시켜서 자신의 초상화를 그리도록 한 후 그것을 주합루에 봉안하도록 했다. 이때 왕은 나이 30세가 되고 왕위에 오른 지 5년째였다. 이때 어진을 그린 화가는 한종유, 신한평, 김홍도였으며 3본의 어진을 제작했다. 어진은 어탑이라고 하는 탁자 위에 모셔졌으며 1년에 네 차례 각신들이 어진에 절을 올리도록 했다. 왕이 살아생전에 자신의 어진을 궁궐 안에 모시고 절을 올리도록 한 것은 숙종 때로 거슬러 올라가며, 이는 국왕에 대한 존엄을 드러내는 의례의 하나였다. 숙종은 인정전 서쪽 효종 때 대비의 별당으로 지었던 춘휘전을 고쳐 선원전으로 삼고 자신의 어진을 봉안하도록 했었다. 정조가 후원 언덕 높은 곳에 주합루를 세운 배경에는

아래층인 규장각과 상층인 주합루

신하들로 하여금 국왕의 존엄을 높이도록 하려는 의도가 담겨 있었음을 알 수 있다.

건물

현재 주합루 건물은 건립 당시의 모습을 잘 유지하고 있다. 정면 다섯 칸, 측면 네 칸의 중층 팔작지붕 건물로, 부용지를 내려다보는 언덕 위에 남향해 있다. 장대석 세 벌의 높은 기단 위에 네모기둥을 세워 중층 누각을 꾸미고, 상층 기둥 위에 18세기 말의 시대 특징을 갖춘 이익공二翼工 공포를 짰다. 지붕 각 마루는 두텁게 회를 발라 지붕 윤곽을 뚜렷하게 하는 양성 바름을 했다. '양성'은 궁궐이나 성문, 왕실 사당에서만 하고 민간의 누각에서는 하지 않는 것으로, 주합루가 왕실의 특별한 전각임을 잘 보여준다. 상하층 툇간 끝으로 정교한 조각을 가미한 난간을 두어 한층 격식을 높였다. 기단에는 세 개의 계단을 마련해놓았는데 어칸 계단 좌우 소맷돌(돌계단의 난간)은 큰 곡선에 문양을 양각하고 받침돌을 별도로 두는 등 가장 높은 형식을 갖추었다. 주합루가 세워진 언덕은 5단 이상의 축대를 장대석으로 단정하게 쌓았으며, 제일 아랫단에 어수문이라는 출입문을 두었다. 어수문 좌우에는 취병翠屛이라고 하는 나무로 짠 가림막이 있고, 문 좌우에는 취병 사이에 협문이 나 있다. 어수문 계단에도 주합루 어칸과 동일한 형식의 소맷돌을 두었다. 어수문 좌우 협문의 특이한 곡선 형태 지붕은 20세기 초기 사진에는 보이지 않는다. 이 곡선형 지붕은 일제강점기에 와서 추가된 것으로 추정된다.

서향각書香閣 | 규장각 서적들을 볕에 말리는 용도로 지었으며 왕의 서재로도 쓰였다.

규장각 서쪽에 있는 전각으로 규장각과 함께 1776년(정조 즉위년)에 건립되었다. 주합루에 봉안한 왕의 초상화를 임시로 옮겨 모시는 것이 주된 용도였다. 『궁궐지』에서도 건물을 가리켜 어진이안지각御眞移安之閣, 즉 어진을 옮겨 모시는 전각이라고 명시했다. 이 밖에 규장각에 있는 어제, 어필 등이 눅눅해지거나 곰팡이가 피지 않도록 절기에 따라 볕에 말리는 포쇄 작업을 여기서 했다. 근자에 이 건물에서 정조 때 친잠親蠶을 행했다는 설이 있지만, 이는 일제강점기에 와서 이루어진 친잠 행사를 잘못 이해한 오류로 보인다.

　　건물이 지어지자 정조는 수시로 이 건물에 와서 규장각 각신들을 접견하고, 또 이른 새벽 시간이나 저녁 늦은 시각에 여기서 책을 읽곤 했다. 이곳은 사면이 숲에 둘러싸여 있어서 조용하고 한적하여 책 읽기를 즐겨한 정조에게는 알맞은 곳이었다. 더군다나 가까이에 열고관이나 서고에 새로 구입한 중국 서적이나 조선의 서적들이 있어서 멀리 가지 않고 원하는 책을 마음껏 읽을 수 있었으리라고 짐작된다. '책이 주는 향기'라는 당호 역시 이런 정조의 일상과 잘 어울린다. 1782년(정조 6) 5월, 희정당 앞 성정각에서 신하들을 접견하는 자리에서 측근 한 사람이 날이 더 더워지면 비좁은 이곳보다 서향각으로 이어할 것을 권하는 대목이 『승정원일기』에 보인다. 서향각이 바람이 잘 들고 왕이 독서하고 신하들을 접견하는 데 알맞은 장소였음을 엿볼 수 있다.

　　정조 재위 중에 정조 어진은 주합루에 모셔져 있었지만, 1803년(순조 3) 겨울 인정전이 전소되는 사건이 벌어지면서 주합루의 어진은 서향각으로 옮겨지게 되었다. 인정전 화재로 충격을 받은 왕실은 주합루가 창졸지간에 어진을 꺼내오기 어려울 것을 염려하여 어진을 서향각에 모시기로 결정한 것이다. 이때 어진은 온돌방 제1실 주벽에 모시고 나머지도 제2실과 제3실에 모셨다고 하므로 주벽에는 펼친 어진을, 나머지 실에는 상자에 넣

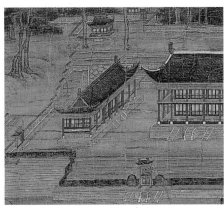

〈규장각도〉에 등장하는 서향각

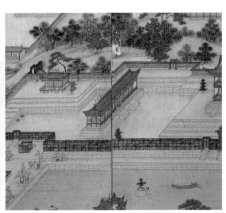

〈동궐도〉의 서향각

어 모신 것으로 보인다. 아울러 방이 비좁아 상탁 등은 대청마루에 모셨다고 『승정원일기』에 밝혀 놓았다. 이후로 순조는 때맞추어 서향각에 나아가 선왕 어진에 절을 올리는 의례를 재위 기간 내내 지속했다. 그 후에도 어진 봉안은 주합루와 서향각에 나누어져 있었다. 고종은 1880년(고종 17)에 서향각이 비가 새고 상한 곳이 생기자 건물을 수리하도록 하면서 모셨던 어진을 임시로 희우정에 이봉하게 했다. 이처럼 서향각은 낭초 성소가 독서하는 곳으로 삼기도 하고, 순조 초년 이후로는 어진 봉안 처소로 줄곧 이용되었다.

서향각 건물은 주합루 바로 곁 서쪽에 주합루를 바라보는 방향으로 세웠다. 정면 일곱 칸에 측면 두 칸인데 내부는 좌우대칭으로 꾸며 중앙에 두 칸 마루를 두고 동서로 온돌방 두 칸을 마련했고 마지막 툇간은 바닥을 한 단 높인 툇마루를 두었다. 입면상으로는 건물 전체에 난간을 두고 양 끝으로 가면서 난간의 위치를 한 단씩 높여서 변화를 주었다. 평면은 가운데 두 칸의 대청을 두고 좌우로 온돌방이 있고 다시 양 끝에 바닥을 한 단 높인 방을 두었다. 대청이 상대적으로 좁고, 방을 나누어 높이를 달리한 것은 이 건물이 여러 방에 책을 소장해두고 방에서 책을 읽는 데 알맞도록 지은 결과로 보여서 이 집이 정조에 의해 독서처로 계획되었음을 짐작하게 한다. 서향각 건물은 왕이 책 읽으며 거처하던 건물답게 건물 전체의 균형은 물론 세부 치장까지 정교하기 이를 데 없다. 실내 온돌방 사이 장지문에는 다른 건물에서는 사라져서 보기 어려운 문틀이 잘 남아 있다. 특히, 이 건물에서 주목되는 부분은 대청의 우물천장이다. 본래 일반 건물에서는 대청 상부는 개방해놓아 서까래가 그대로 노출되지만 여기서는 우물반자를 쳤다. 반자는 대나무를 가늘게 짜서 통풍이 가능하도록 해서 최고급 치장을 갖추었다.

서향각의 실내

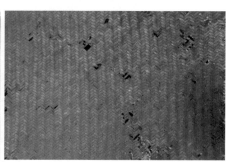

대나무로 짠 서향각의 천장 반자

일제강점기에 들어선 1911년 조선총독부는 서향각을 누에를 치는 양잠소로 꾸몄다. 현재 서향각에는 순종 비가 쓴 '친잠권민'親蠶勸民이라는 편액이 있다. 편액에 의하면 이미 1909년부터 이곳에서 양잠을 했다는 내용이 있다. 또 기둥에도 '어친잠실'御親蠶室이라는 작은 편액을 걸어놓아 이 건물의 본래 기능을 크게 왜곡하고 있다.

희우정 喜雨亭

숙종이 오랜 가뭄 끝에 비가 온 것을 기뻐하여
이름을 지었다.

1645년(인조 23)에 능허정에서 내려오는 언덕 줄기가 동쪽과 남쪽으로 갈라지는 기점 높은 곳에 초당을 짓고 이름을 취향정醉香亭이라 했는데, 숙종이 이름을 '희우'라 고치고 집도 고쳐 지었다. 인조의 뒤를 이은 효종과 현종 연간에는 기상이변이 잦고 여름철에도 냉기가 있어 농사에 어려움을 겪었다. 숙종이 왕위에 오른 후 기후는 비교적 정상을 회복하고 농사도 순조로웠지만 가뭄이나 냉해에 대한 불안은 가시지 않았다. 숙종 16년째가 되는 1690년 4월에 접어들어 날씨가 순조로운 듯하더니 중순 이후로 비가 내리지 않았다. 왕은 중신들을 묘사와 교외로 보내 기우제를 지내도록 했지만, 아무 변화가 없었다. 그리고 한 달이 지나 전국 산악과 진에 대신들을 보내 기우제를 지냈지만, 여전히 비 올 조짐이 없다가 드디어 비가 내렸다. 마침 이때 왕은 후원의 취향정에 가서 답답한 심기를 다스리고 있다가 비 소식에 기쁜 마음을 담아 정자 이름을 희우라 고치도록 하고 스스로 「희우정명」喜雨亭銘을 지었다. 본래 초당이던 건물을 기와지붕으로 고쳤다. 집을 오래도록 남기려는 뜻이었다고 짐작된다. 아울러 숙종은 「희우정에서 배를 띄우다」喜雨泛舟라는 아래와 같은 시를 지었다.

태액의 용주龍舟는 잠잠한 물결 위에 떴는데,　　太液龍舟駕息波
낭랑한 목소리로 채련가採蓮歌 부르네　　　　　琅然淸唱採蓮歌

| 때는 정히 태평 시절이라 일 하나 없어 | 正屬時平無一事 |
| 한가히 낚싯대 던지니 잡힌 고기 많더라 | 閒投竿竹釣魚多 |

뒤를 이은 정조는 「희우정에서 연꽃을 즐기며」喜雨賞蓮라는 시를 짓고, 순조는 숙종의 시운을 따서 「삼가 숙묘의 희우범주에 운을 따서」敬次肅廟喜雨泛舟韻라는 시를 지었다. 숙종이 희우정에서 시를 지을 때만 해도 주변은 숲만 무성하고 정자 아래로 큰 연지가 있어 이곳에 배를 띄우고 연밥을 따고 고기를 잡았던 듯하다. 그러나 정조가 즉위하고 나서 희우정 바로 밑에 주합루와 서향각을 세우면서 주변은 전혀 다른 모습으로 바뀌고 희우정은 잘 눈에 띄지 않는 외진 곳이 되었다. 현재 희우정은 정면 두 칸, 측면 한 칸 규모에, 실내는 두 칸 모두 온돌방이며 서쪽은 툇간을 이용해서 좁은 다락을 꾸미고 나머지 삼면은 쌍창과 분합문을 달았다. 삼면에 분합문 바깥으로 좁은 툇마루를 두어 오르내리기 편하도록 했을 뿐만 아니라 이 건물을 민간의 작은 별당 같은 느낌이 들도록 꾸몄다.

천석정千石亭 (제월광풍관 霽月光風觀)

작은 규모에 단청 칠도 하지 않아
마음속이 상쾌하고 깨끗함을 강조한 뜻을 살렸다.

주합루의 동북쪽에 있는 작은 정자다. 정자 처마 밑에 '제월광풍관'霽月光風觀이라는 편액이 걸려 있다. 정조가 신임하던 각신 이존수李存秀(1772~1829)가 지은 「제월광풍루기」가 『일성록』日省錄 정조 23년인 1799년 기사에 전하는데, 그 글에 의하면 천석정은 정조 때 규장각 동쪽 평탄한 곳에 세운 작은 정자로 단청도 하지 않고 지붕은 기와를 덮지 않아 검소함을 나타냈다고 했다. 정자 서쪽은 직각으로 꺾이면서 높은 기둥을 세워 다락을 만들었다고 했다. 또 제월광풍관 편액을 단 것은 중국 북송 시대의 유학자 주돈이周敦頤(1017~1073)가 말한 마음속이 상쾌하고 깨끗한 뜻 금회쇄락襟懷灑落을 취한 것이라고 적었다.

과연 이 기문처럼 천석정은 집이 지어진 곳이 주합루 뒤 숲으로 둘러싸인 고요한 곳이며 건물은 단청 없는 소박한 정자의 격식을 갖추고 있다. 서쪽 한 칸을 남쪽으로 돌출시켜 누마루를 두었으며 이곳에서 바라보면 부용지 주변이 한눈에 들어와 말 그대로 마음속이 상쾌해지고 깨끗해질 만하다. 현재 지붕에는 기와가 덮여 있다.

술성각 述盛閣	세조가 부근에 우물 넷을 팠던 일을 기념해서 숙종 때 비석을 세우고 비각을 지었다.

부용지 서쪽에 있는 작은 비각을 가리킨다. 세조가 종친에게 명해서 우물을 파게 했는데 두 군데에서 우물 각각 둘을 얻었다. 물이 차고 맛이 좋아 첫 번 우물을 마니摩尼, 두 번째를 파려玻瓈라 이름 짓고, 셋째는 유리琉璃, 넷째를 옥정玉井이라 했다. 네 곳의 우물 모양은 가마솥을 위로 향하여 놓은 것 같고 그 안에 물이 몇 섬이 들어설만 했다고 한다. 그 뒤 전란을 겪으면서 두 곳의 우물만 남았기에 숙종이 이를 애석히 여겨 「사정기」四井記라는 기문을 적어 이를 비석에 새겼다. 지난 2000년 초에 부근을 발굴하자 지면에서 약 1미터 내려간 곳에서 돌로 잘 다듬은 우물 한 기가 출토되어 세조 때 판 우물 중 하나가 아닌가 추정되었다. 그러나 후대에 이 우물 위에 작은 우물을 다시 축조했기 때문에 주변이 많이 달라졌다.

서총대 瑞蔥臺

주합루 부근 높은 터에는 연산군 때 서총대가 있어서
1,000명이 앉을 수 있었다고 한다.

(지금 없음)

1505년(연산군 11)에 대를 쌓았다. 본래 그 북쪽에 녹음대가 있었다고 전한다. 중국의 궁실에는 누樓, 각閣, 대臺, 사榭를 두었다고 하는데, 누와 각은 각각 바닥이 지면에서 높이 떨어진 건물을 가리키며 '누'는 벽체 없이 사방이 개방되고, '각'은 벽체에 벽이나 창을 낸 것으로 구분 짓기도 한다. '대'는 주변을 조망할 수 있는 축대를 가리키며, '사'는 대 위에 세운 집을 가리킨다. 서총대는 높이가 100여 자(30미터)나 되고 그 위에 1,009명이 앉을 수 있었다고 『중종실록』中宗實錄에 전하는데, 연산군을 쫓아내고 왕위에 오른 중종의 입장에서 나온 과장된 표현이었다고 짐작된다. 대 주변은 용을 아로새긴 돌난간이 둘러 있었다고 한다. 대를 축조하기 위해 전라도, 경상도, 충청도의 군인이 동원되어 힘든 노역을 했으며 대를 만들기 위해 백성들에게 포를 과다하게 거두어들였기 때문에 포가 부족한 백성들은 바지 속 솜을 꺼내어 포를 다시 짜니 그 색깔이 검고 길이도 짧아서 이런 품질 나쁜 포를 '서총대포'라 부르게 되었다는 일화도 전한다. 서총대가 있던 자리에는 정조 때 중국 서적을 보관한 열고관이 세워졌다고 하는데, 열고관은 주합루 맞은편 부용정 후방 언덕 위가 된다. 이곳에 과연 30미터가 넘는 축대가 쌓아져 있었는지 지금으로서는 쉽게 상상이 가지 않는다.

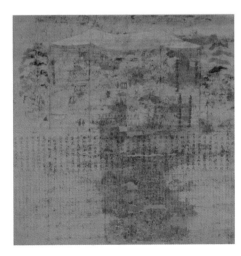

〈서총대친림사연도〉 1560년 명종이 춘당대(서총대)에서 신하들에게 활쏘기를 시킨 뒤 연회를 베푼 모습을 그린 그림이다.

봉모당 奉謨堂 | 역대 왕의 글씨와 왕실 족보 등을 봉안하던 곳이다.

(지금 없음)

역대 왕의 어제, 어필, 고명, 유고, 밀교 및 왕실 족보인 세보, 선보와 보감 등을 봉안한 건물이다. 1776년 정조가 즉위하면서 규장각과 함께 조성 명령을 내려 그해 9월에 완성되었다. 왕실의 각종 글씨나 명령 및 족보가 여러 곳에 분산되어 있던 것을 이곳에 한데 모아 보존하도록 한 것이다. 봉모당 건물은 규장각의 서남쪽에 지었지만 1857년 (철종 8)에 창덕궁 서쪽 이문원 뒤편으로 이전했다. 기존 건물이 좁아서 옮겼다고 하므로 어필이나 어제가 늘어나면서 더 넓은 전각을 지어 옮긴 것으로 판단된다.

정조 때 지었던 봉모당 모습은 〈동궐도〉에서만 그 대략을 알아볼 수 있다. 후원 서쪽 주합루에서 멀리 떨어진 숲 속 네모난 울타리 안에 단정하게 세운 정면 세 칸에 측면 세 칸의 팔작지붕 건물로 묘사되었다. 남쪽 담장 중앙에 세 칸의 대문을 내고 가운데는 지붕을 한 단 높여 솟을대문 형식을 갖추었다. 이 건물이 예사로운 집이 아니라는 것을 솟을대문이 잘 보여준다. 울타리 좌우에도 일각문이 나 있다. 대문으로는 어제, 어필을 모시고 들어가면서 출입하고, 좌우 일각문은 관리하는 사람들이 드나들었다고 볼 수 있다. 전각은 정면 중앙에 네 짝 분합문을 내고, 위는 고창을 달고 양 측면에도 광창을 내어 내부에 채광과 통풍이 가능하도록 했으며, 측면에도 분합문과 좌우 광창을 낸 모습이다. 이 정도면 실내는 제법 밝았을 것으로 짐작된다. 대개 조선 초기 건물은 창문 내는 데 좀 인색한 편이었다가 18세기경에 오면서 적극적으로 창문을 내고 광창을 달아 실내를 밝게 하는 경향을 보이는데, 그런 시대 특징이 여기서도 잘 보인다.

〈동궐도〉의 봉모당

불운정 拂雲亭   정조 때 활쏘기를 위해 지었던 작은 정자로   (지금 없음)
대나무 기둥에 육각형 지붕이었다.

주합루 동북쪽 작은 언덕 위에 대나무로 지은 정자로, 활을 쏘던 곳이라고 『동국여지비고』에 적었다. 같은 책에 정조 원년인 1777년에 지었다고 적었는데 규장각이나 봉모당의 건립 사실을 적은 『정조실록』에는 언급이 없던 건물이다. 규장각 등이 세워지고 이듬해에 조성된 것으로 볼 수 있겠다.

1779년(정조 3)에 왕은 봉모당에 가서 절을 올리고 불운정에 나가 연사례宴射禮, 즉 활쏘기를 겸한 작은 연회를 열었다. 참가한 사람들은 좌의정, 규장각 제학, 병조판서 외에 평안도관찰사, 도승지 등 정조의 측근 신하들이었다. 정자 남쪽 열고관의 우측편에 과녁을 설치했는데 곰을 그린 과녁을 맞추면 깃발을 흔들고 북을 세 번 치고, 범·사슴·꿩·토끼를 그린 과녁을 맞추면 북을 두 번, 기러기·물고기·수리·원숭이 그린 과녁에 맞으면 한 번 북을 쳤다. 활쏘기를 마친 후에는 왕이 음식과 술을 내렸는데 맞힌 사람에게는 활과 살을 상으로 주고, 맞히지 못한 사람은 술 마시는 것으로 벌주었다. 연사례는 정조가 신하들과 교유를 돈독하게 한 행사였으며, 1797년(정조 21) 연사례 때는 왕 자신이 직접 활을 쏘았다.

불운정은 대나무로 지었다고 하므로 건물이 오래 견디는 구조는 못 되었던 것으로 보인다. 정조 이후로는 여기서 연사례를 했다는 기사가 사료에 보이지 않고, 『궁궐지』에도 이 건물이 언급되지 않은 것으로 미루어 정조 사후 사라진 것으로 짐작된다. 있던 자리는 주합루 동편의 담장 너머 등현문 밖의 좁은 언덕 위로 추정된다. 이곳에 서면 춘당대 일대를 비롯해서 부용정 뒤편 과거 열고관이 있던 경사지 일대가 한눈에 들어오는데 열고관 곁에 과녁을 두고 활쏘기 하기에 알맞은 지형이다. 박제가가 쓴 「연사례일응령」燕射禮日應令에는 이 집이 대나무로 기둥을 삼았으며, 육각형으로 된 지붕은 띠를 덮었으며, 땅이 비좁아 지키는 군사들이 서 있을 곳이 없어서 모두 기단 위에 올라앉았다고 했다.

열고관 閱古觀

정조가 중국에서 사들인 서적을 보관하기 위해
서총대 터에 지었다.

(지금 없음)

정조 즉위하던 해에 중국에서 사들인 서책들을 보관할 목적으로 지은 전각이다. 주합루의 정남쪽에 있으며 상하 2층인데 북쪽으로 꺾여서 개유와 皆有窩를 만들었다고 『정조실록』에 적었다. 그 위치는 과거 서총대가 있던 자리라고 전한다. 1930년대까지 건물이 있어서 사진도 남아 있지만 이후 사라지고 말았는데 언제 철거되었는지는 불분명하다. 사진 자료와 〈동궐도〉의 그림 등을 종합해보면 건물은 정면 세 칸, 측면 한 칸의 2층 본 건물이 있고, 북쪽으로 꺾여서 세 칸 반 길이의 단층 부속채가 딸린 모습이다. 열고관의 서북쪽, 서향각의 서쪽에는 조선의 책들을 보관한 서고가 있고, 또 그 북쪽에 이곳을 관리하고 지키는 수직방이 있었다고 한다. 서고는 정면 여덟 칸의 긴 건물로 양 끝 한 칸씩은 온돌방을 들이고, 나머지는 마루로서 분합문을 단 모습이 〈동궐도〉에 그려져 있다. 또 처마 사방으로 차양이 덧달려 있는 모습인데, 실내로 비가 들이치지 않도록 한 배려로 보인다. 수직방은 남향한 중층의 몸체 앞으로 좌우대칭으로 부속채가 달려서 전체가 ㄷ자 형태를 이룬 모습이다.

〈동궐도〉에 열고관은 단청으로 채색을 하고 서고와 수직방은 단청 칠을 하지 않은 모습으로 그렸다. 〈동궐도형〉에는 열고관 남쪽에 스물두 칸에 달하는 ㄴ자로 꺾인 창고가 그려져 있다. 이 창고는 1817년(순조 17)에 지은 서고 書庫로 추정된다. 열고관이 습하여 서책을 따로 보관하기 위해 창고를 지었다는 기록이 『승정원일기』에 있다. 현재는 열고관이나 행각, 창고는 모두 사라지고 후원으로 진입하는 길이 나 있다.

〈동궐도〉의 열고관과 서고

『조선고적도보』에 실려 있는 열고관

금마문과 석거문 | 의두합 | 어수당 | 연경당 |
불로문 | 애련정

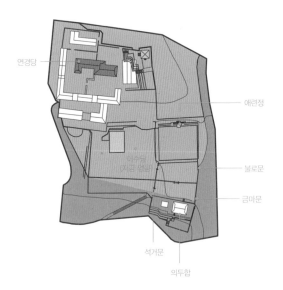

영화당을 지나 왼편을 바라보면 금마문이라는 한 칸의 넓은 문이 있고, 그 북쪽에 돌 하나를 파내서 만든 유명한 불로문이 나타난다. 불로문 뒤에 네모반듯한 커다란 연지가 있고, 연지 북쪽에 한 칸의 애련정 정자가 기둥 둘을 물에 담근 자태를 보인다. 주변은 숲이 울창하여 깊은 숲 속에 들어온 느낌이다. 금마문을 들어서면 왼편으로 야트막한 축대 위에 작은 집 두 채가 다소곳하게 서 있는데, 하나는 순조의 아들 효명세자가 책 읽던 의두합 건물이고, 옆에는 운경거라는 작은 별채다. 더 나아가 석거문을 들어서면 숲 사이 제법 넓은 공터가 나타나고, 또 하나의 네모난 연지 뒤로 나지막하면서 범상치 않아 보이는 솟을대문을 갖춘 문간채가 보인다. 후원 안에 큰 양반집 같은 건물이 울창한 숲을 배경으로 들어서 있다. 효명세자가 지었다가 1865년(고종 2)에 살림집 형태로 고쳐 지은 연경당이다.

이 일대는 주합루에서 언덕 하나를 넘어선 두 번째 골짜기가 되는데, 주합루 골짜기보다 골이 넓고 트여 있다. 본래 이 트인 골의 주인공은 어수당이라는 건물이었다. 어수당은 후원의 가장 중요한 전각 중 하나였다. '물고기와 물'을 뜻하는 '어수'는 왕과 신하가 서로 교류하는 것을 상징하는 말이었으며, 이곳에서는 왕을 위한 고전 강독이 행해지기도 하고, 군신 간의 교유 장소로 활용되었다. 지금 이 일대는 과거 군신 간에 교유하던 분위기는 완전히 사라지고 살림집과 독서처와 방지와 정자가 모여서 성격이 애매모호한 공간이 되어버렸다.

관람 포인트

군자를 상징하는 연꽃과 애련정
6월이면 애련정 앞 연지에 연꽃이 피어 은은한 향기가 널리 퍼진다. 연꽃은 불교의 상징이기도 하지만 진흙 속에서도 깨끗한 자태를 잃지 않는 모습을 취하여 선비들이 군자의 상징으로 즐겨 심고 가꾸었다. 숙종은 특히 애련정 연꽃을 사랑하여 이를 노래한 시를 남겼다.

두 연못 사이에 있었던 어수당
조선 전기부터 후원에서 왕이 신하들을 만나던 중요한 건물이 어수당이었다. 어수당은 위아래로 연지 사이에 세워져 있었다. 어수당 북쪽을 흐르는 물길은 지금도 애련지로 흐르고 있다.

연경당

주합루

어수당
석거문
애련정
불로문
금마문
운경거 의두합

영화당

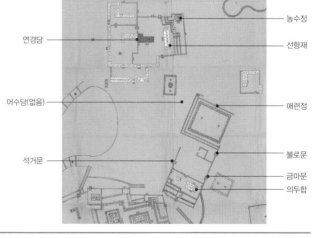

연경당

어수당(없음)

석거문

농수정

선향재

애련정

불로문

금마문
의두합

금마문金馬門과 석거문石渠門

어수당으로 들어가던 출입문으로,
한나라 궁실에서 이름을 땄다.

영화문에서 북쪽 후원 안으로 가면서 첫 번째 만나는 문이 금마문이다. 석거문은 그 안쪽 문이다. 『한서』에 의하면, 한나라 궁실에는 도서를 소장한 '석거각'이 있었고 그 출입문을 '석거문'이라 했다. 또 석거각에는 금마문이 있어서 이곳에서 관리들이 대기하며 명을 받았다고 하는데 문 옆에 구리로 만든 말 조각상이 있었다고 한다. 또『궁궐지』에는 석거문 북쪽 어수당에 영소靈沼라는 이름의 문이 있다고 했다. 영소는 영대靈臺와 함께 주나라 문왕이 백성들의 도움을 받아 축조한 원림의 일부였다고 하며, 영소에는 못 가득 물고기가 이리저리 뛰놀았다는 구절이 『시경』에 전한다. 석거문이나 금마문, 영소는 모두 그 안에 있던 어수당으로 들어가는 문이었다. 어수당 문 이름을 영소라고 지은 것은 주나라 군주의 통치 설화를 어수당과 연결 지으려는 의도로 풀이할 수 있다. 어수당 주변에 영소나 석거문, 금마문 같은 이름을 붙임으로써 이 일대는 주나라, 한나라 등 고대 중국의 궁실을 연상시키는 공간이 되었다.

〈동궐도〉에는 금마문과 석거문이 그려져 있다. 두 문은 동일한 형태로 되어 있으며 한 칸의 출입문 곁에 작은 협문을 두었다. 〈동궐도〉에 영소는 보이지 않는다. 석거문 북쪽에 작은 일각문이 하나 그려져 있어서 이 문이 영소일 가능성도 있지만 확실히는 알 수 없다. 〈동궐도〉에는 금마문이 바깥쪽에 있고 금마문을 들어서면 석거문이 나오고 그 안쪽에 어수당이 자리 잡은 모습이다. 그런데『승정원일기』같은 사료에는 간혹 석거문과 금마문의 위치가 반대로 된 경우도 있다. 이유를 단정하기 어렵고 앞으로 검토가 요망된다.

현재는 문 주변이 크게 달라졌다. 금마문과 석거문은 그 자리에 있지만 문의 폭이 크게 넓어져서 본래의 문의 격식을 잃었다. 20세기 초

금마문

에 연경당에서 행사를 열면서 승용차가 그 앞까지 진입할 수 있도록 하면서 빚어진 결과로 추정된다. 주변의 담장도 〈동궐도〉와는 양상이 다르다. 어수당 자체가 사라지면서 주변이 연경당으로 향하는 통로와 같은 모습이 되고 말았다.

의두합倚斗閤

효명세자가 자신의 서재로 석거문 곁에 지었다.
처음 이름은 석거서실이었다.

효명세자의 독서처로 지은 건물이다. 어수당의 남쪽 석거문 바로 서남쪽에 위치해 있으며 주합루 뒤편의 급한 경사지에 바짝 붙어서 세워져 있다. 처음에는 석거서실石渠書室로 이름을 지었다가 의두합으로 고쳤다. 한국학중앙연구원에 「석거서실상량문」이 있다. 상량문에서는 어수당 건물이 바라다보이는 곳에 한나라의 이름을 따서 연거를 마련하여 처소로 삼는다고 적고, 수만 권의 큰 서고를 이루었으니 앉으나 서나 덕을 쌓는 일에 힘쓰기를 다짐하겠다는 내용을 담았다. 이 상량문은 1826년(순조 26) 5월에 쓰였다. 아직 세자가 대리청정을 맡기 이전이었다. 이듬해 1827년(순조 27) 2월부터 세자는 대리청정을 시작했다. 이후에 건물 이름을 의두합으로 고쳤다. 『궁궐지』에는 상량문 내용을 그대로 옮기고 명칭만 「의두합상량문」이라고 해서 전문을 옮겨 실었다.

건물이 완성되자 효명세자는 자신을 따르는 궁료들과 함께 자신이 먼저 짓고 궁

의두합과 그 내부

료들이 화답하는 형식으로 의두합 주변의 경관을 시로 읊었다. 이 가운데 세자가 지은 의두합십경 시가 『궁궐지』에 실렸는데, 그 주제는 '동루에서 달을 맞다'東樓迎月, '뜰에 가득한 산살구'滿庭山杏, '눈 속에 우는 학'雪裏鳴鶴 등 의두합 주변의 경승을 노래한 것들이다.

　　〈동궐도〉에 묘사된 의두합은 어수당 남서쪽, 석거문 바로 남쪽에 놓인 담장들 사이에 두 채의 단청 칠하지 않은 작은 건물이다. 오른쪽에 정면 네 칸, 측면 세 칸 건물이 있고, 동쪽 끝은 돌기둥을 세운 누각으로 되어 있다. 왼쪽에는 사방 한 칸의 작은 건물이 있고, 지붕에 운경거라 이름을 적었다. 오른쪽 본건물은 누각 있는 곳에 이안재라 쓰였을 뿐 정작 건물명은 명기되어 있지 않다. 이안재는 의두합의 마루 부분 당호로 추정된다.

　　의두합은 1830년 효명세자의 갑작스런 죽음 이후 빈 건물로 남았다. 그러다가 효명세자비가 대비로 승격된 후 1865년(고종 2)에 와서 대비의 명으로 전면 수리되었다. 현재의 건물 모습으로 미루어 1865년(고종 2)의 수리는 효명세자 건립 시의 모습을 그대로 보존한 공사였다고 판단된다. 이때 수리된 의두합은 주변 담장이나 출입문 등에 변화가 있지만 건물 자체는 큰 개조 없이 남아 있다. 현재도 의두합은 동쪽에 누각을 두고 서쪽으로 온돌방을 두었으며, 방을 나누어 실내 곳곳에 서책을 가득 보관할 수 있는 구조로 이루어져 있다. 실내에 들어서면 아늑하면서도 공간의 여유가 있고 사방의 창호나 창 밖의 전망이 네 방향마다 달라서 이 안에서 서책에 몰두하다가 눈을 들어 주변을 바라보며 휴식을 취했을 젊은 날의 세자를 떠올리기에 부족함이 없다. 의두합 건물 서쪽에는 사방 한 칸의 작은 건물인 운경거도 잘 남아 있다. 현재 이 건물 처마 밑에는 기오헌寄傲軒이라

는 당호가 걸려 있는데, 언제 이 현판이 걸리게 되었는지는 경위가 모호하다. '기오'란 도연명陶淵明(365~427)의 시 「귀거래사」歸去來辭 중에 나오는 "거침없이 호방한 마음을 기탁한다"는 뜻이라고 한다.

의두합 건물 서쪽에 있는 운경거에는 '기오헌'이라는 현판이 걸려 있다.

어수당魚水堂

왕이 신하들을 불러 군신 간의 교유를 갖던 곳이다.
효종이 여기서 송시열과 담화를 나누었다고 한다.

(지금 없음)

연혁

처음 지어진 시기는 불확실하지만 사료에 처음 등장하는 것은 1618년(광해군 11)의 실록이다. 이때 광해군은 경덕궁을 새로 짓고 있었는데, 경덕궁에도 어수당과 같은 별당을 짓도록 명한 기사를 볼 수 있다. 1623년(광해군 15) 인조반정이 일어났을 때 광해군은 여러 여인들과 어수당에서 연회를 열어 술에 취해 있었다는 기사도 보인다. 인조반정 이후 어수당이 거의 퇴락한 것을 1634년(인조 12) 왕이 개수하도록 했다는 기사도 읽을 수 있다. 이런 기사들로 미루어 어수당은 늦어도 광해군 즉위 시 또는 그 이전에 이미 후원의 중요한 별당의 하나로 자리 잡고 있었음을 알 수 있다. 효종이 송시열과 이 건물에서 담화를 나눈 일화는 후에 널리 회자되었다.

마지막으로 활용된 때는 순조와 효명세자 때이다. 순조는 1811년(순조 11)경 수시로 와서 고전 강독을 하고, 관리들에게 각종 시험을 치르도록 했으며, 1827년(순조 27)에 세자가 대리청정을 하면서 유사한 행사를 줄곧 이곳에서 치렀다. 이런 행사는 1829년(순조 29)을 끝으로 사료에서 자취를 감춘다. 건물도 어느 사이에 사라지고 말았다.

행사

천지교태, 군신화합의 장소 어수당 | 영조는 자주 어수당으로 신하들을 불렀다. 1729년(영조 5)에 2품 이상 대신과 사간원, 홍문관 관리들을 부른 왕은 이 건물이 옛 선왕께서 춘당대 근처에 작은 별당을 짓고 당 이름을 어수라고 해서 '천지가 서로 움직이며, 군신이 도를 합하는'天地交泰, 君臣道合 뜻을 삼았다고 말했다. 이런 뜻을 살려 어수당에는 "바람과 구름이 이어지고 합하고 물고기와 물이 함께 즐거워하네"라는 뜻의 '풍운계합, 어수동관'風雲契合, 魚水同歡이라는 편액을 두었다고 했다. 정조의 글을 모은 『일득록』에는 왕이 신하들을 어수당에 불러 이르기를, '이 당은 효종이 선정先正(송시열을 지칭)을 접견한 곳

인데, 효종과 선정은 촉한의 소열제(유비)와 제갈공명과 같은 관계'라고 언급하며 어수 두 글자의 각별한 의미를 풀이하면서 당시에 왕이 사용하던 쇠칼과 쇠지팡이가 아직도 당에 모셔져 있다고 언급한 글도 보인다.

건물

〈동궐도〉에 의하면 어수당은 마치 주합루의 바로 뒤에 있는 듯 그려져 있으며 높은 기단 위에 정면 네 칸, 측면 세 칸의 채색한 팔작지붕 건물로 되어 있다. 정면과 측면은 개방된 툇간이 있고 난간이 설치된 모습이다. 어수당 좌우에 네모난 연못이 있는데, 동편 연못의 북쪽 끝에 애련정 정자가 있고, 서쪽 연못은 단지 못만 그려지고 서쪽과 북쪽에는 낮은 담장이 있어서 시선을 차단하도록 했다. 어수당 앞은 마당이 마련되고 마당 가운데 야간에 불을 밝힐 수 있는 석등이 하나 그려져 있으며 마당 남쪽은 도랑이 있고 돌다리가 놓여 있다. 도랑 동편으로 담장이 있고 여기에 석거문이라 쓴 일각문과 협문이 있고, 다시 그 동편에 금마문이라 표기된 일각문과 협문이 보인다. 또 두 문 북쪽과 남쪽은 담이 가로놓이고 북쪽 담 가운데 난 작은 협문을 통해서 애련정이 있는 연지로 통하도록 하고 남쪽 담장 가운데 문으로 해서 의두합으로 통하도록 되어 있다. 금마문 담

1728년에 그려진 〈무신친정계첩〉에 등장하는 어수당.

〈동궐도〉의 어수당

장 북쪽에는 불로문이 그려져 있고, 금마문 밖 동쪽에 네모난 연지가 있다.

　　이런 〈동궐도〉 상의 어수당 모습을 보면, 이 건물이 춘당대 쪽에서 신하들이 쉽게 접근할 수 있는 위치에 놓여서 군신이 물고기와 물처럼 서로 소통할 수 있는 위치에 있음을 잘 보여준다. 또한 건물 좌우에 연지가 있어서 물과 가까이한 어수당의 면모를 살렸다.

연경당演慶堂

효명세자가 부왕과 왕비의 존호를 올리는 경사를 기려 지었다. ^(보물 제1770호) 후대에 사대부가의 모습으로 다시 지었다.

연혁

　　효명세자가 대리청정을 맡았던 1827년^(순조 27)에 지어졌다고 『한경지략』에 밝혔다. 이해에 세자가 부왕과 왕비의 존호를 올리면서 집을 짓고 경사스러운 일을 기념해서 당호를 연경이라 했다고 적었다. 존호를 올리면 존호를 옥책에 새기게 되며 옥책을 연경당에 봉안했던 것으로 보인다. 이듬해인 1828년 2월에는 모후의 나이 40이 되는 것을 기념해서 자경전에서 술잔을 올리는 의식을 거행했다. 진작연의 예행연습을 그해 1월에 연경당에서 거행했다는 기록이 『무자진작의궤』에 있다. 『궁궐지』에는 건립 시기를 1828년이라고 했는데, 이미 1월에 예행연습을 했다는 사실로 미루어 1828년 건립은 기록상의 오류로 판단된다. 효명세자 사후에는 세자^(익종 추종)의 어진을 연경당에 봉안하다가 1837년^(현종 3) 건물 있는 곳이 습기가 많아서 다른 곳으로 옮긴 후에는 한동안 비어 있었다. 1865년^(고종 2) 연경당의 큰 수리가 있었는데, 이때 현재와 같은 형태로 개조되었다고 추정된다. 이때 왕실 어른은 수렴청정을 하던 신정왕후^(익종 비) 조 대비였는데, 남편이었던 효명세자가 지었던 연경당을 크게 수리했다. 머지않아 고종이 왕비를 맞이할 예정이었으므로 혼례 후 연경당에서 두 사람이

〈동궐도〉의 연경당

거처하도록 했던 것으로 추측된다. 그러나 곧 경복궁 중건이 결정되고 1868년^(고종 5)에는 왕실이 모두 경복궁으로 이어하면서 연경당은 실제로는 쓰이지 않게 되었다.

본래 연경당 자리에는 어제와 어필 등을 보관하던 진장각이 있었다. 뒤로는 능허정에서 내려오는 언덕 끝자락이 되고, 골짜기에서 흘러내려온 물이 건물 터 앞으로 흘러나가는 곳이다. 연경당 앞은 평탄한 대지가 넓게 펼쳐져 있고, 동쪽에는 어수당의 서쪽에 마련되었던 네모난 작은 연못이 있다. 처음 지어졌을 때는 남쪽과 동쪽에 행랑이 있고 ㄷ자형의 연경당 본 건물 뒤로 一자형 부속채인 개금재가 있었다. 후에 연경당 건물은 전면 개축되어 살림집 형태로 바뀌었는데, 바뀐 연경당은 남쪽에 대문간채, 중문간채가 있고 그 뒤로 마당을 둘로 나눠 동쪽에 연경당과 서재인 선향재, 서쪽에 안채가 있고, 선향재 뒤에는 한 칸 정자인 농수정이, 안채 뒤에는 음식을 준비하는 부속채가 지어졌다.

행사

효명세자가 모후를 위해 연경당에서 벌인 진작연 ┃ 1827년 대리청정을 시작한 효명세자는 이듬해 1828년 정월에 모후의 나이 40을 기념해서 자경전에서 술잔을 올리는 진작연을 벌이고 나서 그해 6월에는 모후의 생일을 기념해서 연경당에서 다시 진작연을 배풀었다. 이 행사의 전모는 『무자진작의궤』에 잔치 그림을 곁들여 편찬되었다. 연경당 건물은 ㄷ자 형태로 되어서, 가운데 대청이 있고 좌우에 동·서온돌방이 있고 온돌방 앞으로 행랑이 뻗은 모습이었다. 『무자진작의궤』에 의하면, 이날 연경당의 대청에는 왕과 왕비의 자리가 마련되고 세자의 자리는 대청의 발 바깥 동쪽 계단 위였다. 왕과 왕비가 앉은 자리에는 용무늬를 넣은 깔개 위에 연꽃을 새긴 방석을 놓았다고 한다. 행사에 앞서서 동온돌에 왕이 잠시 머물고, 서온돌에는 왕비가 머물렀다. ㄷ자로 둘러싸인 마당에서는 각종 공연이 벌어졌다. 밤에도 다시 잔치를 벌였으며, 효명세자는 직접 잔치를 축하하는 치사를 지어 올렸다. 평상시 연경당 건물은 옥책을 보관하는 데 쓰였지만, ㄷ자 형태의 건물은 마당에서 춤과 음악을 공연할 때 대청에서 이를 구경하기에도 적합한 형태였다.

건물

1827년에 창건되었던 연경당은 1865년^(고종 2)에 와서 현재의 모습으로 개축되었다. 『훈국등록』訓局謄錄(조선 후기 훈련도감의 소관 업무에 관한 기록)에 의하면 1865년 4월에 연경당을 고치는데 수고한 목수 편수와 석수 편수를 하급 무관인 별무사別武士에 임명하는 기사가 보이므로 당시 공사가 기단에서부터 상부 건물까지 전면적으로 개축하는 것이었음을 알수 있다. .

지금의 연경당은 고급 상류 주택을 연상시키는 형태이다. 바깥에 일종의 행랑채가 놓이고 행랑채 대문인 장락문을 들어서면 또 하나의 행랑이 가로막고 행랑에는 동서 두 개의 중문이 나온다. 동쪽 중문인 장양문을 들어서면 상류 주택의 사랑 마당과 같은 넓은 마당이 있고 그 뒤에 사랑채 모습의 연경당이 있다. 이 건물 동쪽에는 직각 방향으로 서재로 쓰이는 선향재가 一자 형태로 서 있다. 행랑의 서쪽 출입문인 수인문을 들어서면 안채에 해당하는 건물이 마당 한가운데 있다. 이 안채 건물과 사랑채 건물은 서로 지

서재로 쓰이던 연경당 동쪽의 선향재

붕이 연결되어 있고 마당 사이에 담장이 가로막고 있다. 안채 뒤편에는 음식을 준비하는 용도로 추정되는 부속 건물이 담장 바깥에 따로 마련되어 있다. 또 서재인 선향재 뒤편에는 장대석으로 화계를 꾸미고 북쪽 끝에 농수정이라는 한 칸짜리 정자를 두었다.

　연경당은 사랑채 부분의 누마루와 섬세하게 가공된 창문의 창살문양, 넓은 마당 한가운데 선 단정한 형태의 전각, 그리고 온돌방과 마루를 적절히 배열하면서 만들어내는 율동적인 실내 구성 등 조선 후기 상류 주택이 지닌 건축적 특징이 고스란히 담겨진 보석 같은 건물이라고 평가된다. 특히, 동쪽 언덕 위에 놓인 농수정의 단정하면서 품격 높은 형태나 선향재의 정교한 차양 가공, 반빗간의 숨어 있는 듯한 안배 등은 궁궐 안에 자리 잡은 주택풍의 건축물로 단연 뛰어난 구성을 보인다. 특히, 낮은 지붕에 단청을 칠하지 않아 차분하게 가라앉은 건물 외관은 궁궐 안에서도 이채를 띠고 있다. 19세기에는 이 건물 외에도 창덕궁 낙선재를 비롯해서 경복궁 건청궁乾淸宮 등 연경당처럼 단청 칠하지 않은 주택풍의 전각들이 궁궐에 속속 지어졌다.

선향재 뒤편의 한 칸짜리 정자인 농수정

연경당 정문인 장락문의 현판

불로문不老門 | 한나라 궁실에서
이름을 따온 돌문이다.

〈동궐도〉에는 금마문 북쪽으로 담장이 이어지고 큰 돌 하나를 파서 상부 모서리가 약간 휘어진 모습의 돌문이 그려지고 '불로문不老門'이라고 적었다. 문 앞에 큰 나무가 서 있고, 문을 들어서면 작은 담장으로 둘러싼 공간이 나오고, 서쪽 끝에 문이 나 있는 모습이다. 불로문 역시 낙양성에 있던 한나라 궁궐의 여러 문 이름 중 하나이다. 문 앞에 불로지라는 방지가 있었다. 정조는 종종 후원에서 신하들에게 활쏘기를 시켜 평소 관리들이 무술을 연마하도록 했으며, 불로문 앞에도 과녁을 설치하도록 했다. 후원에서 하는 별시사別試射 때 과녁은 춘당대에 여섯, 단풍정에 셋, 불로문에 둘을 설치했다. 불로문 주변은 지세가 좁았기 때문에 다른 두 곳에 비해 과녁을 설치하기에 제약이 있었지만 왕은 불로문 과녁을 빼놓지 않고 설치하도록 했다.

불로문은 지금도 잘 남아 있지만, 주변 지형은 크게 달라졌다. 우선 문 앞에 있던 연지가 메워져 사라졌으며, 문 앞에 있던 큰 나무도 보이지 않고, 문을 들어서서 있던 담장들이 모두 사라졌다. 근자에는 문을 지나가면 늙지 않는다는 이야기만 전해져서 한나라 궁실에서 따온 본래의 취지를 무색케 하고 있다.

후원의 불로문은 잘 남아 있으나 주변의 지형은 달라졌다.

애련정愛蓮亭 | 숙종이 어수당 동쪽 연못가에 세운 정자로,
연꽃은 군자를 상징한다.

1692년(숙종 18)에 숙종이 명하여 어수당 동쪽 방지 한가운데 섬을 쌓도록 하고 북쪽 못가에 세운 한 칸 정자이다. 숙종은 직접 기문記文을 적었는데, 내용은 다음과 같다.

어수문 동쪽 연못 가운데에   魚水堂之東蓮塘之中

정자를 지었는데

앞으로는 영화당이 임해 있고   前臨暎花後背深秋

뒤로는 심추각이 등져 있으니,

천년 묵은 높은 소나무를 쳐다보면   千年喬松視若盤龍張蓋

마치 서린 용이 일산日傘을 편 듯하고

한 굽이 흐르는 물을 바라보면   一曲流水望如玉噴虹起

구슬을 뿌리며 붉게 일어나는 듯하다

보통 연꽃은 불교를 상징하는 것으로 알려져 있지만, 북송 때 성리학자 주돈이가 연꽃이 군자를 상징하는 꽃으로 말하며 애련의 뜻을 강조한 후에 널리 선비들의 완상하는 대상이 되었다. 숙종 역시 정자 이름을 애련으로 하면서 주돈이의 이런 뜻을 강조했다.

애련정 서쪽 못가의 돌에는 '태액'이라는 글자가 전서로 새겨져 있다.

숙종의 기문에는 연지에 섬을 쌓고 정자를 못 가운데 세웠다고 했지만, 〈동궐도〉에 그려진 애련정은 못 북쪽 가에 둘기둥 둘을 물에 담그고 나머지 기둥 둘이 지면에 세워진 모습으로 되어 있다. 애련정을 못 가운데 세웠다는 숙종의 기문과는 달리 처음부터 북쪽 못가에 지어졌는지 여부는 지금으로서는 확인할 길이 없다. 〈동궐도〉에는 애련정 뒤편에 수석 둘이 받침대 위에 우뚝 세워진 모습이 보인다. 또 서쪽에서부터 지형에 약간의 층단을 두고 물이 흘러내릴 수 있도록 다듬은 긴 돌들이 그려져 있고, 우물도 하나 묘사되어 있다.

현재 애련정 주변은 〈동궐도〉 그림과 크게 달라지지는 않았다. 정자 뒤에는 수석 둘이 서 있고, 연지로 물이 흘러들어오는 곳은 잘 다듬은 석재들이 꾸며져 있다. 정자 서쪽 못가의 돌에는 '태액'太液이라는 글이 전서로 새겨져 있다. 태액은 한나라 건장궁 북쪽에 있던 못 이름이었으며, 당나라에서도 궁궐 내 같은 이름의 연못이 있어서 보통 궁궐의 연못을 지칭하기도 한다. 이 못이 본래 어수당 동쪽 연지였으므로, 태액 글자는 어수당을 세우면서 함께 새겨진 것으로 추정된다.

애련정 건물은 사방 한 칸의 작은 규모지만, 작게 느껴지지 않는 당당한 품격을 갖추고 있으며, 실내에 들어가면 삼면에 펼쳐진 못과 건물이 일체가 된 듯한 넓은 느낌을 준다.

〈동궐도〉의 애련정과 오늘날의 애련정

반도지 | 관람정 | 승재정 | 존덕정 | 폄우사 |
심추정 | 청심정 | 태청문 | 천향각 | 척뇌당 |
능허정 | 사가정 | 백운사

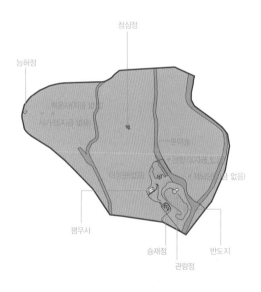

불로문 앞길을 따라 후원 안쪽으로 나아가면 왼편으로 불규칙하게 생긴 연못이 나오고 연못 양옆으로 낮은 경사진 오르막길이 된다. 연못은 그 형상이 마치 한반도 모습이어서 '반도지'라는 이름으로 불린다. 반도지 북쪽 길을 따라 오르면 못가에 부채 모양으로 지붕이 휘어진 관람정을 만나게 된다. 관람정에서 반도지 건너편을 바라보면, 언덕 위에 사방 한 칸의 승재정이 눈에 들어온다. 관람정에서 안쪽으로 물길을 따라 경사로를 올라가면 돌다리가 나오고 다리 건너편에 존덕정이라는 육각형 정자를 만나게 된다. 존덕정 주변은 수목이 울창하고 다리 곁에는 기이한 형상의 수석이 놓여 있어서 마치 별세계에 온 듯한 느낌을 준다. 이곳은 후원 안에서도 골이 가장 깊고, 골 사이를 큰물이 흘러내려 가장 경치가 돋보이는 곳이다. 존덕정 서쪽에는 서재 용도로 마련한 폄우사가 있다. 존덕정 북쪽에는 과거 화려한 지붕을 갖춘 태청문이 있었다. 지금은 태청문 곁의 오래된 은행나무만 외따로 서 있다. 골짜기를 따라 올라가면 후원에서 가장 높은 봉우리에 이르게 되고 봉우리 바로 아래는 능허정이 있다. 능허정은 역대 왕들이 능허정에 올라가 사방 눈 덮인 경치를 노래한 시가 전하는 곳이다. 능허정과 존덕정 사이에도 사가정을 비롯하여 건물들이 여럿 있었고, 특히 효명세자와 관련한 유적이 있었지만 지금은 다 사라지고 숙종 때 세웠던 심추정 하나만 남아 있다. 본래 후원의 또 다른 명소인 옥류천으로 가기 위해서는 존덕정 앞길을 지나가야 했다. 존덕정은 후원 내 통행로에서도 중심 위치를 차지했다.

관람 포인트

흔하지 않은 존덕정의 중국식 지붕
존덕정 지붕은 몸체 지붕 아래 낮은 지붕이 덧달려 있다. 이런 지붕은 중국에서 정자나 불전 같은 건물에 종종 쓰이며 중국에서는 부계라고 부른다. 우리나라에서는 흔하지 않았던 부계를 왜 존덕정에서 만들었는지 궁금하지만 아직 마땅한 답이 없다.

존덕정 입구 돌다리
존덕정 옆의 후원에서 가장 큰 물길이 흐른다. 이 물길을 가로지르는 만큼 돌다리는 돌을 정교하게 다듬고 튼튼하게 축조해놓았다. 후원 다리 중에 으뜸이다. 어수당에서 고개를 넘어 존덕정에서 이 돌다리를 지나 옥류천으로 가는 길은 상산로(上山路)라 불렀고 후원의 중심길이었다.

청심정

태청문

펌우사

천향각(추정)

존덕정

척뇌당(추정)

심추정(추정)

애련정

불로문

존덕정 뒤 은행나무
존덕정은 후원의 가장 중심부에 자리 잡고 있다. 존덕정 뒤에는 본래 태청문이라는 장식이 화려한 문이 하나 있었는데 상산로의 통로 구실도 했다. 문 옆에 큰 은행나무가 서 있는 모습이 〈동궐도〉에 그려져 있다. 태청문은 사라지고 없지만 은행나무만은 남아서 옛 자취를 전하고 있다.

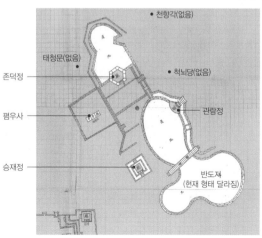

천향각(없음)

태청문(없음)

척뇌당(없음)

존덕정

관람정

펌우사

승재정

반도지
(현재 형태 달라짐)

반도지半島池 | 본래 못 셋이 있던 것을 호리병 모양으로 하나로
통합했다가 다시 한반도 모습으로 고쳤다.

한반도 모양을 하고 있어서 '반도지'라고 이름을 붙인 이 연못 자리에는 본래 삼지三池라고 부르는 세 개의 못이 나란히 열 지어 있었다. 삼지 좌우 언덕 위에는 남쪽은 대나무로 세운 심추정, 북쪽은 천향각과 척뇌당 같은 건물이 있었다.

1907년 순종 황제가 창덕궁으로 이어한 후에 셋으로 나뉘어 있던 연못을 호리병 모양으로 하나로 만들고, 못가 북쪽에는 부채꼴 모양의 관람정을 짓고, 건너편 언덕 위에 승재정을 지었다. 뒤이어 창경궁 쪽에 식물원을 짓고 백련지를 크게 확장하여 춘당지를 꾸미던 1911년에 와서 호리병 모양이었던 연지를 지금처럼 한반도 형태로 바꾸었다. 연지 중간 부분에는 연지를 가로지를 수 있는 주교舟橋라는 나무다리가 있었지만, 지금은 남아 있지 않다. 반도지라는 명칭은 1950년대 문헌인 이철원의 『왕궁사』에도 등장하므로 일제강점기부터 사용했다고 판단된다.

관람정觀纜亭 | 20세기에 들어와 새로 지어지면서
이전에 없던 부채꼴 정자가 나타났다.

부채꼴 모양의 정자이다. 1907년 순종 황제가 창덕궁에 이어한 후에 조성된 정

후원 관람정은 부채꼴 모양이 특징이다.

후원 존덕정은 육각형 평면이어서 육면정이라고도 불렸다.

자로, 이전에 볼 수 없는 곡선상의 평면과 그에 맞춘 곡선 형태 지붕을 꾸몄다. 이를 위해 이전에 하지 않던 방식으로 지붕 서까래를 불규칙한 곡선으로 배열했다. 건물은 기둥 굵기를 불과 17.5센티미터로 가늘게 꾸며 날렵한 느낌을 더하고, 기둥 상부에 낙양을 달아 치장했으며, 난간을 부채꼴 평면에 맞추어 곡선으로 설치하는 등 한껏 멋을 부렸다. 지붕은 부채꼴 평면에 따라 기와를 얹고 용마루 양 끝에는 취두까지 얹었다. 못가에 면한 중앙의 기둥 둘은 후원에서 흔히 볼 수 있는 방식으로 물에 잠길 수 있도록 했다.

승재정勝在亭

20세기 초에 지어진
세부 치장이 정교한 정자이다.

옛 심추정이 있던 자리 부근을 택해 1907년 창덕궁으로 순종 황제가 이어한 해에 세운 정자이다. 후원에 흔한 사방 한 칸 정자이며, 창호를 정교하게 꾸미고, 난간도 하단에 변형된 하엽을 대고, 상단에 아亞 자 살을 넣는 등 기교를 부렸다.

존덕정尊德亭

후원 내 가장 큰 골짜기 중심부에 못을 꾸미고
못가에 지은 육각 정자이다.

연혁

이 일대는 1644년(인조 22)에 존덕정이 지어진 이후 역대 왕들이 작은 정자들을 계속해서 지으면서 후원의 중심을 이루었다. 인조 때는 존덕정을 세운 뒤에도 그 양쪽 언덕 위로 심추정, 청연각을 지었고, 또 상류에 낙민정까지 세우면서 그 윤곽이 갖추어졌다. 뒤이어 효종이 존덕정 동편 언덕에 청향각을 지었다. 숙종은 이곳을 한층 다듬어 심추정을 새로 짓고, 골 어구에 척뇌당을 세웠다. 이 밖에도 언제 조성되었는지 불분명하지만 이 일대의 주요한 건물로 청연각 아래 태청문, 존덕정 북쪽의 망춘정, 그 동편의 폄우사가 있다. 1907년 순종 황제가 창덕궁으로 이어한 후에도 이곳에 계속 건물이 들어서서 심추정 자리에 승재정, 존덕정 아래 못가에 관람정이 새로 들어서고, 연지도 확장되는 변화가 따랐다.

건물

육각형 평면이어서 육면정이라고도 불렸다. 북쪽에 반월지라고 부르는 연지가 있다. 이 연지에 돌기둥 둘을 세우고 나머지 기둥은 못가 지면에 걸치도록 해서 독특한 운치를 이루었다. 〈동궐도〉에 의하면 정자 위에 방형과 반원형으로 된 연지가 그려져 있고 그 아래쪽에는 홍예를 튼 돌다리가 있고, 서쪽에 수석이 둘 대칭으로 놓인 모습이 그려져 있다. 숙종은 「존덕정에서 우연히 읊다」^{尊德亭偶吟}라는 시에서 정자 주변의 한가한 느낌을 이렇게 읊었다.

지당에 얼음 풀리니 봄 물이 푸른데	氷解池塘春水綠
붉은 고기 흰 고기 얼려서 노는구나	赤魚時逐白魚遊
한가한 마당에 일은 없고 날 또한 길기에	閒庭無事日初永
높은 난간에 기대어 조는 갈매기 짝하네	斜倚危欄伴睡鷗

2009년 지붕을 해체 수리할 때 발견된 존덕정의 주두

후원 존덕정 앞의 괴석

『궁궐지』에는 이 건물에 선조의 시와 인조의 어필이 현판으로 걸리고, 헌종이 쓴 존덕정 편액이 있다고 했지만, 현재는 모두 사라지고 대신 정조가 쓴 '만천명월주인옹'萬川明月主人翁이란 글이 편액으로 걸려 있다. 달은 오직 하나이고 물은 만 갈래로 있으며 달이 물에 비치면 물에도 만 개의 달이 있는 것과 같다는 비유를 들면서 군주와 신하의 관계를 풀이한 글이다.

현재의 존덕정 건물은 인조 때 건립한 후 크게 개조되지 않고 전해오는 것으로 보인다. 후원 내 유일한 육각형 정자이면서 중국 건축의 부계와 같은 방식의 덧지붕을 달아냈다. 지붕 내부는 대들보 두 개를 직각 방향으로 교차하면서 지붕 뼈대를 짜고 그 위에 육각형 천장을 만들었으며, 천장 상부에는 여의주를 가운데 두고 황룡과 청룡이 노니는 모습을 그려넣었다.

2009년에 지붕을 해체하여 수리하는 과정에서 다른 건물에서 보기 어려운 구조가 확인되었다. 육각형으로 모이는 서까래들을 붙잡아주기 위해 지붕 상부에 목재로 육각틀을 짠 구조가 드러났으며, 기둥 상부의 창방과 주두 결구 방식은 한번 비틀면서 결구되도록 하여 정교한 공예품 같은 모습이었다.

본래는 태청문의 담장, 수석, 방형과 반원형으로 된 연지와 홍교 등이 한데 어울려 독특한 경관을 이루던 곳이지만, 후대에 가서 연지는 하나로 통합되고, 수석은 다른 곳으로 옮겨졌으며, 태청문과 담장은 사라지고 말았다. 마치 정조가 말한 만천명월 가운데 달만 덩그러니 남은 듯 쓸쓸한 모습이 되었다.

후원 존덕정

폄우사砭愚榭

후원 내에서 왕이나 왕세자가 독서하던 곳이다.
고요한 달밤의 정취가 책 읽기에 알맞다는 시구가 있다.

존덕정 서쪽으로 조금 떨어진 곳에 있다. 현재는 정면 세 칸, 측면 한 칸 맞배지붕의 단출한 모습이지만, 〈동궐도〉의 폄우사는 세 칸 건물 남쪽으로 담장이 이어지고 담장 끝으로 두 칸 건물이 더 있다. 후대에 가서 담장 부분이 사라진 것으로 보인다. 정조가 폄우사에서 독서하고, 또 승지들을 접견한 기사가 『승정원일기』에 보이고, 효명세자 역시 이곳을 독서처로 이용했다. 정조가 남긴 「폄우사사영」 시 중에 "봄을 타서 만물 이치 살피기 위해, 소여 타고 때때로 채홍교를 지나네"란 구절이 있다. 채홍교는 존덕정 아래 홍예 갖춘 돌다리를 지칭한 듯하다. 효명세자가 정조의 시에 차운한 구절에는 "영롱한 세계에 온화한 바람이 일어나니, 늦은 밤 글 읽기에 밤 기운 알맞도다"라고 하여 고요한 달밤에 독서하는 정취를 노래했다.

심추정深秋亭

숙종의 상림십경 시 중
「심추정에서 연꽃을 감상한다」는 시의 무대이다.

(지금 없음)

1643년(인조 21) 대나무로 정자를 지었다가 1692년(숙종 18)에 와서 고쳐 지었다고 『궁궐지』에 적었다. 정자 동쪽에 못 셋이 있다고 했다. 〈동궐도〉에 존덕정 아래 연지 셋이 나란히 있고, 그 서쪽으로 ㄱ자로 꺾인 작은 초가가 하나 보이는데, 이 집이 심추정으로 보인다. 숙종이 지은 시에 "남쪽 대나무 쪼개서 기와에 갈음하니, 기상이 맑고 그윽하여 단청집보다 낫구나"라는 구절이 있다. 또 숙종의 상림십경 시 중에 「심추정에서 연꽃을 감상한다」深秋賞蓮가 있다. 정자 동편 세 개의 연지에 연꽃이 피었던 듯하다. 현재 심추정은 사라지고 없고 그 자리 부근에 승재정이 자리 잡고 있는 것으로 추정된다.

〈동궐도〉의 폄우사

청심정淸心亭

울창한 숲이 감싸고 골짜기 샘물이 흘러
저절로 마음이 맑아진다는 곳이다.

태청문 북쪽에 있는 정자다. 천수정淺愁亭이 있던 자리에 1688년(숙종 14) 다시 세우고 이름을 고쳤다고 『궁궐지』에 밝혔다. 정자 바로 앞에 네모난 작은 못을 만들고 못가에 돌로 거북 형상을 새기고 등에 '빙옥지'氷玉池라 새겼다. 정자 동쪽에는 협곡수夾谷水가 있는데 홍예교를 놓아 오가는 통로로 삼았다고 했다. 청심정이 있는 곳은 주변이 울창한 숲이고 골짜기 사이를 샘물이 흘러 이름대로 마음이 저절로 맑아질 듯하다. 정자를 짓고 나서 숙종이 기문을 짓고 또 「청심정에서 달구경하다」淸心玩月라는 시를 남겼으며, 뒤를 이어 정조와 순조가 각각 「청심정에 비가 개고 달이 밝다」淸心霽月와 「청심정에서 달구경하다」淸心玩月란 시를 지었다. 그중에 순조의 시는 아래와 같다.

선루는 침침하고 이슬 마르지 않았는데	仙漏沈沈露未晞
구름 개이자 하늘엔 달빛 솟아오르네	雲開玉宇月生輝
내 마음도 오늘 밤엔 달과 함께 맑아	吾心此夜同淸朗
빙륜 쳐다보느라 난간에 기댈 줄 모르네	仰觀氷輪倚檻遲

청심정은 지금도 본래 위치에 남아 있다. 정자 앞의 작은 연지와 거북돌도 그대로다. 다만, 『궁궐지』에서 말한 협곡수나 홍예교는 어디를 지칭하는지 잘 알 수 없다.

〈동궐도〉의 청심정

태청문太淸門

옥류천에서 어수당을 잇는 길목에 있던 일각문으로,
주변에 괴석과 은행나무가 남아 있다.

(지금 없음)

1795년(정조 19) 2월에 정조는 모친 혜경궁을 가마에 모시고 후원에서 언덕과 골짜기를 넘나드는 연습을 했다. 며칠 후 수원 화성에서 거행할 회갑연을 대비하여 연로한 모친이 가마에 익숙하도록 하기 위한 예행연습이었다. 연습 경로는 청양문을 들어와서 석거문으로 해서 능허정 고개를 지나 옥류천까지 갔다가 나오면 존덕정을 거쳐 태청문을 지나 어수당으로 해서 다시 청양문으로 돌아오는 것이었다. 혜경궁의 회갑연을 무사히 화성에서 치르고 돌아온 왕은 그해 3월에 태청문 안쪽에 임시 거처로 천막을 친 막차에서 신하들과 유생들을 불러 모아놓고 술과 음식을 나누어주었다. 여기 등장하는 태청문은 〈동궐도〉에 그 모습이 잘 드러나 있는데, 폄우사의 북쪽에 좌우로 담장이 안으로 가면서 좁아지고 그 북쪽 끝에 한 칸의 출입문이 있는데, 팔작지붕에 취두까지 곁들이고 기둥에는 온통 낙양이 치장된 화려한 모습이었다. 문 옆에는 큰 나무 한 그루가 서 있다. 문을 들어서면 큰 받침대 위에 괴이한 형상을 한 수석이 놓여 있는 모습이다. 태청문 뒤로는 청심정이 보인다. 태청문과 비슷하게 생긴 문이 연영합 남쪽에 있는 화청문이다. 화청문 역시 기둥에 낙양이 가득 치장되고 용마루에 취두가 올려진 팔작지붕의 한 칸 문이다. 두 개 유사한 문이 하나는 동궁이 공부하던 연영합 앞에 있고, 또 하나는 폄우사 북쪽에 있었던 것인데, 그 연유는 아직 알려진 것이 없다. 지금 태청문은 사라지고 없고, 그 옆에 있었다고 추정되는 큰 은행나무 고목이 남아 있다.

〈동궐도〉의 태청문과 은행나무

천향각 天香閣

"치장한 담장과 붉은 울타리 높고 낮다"는
시구가 전한다.

(지금 없음)

1653년(효종 4)에 세웠다고 『궁궐지』에 전한다. 숙종이 지은 상림십경 중 하나로 「천향각에서 꽃구경을 하다」天香看花란 시가 있다. 시 중에 "치장한 담장과 붉은 울타리 높고 낮음이 있으나, 봉황 꼬리가 머무니 화각(채색한 전각)과 나란하구나"라는 구절이 보인다. 정조가 신하들과 내원을 산책할 때도 빠지지 않고 들른 곳이다. 지금 후원에 천향각이란 건물은 남아 있지 않고 〈동궐도〉에도 이 건물 이름은 보이지 않는다. 『궁궐지』에 척뇌당 서북쪽에 있다고 하고, 1795년(정조 19)에 혜경궁의 화성 행차 예행연습 때 취규정에서 천향각을 지나 존덕정으로 향한 기록으로 미루어 대강의 위치를 점쳐 볼 수 있는데, 〈동궐도〉에 여기 합당한 한 전각이 있다. 즉, 존덕정의 북쪽 언덕 위에 반듯한 담장 안에 채색 칠한 세 칸 전각이 보인다. 후원에서 담장을 따로 두른 건물은 드물어서 눈에 띄며, 건물 측면에는 붉게 칠한 둥근 창도 보인다. 이런 정황과 앞에 든 숙종의 시구詩句 등을 살펴보면 〈동궐도〉의 담장 안 건물을 천향각으로 보아 무리가 없다고 하겠다. 다만, 〈동궐도〉 그림 상에 건물 앞 기단부에 육각형 기단이 별도로 마련되고 여기에 주춧돌 네 개가 그려져 있는데 그 용도를 알 수 없다.

척뇌당 滌惱堂

'번뇌를 씻어낸다'는 뜻을 담았다.
숙종 말년에 세웠다.

(지금 없음)

애련정 북쪽에 있는데 1707년(숙종 33)에 세웠다고 『궁궐지』에 밝혔다. 아울러 숙종이 지은 「척뇌당」이란 시 중에 "삼지의 동쪽에 새로운 정자 일으키니, 눈앞에 꽃은 붉고 버들 빛 푸르도다"란 구절을 볼 수 있다. 숙종의 '척뇌당사영'이 있다. 씻을 척, 괴로울 뇌라는 글자를 써서 당호를 지었으니 이 집에서 번뇌를 씻어내려는 뜻을 읽을 수 있다. 현재 건물은 없고 〈동궐도〉에도 척뇌당이란 당호를 가진 집이 보이지 않지만, 애련정 북쪽이고 삼지 동쪽이라는 문구로 미루어 〈동궐도〉 그림 상에 보이는 존덕정 동남쪽에 있는 세 칸 정자 건물이 척뇌당으로 추정된다. 〈동궐도〉에 묘사된 건물은 사방이 개방되고 모두 난간을 둘렀으며, 팔작지붕으로 되어 있다.

능허정凌虛亭 | 후원의 가장 높은 봉우리에 있는
정자다.

1691년(숙종 17)에 세웠다고 『궁궐지』에 적었다. 후원 중 가장 높은 봉우리에 자리 잡은 정자다. 숙종이 지은 「능허정에서 짓다」題凌虛亭란 시에 "천 가지 푸른 나무는 빽빽하기 대나무 같고, 일만 송이 붉은 꽃 병풍처럼 둘렀네. 백악의 안개 거치니 검푸른 빛 보이고, 낙산에 해 비치니 밝은 빛 우러른다"는 구절이 있다. 이곳에 오르면 멀리 백악이 눈에 들어오고, 가까이는 낙산의 바위산이 바라다보였던 듯하다. 이곳의 눈 덮인 경치는 상림

후원 능허정

십경의 하나로 꼽혀서 숙종과 정조, 순조, 효명세자가 그 경승을 노래했다.

〈동궐도〉에 그려진 능허정은 사방 한 칸 규모이며, 네 기둥 외에는 사면이 모두 개방된 모습이다. 정상부 높은 곳을 평탄하게 다듬어 축대를 쌓고, 다시 1단의 기단을 쌓아 그 위에 집을 지었으며, 모임지붕 꼭대기에 절병통이 놓였다. 주변은 활엽수와 소나무 사이에 울긋불긋 꽃을 피운 꽃나무들이 묘사되어 있다. 지금도 능허정은 제 위치에 건물이 잘 남아 있다. 다만, 주변의 수목들이 너무 울창해져서 숙종이 시로 남겼던 백악이나 낙산의 자취를 볼 수는 없다. 후원에서 가장 높은 지대로, 남쪽으로 골짜기를 이루며 샘물이 흘러내려 연경당 앞으로 해서 춘당대로 흘러나가는 곳이다. 능허정 아래 골짜기 사이로 샘물이 흘러내리고, 숲이 우거진 사이에 크고 작은 정자들이 여기저기 세워져 한적하고 고요한 느낌이다. 〈동궐도〉에 의하면, 정자 뒤로는 약간 지형이 낮아지면서 길게 울타리가 쳐진 모습이다. 따라서 능허정 뒤는 내원의 바깥이었으며 능허정은 내원의 가장 높은 봉우리였던 셈이다. 현재 이 일대에는 능허정 하나만 남아 있고, 산단山壇이 놓였던 흔적이 있다.

사가정四佳亭
(유산정사酉山精舍,
태고정太古亭)

효명세자가 즐겨 머물던 곳으로,
태고정, 유산정사로도 불렸다.

(지금 없음)

〈동궐도〉에 의하면, 능허정 아래로 이름을 알 수 없는 세 칸 건물 둘이 방향을 틀어 서 있고, 조금 아래 사가정이라고 쓴 건물이 있다. 사가정 남쪽에는 백운사라는 한 칸 사당이 있고, 그 곁에 산단이라는 이름의 낮은 단이 있다. 사가정을 두고 영조가 지은 시와 이를 차운한 효명세자의 시가 전하고 있으므로 적어도 영조 이전에 지어진 정자인데, 언제 지어졌는지는 알 수 없다. 효명세자는 17세 전후한 시절에 사가정을 즐겨 찾았으며, 정자 이름을 '태고정' 또는 '유산정사'라 고치고 여러 편의 시를 지었다. 세자의 문집인 『경헌시초』에 있는 '유산정사사영'은 "금원 높은 봉우리 위에 작은 정자 초연히 서 있으니 봄기운이 만 가지로 정자 주위를 두르고 온화한 기운은 원림에 푸르네" 禁苑高峯上 超然起小亭 春回亭萬品 和氣鬧林靑로 시작된다. 세자의 다른 문집인 『학석집』에는 같은 시를 두고 「태고정」이라는 제목으로 수록했다. 사가정은 효명세자가 태고정으로 이름을 고쳤다가 다시 유산정사로 바꾼 것으로 추정된다. 한편, 「태고정」이란 시의 서문에 "숲을 지나 개울을 따라 견여肩輿(어깨에 메는 가마) 타고 태고정에 이르니, 정자 북쪽에 사당 하나가 우뚝 서 있다. 즉, 옛날 상공 김문공충의 상을 모신 곳이다. 봉우리가 거인처럼 우뚝 솟고 소나무 잣나무가 늘어서 있으며, 위아래에 맑은 못이 있어서 물고기가 노닐었다"고 했다. 문충공은 병자호란 때 왕자들을 모시고 강화도로 피난했다가 순절한 김상용金尙容(1561~1637)을 가리킨다. 효명세자는 이 일대를 가장 사랑하여 사가정에 재숙하기도 하고, 자주 올라와서 시를 짓고, 샘물이 흐르는 골짜기를 소요했다. <동궐도>에 그려진 능허정 아래 가운데 판문을 단 세 칸 건물 중 하나는 김상용의 상을 모신 전각이었음을 추정해볼 수 있다.

<동궐도>에 그려진 사가정은 정면 두 칸 반, 측면 한 칸이고, 온돌 한 칸에 마루 한 칸 그리고 반 칸은 바깥이 되어 아궁이가 놓여진 모습이다. 마치 16세기 선비인 권벌權橃(1478~1548)이 봉화에 세운 충재와 유사한 소박한 건물이다. 특이한 점은 건물 사방에 바자울이 둘러쳐진 것인데, 후원 깊은 곳에 한밤중 짐승이 침입하지 못하도록 대비한 것으로 짐작된다. 세자는 이따금 사가정에서 재숙하기도 했다. 세자의 시 중에는 한밤중 이곳에서 달빛을 바라보는 정취를 읊은 것들이 있다. 현재 사가정은 자취를 알 수 없다.

백운사百雲社

> <동궐도> 그림에 건물 근처 넓은 바위에
> 당나라 시인 왕유의 시구가 그려져 있다.

(지금 없음)

<동궐도>에 사방 한 칸의 모임지붕을 한 건물로 그려져 있으며 사방에 분합문을 달았다. 건물 바로 아래 바위에 예필이라 하고 오언五言의 시구가 새겨진 모습을 담았다.

명월은 소나무 사이로 비치고 　　　明月松間照

맑은 샘은 돌 위를 흐른다 　　　　清泉石上流

이 시구는 당나라 시인 왕유王維의 오언율시 「산집에 가을이 저물 때」山居秋暝의 두 번째 구절이다. 예필의 주인공이 누구인지는 알 수 없지만, 이 일대를 소요하며 시 짓기를 즐겨한 효명세자일 가능성이 크다. 효명세자는 왕유를 흠모하여 「유산소암제경」이란 시에서 "나는 왕유의 망천輞川 집을 사랑하여, 유산酉山의 경계에 집을 지었다. 단풍과 국화는 서리를 머금어 조촐하고, 바위 틈의 샘이 비로 인해 서늘하다"吾愛輞川居, 結廬酉山境. 楓菊含霜潔, 暗泉得雨冷라고 읊었다. 망천은 왕유가 살던 장안 교외의 집을 가리킨다. 시구를 새긴 바위 서쪽에도 '예필睿筆'이라 하고 '천성동泉聲洞'이라고 새긴 글을 볼 수 있다. '천성' 역시 「향적사를 지나며」過香積寺를 비롯한 왕유의 시에 자주 등장하는 어구이다.

현재 이 근방에서 바위에 새긴 글은 찾아볼 수 없다. 건물 뒤편에는 산단이라 쓴 글씨 아래 돌로 축대를 다듬고 그 북쪽 중앙에 작은 돌단이 그려져 있다. 산단이라고 하므로 이 봉우리를 지키는 산신에게 제사를 지내는 단으로 볼 수 있다. 효명세자의 시 중에 「능허산 서실에서 독서하다」讀書凌虛山書室라는 제목이 보이는데, 세자는 봉우리를 '능허산'이라 이름 붙였던 듯하다.

〈동궐도〉에 등장하는 바위 각자

옥류천, 후원의 가장 깊은 곳

소요정 | 태극정 | 청의정 | 농산정 | 취한정 |
취규정

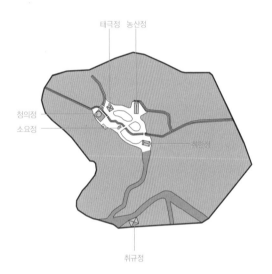

태극정　농산정

청의정
소요정

취한정

취규정

후원의 가장 깊은 곳이며 바위 사이로 샘물이 흐르고 울창한 숲이 주변을 둘러싼 한적하고 아름다운 곳이다. 이곳의 물줄기는 숭산崇山이라고 부르는 작은 언덕에서 동쪽으로 흘러 궁장을 나가 문묘 앞으로 흘러나간다. 이 물길의 중간에 있는 바위를 중심으로 크고 작은 정자들을 짓고, 샘을 파고, 폭포를 만들어 경관을 즐겼다. 숭산은 숙종의 「상림삼정기」上林三亭記에서 그 이름을 밝히고 있다. 샘은 옥류샘玉流泉, 물은 옥류천玉流川이라 하고, 일대를 옥류동玉流洞이라 불렀다. 숙종은 주변 경치를 평가해, 규모는 크지도 사치스럽지도 않으나 정취가 고요하고 아름다워 세 정자로 이루어진 대관大觀이라 했다.

1636년(인조 14)에 물길을 개간한 것으로 전하는데, 인조 때 태극정, 청의정, 소요정을 짓고 정자 곁에 못을 파서 물을 대고 돌을 뚫어 샘물을 끌어들였다. 1640년(인조 18)에는 옥류천으로 가는 길목에 취규정이라는 세 칸 정자를 추가했으며, 이 밖에 건립 시기가 불확실한 취한정이 멀리 외곽에 있고, 세 정자와 인접한 곳에 네 칸의 정자로 농산정이 있다. 농산정은 마루와 온돌방을 갖추어 왕이 하룻밤을 잘 수 있는 시설이었다. 여러 정자들 중에 가장 중심을 이룬 곳은 소요정이었다. 소요정 건물은 사방 한 칸의 작은 규모였지만, 옥류천이 꺾이고 휘어지면서 흐르는 물길의 중심에 있었고, 바로 곁에 옥류천의 폭포가 있어서 이를 관상하는 무대가 되었다. 여기서 '소요정 유상'으로 알려진 술잔을 돌리고 시를 나누는 행사를 펼쳤다.

관람 포인트

옥류천의 중심 소요정
흐르는 물에 술잔을 띄우며 시를 읊는 유상곡수는 옥류천의 진면목이라고 할 수 있으며 옥류천 유상곡수의 중심은 소요정이었다. 순조가 남긴 시 중에 "한가히 소요정 위에 앉으니, 마음 맑고 생각 깨끗하여 시름이 씻겨지누나"라는 구절이 있다.

폭포에서 듣는 샘물 소리
정조가 옥류천에 와서 샘물이 작은 폭포를 이룬 모습을 보고 "높은 누각에 앉아서 샘물 소리를 듣노라니 샘물 소리가 마음과 더불어 온통 맑아라"라고 시로 읊은 바 있다. 그렇듯 이곳의 경치는 단지 눈으로만 보는 데 그치지 않고 귀로도 음미할 만하다.

청의정
태극정
건우문
농산정
옥류천
소요정
취한정
취규정

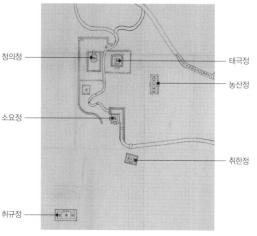

청의정
태극정
농산정
소요정
취한정
취규정

소요정逍遙亭

옥류천 한가운데 정자로,
흐르는 물에 술잔을 돌리는 유상곡수의 중심 무대였다.

옥류천의 중심부인 어정이라는 샘과 숙종의 「비류삼백척飛流三百尺」이란 시가 새겨진 폭포 곁에 있는 정자다. 1636년(인조 14)에 세웠으며, 처음에는 탄서정歎逝亭이라고 했다가, 후에 '소요정'으로 고쳤다고 『궁궐지』에 적었다. '소요'란 구속 없이 천천히 노닌다는 의미로 『장자』莊子 소요유逍遙遊에서 유래한 말이라고 한다.

소요정을 중심으로 물길 주변에 신하들이 둘러앉아 왕이 시를 지으면 신료들이 이에 화답하는 시를 짓고 술잔을 돌리는 유상流觴은 후원의 빼놓을 수 없는 큰 행사였다. 정조는 1792년(정조 16) 이후로 봄이 되어 후원에 꽃이 만발하면 신하들을 옥류천까지 불러 꽃구경을 함께하고, 소요정에서 술잔을 돌리며 시를 짓는 행사를 열었다. 정조가 지은 「소요정유상逍遙亭流觴」이라는 시에서 왕은 이 행사가 난정蘭亭의 술잔을 대신할 만하다는 평을 했는데, 난정은 멀리 동진 때 명필 왕희지가 동료 문인 42인과 흐르는 물에 술잔을 띄우고 시를 지으면서 가진 모임인 난정의 고사를 가리킨 말이었다. 소요정의 이런 행사는 1811

후원 소요정

〈동궐도〉의 소요정

년(순조 11)에도 계속되었다. 순조는 「소요정에서 금직학사를 불러 난정의 수설修楔(모임을 가리킴)을 모방하다」라는 시의 서문에서 "소요정은 참으로 인간 세상의 뛰어나기 그만인 곳이라 할 만하다. 앞에는 유상곡수流觴曲水의 아름다움이 있고, 뒤에는 무림수죽茂林脩竹의 성함이 있어, 나는 봄에서 여름이 되는 사이에 한가히 거닐면서 경개景槪를 구경하게 되는데, 또한 족히 유정幽情을 펼 수 있다"라고 토로하면서 "다만, 좌우에 수작할 벗이 없고, 화답할 친구가 없어 쓸쓸하다"는 심사를 말하면서, 신료들과 곡수의 연을 펼친 사유를 적었다.

건물은 사방 한 칸에 벽이 없이 낮은 난간이 둘러쳐져 있다. 소요정 바로 옆으로 옥류천이 힘차게 흐르고, 물을 건너서 바로 정자가 서 있으며, 정자 옆으로는 ㄱ자로 꺾인 낮은 담장이 쳐 있는 모습이다.

태극정太極亭

옥류천 주변 정자들 가운데
기단을 높이고 창문을 달아 남다른 격식을 갖추었다.

숙종이 언급한 상림삼정의 하나이다. 1636년(인조 14)에 지었으며, 옛 이름은 운영정雲影亭이었다고 『궁궐지』에 적었다. 소요정의 북쪽, 청의정의 동쪽에 있으며, 곁으로 옥류천 물이 흐른다. 태극정은 사방 한 칸 규모인데, 소요정·청의정과는 달리 벽을 개방하지 않고 들문이나 벽을 쳤다. 〈동궐도〉에는 남쪽은 분합문을 댄 모습이고 동쪽은 벽을 치고 광창을 댄 그림이 전하는데, 『조선고적도보朝鮮古蹟圖譜』의 사진에는 사면에 들문이 설치

후원 소요정이 서 있는 옥류천의 전경

되어 문을 모두 들어 연 모습이 보인다. 현재는 문이 모두 제거되고 사면이 개방되어 있다. 다른 정자에 비해 기단을 높여서 3단의 장대석 기단 위에 다시 낮은 단을 두르고 건물을 세웠으며, 완자살을 댄 난간은 기둥 바깥에 설치하여 공간을 넓게 쓸 수 있도록 했다. 정조가 지은 「태극정」이란 시에, "고각에 앉아 새로운 천류泉流를 듣는다"는 구절이 있다. 태극이라는 말은 『주역』周易에서 '태초의 혼돈한 원기를 지칭하며 태극이 있어 이것이 양의를 낳고, 양의가 사상을 낳고, 사상은 팔괘를 낳는다고 하므로 그 의미가 크다. 또 태극정 기둥에 새긴 주련은 당나라 시인 왕유의 칠언율시 가운데 당 현종의 형 기왕이 머물던 구성궁 주변의 경치를 읊은 구절을 옮겨온 것이라고 한다. 따라서 태극정은 옥류천의 여러 정자 가운데도 그 격식이 남다른 건물이었다고 하겠다.

후원 태극정은 사방 한 칸짜리 건물이다.

청의정淸猗亭

볏짚으로 팔각지붕을 덮은 독특한 구조이다.
꽃을 감상하고 못에서 낚시질을 했다는 정조의 시가 전한다.

옥류천의 가장 상류에 자리 잡은 정자이다. 정자 주변에 네모난 못을 꾸미고 건물을 못 안쪽에 마련했다. '청의'는 '맑은 물' 또는 '맑은 물결'이란 뜻이다. 〈동궐도〉에는 장방형 연못 안 북쪽에 청의정이 놓여 있고 돌다리를 둔 모습이다. 건물은 사방이 개방된 한 칸이고 지붕은 초가를 덮은 것으로 그려졌다. 또 못 남쪽 가에는 거북으로 보이는 돌조각이 놓여 있다. 현재 청의정 건물은 〈동궐도〉와 거의 동일한 양상이지만, 남쪽 가 돌조각은 사라지고 없다. 현존 건물을 보면 물 위에 기단을 마련하고 주춧돌 위에 가는 두리기둥 넷을 올렸다. 기둥머리 사이 네 방향의 창방을 밖으로 빼서 팔각으로 된 외목도리를 받도록 하고, 외목도리에 서까래를 걸어 지붕도 팔각으로 꾸민 모습을 볼 수 있다. 지붕을 짚으로 덮은 점이 특징이라고 하겠다. 이런 특징 때문인지 현재 청의정 못에서는 논을 만들고 벼 베기 행사도 치르고 있지만, 사료에서는 여기에 벼를 심었다는 내용은 찾아볼 수 없다. 정조가 지은 「청의정에서 꽃을 감상하며」淸猗亭賞花라는 시에서는 "꽃나무 아래 바위에 앉아 거문고 뜯고, 물 가운데 정자에서 낚시질 하네"라고 했으며, 주련에는 중국 송나라 인종의 '꽃을 감상하며 물고기를 낚으며'賞花釣魚라는 구절이 인용되어 있다. 따라서 청의정 못은 농사 짓는 곳이기보다는 물고기를 키우고 낚시를 하던 곳으로 보아야 할 것이다. 『조선고적도보』의 사진에도 못은 물만 채워진 모습이다. 남쪽 돌거북

후원 청의정과 현판

〈동궐도〉의 청의정

이 물을 응시하고 있는 〈동궐도〉 그림을 보아도 여기서 논농사 시범을 보였다는 근거
는 찾을 수 없다.

농산정籠山亭

옥류천 주변에서 밤을 시샐 수 있는 집이다.
정조가 신하들에게 연회를 베풀곤 했다.

옥류천 주변에서 온돌방과 마루를 갖추어 하룻밤 머물 수 있는 곳은 농산정이
었다. 정조는 대보단에 제례를 지내기 전날 농산정에서 재숙하면서 신하들을 이곳에 불
러 함께 시를 짓고 화답을 하곤 했다. 1793년(정조 17) 3월에는 유상곡수의 연을 벌이려다
가 마침 비가 내려 행사를 하기 어려워지자 왕은 농산정에 들고 신하들은 청의정, 소요정
등 곡수 주변에 둘러앉아서 시를 짓고 화답하면서 술과 음식을 나누는 연회를 열었다.
이때 연회에 참석한 원로대신 중 한 사람인 홍양호는 당시 나이 70이었으며 왕의 시에 화
답하여 칠언고시七言古詩를 지어 올렸다. 이날의 시들을 모은 『갱재축』은 지금도 전한다.

이 건물이 언제 지어졌는지 사료에서는 확인이 어렵다. 정조가 이곳에서 연회를
열었다는 기사가 있으므로, 정조 이전에는 건물이 있었음을 알 수 있다. 효명세자가 왕
세자 시절에 한 차례 수리를 한 사실이 「예제농산정상량문」에 전한다.

정면 다섯 칸, 측면 한 칸에 남쪽부터 마루 두 칸, 온돌방 두 칸 그리고 북쪽 끝
에 아궁이를 갖춘 부엌 한 칸이 있는 모습이다. 마루에는 네 짝 분합문이 달리고, 방에
는 쌍창을 설치했으며, 양 측면은 하부는 사괴석으로 벽을 막아
화방벽으로 하고, 위는 작은 분합창과 광창을 냈다. 이런 모습은
조선 후기 궁궐 내 일반적인 행랑의 구조와 일치한다. 따라서 농산
정은 사람이 기거할 목적으로 지어진 건물임을 알 수 있다.

〈동궐도〉의 농산정

취한정翠寒亭 | 옥류천 초입의 정자로, 숙종, 정조가 지은 시가 전한다.

소요정의 동쪽, 옥류동으로 들어가는 어구에 있다. 언제 지었는지 알 수 없다고 『궁궐지』에 적었다. 숙종의 「취한정제영」翠寒亭題詠이 있고, 또 정조가 숙종의 「취한정제영」을 차운한 시가 『궁궐지』에 실렸다. 이로써 미루어 옥류동에서 비중이 있는 정자라고 할 수 있겠는데, 건립 내력이나 정자와 관련된 기사가 사료에 보이지 않는다. 〈동궐도〉에 묘사된 건물 모습은 정면 세 칸에 측면 한 칸으로 2단의 기단 위에 장초석처럼 보이는 높은 주춧돌을 세우고 그 위에 정자를 올린 모습이다. 양 측면과 정면 툇간 일부에 벽을 치고 창문을 달고, 나머지는 개방해놓았다. 건물 바로 북쪽으로 개울물이 흐르고, 옥류동으로 넘어가는 돌다리가 그려진 모습이다. 현재도 취한정은 〈동궐도〉와 거의 유사한 형태로 남아 있다. 다만, 〈동궐도〉와 달리 벽체나 창호는 남아 있지 않고, 전체가 개방되어 있다. 후대에 와서 창호를 철거한 듯하다.

취규정聚奎亭 | 인재가 모여들어 천하가 태평해진다는 뜻을 담았다.

존덕정에서 옥류천으로 가는 언덕마루에 있는 정자이다. 1640년(인조 18)에 지었다고 『궁궐지』에 적었다. 취규聚奎는 "별들이 규성奎星으로 모여든다"는 뜻이며, 규성은 28수의 하나로 문운文運을 주관하는 별로 전한다. 따라서 취규는 인재가  모여들어 천하가 태평해짐을 의미한다는 해석이 있다. 〈동궐도〉에는 2단의 넓고 높은 기단 위에 정면 세 칸, 측면 두 칸의 사방이 개방된 모습으로 그려져 있다. 현재도 〈동궐도〉와 거의 동일한 모습으로 남아 있다.

〈동궐도〉의 취규정

왕실의 일상과 연회의 무대, 창경궁

창경궁은 조선 초기에 성종이 즉위하면서 세 분의 대비들을 위해 창건한 별궁이다. 규모도 큰 편이 아니었다. 따라서 이 궁궐은 공식적인 큰 의례 를 거행하기에는 한계가 있었으며, 실제로 이곳에서 나라의 큰 행사를 치 르거나 중국 사신을 영접하는 일은 많지 않았다. 창덕궁과 담장을 사이 에 두고 맞닿아 있었기 때문에 창덕궁과 공간을 공유하는 경우가 보통이 었다. 세 분 대비가 승하한 후에도 이 궁궐은 주로 대비나 후궁 등 여성 들의 거처로 삼았으며, 창덕궁의 부족한 공간을 대체해주는 역할을 했다. 조선 후기에는 대비를 위한 궁중의 잔치가 자주 벌어졌는데, 그런 행사는 거의 창경궁에서 이루어졌다.

창경궁은 동향을 한 점이 다른 궁궐에서 보기 어려운 특징이다. 또 전면에 는 함춘원이라는 언덕을 마주하고 있어서, 정문 앞으로 육조대로나 돈화 문로 같은 큰 도로가 뻗은 경복궁이나 창덕궁과는 전혀 다른 모습이다.

조선 시대 다섯 군데 궁궐 가운데 창경궁은 크게 돋보이는 지위를 차지하 지는 못했다고 볼 수 있다. 그러나 조선 후기에 와서 왕실 내에서 대비의 위상이 높아지면서 창경궁의 비중도 커졌다. 특히, 영조는 이 궁궐에 자 주 임어하면서 신하들을 불러 행사를 열었으며, 왕대비 인원왕후 승하 후 에는 이곳에 상주하면서 각종 의례를 주관했다. 창경궁이 창덕궁과 함께 '동궐'로 불리기 시작한 것은 속종 말년 이후이며, 영조 이후로는 '서궐'인 경희궁과 함께 도성의 동서 양 궐로서 그 위상을 굳혔다. 또한 광대한 숲 으로 이루어진 후원을 창덕궁과 함께 공유했다.

후원 남쪽의 과거 시험장인 춘당대는 창경궁을 통해서 진입할 수 있었기 때문에 왕이 춘당대에 나아갈 때는 반드시 창경궁을 거쳐서 갔다.

창경궁의 역사와 특징

대비와 후궁들을 위한 궁궐, 그 오래된 시간 속으로

성종이 즉위했을 때 왕실에는 세조 비 정희왕후貞熹王后(1418~1483)를 비롯해서 세 분의 대비가 있었다. 세 대비가 경복궁에 함께 거처하기에 불편을 느낀 왕은 이들을 위해 빈터로 남았던 수강궁 터에 새로 궁을 창건하기로 했다. 창경궁이 완성된 것은 1484년(성종 15)이었다. 궁이 완성되기 전에 정희왕후는 승하했기 때문에 덕종 비(성종 모후) 소혜왕후昭惠王后(1437~1504)와 예종 비 안순왕후安順王后(1445?~1498) 두 대비만이 궁에 들어갔다. 대비들이 창경궁에 거처하는 동안, 성종은 창덕궁에서 지내며 정사를 보았다. 한동안 비어 있던 창경궁은 중종 때 성종 계비 정현왕후貞顯王后(1462~1530)가 궁에 들어와 지내면서 다시 활기를 얻었다. 왕후가 창경궁에서 승하하자 문정전을 혼전으로 삼았는데, 문정전이 혼전으로 쓰인 첫 사례가 되었다.

임진왜란으로 소실되었던 창경궁은 1616년(광해군 8)에 와서 중건되었다. 다시 지은 궁궐은 화재 이전의 구성을 그대로 따랐지만, 이전에 없던 건물도 생겼다. 특히, 동궁전에 새로운 건물들이 들어섰다. 그러나 1624년(인조 2) 이괄의 난으로 내전과 동궁전의 전각 대부분이 불에 타고 말았다. 복구는 10년이 지난 1633년(인조 11)에 가서야 이루어졌다. 이때는 인경궁의 전각들을 철거해서 그 자재를 재활용했다. 수리하고 20년이 지난 1652년(효종 3)에는 다시 지었던 건물의 바닥을 뜯고 흙을 파내는 공사가 있었다. 인경궁에서 가져와 지은 집들이 창문이 어긋나고 틈이 벌어진 문제도 있었지만, 더 큰 원인은 내전 전각 곳곳에서 인형이나 동물 뼈 등 거주하는 사람을 저주하는 흉물들이 나왔기 때문이었다. 이곳은 여러 후궁들이 거처하고 있었는데, 기단 아래나 온돌 아궁이 부근에 흉물을 파묻어 상대방을 저주하는 일들이 적지 않게 있었다.

왕의 발길이 거의 없었던 창경궁에 왕이 자주 나타나고 신하들을 불러 국사를 논하고 연회를 베푸는 등의 변화는 영조가 즉위하면서 나타났다. 경종이 즉위하자 다음 왕위를 누구로 할지를 두고 논의가 벌어졌을 때, 숙종 계비 인원왕후가 연잉군(영조)을 왕세제王世弟로 책봉하는 데 기여했다고 전한다. 재위 4년 만에 경종이 승하하고 왕위에 오른 영조는 왕대비 인원왕후를 각별히 모셨다. 왕후가 승하하자 예외적으로 통명전을

수놓은 기둥과 꾸민 천장은
보랏빛 연기를 뚫고 광휘를 뻗치고 있다.
검소하나 비루하지 아니하고,
화려하나 사치하지 아니하여,
선왕의 융성한 덕성을 극진히 준수하였다.

—예문관제학 박기수,「경춘전중건상량문」중에서

彩繡栱藻井凌紫烟而騰輝。
儉不至陋，華不至奢。
克導先王之盛德。
—朴綺秀,「景春殿重建上樑文」中

혼전으로 삼고 왕은 통명전 부근을 거려처로 삼아 3년상 기간을 지냈다. 그러면서 숭문당을 편전처럼 쓰고 또 함인정에서 자주 신하들을 불러 연회를 열었다. 이 기간 동안 창경궁은 가장 활발하게 궁궐로 쓰였다. 일찌감치 아들 사도세자에게 대리청정을 맡겼던 영조는 결국 세자와의 갈등 끝에 창경궁 문정전 마당에 세자를 뒤주에 가두어 굶어 죽게 했다.

영조의 뒤를 이은 정조는 창경궁에는 거의 발길을 끊었다. 대신 통명전 뒤 언덕 높은 곳에 모친 혜경궁을 위한 전각을 새로 지어 자경전이라 당호를 붙였다. 자경전 맞은편 함춘원 언덕에는 혜경궁의 남편 사도세자의 사당인 경모궁이 자리 잡고 있었다. 궁궐에서는 대비의 나이 50 또는 60이 되면 이를 축하하는 성대한 잔치를 열었다. 왕비가 나이 40이 되는 일도 큰 경사였다. 조선 전기에도 이런 행사가 없었던 것은 아니지만 아주 드물었다. 그에 비해 18세기 이후에 오면 나이 든 대비들이 계속 이어져서 잔치 열 기회가 잦았다. 특히, 순조 즉위 이후에는 왕이 열 살을 겨우 넘긴 상태에서 즉위하면서 대비가 수렴청정하는 일이 많았고, 대비의 위상이 높았다. 따라서 잔치의 규모나 절차도 점점 성대해질 수밖에 없었다. 이런 잔치는 창경궁에서 벌어졌으며 자경전이나 통명전이 주 행사장이 되었다.

고종이 즉위하여 경복궁이 중건되면서 창경궁은 완전히 빈 궁궐이 되었다. 순종 황제가 즉위하여 창덕궁으로 왔지만 창경궁은 거의 활용되지 않았다. 1909년이 되자 창경궁에 동물원과 식물원이 설치되었다. 이것은 이미 을사늑약乙巳勒約 이후 일본인들이 정권을 장악하면서 궁궐을 격하시키려는 의도 아래 이루어졌지만, 창경궁이 이미 그 역할을 잃은 점도 작용을 했다. 1911년에는 명칭도 '창경원'으로 바뀌었다. 빼곡하게 들어서 있던 전각들도 순식간에 철거되고 주요 전각들만 덩그러니 남았다. 소나무나 느티나무 그득하던 곳곳에 벚나무가 들어서면서 봄철이면 행락객들이 벚꽃 구경을 하러 몰려들었다. 이런 상황은 1980년대 초까지 이어졌다.

1984년 과천에 서울대공원이 세워지면서 창경원에 있던 동물들이 대거 옮겨갔다. 이를 계기로 창경궁을 다시 옛 모습으로 복원하는 작업이 시작되어 거의 3년에 걸친 공사 끝에 1986년 창경궁이 다시 문을 열었다. 경내 가득했던 벚나무가 제거되고 사라졌던 문정전이나 명정문 좌우 행각도 복구되었다. 일제강점기 때 세워졌던 박물관이나 장서각 건물도 철거되었다. 이로써 어느 정도 궁궐의 면모를 되찾기는 했지만 창경궁의 전성기에 비하면 거의 4분의 1 정도의 복구에 그쳤다. 아직도 갈 길은 멀고 우리의 궁궐에 대한 기억은 나날이 퇴색하고 있다.

긴밀하고 긴장감 넘치는 궁궐

창경궁의 가장 큰 특징은 도성의 다섯 궁궐 가운데 유일하게 동향을 하고 있다는 점이다. 보통 왕은 북쪽에 앉아 남쪽을 면하는 것을 바른 자세로 여겼다. 창경궁이 동향을 한 이유를 밝혀놓은 기록은 보이지 않지만, 이 궁이 대비를 위해 세워졌기 때문에 의도적으로 남향을 피한 것이 아닐까 추정된다. 광해군 때 궁궐을 다시 지으면서 왕은 좌향에 의문이 있었던 듯했지만, 창건할 때 의도한 바를 함부로 고칠 수 없다는 대신들의 의견을 따라 그대로 두었다.

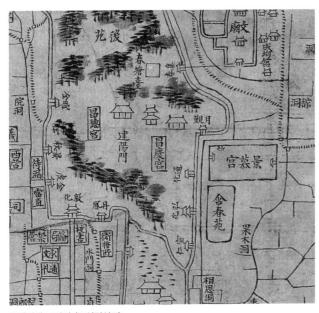

19세기에 그려진 〈조선경성도〉

창경궁 명정전

또 한 가지, 창경궁에는 대문에 해당하는 문이 없다. 보통 궁궐의 출입문은 정문과 대문, 그리고 정전 앞의 전문을 두는 것이 상례이다. 그러나 창경궁에서는 정문인 홍화문을 들어서면 바로 금천을 건너 전문인 명정문이 나온다.『국조오례의』에서는 신하들이 5일에 한 번 왕에게 절을 올리는 조참朝參을 올리도록 규정해놓았는데, 조참은 전문에서 거행하도록 했다. 창경궁의 경우에는 명정문에서 조참을 행했다. 그런데 명정문 밖은 홍화문이 되므로 외부와 바로 연결되는 문제를 안고 있었다. 드물지만 명정문에서도 조참을 시행한 사례가 있는데, 행사가 격식에 맞지 않았다. 창경궁에 대문을 두지 않았던 것은 지형 여건상 대문을 둘 공간이 부족했기 때문으로 추정된다.

창경궁의 전각 구성은 다른 궁과 마찬가지로 정전과 편전, 그리고 내전으로 이루어졌다. 정전인 명정전의 남쪽에 편전 문정전이 놓이고, 문정전 서쪽으로 왕의 학문소인 숭문당이 마련되었다. 숭문당 앞으로도 왕이 신하들을 만나 작은 연회를 여는 건물이 있었는데, 광해군 때까지는 인양전이 그 역할을 했고, 인조 이후로는 함인정이 대신했다. 함인정 뒤부터가 내전 영역이었다. 내전에 속한 전각들은 통명전, 환경전, 경춘전 세 전각 외에 여러 부속 전각들이 서로 지붕을 잇대어 촘촘하게 놓여 있었다.

창경궁은 비록 경복궁처럼 장대하거나 창덕궁처럼 유기적인 공간의 짜임새를 갖추지는 않았지만, 서로 좌향을 달리하는 크고 작은 전각들이 제각각의 행랑에 둘러싸이면서 궁궐 내전의 긴밀하고 긴장감 넘치는 공간의 구성이 큰 특징이다. 대비나 후궁 등 여성들의 생활 흔적이 많이 남은 곳이자, 각종 잔치가 벌어지면서 춤과 음악이 연주되고 음식이 마련되던 궁중 문화의 현장이기도 하다. 지금도 내전 곳곳에 많은 우물이 있어 당시의 융성한 생활 모습을 그려볼 수 있다.

주요 영역

① 정문(홍화문) 영역(302~311쪽)

② 정전 · 편전 영역(312~327쪽)

③ 별당(숭문당 · 함인정) 영역
(328~339쪽)

④ 침전 영역(328~355쪽)

⑤ 자경전 영역(356~361쪽)

⑥ 별당(양화당) 영역(362~373쪽)

⑦ 홍화문 북쪽 영역(374~385쪽)

⑧ 홍화문 남쪽 영역(386~395쪽)

⑨ 춘당대 영역(396~405쪽)

〈창경궁 배치도〉

0 10 20   50   100m

역사와 건물로 만나는

창경궁의 모든 곳

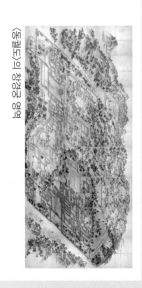

N

〈동궐도〉의 창경궁 영역

정문, 홍화문에 들어서다

홍화문 | 홍화문 행각 | 남·북십자각 | 옥천교

창경궁의 정문인 홍화문은 궁의 동편에 동향해 있다. 문 앞 도로 건너편은 과거 왕을 위한 숲으로 조성한 함춘원 언덕이 자리 잡고 있었으나, 지금은 서울대학교 병원이 들어서 있다. 홍화문은 중층 누각 형태이며 남북 양쪽에 십자각이 대칭으로 서 있다. 문을 들어서면 바로 스무 걸음도 안 되어서 어구와 마주치게 된다. 어구 위에 난 돌다리 옥천교를 건너면, 정면에 정전으로 향하는 명정문이다. 보통 다른 궁에서는 '정문'을 지나면 '대문'이 있고 그 뒤에 '전문'을 두어 세 개의 문을 거치지만, 여기서는 대문이 생략되어 있다.

홍화문 남북 방향으로 행각이 가로막고 있고, 어구 위는 수각이 있어서, 수각 위에 앉아서 발 아래 흐르는 물을 내려다볼 수 있다.

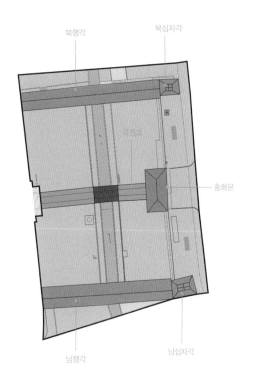

북행각 | 북십자각 | 옥천교 | 홍화문 | 남행각 | 남십자각

관람 포인트

홍화문 남·북십자각
홍화문의 남쪽과 북쪽 행각의 양 끝은 담이 밖으로 돌출하고 지붕을 별도로 꾸몄는데, 이 부분을 십자각이라 했다. 십자각은 일종의 각루를 지칭하는데, 경복궁 동·서십자각처럼 격식을 갖춘 것은 아니지만 궁궐 정문 좌우에 각루를 세운다는 의지를 내세웠다.

금천과 옥천교
후원의 여러 물길은 하나로 합쳐져서 춘당대를 지나 창경궁 금천을 이룬다. 홍화문을 들어서서 처음 만나는 옥천교는 이 금천을 건너기 위해 마련되었다. 왕이 후원에 갈 때는 반드시 옥천교를 지나 북쪽 광덕문을 거쳐서 갔다.

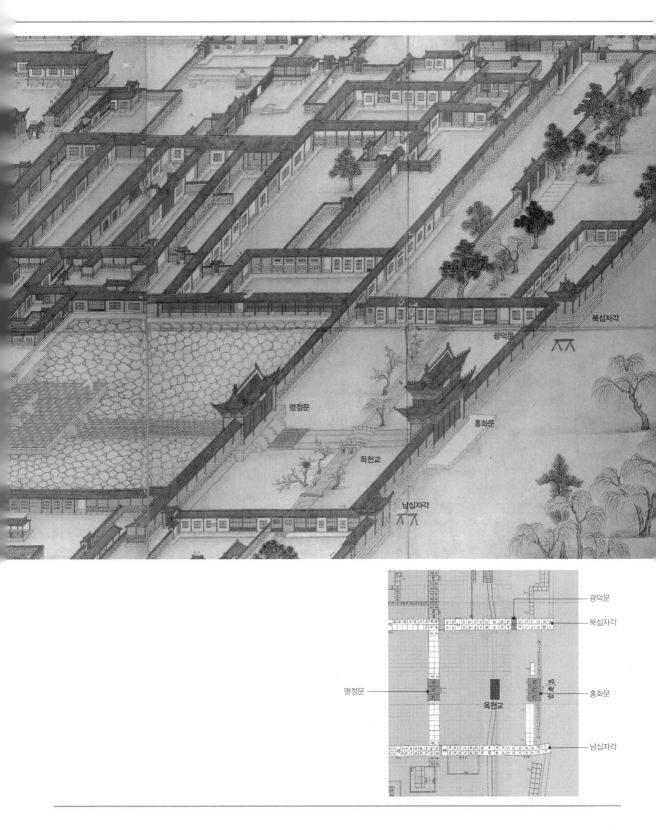

북십자각

광덕문

명정문

홍화문

옥천교

남십자각

광덕문

북십자각

명정문

옥천교

홍화문

남십자각

홍화문弘化門 　창경궁의 정문이다. 동향을 하고 있어서 특이하며 남북 방향에 십자각을 두었다.

연혁

1484년(성종 15) 창경궁이 창건되면서 지어졌다. 임진왜란 때 소실되었다가 1616년(광해군 8)에 다시 지어진 것이 지금까지 남아 있다. 현존하는 궁궐의 정문 가운데 건립 연대가 가장 오래된 건물일 뿐만 아니라 현존하는 서울의 궁궐 중에서도 창경궁 명정전, 명정문과 함께 연대가 앞서는 건물 중 하나이다.

문을 들어서면 좌우 남북 방향에 행각이 놓여서 둘러싸인 마당을 이룬다. 홍화문 남북 행각 중 북행각에는 광덕문光德門, 숭지문崇智門이라는 두 개의 출입문이 나 있어서 이 문들을 통해서 북쪽으로 나아갈 수 있도록 했다. 반면에 남행각에는 두드러진 출입문이 없고 행각 서쪽 구석에 작은 통용구만 마련되어 있다. 남행각은 출입을 억제하고 홍화문 안마당과 남쪽을 차단하려는 목적이 더 강했던 것으로 보인다.

행사

홍화문 앞의 무과 시험 ┃ 16세기 이전에 홍화문 앞에서는 이따금 무과의 과거 시험이 치러졌다. 1538년(중종 33) 중종은 홍화문에 나아가 무과 응시자들이 말 달리며 활쏘는 모습을 지켜보았다. 홍화문 앞이 협소해서 무예를 마음껏 펼치기 어려운 불편함이 있었지만, 성종 때 이미 전례가 있다는 점을 들어 시행했다. 이후 명종이나 선조, 광해군 때도 무과 시험을 치렀다. 궁궐 문 앞에서 무과 시험을 치르면 도성 사람들이 나와서 구경하는 것이 관례였다. 왕이 창경궁에 머물거나 궁에 특별한 행사가 있을 때 과거 시험을 치러 백성들의 관심을 모으려는 뜻이 있었다.

왕실 가족의 재궁을 내보내다 ┃ 17세기 이후 홍화문은 궁중의 흉사, 즉 장례와 관련된 일이 많았다. 왕이나 왕비, 왕세자와 세자빈, 대비가 세상을 떠나면 장례는 국장으로 치렀는데, 이때 시신을 안치한 빈전에서 재궁梓宮을 내가거나 발인한 후에 신주를 궁으로 가져와 혼전에 모시는 과정에서 주로 홍화문을 통했다. 장희빈의 시신을 내가는 경우처럼 특별한 때에는 홍화문 남쪽에 있는 선인문이 쓰였지만 대개는 홍화문을 이용했다.

재궁은 신분에 따라 크기와 치장에 일정한 규정이 있어서 이를 엄격히 지켰다. 왕의 재궁이 가장 크고 높았다. 홍화문의 기둥 높이나 문 폭은 왕의 재궁이 문을 나가기에 부족하지 않은 크기였다. 왕의 재궁은 주로 도성 동쪽 흥인문을 통해 나갔는데, 조선 후기에는 흥인문 지면이 높아지면서 홍예의 높이가 낮아져서 재궁이 나갈 수 없을 정도가 되었다. 따라서 왕의 재궁이 나갈 때만 되면 흥인문 바닥을 두 자 정도 파내고서야 겨우 빠져나갔다. 흥인문의 홍예는 1871년(고종 8) 석축 자체를 지면에서 여덟 자 정도 높여 홍예 높이를 홍화문과 비슷하게 하여 이 문제를 해결할 수 있었다.

홍화문에서 백성에게 쌀을 나누어주다 | 18세기 영조와 정조 치세에는 홍화문이 특별히 도성민들에게 가까이 다가갈 수 있었다. 두 왕은 소민小民이라 지칭하던 일반 서민들의 실생활에 관심이 많았고 이들의 생활 여건 향상을 위한 정책 개발에 노력했다. 영조는 일부러 대궐 밖을 나가 백성들을 직접 만나기도 하고, 백성들을 궁 가까이 불러 사는 모습을 관찰하려고 애썼는데, 이때 이용된 장소가 홍화문이었다. 1749년(영조 25) 영조는 왕세자(사도세자)를 대동하여 백성들이 힘겹게 사는 모습을 살펴보도록 했다. 이때 왕과 왕세자는 홍화문 누각 위에 올랐다. 문 앞에 백성들을 모이도록 해서 직접 쌀을 나누어주는 사미賜米 행사를 벌였다. 이를 상례화하기 위해 왕은 직접 임문휼민臨門恤民, 즉 문에 임해서 백성을 구휼하는 의례를 정했다. 이때 나이 일흔둘이나 먹은 노인이 쌀 담을 자루도 마련하지 못하고 지팡이에 의지해 나타나자, 쌀 가마니를 주고 사람을 시켜 쌀을 지고 가도록 하기도 했다. 정조는 1795년(정조

『원행을묘정리의궤』에 수록된 〈홍화문사미도〉.
홍화문에서 굶주린 백성들에게 쌀을 내려준
일을 기록한 그림이다.

19) 홍화문에서 굶주린 백성들에게 쌀을 내려주었는데 그때의 일을 〈홍화문사미도〉弘化文賜米圖라는 제목으로 목판에 새겨 널리 퍼뜨려 지금도 그 그림이 전한다.

건물

2층의 누문 형식으로, 아래층과 위층이 모두 정면 세 간에 측면 두 칸이고, 기둥 위는 17세기 초기 특징이 잘 남아 있는 다포식의 공포가 짜이고 우진각지붕을 올렸다.

서울에 있는 궁궐의 정문은 모두 출입문이 세 칸으로 되어 있지만, 건물 형태는 제각기 다르다. 궁성을 갖춘 경복궁 광화문은 세 칸 홍예문을 낸 석축 위에 중층지붕의 누각이 올라가 있고, 창덕궁 돈화문은 석축은 없지만 건물 정면이 다섯 칸이면서 출입문을 세 칸으로 했다. 또 경희궁의 홍화문은 창경궁과 같은 세 칸의 문루지만 단층이다. 홍화문은 창덕궁보다는 정면 칸수를 줄여 격식을 낮추었지만 중층지붕을 갖추어 경희궁보다 높은 격식을 유지했다.

건축적으로 홍화문이 높게 평가되는 것은 17세기 초 또는 그 이전의 시대 특징을 가지고 있기 때문이다. 특히, 17세기 초기의 공포 모습을 간직하고 있다는 점에서 학술적인 가치가 크다. 외2출목, 내3출목이면서 대들보의 끝 부분이 밖으로 나가지 않고 공포의 안쪽에 멈추고 있는데, 조선 초기 건물인 숭례문에서는 대들보 끝이 밖으로 빠져 나

왼쪽부터 창경궁 홍화문. 경복궁 광화문. 창덕궁 돈화문. 각각 궁궐의 정문이면서 서로 다른 형태를 하고 있다.

와 있다. 대들보 끝을 바깥으로 내미는 것은, 공포를 짜는 방식은 간단하지만 천장이 낮아지는 단점이 있었다. 때문에 대들보가 공포 안쪽에서 끝나도록 하는 방안이 강구되면서 실내 천장을 높이는 효과를 얻게 되었는데, 홍화문은 이런 변화 과정을 보여주는 사례이다. 이와 유사한 공포는 같은 시기에 지어진 경희궁 홍화문이다.

홍화문의 중앙 출입문, 즉 어칸은 높이와 폭이 1 대 1 비율을 유지하고 있다. 이런 비율은 목조건물에서 종종 발견되며, 시각적으로 안정감을 준다. 기둥 높이가 14자(4.7미터)이고 기둥 사이 간격도 14자이다. 좌우 협칸의 간격은 어칸보다 한 자를 줄여 13자(4.3미터)로 해서 안정적인 비례감을 느낄 수 있도록 했다.

20세기에 들어와 홍화문은 건물 자체는 유지되었지만, 문의 이미지는 크게 달라졌다. 순종 황제가 창덕궁으로 거처를 옮기면서 창경궁 안쪽에 동물원과 식물원이 만들어지고 1911년에는 이름도 '창경원'으로 고쳐졌다. 이런 와중에 창경원의 정문이 된 홍화문은 시민 휴식처의 출입문으로 변모되었다. 문 앞에 있던 월대는 땅에 묻혀 흔적이 사라졌고, 문 주변은 구경거리를 찾는 사람들로 붐비고, 놀이를 알리는 현수막이 늘어섰다. 이런 양상은 광복 후에도 상당 기간 지속되어 벚꽃이 피는 봄철이면 홍화문 앞은 상춘객들로 북새통을 이루었다. 이런 모습은 동물들이 과천의 서울대공원으로 이사한 뒤 벚꽃이 제거되고 창경궁이라는 본래 이름을 되찾은 1986년 이후에 가서야 사라지게 되었으며, 홍화문 주변도 겨우 옛 정취를 되찾게 되었다.

홍화문 행각
弘化門 行閣

북행각은 왕이 춘당대로 행차할 때 지나던 문이 있고,
남행각은 출입구 없이 막혀 있다.

(1986년 복원)

정문인 홍화문과 중문인 명정문 사이는 행각으로 둘러싸인 마당이 형성되고, 마당 한가운데를 어구御溝가 가로지른다. 홍화문 좌우로 행각은 마당을 두고 북행각과 남행각이 대칭으로 놓인다. 명정문 좌우에도 행각이 있어서 홍화문을 들어서면 네모반듯한 마당을 보게 된다. 이 중 동행각, 즉 홍화문의 좌우로 뻗은 행각은 변화가 있다. 〈동궐도〉에는 행각이 그려져 있고, 그 안에 문 북쪽은 수문장청, 남쪽은 훈국군번소가 있는데 비해, 〈동궐도형〉에서는 행각 대신에 좌우로 담장이 뻗어 있고 담장 안쪽 홍화문 북쪽에 세 칸의 건물이 있고, 남쪽에는 정면 열 칸의 긴 건물이 그려져 있다. 〈동궐도〉가 그려지던 19세기 중엽의 홍화문 주변과 〈동궐도형〉이 그려지던 20세기 초기 이 주변에 큰 변화가 있었음을 알 수 있다.

북행각과 남행각은 서로 대칭되는 거리에 같은 크기로 지어졌다. 양쪽 행각 모두 정면 열네 칸에 측면 두 칸 크기이며, 어구가 지나는 곳에는 동일하게 수각水閣이 마련되어 있다. 수각은 어구 위에 놓이는 건물이며 조선 시대 궁궐에는 어구와 행각이 만나는 곳에는 반드시 이런 수각을 지었다. 수각은 물 흐르는 것을 구경하는 데 이용되기도 하지만 어구로 흐르는 물의 상태를 관찰하고 관리하는 용도가 더 컸다고 짐작된다.

북행각과 남행각은 규모나 형태는 같지만 용도는 서로 달랐다. 북행각은 왕이 춘당대로 갈 때 거치는 곳이었으며 행각 중앙의 광덕문이 그 통용구였다. 따라서 광덕문 주변은 왕의 이동에 대비한 관리들이 머물렀다고 짐작된다. 반면에 남행각은 출입문 자체가 마련되지 않고 어구 동편은 왕실 문서를 인쇄하는 주자소가 마련되어 있어서 일종의 관청으로 쓰였다. 주자소를 제외한 남북 행각의 실내에는 온돌방과 대청 그리고 온돌방 곁에 아궁이를 설치한 헛간이 들어서 있다. 이곳은 주로 창경궁에 근무하는 남자 하인들의 거처로 쓰였다고 짐작된다. 현재는 관람 편의상 출입구 한 칸을 열어놓았다.

남·북 십자각
南北十字閣

십자각은 주변을 감시하는 각루의 일종이지만
여기서는 단지 지붕만 돌출되어 있다.

홍화문의 좌우 담장 양 끝, 북행각과 남행각의 동쪽 끝에 약간 돌출해서 각각 남십자각, 북십자각이 서 있다. 십자각이란 보통 각루를 지칭하지만, 여기서는 각루의 형태는 취하지 않고 단지 단층의 건물이면서 지붕 형태가 사방에 박공면을 갖추는 데 그쳤다. 하늘에서 보면 지붕 용마루가 十자를 이루고 있으므로, 십자각이라 부를 수 있지만 지상에서는 확인하기 어렵다. 문의 좌우에 각루를 설치하는 것은 중국의 궁궐에서 흔히 볼 수 있는 것이며 조선의 궁궐로는 경복궁의 동·서십자각이 대표적이다. 창덕궁의 경우에는 정문인 돈화문이 궁장의 동남 모서리에 세워졌기 때문에 문 좌우에 대칭이 되는 각루를 세우는 것이 처음부터 불가능했다. 창경궁의 경우, 홍화문 좌우로 담장이 이어지므로 문에서 멀지 않은 지점에 담장을 약간 돌출시키면서 좌우 대칭으로 십자각을 세운 것이다. 이 십자각은 독립해 있는 것이 아니고 홍화문의 좌우 남행각과 북행각의 동쪽 끝에 와서 궁장과 만나는 지점을 약간 돌출시키면서 만들어냈다. 구조적으로 보아도 밖에서는 단지 주변 월랑보다 지붕이 한 단 정도 높다는 차이가 있을 뿐이다.

남·북십자각이 언제 처음 조성되었는지는 확인하기 어렵다. 사료상으로는 1706년(숙종 32)에 홍화문 근처 십자각과 월랑을 고쳤다는 『승정원일기』의 기사를 읽을 수 있으며, 이후에는 십자각과 주변 월랑 수리 기사가 자주 보인다. 따라서 적어도 17세기에는 현재의 건물이 존재하고 있었음을 알 수 있다.

십자각 내부는 월랑처럼 비어 있었으며, 이곳은 필요에 따라 창고로 쓰였다. 영조 때는 후궁인 현빈궁賢嬪宮의 땔나무를 이곳에 보관했다는 기록이 있으며, 1784년(정조 8)경까지 왕이 궁 밖에 행차할 때를 대비하여 깃발이나 기타 의장용 물건을 보관했다. 1800년(정조 24)에 와서 왕실의 각종 서적을 인쇄하는 주자소가 홍화문 남행랑으로 옮겨 설치되었는데, 주자소가 들어서면서 남행랑에 연접해 있던 남십자각은 주자소에서 인쇄한 서적을 보관하는 장소로 활용되었다.

옥천교玉川橋

(보물 제386호)

왕이 궁 밖을 나가거나
후원으로 갈 때 이 다리를 건넜다.

홍화문 안 어구를 가로지르는 금천교에 대해 『궁궐지』에는 명칭이 '옥천'玉川이라고 밝혔다. 옥천교가 언제 처음 만들어졌는지는 사료상에서는 확인이 안 되지만, 창경궁이 창건 될 때부터 존재했다고 여기진다. 왕이 홍화문을 통혜 궁 밖을 나갈 경우에는 반드시 옥천교를 거쳤으며, 또 춘당대의 과거 시험장을 갈 때도 옥천교를 지나 홍화문 북행랑의 광범문을 지나 청양문을 거쳤다. 따라서 옥천교는 왕의 통행로 상에 있는 중요한 다리의 하나였다.

옥천교는 두 개의 홍예를 기본으로 홍예 위에 장대석 귀틀을 걸고 바닥석을 까는 방식으로 짜였으며, 창덕궁의 금천교와 동일한 구조를 이루고 있다. 상면은 가운데를 약간 높여 어도를 구분했다. 다리 양 측면은 돌로 난간을 짰는데, 난간 돌기둥 여섯 개를 올려 다섯 칸의 난간을 꾸미고, 각 난간에는 연꽃잎 모양의 장식 기둥인 하엽과 바람이 통하도록 구멍을 뚫은 풍혈을 꾸몄다.

홍예교는 불교 사원의 입구에도 간혹 있지만, 궁궐에서는 홍예를 짜는 구조나 세부의 장식이 각별하다. 옥천교의 구조를 보면, 우선 바닥에 지대석을 넓게 깔고 그 위에 선단석이라는 큼직한 받침돌을 세 줄 나란히 놓는데, 이 선단석 위에 두 개 홍예를 튼

창경궁 옥천교의 홍예와 난간의 동물상

다. 따라서 선단석은 홍예의 모든 하중을 담당하게 된다. 홍예는 폭 6.6미터에 길이가 약 9.9미터가 된다. 홍예를 이루는 돌들은 직면이 거의 없고 모두가 약간의 곡면을 이루고 있다. 홍예는 서양에서는 반원형의 형상만을 지칭하여 아치arch라고 하고, 아치가 일정한 길이만큼 길게 이어질 때는 볼트vault라고 하는데, 한자권에서는 이를 명확히 구분하지 않고 홍예 또는 궁륭穹窿으로 표현한다. 옥천교는 서양식으로 말하면 볼트 구조에 속하는데, 우리나라에서는 성문의 홍예는 아치에 해당하고 금천교나 수문이 볼트에 해당된다.

옥천교의 두 개 홍예가 서로 만나는 지점에는 표면에 역삼각형 모양 석재가 들어가는데 돌 표면에 뿔이 달리고 두 눈을 부릅뜬 짐승의 얼굴이 조각되어 있다. 다리를 통해 접근하려는 나쁜 기운을 쫓아내는 주술적인 의미를 지녔다고 볼 수 있다. 또 다리 위 난간의 네 모서리 법수法首 기둥 위에도 웅크리고 앉은 짐승이 조각되어 있다. 역시 다리에 대한 주술적 의미이다.

전문인 명정문을 들어서면 넓은 마당이 나오고, 마당 삼면은 행랑이 둘러싸고 있다. 마당 서쪽 끝에 정전인 명정전이 2단의 월대 위에 세워져 있는데, 중층인 경복궁이나 창덕궁의 정전과 달리 단층 지붕의 소박한 규모이다. 명정전의 남쪽으로 거의 명정전과 지붕이 닿을 정도로 근접해서 편전인 문정전이 있다. 명정전 건물 뒤로 돌아가면 명정전 처마 아래로 낮은 또 하나의 처마가 있고, 처마 아래는 사람이 지나다닐 수 있는 복도가 있어서, 이 복도를 통해 문정전으로 갈 수 있다. 또 처마 아래 복도와 직각 방향으로도 복도각이 서쪽 방향으로 뻗어서 그 끝에 빈양문이 열려 있다. 빈양문을 나서면 함인정으로 갈 수 있는 마당이 된다. 정전 건물 후면에 이처럼 처마를 덧댄 복도나 복도각을 설치한 것은 다른 궁에서 볼 수 없는 부분이어서 눈길을 끈다.

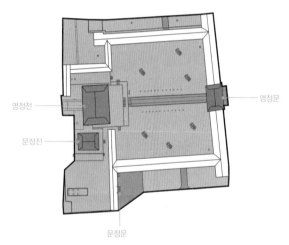

명정전

문정전

명정문

문정문

관람 포인트

명정전 뒷면의 보첨
광해군 때 명정전을 다시 짓게 되자 왕은 명정전 실내를 넓게 꾸미려고 했지만 그럴 경우 집을 새로 짓다시피하지 않으면 안 되었다. 부득이 건물 뒤에 보첨, 즉 처마를 덧달아내는 것으로 그쳤는데, 실제로는 건물과 보첨 사이에 벽이 가로막고 있어서 내부가 넓어지는 효과는 얻지 못했다.

명정전 마당과 월대
명정전은 정전치고는 규모도 작고 단층으로 지어서 돋보이는 부분은 많지 않지만 이중의 월대를 두고 답도에는 봉황을 새기고 마당에는 품계석을 설치해서 정전의 격식을 갖추었다. 이곳에서 조하 의식이 치러진 일은 드물었지만 대비의 생일을 축하하는 행사나 새로 왕비를 맞이하는 행사 등이 여기서 벌어졌다.

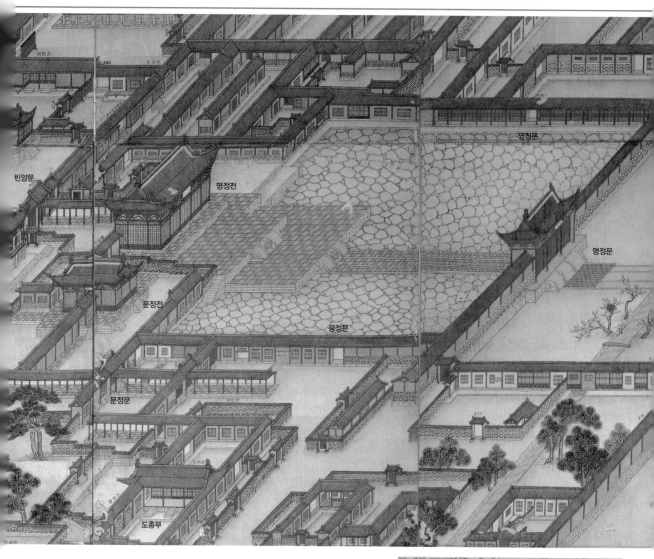

빈양문

명정전

문정전

문정문

도총부

광정문

영청문

명정문

문정전으로 나아가는 바른 길
문정전으로 가기 위해서는 보통 명
정전 뒤 보첨 아래를 지나 문정전
뒤로 해서 마당으로 향하지만 이 통
로는 함부로 다닐 수 없는 길이었
다. 본래 문정전으로 가려면 명정전
남행랑의 광정문을 나가서 문정전
동월랑의 문정문으로 해서 문정전
마당에 진입하는 것이지만 이 경로
를 거치는 사람은 드물다.

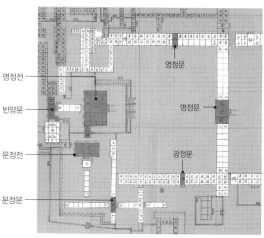

명정전

빈양문

문정전

문정문

영청문

명정문

광정문

명정전明政殿

창경궁의 정전이지만 조하 의례는 드물게 거행되고
궁중의 다른 행사장으로 쓰였다.

연혁

창경궁의 정전이므로, 왕이 창경궁에 임어할 때는 이곳에서 조하 의례를 비롯한
각종 공식 행사를 치르도록 했다. 그러나 실제 왕이 창경궁에 머무는 일이 많지 않았고
명정전의 건물 규모나 격식이 조하 의례를 치르기에 부족한 점이 있어서 실제 조하 의례가
거행된 사례는 조선 시대를 통틀어도 몇 차례 되지 않았다. 대신 이곳에서는 왕실의 경사
가 있을 때 이를 축하하는 행사를 벌이는 경우가 흔했다. 특히, 대비와 관련한 축하 행사
는 거의 이곳 명정전에서 치렀다. 1484년(성종 15) 창경궁이 창건되면서 함께 지어졌다. 이후
창경궁의 정전으로 쓰이다가 임진왜란으로 소실된 후 1616년(광해군 8)에 다시 지어졌다. 이
후에는 더 이상 건물의 큰 수리나 개축 없이 지금까지 유지되고 있다. 궁궐의 정전 건물로
는 가장 오랜 것이며, 특히 17세기 초기의 시대 특징을 갖춘 점에서 학술적 가치가 높다.

명정전 앞에는 중문인 명정문이 있고, 그 앞에 정문인 홍화문이 놓여 있다. 명정
전·명정문·홍화문은 일직선상에 놓여 있고, 모두 동향을 하고 있다. 명정전 뒤는 빈양
문이다. 빈양문을 나서면 왕이 신하들을 만나는 함인정 일곽이 된다. 명정전 오른쪽에
편전인 문정전이 있고, 왼쪽에는 상궁들이 거처하는 장번소 건물들이 들어서 있었다.

행사

조선 전기에 명정전에서 벌어진 잔치들 | 16세기 이전, 성종이나 중종 때는 명정전
에서 문무백관의 하례를 받는 행사가 이따금 벌어졌다. 또 하례 후에는 성대한 잔치가
벌어지곤 했다. 성종은 1485년(성종 16) 동지에 명정전에서 하례를 받고, 1487년(성종 18) 초하
룻날에는 중국 황제에게 절을 올리는 망궐례도 거행했다. 연산군도 즉위 초년에 정월 초
하룻날이나 동짓날 하례를 받고 망궐례를 거행했다. 그러나 이런 공식 행사는 이때 외에
는 거의 벌이지 않고, 대신 왕실의 잔치를 자주 벌였다. 1488년(성종 19) 정월 초하루에는 인

수대비와 안순대비에게 왕과 왕세자, 내외 명부들이 절을 올리고 잔치를 여는 회례연을 열었으며, 중종 때는 왕이 명정전 처마 밑에서 세자를 데리고 나례儺禮를 구경했다고 한다. 이때 대비는 실내 협칸에 발을 치고 구경했다. 또 그해 동짓날에는 왕세자가 명정전에서 처용무를 관람했다고 한다. 1543년(중종 38)에는 명정전 뜰에서 양로연을 행했는데, 늙은이들이 크게 취하여 부축되어 나갔다고 하며 이를 두고 실록을 적은 사관은 그토록 성대한 은혜와 영예가 일찍이 없었다고 적었다. 이듬해 10월에는 세자가 『자치통감』을 다 읽은 것을 기념해서 명정전 뜰에서 큰 잔치를 열었는데, 대신들이 석 줄로 벌려 앉고, 노랫소리가 떠들썩하고, 왕실 주방에서 장만한 진귀한 음식이 뜰에 그득하게 쌓였으며, 왕과 왕비, 세자가 이를 내려다보고 앉았다고 했다.

명정전의 과거 시험 ┃ 전시, 즉 대궐에서 치르는 과거의 최종시험은 인정전에서 치르는 것이 관례였지만, 명정전에서도 치렀다. 특히, 영조는 명정전의 전시를 자주 열었다. 다만, 명정전의 뜰이 넓지 않은 데다 명정문 밖은 바로 정문이어서 외부 사람을 통제하는 일도 수월치 않았다. 1644년(인조 22)에 명정전에서 정시를 치를 때는 응시한 유생 수가 2,755명이나 되어서 혼잡을 빚었으며 1743년(영조 19)의 정시에는 명정문을 모두 활짝 열고

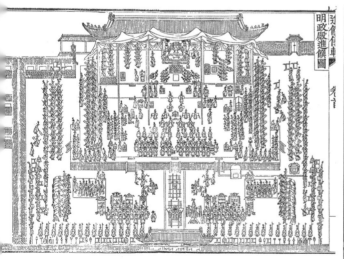

〈명정전진찬도〉. 창경궁 명정전에서 거행된 외진찬 장면을 그린 것이다. 『순조기축진찬의궤』에 수록되어 있다.

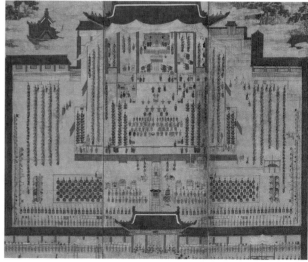

1827년에 그려진 〈기축진찬도병〉에 등장하는 창경궁 명정전

문밖까지 응시자들이 늘어서기도 했다.

조선 후기 대비를 위한 잔치와 하례 | 조선 후기에는 왕실에서 대비가 차지하는 위상이 높았다. 그 때문에 대비의 존호를 올리는 일이 잦았고, 그럴 때는 대개 명정전에서 존호 올리는 의식을 거행하고, 백관의 하례도 이곳에서 받는 것이 상례였다. 1651년^(효종 2) 명정전에서 대비에게 존호를 올리는 의식에서 비롯되어 숙종, 영조를 이어 정조, 순조 때의 행사로 이어졌다. 특히, 1740년^(영조 16)에는 왕의 존호는 인정전에서 받고, 대비 존호를 명정전에서 받도록 구분해서 두 정전의 쓰임새를 명확히 했다. 1735년^(영조 11) 나이 한 살이 된 원자^(사도세자)가 수두에 걸렸다가 회복되자, 이를 축하하는 의미에서 명정전에서 백관의 하례를 받았으며, 다시 1743년^(영조 19)에 아홉 살이던 세자의 홍진 증세가 회복되자 명정전에서 백관의 하례를 받기도 했다. 이처럼 명정전은 나라의 큰 행사는 아니지만, 그냥 지나칠 수 없는 일이 있을 때 왕이 하례를 받고 또 연회를 여는 데 이용되었다.

사건 및 인물

명정전의 규모를 키우는 데 대한 광해군의 구상 | 명정전의 중건은 1615년^(광해군 7)에 시작되어 이듬해 1616년^(광해군 8) 여름에는 어느 정도 건물이 모양을 갖춘 듯하다. 창경궁 재건이 시작될 즈음에 풍수가 김일용이 창경궁을 다른 궁처럼 남향으로 고쳐 짓고자 하여 금천 물길을 구부러지게 하는 작업을 했다. 이에 공사를 담당한 선수도감이 왕에게 이 상황을 아뢰면서 조선 초기에 분명한 의도가 있어서 창경궁을 동향으로 한 것이므로 경솔히 고칠 수 없다는 뜻을 강하게 말했다. 광해군도 궁의 좌향 자체를 바꾸는 일이 무리하다고 판단한 듯 도감의 의견을 따라 그대로 두기로 했다. 대신 왕은 명정전 실내를 확장하도록 지시했다. 이미 공사가 한창 진행되던 1616년 8월에 와서 왕은 명정전 규모가 작아서 대례를 거행하기 어려울 것을 염려하여 동쪽^(전면)으로 약간 넓혀 짓는 방안을 검토하도록 지시하고, 만일 시행이 어려우면 보첨, 즉 처마를 덧대고 월대를 더 내 쌓고

어탑(어좌)도 크기를 키우는 방안을 살피라고 지시했다. 이 명에 대하여 선수도감은 경험 많은 목수까지 대동해서 대책을 마련하려고 고심했다. 그러나 건물을 동쪽으로 확장하는 것은 월대까지 옮겨야 하고 그렇게 되면 마당이 너무 좁아지는 등 문제가 복잡했다. 또한 어탑을 크게 하는 것도 실내가 좁아지고, 건물을 높이지 않는 한 계단이 급경사가 되는 등 수용하기 어려웠다. 광해군의 신임을 받고 있던 승려 성지性智조차도 "만약 이 터에 궁전을 크게 짓는다면 그것은 마치 접시에 모과를 가득 담아놓는 것과 같을 것"이라고 하여 부정적인 의견을 냈다고 『광해군일기』에 적었다. 이런 뜻을 아뢰자 왕도 한 걸음 양보하여 처마를 덧대는 방안을 채택하도록 했다. 지금도 명정전은 건물 후면에 보첨을 단 모습을 간직하고 있다.

명정전에서 치른 66세 영조와 15세 정순왕후의 가례 | 영조는 1757년(영조 33)에 왕비 정성왕후貞聖王后(1692~1757)가 승하하자 2년 후인 1759년(영조 35)에 계비를 맞았다. 왕이 아무리 나이를 먹어도 왕비가 없을 수 없었기 때문이었다. 세 차례 간택 과정을 거쳐 왕비 후보가 정해지고, 그해 6월에 혼례가 거행되었다. 왕실의 혼례는 청혼을 하는 납채, 예물을 보내는 납징, 길일을 택하는 고기, 왕비 책봉을 하는 책봉, 사자를 보내 신부를 맞아들이는 봉영, 혼인 후의 잔치인 동뢰연의 순으로 이루어지는데, 이때 납채와 납징, 그리고 책봉의 세 가지 절차는 명정전에서 거행되었다. 보통 왕의 혼례에서 납채, 납징은 인정전에서 치르는 경우가 많았지만, 이때는 명정전이 그 장소로 쓰였는데 영조가 평상시에도 창경궁을 즐겨 거처로 삼았기 때문으로 보인다. 6월 19일 납채 의식이 있던 날, 왕은 문무백관이 명정전 뜰에 도열한 가운데 명정전 안에 마련한 어좌에 앉아 납채의 교서를 내렸고, 교서를 안치한 교서함이 명정전을 나갈 때는 문무백관이 사배로 이를 배웅했다. 납징, 즉 예물을 보낼 때도 왕이 명정전 어좌에 나와 예물함 보내는 절차를 거행하고 왕비 책봉 시에도 왕이 명정전에 나와 절차를 치렀다. 드디어 6월 22일 왕비가 대궐로 들어와 통명전에서 동뢰연을 치렀다.

건물

현재의 명정전 건물은 단층에 정면 다섯 칸, 측면 세 칸에 건물로, 후면에 보첨, 즉 덧달아낸 지붕이 측면 한 칸, 폭으로 다섯 칸에 걸쳐 세워져 있다. 현재 건물에 보이는 보첨은 그 형상으로 미루어 광해군 때 덧달아낸 부분이 지금까지 남아 있는 것으로 보인다. 후면에 처마를 덧대기는 했지만, 이것은 벽 바깥으로 기둥만 한 칸 폭으로 세우고 그 위에 지붕을 덧댄 것이어서 실내 공간이 늘어난 것은 아니다. 따라서 명정전의 실내는 측면은 세 칸에 불과하다. 이것은 현존하는 다른 궁궐의 정전이 모두 측면 네 칸인 것에 비하면 한 칸이 부족하다. 때문에 명정전의 실내는 가운데 어탑을 두고 난 나머지 공간이 그리 넉넉하지 않다.

건물이 단층지붕인 점도 명정전의 격식이 중층지붕을 갖춘 경복궁이나 창덕궁의 정전과는 구별되는 점이다. 단층지붕은 외관도 단출하지만 결국 실내 천장 높이가 낮아지는 흠이 있어서 어탑에 앉은 왕이 위엄을 갖추는 데 한계가 있을 수밖에 없었다. 명정

창경궁의 정전 명정전

전은 고주 하나를 전면에 두고 앞뒤에 평주가 세워지는 방식이다. 보통 궁궐 정전은 고주를 앞뒤에 두 줄로 세우는데 명정전에서는 창덕궁 선정전과 동일한 방식으로 고주를 한 줄만 세웠다. 그 때문에 결국 건물 뒤편에 처마칸을 보충했지만 실내 공간은 여전히 좁았다.

건물은 둥근기둥 위에 평방을 올리고, 그 위에 전형적인 17세기 초기 다포식의 공포를 짜 올렸다. 공포는 내4출목 외3출목이며, 공포를 구성하는 세부가 전체적으로 옆으로 길고 위로는 높지 않아서 안정감을 보여준다. 또한 안팎으로 뻗은 살미첨차의 바깥 끝인 쇠서는 완만한 곡선을 그리면서 위로 향하고 있으며, 첨차의 안쪽 끝도 특별한 장식을 가미하지 않았다. 이 점은 19세기 건물인 인정전의 공포가 위로 솟는 느낌이 강하고, 쇠서의 곡선도 강하며, 살미첨차의 내부 끝은 4단의 첨차가 한 덩어리로 뒤엉킨 듯한 화려한 곡선 장식으로 마무리된 점과 대조된다. 공포 위로 대들보가 걸리는데 보의 끝이 밖으로 돌출해서 보머리가 외부에 노출된 모습이다. 이렇게 보가 공포 상부에 올라앉으면서 끝머리가 외부로 돌출하는 것은 숭례문 같은 조선 초기 건물에서는 간혹 볼 수 있지만, 17세기로 가면 보기 어려운 오래된 방식인데, 명정전은 이런 고식을 견지하고 있다.

명정전 실내 정중앙에는 왕이 앉는 어탑이 마련되어 있다. 어탑에는 오봉산 병풍이 있고, 용과 봉황을 장식한 계단이 마련되어 있다. 어탑에는 보개가 있는데 머름 장식이 있고, 천장에는 모란과 구름 사이 봉황이 그려져 있다. 천장에는 구름 사이에 두 마리 봉황이 날개를 활짝 편 모습인데, 하나는 꼬리가 여러 갈래로 갈라져 있고, 다른 하나는 둥글게 뭉쳐진 모습으로 묘사되어 있다. 명정전 천장의 봉황 그림은 건물이 지어진 17세기 초기의 것으로 판단되며, 궁궐의 봉황 그림으로는 시기가 가장 앞서는 셈이다.

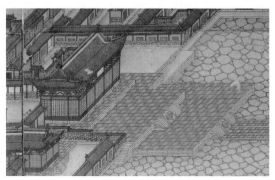

〈동궐도〉의 창경궁 명정전

명정전은 하월대와 상월대를 갖추고 월대 동쪽 중앙에 봉황 두 마리가 날개를 활짝 편 모양의 양각을 한 답도도 갖추었다. 정전에서 조하 의례가 있을 때 상월대에는 종친이나 왕세자가 나와 서고, 하월대에는 악기 등을 설치하여 음악을 연주하고 향을 피우는 것을 빼놓을 수 없었다. 따라서 비록 명정전이 단층의 작은 규모지만 이런 격식은 다 갖추었다. 다만 상·하월대의 크기는 근정전이나 인정전에 비해서 작았기 때문에 침여 인원에 대한 조정이 있었다고 생각된다.

창경궁 명정전 내부

명정전 행랑 | 남·북행랑은 관리나 수직하는 군사들이 머무를 수 있는
방이 있고 동행랑은 개방되어 있었다.

　　명정전 앞에는 행랑으로 둘러싸인 넓은 마당이 갖추어져 있다. 명정전 마당을 둘러싼 행랑은 명정전 창건 시부터 존재했다고 볼 수 있지만, 그 형태가 어떤 시대 변화를 겪었는지는 잘 알 수 없다. 1907년경 제작된 〈동궐도형〉에 의하면, 명정문 좌우 동행랑을 제외하고는 내부에 방과 마루, 아궁이가 설치된 부엌 시설이 있었던 것으로 표기되어 있지만, 현재는 내부가 비어 있는 상태이다.

　　각 행랑에는 출입문이 마련되어서 동행랑 출입문이 명정문이고 북행랑과 남행랑에는 각각 중간쯤에 영청문과 광정문이 있다. 북행랑 중 영청문 동편은 누상고, 즉 다락식의 창고를 두어 각종 문서를 비롯해서 의례시 필요한 기물 등을 보관했던 것으로 추측된다. 영청문 서쪽, 즉 북행랑의 안쪽은 방과 마루 및 아궁이 시설이 있었다. 남행랑은 광정문 좌우가 모두 방과 마루로 구성되고 간혹 아궁이 시설을 둔 실이 있다. 『궁궐지』 숭문당조에 의하면, 본래 남행랑은 향실香室과 사관史館 및 호위하는 장군이 숙직하며 지키는 곳이라고 했다. 향실은 정전에서 의례를 치를 때 사용하거나 산릉 제례에 쓸 향을 관리하는 곳이고, 사관은 왕의 명을 작성하고 관리하는 관원이 머무는 곳을 말한다. 그런데 조선 후기에 남행랑은 이런 용도보다는 왕과 왕세자 재전이나 재실로 이용하는 경우가 더 많았다. 남행랑의 바로 서쪽은 문정전인데, 문정전은 끊임없이 역대 왕과 대비의 혼전으로 쓰였으며, 그때마다 왕과 왕세자는 남행랑에 머물며 제례를 치렀던 것이다.

　　남·북행랑이 방과 대청 등으로 쓰인 데 반하여, 동행랑만은 공랑, 즉 빈 행랑으로서 명정전 의례 시 군사들이 도열하며 수직할 수 있는 장소였는데 군사의 수직처로는 큰 의식을 치르기에 부족한 곳이었다고 짐작된다. 행각은 명정문 좌우로 뻗은 동행각과 마당 남쪽과 북쪽의 남·북행각이 있다.

명정문明政門

명정전으로 나아가는 정출입문이다.
인종이 이 문에서 즉위식을 거행했다.

(보물 제385호)

명정전의 동쪽 정출입문이며, 보통 전문殿門이라고 부른다. 명정전에서 왕이 즉위를 하게 되면 그 즉위 의식은 명정문에서 치르게 되는데, 사료상으로 명정전에서 즉위한 왕은 12대 왕인 인종仁宗 (1515~1545)이 유일하다. 인종은 부왕의 승하를 크게 슬퍼하여 즉위 후 신하들로부터 하례도 명정전 처마 밑에서 받았다고 한다.

전문에서 치르는 또 다른 의례로는 국왕이 신하들로부터 5일마다 간략한 하례를 받는 조참 의식이 있다. 영조 때 와서 왕이 창경궁에서 자주 행사를 치르면서 명정문 조참도 몇 차례 거행되었다. 이때 명정문 밖의 마당이 좁고 한가운데 어구가 지나가는데다 마당 바깥은 홍화문 밖이 되어 외부가 되기 때문에, 조참이 있을 때는 수직하는 군사들이 홍화문 밖에 도열하고, 도성민들이 홍화문 앞길을 지나는 것도 막았다.

명정문 건물은 명정전과 함께 광해군 때 중건된 것이 지금까지 남아 있다. 따라서 전문 중에서는 건립 연대가 가장 오래된 건물이 되는 셈이다. 정면 세 칸, 측면 두 칸이다. 단층지붕에 17세기 초기 특징을 갖춘 다포식의 공포가 짜여 있다. 명정문은 문밖과 문안의 높이 차이가 1미터 이상이 된다. 따라서 바깥 쪽 기단은 다섯 단의 장대석으로 높게 축조되어 있으며, 이 기단의 정면에 거의 세 칸 문 너비와 비슷한 너비의 계단이

창경궁 명정전으로 나아가는 정출입문인 명정문

설치되어 있다. 계단은 세 부분으로 나뉘어져서, 가운데는 건물 어칸 폭에 맞추어 계단 우석隅石을 두고 그 좌우 협칸 위치에 맞추어 계단이 이어져 있다. 이처럼 전문의 계단 폭이 넓은 것은 인정문에서도 볼 수 있는데, 전문에서 치르는 의례와 관련이 있는 것으로 보인다. 건물은 둥근기둥 위에 평방을 놓고 내·외1출목의 공포를 짰는데, 공포의 세부는 명정전과 거의 동일하다.

문정전文政殿

상참과 경연을 하는 편전이지만
실제로는 역대 국왕의 혼전으로 쓰였다.

(1986년 복원)

연혁

문정전은 왕이 신하들과 나랏일을 보는 편전이다. 편전은 조하 의례를 치르는 정전과 인접한 위치에 두는 것이 관례이며, 문정전 역시 명정전에서 가까운 곳에 놓았다. 다만, 창경궁의 경우 명정전이 동향해 있는 것과 달리 문정전은 남향을 하고 있어서, 두 전각이 모두 남향한 경복궁의 사정전이나 창덕궁의 선정전과 다르다. 또한 정전과 편전이 지근 거리에 놓인 점도 특이한데, 문정전은 명정전과 담장 하나를 사이에 두고 거의 지붕 처마가 서로 닿을 정도 거리에 놓였다. 또한 명정전 후면의 보첨, 즉 복도각 남쪽을 두 칸 연장해서 문정전으로 갈 수 있도록 마련한 것도 다른 궁에서 보기 어려운 점이다. 또 문정전의 서쪽에는 왕의 학문소인 숭문당이 서향으로 세워져 있다. 따라서 명정전과 문정전, 숭문당은 세 건물이 서로 바짝 붙어서 밀집해 있는 형상이며 거의 한쪽 건물에서 나누는 대화 소리가 옆 건물에서 들릴 정도로 근접해 있다. 공간이 아주 여유가 없는 것도 아닌데, 이처럼 정전과 편전, 학문소 건물을 가깝게 배치하게 된 연유가 무엇인지 궁금한데 아직 자세한 것은 알 수 없다.

문정전은 창경궁 창건 당시 지어졌다가 광해군 때 중건되고 나서 인접해 있던 명정전과 마찬가지로 전각의 소실이나 큰 피해 없이 20세기 초까지 유지되었다. 그 사이에 사소한 수리가 여러 차례 있었는데, 주로 혼전으로 사용하면서 손을 댔다. 문정전 건물은 1936년에 그린 배치도에도 존재가 확인되지만, 이후 어느 시점에 철거되고 말았다. 건물은 1986년 발굴 조사를 통해 원래 위치를 확인하여 복원되었다.

행사

문정전의 혼전 활용 ｜ 문정전은 편전으로 지어지기는 했지만, 실제로 이 건물에서 왕이 강론을 듣고 신하들과 국사를 논의한 일은 많지 않았다. 16세기 이전의 상황은 잘 알 수 없지만, 적어도 17세기 이후에 와서 문정전은 국상을 당했을 때 신주를 모시고 제례를 올리는 혼전으로 사용하는 것이 대부분이었다. 문정전이 처음 혼전으로 쓰인 것은 1530년 (중종 25)으로, 이해에 왕의 생모이며 성종 비였던 정현왕후가 승하하자 신주를 문정전에 모시게 되었다. 정현왕후는 생전에도 문정전을 거처로 삼았다고 한다. 이후 중종, 인조, 효종, 현종, 숙종, 경종, 영조 등 역대 왕의 혼전을 문정전으로 삼았다. 조선의 궁궐 전각 가운데 역대 왕의 신주를 모신 혼전으로는 가장 빈번하게 쓰인 셈이다. 또한 왕대비의 혼전으로도 이용되었다. 현종 비 명성왕후明聖王后(1642~1683), 인조 계비 장렬왕후, 경종 비 선의왕후, 숙종 계비 인원왕후의 경우 대비로 있다가 승하한 후 문정전을 혼전으로 삼았다. 또한 헌종 비 효현왕후孝顯王后(1828~1843), 순조 비 순원왕후, 철종 비 철인왕후哲仁王后(1837~1878)와 익종 비 신정왕후의 혼전으로도 쓰였다. 1800년 정조가 승하하면서 수렴청정을 하던 정순왕후가 관례를 깨고 정조의 혼전을 문정전 대신 선정전으로 하면서 이후로 순조, 헌종, 철종 혼전은 선정전에서 지내고, 문정전은 더 이상 국왕 혼전으로는 쓰이지 않았다.

사건과 인물

문정전의 네모기둥을 못 마땅히 여긴 광해군 ｜ 창경궁을 중건하면서 정전인 명정전이 동향한 점을 불만으로 여겼던 광해군은 문정전의 기둥이 네모기둥인 점도 못마땅하게 여겼다. 공사가 어느 정도 진행되고 있던 참에 왕은 공사를 담당한 선수도감에 기둥을 명정전처럼 둥근기둥으로 바꾸는 방안을 검토하도록 했다. 그러나 선수도감은 이미 건물이 어느 정도 지어져서 기둥을 고치려면 집을 거의 새로 짓다시피 해야 하고, 또 둥근기둥이 되면 다른 부분들도 함께 커지게 되는데 집 주변이 좁아서 여건이 맞지 않다는 점을 들어 난색을 표했다. 사간원에서도 당초 이 건물을 네모기둥으로 한 예전 사람의 뜻을 존중해야 할 것과 둥근기둥이 사리에 맞지 않는 점을 간했다. 왕은 문정전의 좌향도 명정전처럼 동향을 하는 방안도 검토해보도록 지시했지만, 사간원 등의 간곡한 청에 못 이겨 결국 기둥 문제나 좌향 문제에 대한 주장을 접을 수밖에 없었다.

남편보다 먼저 세상을 뜬 왕비의 혼전 | 왕후가 왕보다 먼저 승하하면 3년상을 마치고도 종묘에 부묘祔廟하지 못하고 왕의 승하를 기다려야 했다. 이런 경우에 문정전은 왕의 승하 때까지 왕후 신주를 모셔놓고 제례를 올리는 장소로 쓰였다. 영조 비 정성왕후는 1757년(영조 33) 나이 66세에 승하했다. 당시 64세였던 영조는 왕비의 빈전은 창덕궁 경훈각에 모시고, 혼전은 동궁 안의 강서원講書院(춘방)으로 삼았으며, 혼전 휘호는 휘령전徽寧殿으로 했다. 그런데 정성왕후가 승하하고 불과 2개월도 지나지 않아서 영조의 정치적 후원자 역할을 하던 대왕대비 인원왕후(숙종 계비)가 71세로 숨을 거두었다. 인원왕후 혼전은 문정전으로 삼고, 전호는 효소전孝昭殿으로 했다. 왕비와 대비의 3년상 기간이 지나고, 인원왕후 신주는 종묘의 숙종 신실에 봉안되었지만, 정성왕후 신주는 남편이 생존해 있으므로 종묘에 부묘할 수 없는 상황이었다. 결국 빈 건물인 문정전에 왕후의 신주를 모시게 되었고, 문정전을 휘령전으로 불렀다. 그런 상태로 17년이 지나 영조가 승하하자, 문정전은 영조의 혼전으로 쓰게 되었고, 정성왕후 신주는 다시 이전에 혼전으로 삼았던 동궁 강서원으로 이전했다가, 영조의 3년상을 마치면서 드디어 두 신주가 함께 종묘에 들어갈 수 있었다.

사도세자의 죽음을 지켜본 문정전 건물 | 문정전 앞마당은 사도세자가 뒤주 속에

갇혀 죽은 비극의 현장으로 알려져 있다. 1762년^(영조 38) 윤달 5월 13일, 세자를 죽이기로 결심한 영조는 정성왕후 신주를 모신 문정전^(휘령전)으로 세자를 불러냈다. 세자가 문정전 뜰에 나오자, 왕은 갑자기 손뼉을 치면서 신하들에게 "여러 신하들 역시 신神의 말을 들었는가? 정성왕후께서 정녕하게 나에게 이르기를, 변란이 호흡 사이에 달려 있다"고 하면서 세자에게 자결하기를 명령했다. 세자가 명을 거두어줄 것을 여러 차례 아뢰고, 신료들도 만류하자, 왕은 세자를 깊이 가두었다고 『영조실록』에 적었다. 깊이 가두었다는 것은 쌀을 담는 뒤주에 가둔 것을 가리킨다. 당시 문정전은 휘령전으로 불리고 있었으며, 강서원에 있던 정성왕후의 신주를 이곳으로 옮긴 지 3년째가 되던 해였다. 왕과 사도세자는 절기에 맞추어 휘령전에 나아가 예를 행했으며, 이날도 왕이 선원전에서 전배한 후에 휘령전으로 나아갔는데, 세자가 미처 당도하지 않은 것을 알고 크게 노하여 불러냈던 것이다. 이날 뒤주에 갇힌 세자는 8일 후 숨을 거두었다. 정성왕후는 사도세자의 생모는 아니지만 모후로 세자의 성장을 지켜보고 매우 아꼈다고 전한다. 그런 모후의 신주를 모신 휘령전 마당에서 세자를 뒤주에 가두어 죽게 한 정황은 납득하기 쉽지 않다.

창경궁 문정전 앞마당은 사도세자가 뒤주에 갇혀 죽은 비극의 현장으로 알려져 있다.

건물

문정전은 비록 편전으로 거의 활용되지는 못했지만, 건축 자체로 보아서는 선정전과 거의 대등한 격식을 갖춘 전각이었다. 다만, 같은 편전인 경복궁의 사정전이나 창덕궁의 선정전이 둥근기둥으로 지어진 데 반하여, 문정전은 둥근기둥보다 격식이 낮은 네모기둥으로 지었다. 창경궁 창건 시에 궁궐의 격식을 경복궁이나 창덕궁보다 낮추어 지었기 때문으로 보인다. 그러나 건물 치장에서는 두 궁궐에 못지않았다. 광해군 때에는 명정전과 문정전의 단청을 칠하는 데 채색 안료를 일부러 중국에서 수입해서 썼다. 안료를 구하려고 의주에 화원을 보냈지만, 국경을 넘지 않고는 구할 수가 없어서 화원이 요동까지 가서야 안료를 구했다는 기사가 『광해군일기』에 보인다. 문정전 내에는 명정전과 동일한 형식의 어탑(어좌)이 설치되어 있었다. 1633년(인조 11) 창경궁 내전 등을 다시 짓는 공사를 기록한 『창경궁수리소의궤』에 의하면, 이때 정전과 편전의 어탑 수리도 있었는데, 문정전 어탑은 오봉산이 그려진 병풍과 용과 봉황으로 치장된 철물 장식이 가미되었고, 용봉과 모란이 그려진 판자가 있는 보개천장寶蓋天障을 갖추었던 것으로 추정된다.

〈동궐도〉나 〈동궐도형〉 등 19세기 이후 자료에 의하면 문정전은 정면 세 칸, 측면 세 칸으로 선정전과 유사한 규모이며 단층 팔작지붕에 건물 앞에 짧은 월대가 마련된 모습이었다. 건물 앞에는 복도각이 건물과 직각 방향으로 다섯 칸 마련되어 있었으며, 그 앞에 다시 직각 방향으로 또 다른 복도각이 그려져 있다. 이 복도각은 문정전이 혼전으로 쓰이면서 제수 등을 배설하기 위해 설치한 것이다. 건물 동쪽에는 세 칸의 전각이 있고, 여기에 잇대서 열두 칸의 긴 월랑이 뻗어서 문정전 일곽을 바깥과 차단하고 있고, 이 월랑의 남쪽에 출입문인 문정문이 놓여 있다. 문정문 동쪽 바깥에는 다시 복도각이 十자 형태로 세워져 있는데, 이것은 혼전으로 쓰일 때 필요로 하는 각종 부속 기능을 수용하기 위한 시설이었다고 짐작된다.

20세기에 들어와 사라졌던 문정전은 1986년 창경궁을 정비하면서 복원되었다. 다만, 전내의 어탑은 낮은 평상 형태로 꾸며져 『창경궁수리소의궤』에서 묘사한 격식에는 미치지 못하는 아쉬움이 있다.

숭문당 | 함인정 | 인양전 | 수령전

인양전(지금 없음)

함인정

수령전(지금 없음)

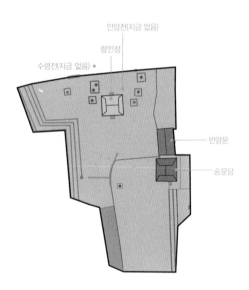

빈양문

숭문당

빈양문을 나서면 넓은 공터가 되고, 공터 북쪽에 네모반듯하고 작은 정자인 함인정이 있다. 또 빈양문 바로 남쪽으로 숭문당이 있다. 숭문당은 왕의 서재이고, 함인정은 왕이 신하들을 불러 가벼운 연회를 열거나 과거에 급제한 사람들을 불러 축하연을 베풀던 곳이다. 숭문당에서도 이따금 신하들을 불러 접견했다. 빈양문 밖 함인정과 숭문당까지는 외부 사람들의 출입을 허용했다. 함인정이 있던 자리에는 17세기 초기까지 인양전이라는 건물이 있었고, 여기도 왕이 신하들을 불러 보던 곳이었는데, 이괄의 난으로 인양전이 불에 탄 후에 인양전을 복구하는 대신에 함인정을 지었다. 함인정은 현재는 넓은 마당에 정자 하나만 외따로 서 있지만, 본래는 함인정 좌우로 행각과 담장이 길게 이어져서 함인정 뒤편부터는 침전 영역이었다. 함인정 뒤는 사람이 함부로 출입할 수 없고, 안쪽을 들여다볼 수도 없었다. 숭문당은 함인정 앞 마당쪽이 건물 정면이 되고, 건물 후면은 낮은 담장이 있고, 담장 너머에 문정전이 있었다. 현재는 이 담장이 사라지고 없기 때문에, 마치 숭문당의 정면이 문정전을 바라보는 동쪽인 듯 잘못 이해할 수 있지만, 동쪽은 어디까지나 건물 뒷면이 된다.

관람 포인트

숭문당의 후면 돌기둥과 아궁이
숭문당은 건물 뒷면은 툇마루를 넓게 내고, 툇마루 아래는 돌기둥을 높게 세웠다. 돌기둥 안쪽 기단 면에는 실내 온돌방을 위한 아궁이가 양쪽에 설치되어 있다. 숭문당은 17세기 초 광해군 당시 창경궁이 복구될 때의 건물 뼈대가 그대로 남은 것으로 추정되는 집이며 돌기둥은 당시의 것으로 여겨지는 유물이다.

함인정 내벽에 걸린 시구
함인정은 내벽 상부에 도연명이 지었다는 「사시」라는 시구가 동서남북에 편액으로 걸려 있다. 영조는 이 건물을 즐겨 이용했고 또 도연명의 시를 즐겨 암송했다고 한다. 근자에 「사시」의 저자는 진(晉)나라의 화가 고개지의 작품으로 정정되었다고 한다.

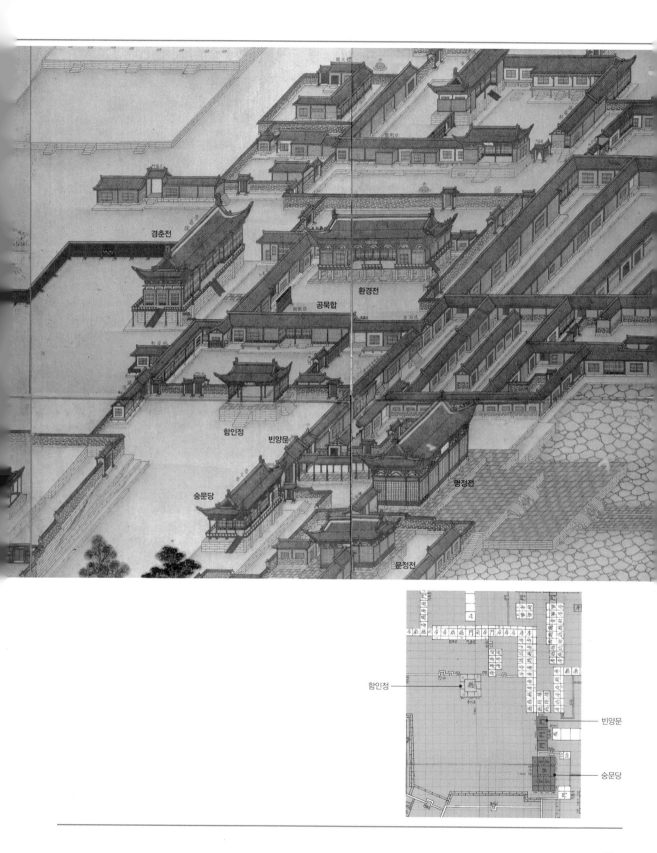

경춘전

환경전

공묵합

함인정

빈양문

숭문당

명정전

문정전

함인정

빈양문

숭문당

숭문당崇文堂

왕의 서재이면서 신하들과 국사를 논하는 곳으로 쓰였다.
후면 기단이 특이하다.

연혁

왕의 서재 건물이다. 단순한 서재라기보다는 왕이 강론을 듣고 신하들을 불러 국사를 의논하는 데 이용되었다. 빈양문 남쪽 근접한 곳이며, 출입은 빈양문 앞마당에서 들어가도록 했다. 편전인 문정전이 담장 하나를 사이에 두고 뒤에 있었다.

창건 시기는 불분명하다. 1633년(인조 11) 창경궁을 수리한『창경궁수리소의궤』에 건물 기사가 나오므로, 늦어도 광해군 때 창경궁이 재건될 때는 숭문당이 존재해 있었음을 알 수 있다. 숭문당이라는 건물명은 창덕궁에 있었으며, 왕의 서재였다고 한다. 이 건물에 화재가 발생하여 1496년(연산군 2)에 건물을 다시 짓고 명칭을 희정당으로 고쳤다. 실록에서는 16세기 말까지도 숭문당 하면 창덕궁의 서재를 지칭하는 경우가 많았다. 광해군 때 창덕궁과 창경궁이 재건되면서, 비로소 숭문당은 창경궁의 전각으로 존재를 분명하게 할 수 있었다. 왕이 창경궁에 머무는 일이 거의 없었기 때문에 숭문당 역시 실제 왕이 서재로 활용하는 경우는 많지 않았다. 다만, 영조는 1746년(영조 22)경부터 1760년(영조 36) 사이에 이 건물을 즐겨 이용했으며, 특히 1757년(영조 33)과 1758년(영조 34) 사이에는 이곳에서 빈번하게 강론을 듣고 신하들과 간단한 국사를 다루었다. 1830년(순조 30) 8월 창경궁 내전에 화재가 발생하면서 숭문당도 불에 탔다가 그해 겨울에 복구되었다. 당시 숭문당은 화재 피해가 크지 않았던 듯 복구가 빨리 이루어졌다. 현재의 숭문당은 이때 수리된 것이다.

창경궁 숭문당의 현판. 영조가 직접 문구를 골라 쓴 것이다.

행사

영조 '일감재자'라는 글을 숭문당에 현판으로 걸다 |
영조는 1746년(영조 22)에서 1760년(영조 36) 사이에 자주 숭문당에서 경연을 하거나 과거 시험을 치렀다. 왕은 숭문이란 당호가 숭유崇儒를 뜻하는 것이라고 강조했으며, 이후에도 자주 고전 강론을 시키고 신하들을 만나 나랏일을 결정했다. 또한 1746년(영조 22)에는 숭문당 마당에서 문과 정시를 치렀다. 1756년(영조 32)에는 『시경』에 나오는 시구 중에 '일감재자'日監在茲를 골라 직접 글씨를 쓰고, 이를 현판에 새겨서 실내에 걸도록 했다. 일감재자는 "날마다 살피기에 힘쓴다"는 의미로 풀이된다. 현판의 글에 대해 영조는 "나는 어려서부터 옷을 입을 때 띠를 매지 않은 적이 없고, 앉을 때 동쪽을 등지지 않으니 동쪽은 해가 떠오르는 곳이기 때문"이라는 설명을 하여 매일을 경계하는 뜻을 밝혔다.

의소세손을 품에 안고 숭문당에서 세자 책봉을 한 영조 ｜ 1750년 나이 57세에 영조는 첫 손자(정조의 형)를 보았다. 사도세자의 첫아들, 즉 첫 손자를 보자 각별히 사랑하여 이듬해 세손에 책봉되자 왕이 직접 품에 안고 숭문당에서 책봉 의식을 치렀다. 그러나 이렇게 애지중지하던 세손은 이듬해인 1752년에 불과 나이 세 살로 숨을 거두었는데, 이때 영조는 숭문당에 나가서 시호諡號를 '의소'라 짓고 손자를 잃은 슬픔에 겨워 "지극한 사랑으로 어린이를 안고서 오직 열성조의 도우심에 감사했고, 큰 책임 물려줄 곳이 있으니 거의 종사의 걱정이 없음을 다짐할 수 있었다. 무슨 일로 국운이 침체의 운수를 당하여, 내 손자를 죽게 했더란 말인가" 하는 글을 지었다.

창경궁 숭문당 전경과 실내

건물

　정면 세 칸 반에 측면 네 칸이다. 건물이 서 있는 지형이 약간 경사졌기 때문에 정면은 지면에서 높이 차이가 없지만, 후면은 장대석 석축을 4단 쌓고 다시 돌기둥을 세워서 높이를 맞추었다. 평면은 중앙에 대청 한 칸이 놓이고, 좌우에 온돌방 각 한 칸이 있고, 남쪽으로 반 칸의 툇간이 덧달린 모습이며, 진면과 후면에도 툇간이 있다. 정면의 출입구는 대청이 있는 가운데 칸이다. 이 건물의 가장 큰 특징은 후면에 있다. 후면은 돌기둥 다섯 개가 열 지어 서고, 기둥 안쪽으로 장대석 기단이 짜이면서 기단 면에 좌우 온돌방의 아궁이가 마련되어 있다. 돌기둥 위로는 툇마루가 길게 이어지고, 툇마루 끝은 난간이 설치되었다. 18세기 이전 궁궐 침전의 온돌방 기단과 아궁이 모습이 19세기까지 남은 드문 사례이다.

　이 건물은 17세기 이후 왕의 서재가 어떤 형식을 취하고 있는지를 보여준다는 점에서 건축적 가치가 크다. 본래 숭문당과 문정전 사이는 담장으로 가로막혀 있었지만, 지금은 담장이 없어지고 트여 있다. 현재 숭문당의 현판은 건물 동편에 걸려 있지만, 이것은 담장이 제거된 뒤 현재의 상황에 맞추어 설치된 것으로 본래의 위치는 서쪽 대청 출입구 위이다.

함인정 涵仁亭

왕이 신하들에게 연회를
베풀던 곳이다.

연혁

　왕이 강론을 듣고 신하들에게 작은 연회를 베풀던 곳으로, 숭문당과 비슷한 용도지만 쓰임새가 좀 더 다양했다. 정자 앞 넓은 마당에서 유생들의 과거 시험이 치러지고, 합격자들을 함인정에 불러 술을 내리기도 하고, 공로가 있는 신하들을 위로하는 등 정치적인 장소로 적극 활용되었다.

함인정이 지어진 것은 1633년(인조 11)이었다. 함인정이 지어진 자리에는 본래 인양전이 있었다. 인양전은 창경궁이 창건될 때부터 있었던 유서 깊은 전각이었으며, 이곳에서 왕이 신하들에게 연회를 베풀어준 기사가 16세기, 실록에 보인다. 광해군 때 창경궁이 재건될 때도 지어졌다. 그러나 이괄의 난으로 창경궁 내전이 소실되면서 함께 불에 탄 후 1633년(인조 11) 창경궁이 재건될 때 인양전은 지어지지 않고 대신 그 자리 부근에 함인정이 들어섰다. 인양전을 복구하지 않고 함인정을 대신 세우게 된 배경은 잘 알 수 없다.

1757년(영조 33) 인원왕후 승하 후 통명전에 빈전을 차리고 왕이 머물며 곡하는 거려居廬를 통명전 옆에 마련하면서 왕은 함인정에서 자주 신하들을 보았으며, 문정전이 인원왕후 혼전이 된 후에도 함인정의 출입이 잦았다. 1830년(순조 30) 내전에서 화재가 일어났을 때 소실되었다가, 1834년(순조 34) 다시 지어졌으며, 현재의 건물은 당시의 것이다.

함인정 뒤로는 환경전, 경춘전, 통명전 등 창경궁 내전의 중요 전각들이 모여 있다. 이곳은 일반 관리들이 함부로 출입할 수 없는 곳이었으며 당연히 함인정 좌우로는 길게 담장이 쳐져서 엄격하게 출입이 제한되었다. 함인정 서쪽의 홍인문은 내전으로 들어가는 통용문이었으며, 이곳은 특별히 경비가 엄했다. 함인정 앞은 넓은 마당이 펼쳐져 있다. 이 마당 어디인가에는 조선 초기 창경궁을 창건하게 된 계기가 된 세조 비 정희왕후를 위하여 지었던 수령전이 있었다고 짐작된다. 함인정 서남쪽 언덕에는 숙종 때 지은 취운정이 있어서 함인정에서 취운정으로 통할 수 있었다. 취운정 동쪽은 화계가 꾸며지고, 취운문이 있다. 지금은 취운문 서쪽이 창덕궁에 속해 있지만, 조선 시대에는 취운정까지가 창경궁에 속해 있었다. 또 함인정 남쪽 마당은 담장이 길게 이어지고 한가운데 보화문이 나 있었다.

이처럼 함인정과 그 앞마당은 조선 시대에는 각종 궁중 행사가 벌어지고, 취운정까지 연결되어 빼어난 휴식처로 역대 왕의 사랑을 받았다. 그러나 일제강점기에 들어오면서 함인정 좌우 담장이 철거되어 정자만 마당 한가운데 외따로 서 있는 모습이 되었다. 또한 마당 한가운데 각종 동·식물의 표본을 전시하는 '표본박물관'이라는 3층의 서양식 건물이 지어져 경관을 완전히 잃고 말았다. 이 박물관 건물은 1986년에 철거되었지만, 그 터는 철거 이전의 본래 모습으로 회복되지 못하고 빈 마당으로 남았다. 함인정 주변의 담장도 여전히 복구되지 못하고 있고, 취운정과도 연결이 끊겨져 있다. 아직도 함인정 일대는 조선 시대 창경궁의 가장 돋보이던 경관을 회복하지 못하고 있는 상태이다.

행사와 사건 · 인물

개성 사람 50명이 함인정에 나와서 밀과를 선물 받다 | 함인정은 숙종 이전까지는 그곳을 이용한 기사가 잘 보이지 않고, 숙종이 첫 번째 왕비 인경왕후仁敬王后(1661~1680) 승하 후 이곳에서 곡림했다는 기사가 『승정원일기』에 있는 정도였지만, 영조 대에 와서 빈번하게 관련 기사가 나타난다.

영조는 1732년(영조 8)에 함인정에서 예조판서 등을 불러 제례 절차 등을 논의했으며, 이후 수시로 이 건물에 나와 신하들을 만나고 이따금 연회도 열었다. 1743년(영조 19)에 사도세자가 관례를 마치고 함인정에서 왕을 알현한 일을 비롯해서 1750년(영조 26) 이후로는 함인정에서 과거 시험 합격자를 소견하고, 유생들에게 과거 시험을 보이고, 생원 진사시의 합격자 발표를 하는 등 함인정을 적극 활용했다.

1757년(영조 33) 인원왕후가 승하했을 때, 개성부에 살던 백성 50명이 왕후의 재궁을 메기 위해 스스로 도성에 왔다. 왕이 이를 기특하게 여겨 이들을 함인정에 불렀다. 개성 사람들이 왕후의 재궁을 멘 일은 1680년(숙종 6) 인경왕후 승하 때 있던 일인데, 이번에 다시 재연한 것이다. 왕은 이들에게 특별히 왕실에 남아 있던 밀과密果(과자의 일종)를 주도록 하고 1년 동안은 다른 부역도 면제하도록 했다. 민간인 50명이 어떻게 함인정 마당까지 진입했는지 기록에는 없지만, 보통은 홍화문에서 북월랑 위 금천을 건너 만팔문, 천오문을 거치면 다른 건물을 통하지 않고 쉽게 접근할 수 있었다.

함인정에 걸린 도연명의 '사시' 시구 | 도연명은 남북조 시대의 시인이다. 「귀거래사」

로 잘 알려진 도연명의 시는 중국은 물론 우리나라와 일본에서 널리 애송되었다. 도연명의 시를 모은 시집은 조선 시대 사대부들은 물론 왕실에서도 즐겨 낭송되었다. 특히, 영조는 도연명의 시를 좋아했으며 그의 「귀거래사」를 왕위에 오르기 전부터 즐겼다고 술회했다. 함인정 실내의 고주 상부 사이 벽마다 사방에 편액이 걸려 있는데, 도연명이 사계절의 모습을 읊은 사시四時 시구가 적혀 있다. 춘하추동 네 계절의 특징을 오언고시체로 읊은 이 시구가 언제부터 함인정에 걸리게 되었는지는 확인이 잘 안 되지만, 도연명의 시를 즐겨 읊었던 역대 왕들의 취향을 엿볼 수 있다. 이 시의 작자에 대해서 근래에는 진나라의 화가 고개지로 정정되는 분위기인 듯하지만 적어도 조선 후기 왕실에서는 도연명의 시로 널리 받아들여졌다.

건물

『궁궐지』에는 함인정이 1633년(인조 11) 인경궁의 함인당을 뜯어서 옮겨 지은 것이라고 적었으며, 함인정을 두고 지은 영조의 글이나 1834년의 「함인정중건상량문」도 같은 내용을 담고 있다. 그러나 1633년(인조 11) 창경궁 재건을 기록한 당대의 사료인 『창경궁수리소의궤』에는 다른 내용이 적혀 있다. 즉, 함인정이 인경궁 경수전 후행각 다섯 칸의 자재를 옮겨서 다섯 칸을 짓고, 나머지 네 칸 분은 새로 만들어지었다고 적혀 있는 것이다.

창경궁 함인정 전경과 실내

『창경궁수리소의궤』는 공사 당시의 기록인 만큼 영조의 함인정 관련 글이나 『궁궐지』의 기록보다는 신빙성이 더 높다고 여겨지며 따라서 함인정은 인경궁에서 경수전 후행각 등을 옮겨와서 지었다고 보는 것이 옳을 것이다.

1633년(인조 11)에 지어진 함인정 모습은 〈동궐도〉에 묘사되어 있다. 〈동궐도〉 그림에 의하면 함인정은 6단의 장대석 기단을 높게 쌓은 위에 정면 세 칸, 측면 세 칸의 건물로 실내 중앙에는 기둥 간격이 넓은 한 칸의 중앙부가 있는데, 이곳은 바닥도 한 단 높게 꾸며진 모습을 보여준다. 또 건물 남쪽 벽은 개방되어 있고, 좌우 측면은 세살분합이 설치된 모습이다. 지붕은 팔작지붕이다. 기단에는 정면과 양 측면에 계단이 설치되어 함인정에서 행사가 치러질 때 세 방향에서 사람들이 건물에 오를 수 있도록 해서 이 건물이 비록 작은 정자지만 여기에서 비중 있는 행사가 치러졌음을 보여준다. 건물 좌우로는 담장이 길게 이어져 건물 뒤편의 출입을 엄격히 차단하고 있다. 이후 함인정은 1830년 창경궁 화재로 소실되고 1834년에 와서 복구되었으며, 이때 복구된 건물이 지금까지 남아 있다. 즉, 정면, 측면 각 세 칸에 내부 고주가 바깥보다 넓은 폭으로 가운데 한 칸을 형성하고 있고, 이 부분의 바닥이 한 단 높은 모습이다. 팔작지붕에 기둥 위에는 19세기 시대 특징을 지닌 날렵한 쇠서에 곡선 치장이 많은 익공식 공포가 짜여 있다. 본래는 측면과 후면에 창호가 설치되어 있었지만, 현재는 모두 개방된 상태다.

인양전仁陽殿

창경궁 창건 시 국왕이
연회를 여는 데 쓰도록 지었다.

(지금 없음)

함인정이 있는 자리에는 인양전이 있었다. 창경궁이 창건되던 1484년(성종 15)에 세워졌다. 당초 인양전이 어떤 용도를 위해 지어졌는지는 불분명하지만, 명정전 후문인 빈양문에서 가장 가까운 위치에 있었고, 또 창경궁의 다른 내전 전각들이 모두 인양전 뒤편에 지어진 점을 고려할 때 명정전의 조하 후에 왕이 신하들과 연회를 여는 장소로 삼았던 것은 아닐까 추측된다 .『궁궐지』에는 인양전의 북쪽에 수령전이 있다고 적었다. 또한 그 북쪽에 환경전, 경춘전, 통명전이 있었다. 따라서 인양전은 창경궁 내전 전각 가운데 는 가장 남쪽에 있던 전각이라고 볼 수 있다.

『성종실록』에는 1486년(성종 17) 인수대비가 인양전에서 친족에게 잔치를 열었으며, 또 그해에 왕이 인양전에 나아가 종친과 연회를 열고 기녀와 악공이 풍악을 울렸다고 했 다. 이후에도 실록에는 왕이 인양전에서 그믐날 잡신을 쫓기 위해 베푸는 나희를 구경했 다는 기사가 자주 보여서 이 건물이 왕이 종친이나 신하에게 연회를 열고 나희를 함께 구 경하는 데 쓰였음을 알 수 있다.『광해군일기』에는 창경궁을 중건하면서 인양전을 세우 는 기사가 보이고, 또 세자에게 내전의 책보를 인양전에서 받도록 하라는 왕명도 언급되 어 있다.

| 수령전壽寧殿 | 창경궁 창건 시 대비 처소로 지어졌지만
17세기 이후 사라졌다. | (지금 없음) |

창경궁이 창건될 때 인양전의 북쪽에 지었다고 한다.『성종실록』에 의하면, 창경 궁 창건 시에 수령전, 인양전, 경춘전, 환경전, 통명전 등 다섯 채의 전각이 있었다고 했 다. 목숨 수壽, 안녕할 령寧 자가 들어간 전각명으로 미루어 수령전은 세조 비 정희왕후를 위해 지은 것으로 판단된다. 수령전이나 인양전은 창경궁이 창건될 시점에는 내전의 가장 핵심이 되는 곳이었다고 볼 수 있다. 숙종 때 편찬한『어제궁궐지』에는 수령전이 지금은 없으며 계유년에 철거했다고 적었다. 계유년은 광해군 때 복구된 창경궁이 이괄의 난으 로 소실되었다가 다시 재건된 1633년(인조 11)을 가리키는 것으로 보인다.

환경전 | 공묵합 | 경춘전 | 가효당 | 통명전 |
통명전 연지와 열천 | 장춘각 | 여휘당 | 체원합 |
연희당 | 연경당 | 연춘헌

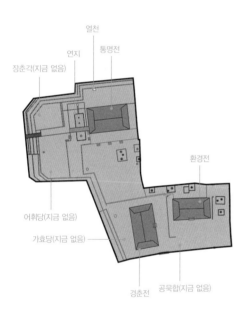

함인정의 바로 북쪽 가까이에 환경전 정면 일곱 칸의 번듯한 전각이 남향해 서 있고, 환경전의 서쪽에 직각 방향으로 동향해서 경춘전이 있다. 경춘전에서 북쪽으로 조금 떨어진 곳에 통명전이 남향해 있다. 이 세 건물은 현재 창경궁에 남아 있는 침전의 전각들이다. 본래는 각 전각 주변에 행랑들이 빼곡하게 들어서 있어서 지금처럼 훤히 바라다볼 수 있는 모습이 아니었고, 한 전각에서 다른 전각으로는 몇 개의 출입문을 통과하지 않고는 쉽게 이동하기도 어려웠다. 이런 행랑에는 상궁이나 나인들이 상시 머물며 침전에 거주하는 사람의 수발을 들었다.

용도로 보면, 환경전은 주로 왕이 이용했고, 통명전은 대비가 이용하는 경우가 많았다. 경춘전은 주로 여성들이 사용했는데, 왕비가 이용하거나 세자빈 또는 왕의 어머니가 되는 후궁이 거처하는 경우도 있었다. 세 전각 가운데 가장 격식을 갖춘 곳은 가장 후방에 있는 통명전이었다. 통명전 지붕에 용마루가 없는 점이 이 건물이 격식이 가장 높았음을 말해준다. 통명전 서쪽에는 네모반듯한 연지가 있고, 주변은 돌을 정교하게 다듬어 난간을 꾸몄다. 또 연지 북쪽 화계 아래는 시원한 샘물이 나오는 열천이 있다.

관람 포인트

금빛 찬란한 통명전 현판
현재 통명전에는 건물 정면 처마 밑과 실내 대청마루 중앙 상부에 두 개의 현판이 걸려 있다. 어느 것이나 검은 바탕에 금빛으로 통명전이라는 세 글자가 힘 있는 필체로 써 있다. 실내 대청 위에 있는 현판은 순조의 어필로 금빛이 광채를 발하여 햇빛이 대청마루를 비치면 현판에 반사된 빛이 실내 전체를 어른거린다.

환경전 주변 우물들
왕실 가족과 이들을 수발드는 많은 사람이 거주하는 침전 주변에서 꼭 필요한 것 중 하나가 마실 물이다. 이를 얻기 위해 궁궐 내전 곳곳에는 우물이 반드시 있었는데, 궁궐 중에도 특히 창경궁은 우물이 많고 또 지금까지 잘 남아 있다. 환경전 뒤에도 큼직한 돌로 테두리를 두른 큰 우물이 있다.

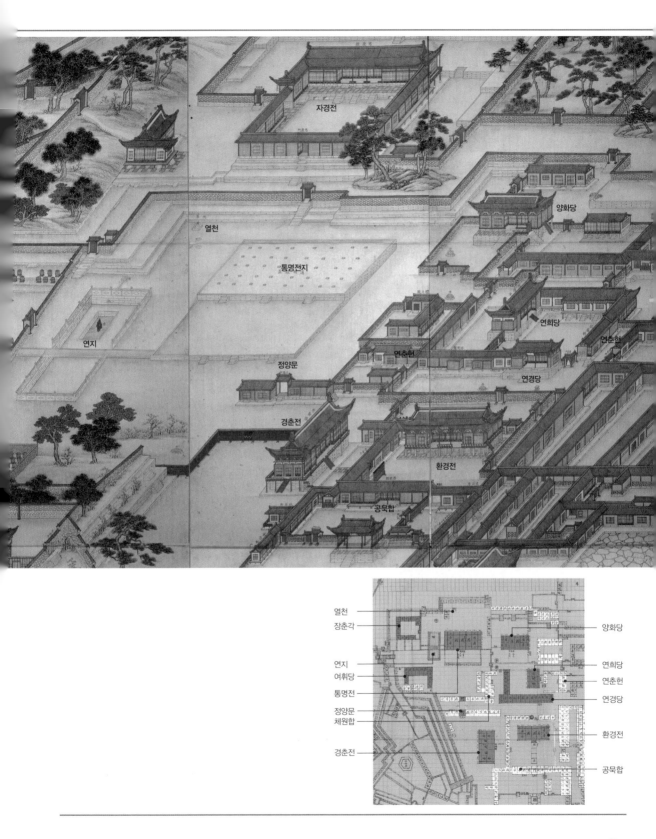

자경전

열천

통명전지

연지

양화당

연희당

연춘헌

연춘헌

연경당

정양문

경춘전

환경전

공묵합

열천
장춘각

연지
여휘당
통명전
정양문
체원합

경춘전

양화당

연희당
연춘헌
연경당

환경전

공묵합

환경전歡慶殿

왕의 침전으로 지어졌지만
실제로는 빈전이나 혼전으로 자주 쓰였다.

연혁

환경歡慶은 '기쁘고 경사스럽다'는 뜻이다. 이곳은 주로 왕의 처소로 쓰였다. 중종이 이곳에서 승하했다고 하며, 인조 때는 왕세자 신분으로 청나라에 볼모로 잡혀 있다가 귀국한 소현세자가 이곳을 거처로 삼고 있다가 갑작스런 죽음을 맞았다. 영조는 자주 환경전에 나와서 대신들을 만나고, 비변사 당상과 시급한 나랏일을 처리하기도 했다. 또 1746년(영조 22)에는 이 건물에서 『시경』에 나오는 숙흥야매잠夙興夜寐箴, 즉 "일찍 일어나고 늦게 잠자리에 들어 부지런히 일한다"라는 글을 강론하고 그 서문을 지어서 이를 출간하도록 명했다.

영조 때를 제외하고는 17세기 이후 왕이 환경전을 적극 사용한 사례는 드물다. 대신 이 전각은 왕실의 흉례, 즉 장례 의례와 관련이 깊다. 그 첫 사례는 1575년(선조 8) 인순왕후 승하에 따라 통명전을 빈전으로 삼자, 왕이 환경전을 거려처로 삼은 일을 들 수 있다. 이후 17세기에 와서 창덕궁이 법궁이 되자, 환경전은 주로 왕비, 왕대비의 국장 때 빈전으로 사용되었다. 인조 비 장렬왕후, 숙종 비 인현왕후, 영조 비 정순왕후, 정조 비 효의왕후孝懿王后(1753~1821) 빈전이 이곳에 모셨다. 순조 때는 효명세자 생모인 수빈 박씨 빈소도 이곳에 모셨다.

환경전은 이따금 신주를 모신 혼전으로도 쓰였다. 1674년 현종이 승하하자 이곳을 혼전으로 정했으며, 이후 숙종 비 인경왕후 혼전으로 삼았다. 또한 1800년 이후에는 국왕의 빈전으로도 쓰였다. 본래 국왕의 빈전은 선정전을 이용하는 것이 관례였지만, 정조가 승하하자 정순왕후는 관례를 깨고 빈전을 환경전으로 정했고, 이후로 헌종, 철종의 빈전도 이곳으로 삼았다.

창경궁 창건 때 지어졌으나 임진왜란으로 소실되었다가 광해군 때 재건되었으며 이괄의 난으로 다시 전소되었다. 복구는 1633년(인조 11)에 이루어졌다. 1830년 효명세자가 죽자 그 재궁을 모신 빈궁으로 쓰는 와중에 화재가 발생하여 전소되었다. 이때 인근 경춘전은 물론 통명전, 양화당 등이 모두 불에 탔다. 건물은 4년이 지난 1834년에 재건되었으며, 그때 건물이 지금까지 남아 있다.

사건과 인물

환경전 빈전으로 야기된 순조와 신하들의 대립 | 1822년^(순조 22) 12월, 순조의 생모 가순궁 수빈 박씨가 서거했다. 가순궁은 정조의 후궁이었다. 생모에게 각별한 정을 기울였던 순조는 가순궁의 빈궁을 환경전으로 하라고 명하고 장례를 준비하도록 했다. 후궁의 빈전을 환경전으로 한 일은 이전에 없던 파격이었다. 며칠 후 관원 두 사람이 후궁 빈궁을 환경전으로 하는 일을 거두도록 상소를 올렸다. 진노한 왕은 두 사람을 삼수와 갑산으로 귀양 조처했다. 이를 부당하다고 대사헌이 아뢰자, 바로 파직했다. 대신을 비롯해서 홍문관 관원 등이 들고일어나 왕의 조치가 지나치다고 아뢰었지만, 왕은 물러서지 않았다. 나이 어려 왕위에 오른 순조는 외척 안동 김씨를 비롯한 대신들에게 정치를 맡기고 자신의 뜻을 강하게 펴지 않는 편이었지만 생모의 장례에 있어서는 단호한 자세를 보였다. 결국 신하들이 물러섰다. 뒤이어 왕은 가순궁의 혼전을 대내 도총부로 정했다. 그러자 다시금 신하들이 후궁 혼전은 궐 밖에 모셔야 한다는 전례를 들어 반대했지만, 역시 강경한 왕의 뜻을 꺾지 못했다. 수빈 박씨 묘소는 휘경원이라 해서 동대문^(지금의 휘경동)에 모셨는데, 후에 터가 좋지 않다 하여 양주로 이장했다가 다시 고양 서삼릉에 옮겼다.

효명세자 빈전의 화재 | 1830년 5월, 순조는 대리청정을 하다가 나이 22세에 갑자기 숨을 거둔 아들 효명세자의 빈궁을 환경전으로 정했다. 왕세자의 빈궁을 환경전으로 삼은 일 역시 전례가 거의 없었지만, 당시 세자는 국왕을 대신해서 대리청정을 하고 있었기 때문에 문제 삼는 관원은 없었다. 그러나 빈전을 차린 지 두 달이 지난 7월에 환경전 정자각 지붕에 원인을 알 수 없는 불이 붙으면서 건물이 전소하고 말았다. 다행히 연

기와 화염 속을 군사들이 뛰어들어가 재궁을 꺼내와서 시신은 수습할 수 있었다고 한다. 이 화재로 창경궁 내전이 모두 불에 타버렸고, 인조 때 다시 지었던 내전 건물은 모두 사라지고 말았다.

건물

현재의 환경전은 정면 일곱 칸, 측면 네 칸에 가운데 세 칸을 대청으로 하고, 좌우에 온돌방을 갖추고, 사면에 퇴가 돌아간 모습이다. 1834년(순조 34)에 다시 지어진 건물이 지금까지 이어오고 있으며, 건물 규모는 1633년(인조 11)에 다시 지어질 때와 동일하다.

환경전을 둘러쌌던 행랑들은 시대 변화에 따라 끊임없이 달라졌다. 인조 때 환경전에는 동월랑이 열한 칸, 남월랑이 열세 칸, 서월랑이 열두 칸이 있다고 했다. 그러나 〈동궐도〉에는 남월랑에 해당하는 곳에 공묵합 여덟 칸과 그 동쪽에 소주방이 그려져 있고, 동월랑 대신에 긴 담장이 있고, 출입문이 남북 두 곳에 그려져 있다. 서쪽은 환경전에서 서쪽으로 낮은 지붕을 한 건물이 연접해 있고, 남쪽으로 월랑이 여섯 칸 정도 뻗어 있고 가운데는 집의문이라고 표기된 모습이다. 환경전 북쪽도 담장이 길게 가로놓여 있다. 〈동궐도〉는 1633년 다시 지어질 때와 200년 정도 시차가 있으므로 그 사이 환경전은 모습을 그대로 유지했지만, 주변 월랑은 변화가 있었음을 시사한다. 한편 〈동궐도형〉에는 이전에 없던 복도각 네 칸이 환경전 남쪽에 직각 방향으로 그려져 있다. 이 복도각은 환경전을 효명세자 빈전으로 쓰면서 설치한 것으로 보인다. 현재는 복도각은 없다.

창경궁 환경전 기단의 아궁이

창경궁 환경전 실내

기단부의 구조 역시 변화를 보인다. 〈동궐도〉의 환경전 기단은 대조전 등과 마찬가지로 돌기둥이 열 지어 세워지고, 그 안쪽에 기단 면이 있고, 좌우에 하나씩 아궁이가 묘사되어 있다. 이것은 18세기 이전의 궁궐에서 볼 수 있는 침전 기단 형태를 갖춘 모습이다. 그러나 1834년 재건 이후에는 기단이 단지 장대석을 여러 단 쌓은 단순한 형태로 바뀌고 기단 면 좌우에 아궁이가 하나씩 뚫린 모습이다. 이런 방식의 기단은 경복궁의 침전인 자경전에서 처음 나타난 것으로, 19세기에 새로 지어진 침전에서 널리 보이는 모습이다.

환경전 주변의 행각은 일제강점기에 모두 사라졌다. 또한 환경전 자체도 전시장으로 활용되면서 실내 창호 등은 모두 철거되고 말았다. 1980년대 말에 와서 내부를 예전의 모습으로 복구했지만, 왕이 거처하던 환경전의 본래 모습과는 거리가 먼 단지 집의 뼈대만 갖추어놓은 상태이다. 지난 2010년에 전면 대청 부분 창호를 1834년 중건 당시의 형태로 복원하고, 실내 변형되었던 실내 온돌방도 복구했다. 다만, 실내 창호는 미복원 상태로 두었다.

공묵합恭黙閣

숙종 계비 인원왕후 국장 시
영조가 이곳에 거처하면서 건물 이름을 지었다.

(지금 없음)

환경전 남행각이다. 1757년(영조 33) 인원왕후가 승하하자 모후를 각별하게 모셨던 영조는 예외적으로 격식을 높여 통명전을 빈전으로 정하고, 자신의 거려처를 환경전 남행각으로 삼았다. 그러면서 그곳에 당호를 짓기를 공묵합이라 하고, 현판은 걸되 테두리 장식을 하지 말고, 또한 글씨도 대자大字로 하지 말도록 지시했다. 인원왕후 발인 후에는 혼전을 문정전으로 했는데, 3년상 동안 왕은 계속 공묵합에 머물면서 이곳에서 신하들을 불러 나랏일을 처리하곤 했다.

공묵합은 정면 일곱 칸에 측면은 두 칸으로, 전체는 열네 칸 정도 되는 건물이다. 〈동궐도〉에는 가운데 두 칸이 남쪽으로 개방된 마루가 놓인 것으로 묘사되어 있고, 마루 서쪽 두 칸에는 툇마루가 그려져 있다. 20세기 초 창경궁 내전의 행각을 모두 철거하면서 공묵합도 사라지고 지금은 건물 자취를 찾아볼 수 없다.

경춘전景春殿

> 왕비나 대비가
> 머무는 데 쓰였다.

연혁

경춘은 볕 경景 자에 봄 춘春 자를 써서 '햇볕 따뜻한 봄'이라는 뜻으로 풀이된다. 왕비나 그에 준하는 신분의 여성 및 대비가 일시적으로 머무는 곳으로 쓰였다. 경춘전은 환경전의 서쪽에 자리했다. 환경전이 남향한 것과 달리 경춘전은 동향해서 지어졌다. 따라서 환경전과는 직각 방향을 이루었다. 환경전과 경춘전 사이에는 행랑이 가로놓여서 두 전각을 구분 지었다. 성종의 생모인 덕종 비 인수대비가 이 건물에서 승하했다. 숙종 비 인현왕후도 이곳에서 숨을 거두었고, 정조의 생모 혜경궁 홍씨도 여기서 승하했다. 영조의 첫 손자였던 의소세손과 둘째 정조가 경춘전에서 태어나고, 헌종도 여기서 태어났다. 이처럼 경춘전은 대비나 왕비가 거처하거나 세자빈이 회임하여 이곳을 처소를 삼고 있다가 왕자를 낳는 등 주로 왕실 여성들이 거처하는 일이 잦았다. 그러나 명종은 이곳에 나와 신하들을 만나보았고, 인조는 아들 숭선군을 위해 여기서 처녀 간택을 지켜보는 등 드물지만 국왕이 이 건물에 나오는 일도 있었다. 순조가 지은 「가효당율부」에 의하면 경춘전 서쪽에 있던 작은 전각인 가효당佳孝堂에 혜경궁이 한동안 거처했음을 알 수 있다.

창경궁 창건 시 지어졌으며, 임진왜란 후 복구되었다가, 이괄의 난에 소실되고 인조 때 재건되었다가, 다시 1830년 환경전이 소실될 때 함께 연소되었다가 1834년(순조 34) 재건되어 현재에 이르고 있다.

사건과 인물

순조가 어릴 때 경춘전 동쪽 벽에 용 그림이 있는 것을 보고 할머니 혜경궁에게 물으니, 눈물을 흘리며 그림은 경모궁^(사도세자를 가리킴)이 그린 것이라고 알려주었다는 내용이 있다. 정조가 태어나던 전날 밤 경모궁 꿈에 용이 혜경궁 침실에 들어온 것을 보고 그린 것이라는 내력을 적었다. 정조가 이곳에서 태어난 일에 대해서는 정조와 순조의 「경춘전기」에 상세하며 전문이 『궁궐지』에 실려 있다. 정조의 글에는 부친 사도세자가 이 건물에 거처했다는 사실을 적고, 또 자신이 여기서 태어난 일을 밝히면서, 집을 수리하지 않으면 안 되었지만 서까래 몇 개만 바꾸고 비뚤어진 초석을 바로 하는데 그쳤는데 옛 모습을 남겨 추모하는 감정이 깃들게 하려고 했다고 적었다. 공사가 끝났을 때 '탄생전' 세 글자를 써서 문틀 위에 현판을 걸게 하였다고 했다.

건물

정면 일곱 칸, 측면 네 칸에 가운데 대청 세 칸에 좌우 온돌방이 있고, 사방에 툇간이 돌아가는 모습이다. 장대석 기단에 좌우 아궁이가 측면에 있다. 건물 자체는 평범

창경궁 환경전과 경춘전

한 궁궐 내전 전각의 형식을 취하고 있다. 기둥은 네모기둥이며 기둥머리에 전형적인 19세기 중엽의 시대 특징을 갖춘 익공이 짜여 있다.

1633년^(인조 11) 중건 당시 경춘전 규모는 『창경궁수리소의궤』에 몸체 다섯 칸에 사면에 퇴가 있어서 합하여 스물여덟 칸이라고 하여 인근 환경전과 동일하다고 적었다. 이때는 남월랑 열 칸이 있었고 월랑에는 집서문 한 칸이 갖추어져 있었다. 〈동궐도〉에는 경춘전이 동향해서 서 있고, 그 남쪽으로 공묵합의 서쪽 끝에서 남북 방향으로 월랑이 일곱 칸 정도가 놓여서 함인정 서쪽 담장과 연결된 모습을 보여준다. 집서문은 함인정 담장과 만나는 지점에 있다. 또 남월랑의 중간쯤에 순역헌이라는 두 칸 정도의 부속채가 남향해서 서 있었다.

1834년 다시 지어진 경춘전은 건물 규모나 내부 실의 배치는 이전과 같았지만, 기단부는 환경전과 마찬가지로 돌기둥이 선 모습이었다가, 재건 후에는 장대석 기단으로 변모되고, 좌우에 아궁이가 기단 측면에 설치된 모습이다. 경춘전의 서쪽은 뒷마당이 펼쳐지고 끝은 장대석으로 꾸민 화계가 남북 방향으로 길게 이어진다. 화계 뒤는 경사가 되면서 낙선재의 후원으로 연결된다. 과거 경춘전에 왕비나 대비가 머물 때는 화계에 계절의 변화를 음미할 수 있는 갖가지 꽃들이 피어났을 것으로 짐작된다.

일제강점기에 들어와 창경궁이 일반인들의 공원으로 변모하면서 경춘전도 크게 달라질 수밖에 없었다. 주변의 행각이나 부속 건물이 사라지고 단지 경춘전 건물만 남았다. 건물 내부의 대청마루와 온돌방을 나누던 장지를 비롯한 각종 창호는 다 제거되고, 실내 바닥을 모두 마루로 교체한 뒤에 이곳은 국화 전시를 비롯한 각종 전시장으로 활용되었다. 이런 상황은 1970년대까지도 이어졌다. 경춘전은 1995년에 1834년 재건된 모습을 기준으로 복원이 추진되었으며, 현재는 실내 대청마루와 온돌방이 복구되고 장지문이나 분합이 설치되고, 외벽은 하부에 머름을 댄 사분합세살문이 설치되었다. 또한 각 분합문 상부에는 고창이 설치되어 내부 채광을 보탤 수 있도록 했다.

가효당佳孝堂

혜경궁 홍씨가 잠시 머무르던 곳이다.
영조가 혜경궁을 위해 직접 당호를 썼다.

(지금 없음)

사도세자의 비극이 있은 후 부인 혜경궁 홍씨가 거처하던 작은 전각으로, 『궁궐지』에 경춘전 서쪽에 있다고 했다. 순조가 지은 「가효당율부」는 이 집에서 지낸 혜경궁의 효심과 덕을 찬양한 글이다. 글 서두에 가효당이 건물이 크고 높으며 단청은 하지 않았다고 적었다. 영조는 사건 이후 가효당에 와서 혜경궁을 위로하며 "네 효심을 오늘 갚아써주겠다"고 하면서 '가효당佳孝堂'이라는 글씨를 써서 현판으로 달게 했다고 『한중록』에 기록되어 있다. 『한중록』에는 가효당이 경춘전의 남쪽에 있는 낮은 집이라고 해서, 경춘전 서쪽에 있다고 한 『궁궐지』와 다르다. 실제 거주했던 혜경궁의 기록이 더 정확하다고 보면, 경춘전 남월랑의 일부를 지칭했을 가능성도 있다.

정조는 즉위 후 혜경궁을 위해 자경전을 짓고 모친을 그곳에서 지내도록 했는데 혜경궁은 가효당 현판을 자경전 상방 창문 위에 걸어두고 지냈다고 『한중록』에 적었다. 따라서 가효당 현판은 혜경궁이 자경전으로 거처를 옮기면서 함께 옮겨졌음을 알 수 있다. 가효당이 경춘전 주변에 독립된 전각이었는지 아니면 남월랑의 일부였는지는 잘 알 수 없다.

통명전通明殿

창경궁의 내정전이다. 건물 앞에 행사를 위한 월대가 있고 지붕은 용마루를 두지 않아 격식을 높였다.

(보물 제818호)

연혁

창경궁 내전의 여러 전각들 가운데서도 가장 으뜸 되는 건물이다. 『궁궐지』에서 창경궁의 내정전이라고 정의했다. 내정전이라면 왕과 왕비가 거처하는 전각을 지칭하지만, 통명전의 경우에는 반드시 그렇게 보기는 어렵다. 창경궁은 창덕궁과 거의 하나의 궁궐로 인식되었으며, 왕과 왕비의 처소는 창덕궁에 내정전인 대조전이 있었으므로, 통명전이 같은 용도로 쓰이기는 마땅치 않았다고 짐작된다. 그 때문에 통명전은 왕대비가 거처하는 경우가 많았다.

통명전이 자리 잡은 곳은 창경궁 내전에서 가장 깊은 곳이다. 뒤는 서북 방향으로 높은 언덕이 가로막고 있으며, 언덕 너머는 후원의 울창한 숲이 펼쳐졌다. 건물이 들어선 위치로 보아서는 가장 깊숙하면서 안온한 곳이다. 터가 남향해 있기 때문에 볕이 잘 들고 앞이 터져 있어서 바람도 잘 통한다. 통할 통通 자에 밝은 명明 자에 걸맞은 집터라 하겠다.

창경궁 창건 당시 지어졌다가 임진왜란 때 소실된 후 광해군 때 중건되었으나 중건된 건물은 1624년(인조 2) 이괄의 난으로 다시 소실되고, 1633년(인조 11) 인경궁의 청기와로 덮인 건물 경수전 서른여섯 칸을 철거하여 그 자재를 가지고 다시 지었다. 그 뒤 1790년(정조 14) 화재로 건물이 다시 전소된 뒤 한동안 비어 있다가, 1834년에 와서 다시 지어진 후 지금까지 큰 피해 없이 유지되고 있다.

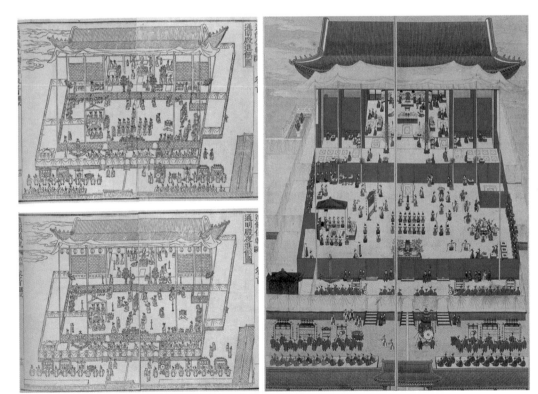

1848년 헌종이 창경궁 통명전에서 대왕대비였던 순원왕후의 육순을 축하하기 위해 베푼 진찬은 『무신진찬의궤』와 〈무신년진찬도병〉에 그림으로 기록되어 있다.

통명전 동쪽으로는 왕이 신하들을 만나고 가볍게 연회를 여는 별당의 일종인 양화당이 근접해 있고, 통명전 앞은 작은 마당이 형성되어 있다. 마당 남쪽은 월랑이 가로막으면서 그 앞에 경춘전과 환경전이 놓인다. 마당 좌우에는 여휘당, 체원합이라는 작은 부속 건물이 마주보고 있으며 체원합 동쪽으로 같은 기능을 하는 연희당, 연춘헌 등이 이어진다. 또한 통명전 서쪽에 있던 장춘각과의 사이에 돌로 난간을 두르고 잘 다듬은 돌로 못가를 단장한 연못이 있다. 연못 북쪽에 열천이라는 이름을 가진 샘이 있고, 샘 뒤는 석축을 여러 단 쌓은 축대가 가로막고 있다.

행사

다양하게 이용된 통명전 | 『조선왕조실록』에 나오는 통명전의 첫 번째 활용 사례는 1544년(중종 39) 11월에 중종이 환경전에서 승하하자 중전이 통명전을 빈전으로 삼도록 명했다는 기사이다. 이 명에 대해 실록을 기록한 사관은 중전이 빈전 위치를 결정한 것도 잘못되었을 뿐 아니라 통명전이 너무 깊숙한 곳이어서 사람들이 빈전에 나가 곡을 하기에 부적합하다는 점을 지적했지만, 결정이 번복되지는 않았다. 1575년(선조 8)에는 명종 비 인순왕후가 통명전에서 승하했다. 이때 인순왕후는 왕대비 신분이었으므로 이 시기 통명전은 대비가 거처하는 용도로 쓰였음을 알 수 있다. 아울러 통명전을 인순왕후 빈전으로 삼았다. 이후에 통명전은 주로 왕대비의 처소로 쓰였다. 1609년(광해군 1)에는 선조 비 의인왕후懿仁王后(1555~1600)가 거처로 삼았고, 1650년(효종 1)에는 인조 비 인선왕후가 거처했다. 이때는 선조나 인조가 승하하고 세자가 왕위를 이으면서 선조 비나 인조 비가 새 왕에게 대조전을 내주면서 거처를 통명전으로 옮긴 경우였다. 창덕궁 안에 대비전으로 수정당이 있었지만, 건물 위치가 높고 좁았기 때문에 통명전을 대비전으로 정한 것으로 보인다. 이후 효종 때 와서 인정전 서쪽에 장대하게 만수전이라는 대비전으로 지으면서 통명전이 반드시 대비전으로 쓰이지는 않게 되었다. 경종은 자신의 거처를 통명전으로 삼은 적도 있으며, 1727년(영조 3)에는 왕세자 가례 시 세자와 세자비가 처음 대면하여 술잔을 나누는

동뢰연을 통명전에서 열기도 했다. 이처럼 통명전은 특별히 용도를 한정하지 않고 때에 맞추어 다양하게 이용되었는데, 창경궁의 다른 전각들도 이와 유사한 쓰임새를 보였다.

1848년 순원왕후 진찬연 ┃ 숙종 이후 통명전은 대비의 통상적인 거처로 쓰이기보다는 대비를 위한 각종 의례를 거행하거나 연회를 여는 장소로 적극 활용되었다. 영조는 1747년(영조 23) 대왕대비의 존호를 올리는 행사를 통명전에서 열었으며, 헌종과 철종 때도 통명전에서 진찬례를 거행했다. 마지막 진찬례는 1877년(고종 14)에 철종 비 철인왕후를 위한 진찬연이 있었다. 그중 특별히 성대한 진찬연으로 1848년(헌종 14)에 대왕대비 순원왕후를 위해 벌인 잔치를 꼽을 수 있다. 이 행사를 기록한 술신년『진찬의궤』를 보면 행사는 그해 3월 17일 낮에 내진찬을 하고, 다시 2경에 야진찬, 이어서 19일에는 5경에 대전회작, 즉 왕이 술잔을 올리고, 밤 2경에는 야연을 거행했는데, 모든 행사를 통명전에서 치렀다고 한다. 이때 순원왕후의 자리는 대청 중앙에 남향해 차리고, 용평상을 놓고, 바닥에는 꽃이 그려진 깔개를 이중으로 깔고, 뒤에는 십장생 병풍을 쳤다. 또한 왕의 자리는 발을 친 바깥 보계 위에 동향해 마련하고, 왕비의 자리는 기둥 안쪽에 서향했으며, 기둥 안 동향해서 순화궁 경빈 김씨 자리도 마련해놓았다. 내외명부들과 종친, 대신들이 건물 주변 보계 안팎에 둘러앉아 온갖 음식을 즐기고 음악과 춤을 구경했다.

창경궁 통명전

건물

현재의 통명전은 남향해 있으며, 건물 앞에 넓은 월대가 마련되어 있다. 장대석을 3단 쌓아올린 월대는 폭 21.5미터, 너비 6미터로 통명전에서 거행하는 행사에 대비하여 마련된 시설이다. 창경궁 내전에서 이처럼 월대를 갖춘 경우는 통명전뿐이며 창덕궁에서도 대조전에만 있다. 월대로 오르기 위해 전면에 세 개의 계단이 마련되고, 양 측면에도 아랫사람을 위한 계단이 있다. 건물은 정면 일곱 칸, 측면 네 칸으로 전체 스물여덟 칸이다. 가운데 세 칸의 대청과 좌우 온돌방 각 한 칸을 두어 몸체를 이루고, 사면에 툇간이 돌아간다. 이런 평면 형식은 환경전이나 경춘전과 동일하다. 네모난 초석 위에 네모기둥을 세우고 기둥 위에 쇠서가 중첩되는 전형적인 19세기의 시대 특징을 지닌 이익공二翼工을 짰다. 익공의 쇠서는 가늘면서 곡선이 강한 모습이며, 내부는 초각이 화려한 보아지(보의 끝부분을 받치는 것)가 대들보를 받도록 하여 일반적인 모습을 보인다.

1790년 화재를 당하기 전 통명전 지붕은 청기와가 덮여 있었다. 통명전은 1633년 (인조 11)에 재건되었는데, 이때 그 자재는 전부 인경궁의 경수전을 헐어 집을 지었다. 경수전은 청기와 덮인 건물로, 인경궁이 있던 사직단 부근에서 수레에 기와들을 싣고 창경궁까지 가지고 와서 통명전 기와를 덮었다. 창경궁에서는 통명전이 유일한 청기와 건물이었다. 그러나 1834년 재건하면서 통명전의 지붕을 일반 회색 기와로 덮었고 더 이상 창경궁에서는 청기와 건물을 볼 수 없게 되었다. 지붕에는 창덕궁의 대조전과 마찬가지로 용마루가 없다. 이를 '무량각無樑閣'이라 한다. 지붕 꼭대기에는 궁와를 덮고, 내부 종도리를 두 개 나란히 놓았다. 대조전과 마찬가지로 격식 높은 내정전의 형식을 취한 것으로 풀이된다.

창경궁 통명전 내부

창경궁 통명전 지붕 용마루 곡와

창경궁 통명전 대청의 반자

통명전 연지와 열천洌泉

궁궐 내 가장 정교하고 아름다운 연못이다.
연지 북쪽 샘을 영조가 열천이라 이름 지었다.

통명전 서쪽에는 건물에 바짝 붙어서 남북으로 긴 네모반듯한 못이 있다. 못 한 가운데를 가로지르는 돌다리가 있고, 못 주변은 정교하게 장식을 한 돌난간이 돌아간다. 창덕궁과 창경궁을 통틀어 이 정도로 정교하고 격식을 차린 연지는 보기 어렵다. 연지의 서남쪽은 장춘각이라는 건물이 있어서, 이곳에 현종 비 명성왕후가 거처하며 연지를 바라보곤 했다고 전한다. 또 연지 북쪽 화계가 시작되는 지점에 열천이라는 샘이 있다. 샘은 인공적으로 둥글게 돌을 다듬었고, 여기서 흘러나오는 물이 연지로 흘러들어가는데, 그 물길을 모두 정교하게 돌로 다듬었다. 통명전의 열천은 경희궁 태령전 뒤 영열천靈洌泉, 창덕궁 후원 대보단의 열천洌泉과 함께 조선조 궁궐 내 열천으로 이름이 알려진 곳이다.

통명전이 있는 곳은 본래 물이 나는 곳이었다. 조선 초기 성종 때는 통명전 앞 샘물이 뜰로 넘쳐서 이를 못으로 끌어들이고자 구리로 수통을 만들었다가 수통을 철거하고 돌로 대체했다는 기사가 1485년 『성종실록』에 보인다. 이후에 이 주변은 작은 못이 남아 있었지만 관리가 잘 안 된 상태로 있었던 듯하다. 그러다가 1660년(현종 1)에 현종 비 명성왕후가 통명전 서쪽 장춘각에 머물며 비로소 연지를 크게 팠다고 한다. 『궁궐지』에 실린 영조가 쓴 「열천소지」에 의하면 연지 북쪽 샘 위에 반듯한 돌이 있어서 열천이라 명명했다고 하며, 못가에 돌을 더해 쌓았다고 밝혔다. 따라서 현재 남아 있는 돌난간으로 다듬은 연지는 영조 때 와서 지금의 모습으로 단장된 것으로 추정된다.

창경궁 통명전 서쪽에 있는 연지

장춘각藏春閣

연지를 내려다볼 수 있는 건물이다.
숙종이 지은 시가 전한다.

(지금 없음)

통명전 서쪽 연못가에 있던 부속채다. 『궁궐지』에 의하면 각 아래 못을 파고 못 위에 돌로 난간을 둘렀으며 못 북쪽에 작은 우물이 있다고 했는데, 현재 못과 우물이 잘 남아 있지만 장춘각 건물은 사라지고 없다. 이 건물을 두고 숙종이 지은 「임금이 지은 시」의 후반부는 아래와 같다.

바람이 누각 위에 불어와 저녁 찬 기운이 일어난다	風來閣上晚凉生
비 그치니 연못 가운데 갠 경치가 맑구나	雨歇池中霽景淸
몇 마리 새끼 고기 떠도는 곳에	多少魚兒浮遊處
한가로이 장대 던지고 마루 난간 기대누나	閒捉竿竹倚軒楹

한가로운 연못가의 정취가 잘 드러나 있다. 『승정원일기』에 의하면 숙종 때 장희빈의 나인 숙영이 장춘각 못가에 흉물을 묻어 통명전에 거처하던 왕비를 저주한 사건이 있어서 나인을 능지처참에 처했다는 기사가 보인다. 장춘각 건물은 〈동궐도〉에도 보이지 않는 것으로 미루어 1790년 통명전이 불에 탈 때 함께 소실된 후에는 복구되지 않은 것으로 추정된다.

여휘당麗暉堂

통명전의 부속 건물이다.
숙종의 계비 인열왕후가 이곳에서 승하했다.

(지금 없음)

통명전 서쪽에 있던 부속채이다. 명종이 대비의 국상을 당해 거처하던 건물이다. 인조의 비 인열왕후仁烈王后(1594~1635)가 이곳에서 승하했다. 『궁궐지』에 전체 스물여섯 칸이라고 했는데, 〈동궐도형〉에 건물 평면이 그려져 있다. 정면 일곱 칸, 측면 두 칸의 본채를 중심으로, 양 끝에서 남쪽으로 부엌 칸이 동쪽 세 칸, 서쪽 두 칸이 나와서 전체 ㄷ자 형상을 이룬 모습이다. ㄷ자 마당 남쪽에 다시 방과 부엌을 둔 세 칸 부속채가 있다.

체원합 體元閤

통명전의 부속 건물이다.
영조가 인원왕후 국장 시 거려하는 곳으로 삼았다.

(지금 없음)

통명전 남쪽의 부속채이다. 영조가 통명전을 인원왕후 빈전으로 삼았을 때 체원합을 거려처로 삼은 적이 있다. 〈동궐도〉에 그려진 건물은 전체 ㄷ자 형태로, 몸체가 정면 네 칸으로 서향하고, 남북 양 끝에서 두 칸의 날개채가 서쪽으로 뻗은 소박한 모습이다. 동쪽에 연희당 사이에 행랑이 있고, 나머지 삼면은 건물에 바짝 붙여서 담장을 둘러서 비좁은 형상이다. 북쪽 담장 바깥에 우물 하나가 그려져 있다.

연희당 延禧堂

통명전 주변의 으뜸가는 부속 건물이다.
왕실 여성들을 위한 잔치를 열었다.

(지금 없음)

정면 네 칸, 측면 두 칸 규모이며, 7단의 장대석으로 쌓은 높은 기단 위에 건물이 동향해 서 있는 모습을 〈동궐도〉에서 볼 수 있다. 주변 다른 건물보다 격식이 높은 형태이다. 숙종은 이 건물에 머물며 침을 맞고, 또 신하들을 접견하기도 했다. 1795년(정조 19) 모친 혜경궁 홍씨의 회갑연을 수원 화성행궁華城行宮에서 치르고 난 후에 혜경궁의 생신을 맞아 정조가 이 건물에서 잔치를 열었다. 화성행궁에서 치른 회갑연은 남편 사도세자의 기일에 맞추어 그해 2월에 거행했으며, 혜경궁의 생일을 맞아 다시 회갑연을 갖게 된 것이다. 혜경궁이 굳게 잔치 여는 것을 사양했지만, 왕이 그냥 넘어

〈동궐도〉의 연희당과 연경당, 연춘헌

갈 수 없다는 뜻을 여러 차례 아뢰어 잔치를 열 수 있었는데, 대신 비교적 크지 않은 연희당에서 가졌다. 이때 치사와 전문은 명정전에서 올리고, 굶주린 백성들에게 쌀을 내려주는 행사를 홍화문에서 거행했다. 회갑연을 위해 연희당 동·서마당에 길이 여섯 칸, 너비 다섯 칸의 가설무대인 보계를 설치하여 보계 위에서 음악과 춤을 연주하게 하고, 참석한 사람들에게 음식을 베풀었다.

연경당 延慶堂

연희당의 부속 건물이다.
높은 기단이 인상적이었다.

(지금 없음)

연희당의 남쪽 행랑의 동쪽 끝에 있다. 〈동궐도〉에 그려진 건물 모습은 정면 세 칸, 측면 네 칸에 5단의 장대석 기단 위에 선 당당한 모습이다. 서쪽으로 연희당의 남월랑이 길게 이어지고, 동쪽으로는 직각으로 꺾인 형태의 만춘문이 있다. 만춘문은 연희당으로 들어가는 출입문이다.

연춘헌 延春軒

연희당의 부속 건물이다. 각 칸마다 돌계단을 두어
툇마루로 오르도록 한 점이 특이하다.

(지금 없음)

연희당의 동편 마당 건너에 있는 동월랑이다. 〈동궐도〉에서 건물 지붕 위에 적은 '연춘헌'이라는 당호를 읽을 수 있다. 건물은 ㄷ자로 꺾인 모습이며, 동쪽이 다섯 칸, 북쪽이 네 칸인데, 특히 북월랑은 기단이 높고 네 칸마다 따로 돌계단을 설치하고, 길게 툇마루가 설치되어 계단에서 실내로 들어가도록 한 약간 색다른 모습이다. 연춘헌이 어떤 용도로 쓰였는지는 잘 알 수 없다.

통명전 뒤 언덕 위는 지금은 숲으로 덮여 있지만, 본래 이곳은 시원한 바람과 빼어난 경치를 맛볼 수 있는 환취정이라는 정자가 있어서 왕실 사람들의 사랑을 받았다. 정조가 즉위하면서 부친 사도세자 사당인 경모궁을 홍화문 건너편 언덕 위에 세우고 나서, 모친 혜경궁을 위해 자경전을 환취정 동편에 세워 경모궁을 마주볼 수 있도록 했다. 자경전에서는 대비들을 위한 잔치가 자주 벌어졌다. 자경전은 고종이 즉위하면서 철거되고 그 터는 지금까지 비어 있다. 아울러 유서 깊은 환취정도 사라졌다. 일제강점기에 와서 자경전 동편에 대지를 새롭게 돋우고 서양식 벽돌 건물을 지어 장서각으로 쓰면서 이 일대 경관이 크게 달라지고 말았다. 장서각 건물은 1992년 철거되었다.

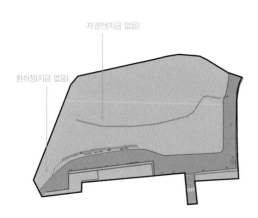

환취정(지금 없음)
자경전(지금 없음)

관람 포인트

경모궁을 마주해 섰던 자경전
정조는 즉위 후 부친 사도세자의 사당을 창경궁 맞은편 함춘원에 세워 경모궁이라 했다. 이어서 모친 혜경궁을 위해 자경전을 지었는데 그 위치는 통명전의 북쪽 언덕 위 높은 곳이다. 자경전과 경모궁은 서로 마주보는 위치에 세워졌다. 지금은 경모궁은 사라지고 자경전도 숲만 무성한 빈터로 남아 있다.

ㄱ자형의 아담한 정자 환취정
창경궁이 창건되자 성종은 통명전 북쪽 언덕에 작은 정자를 짓고 서거정에게 집 이름을 짓도록 했다. 바로 환취정이다. 〈동궐도〉에는 ㄱ자로 꺾인 작은 정자 모습으로 그려져 있다. 지금 자경전 터 앞으로 축대를 한 단 낮춘 곳에 환취정이 있던 자리가 남아 있다. 그림은 〈기축진찬도병〉의 일부이다.

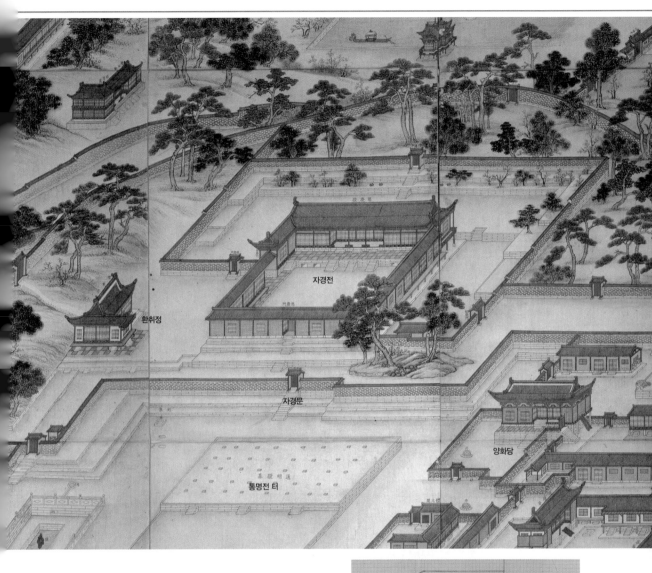

환취정

자경전

자경문

통명전 터

양화당

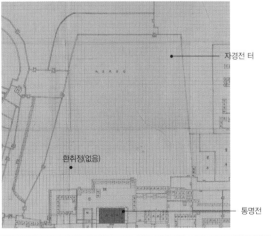

자경전 터

환취정(없음)

통명전

자경전 慈慶殿

정조가 모친 혜경궁을 위해 지었다.
집터가 높아 시야가 트였다.

(지금 없음)

연혁

1776년(정조 즉위년) 정조가 즉위하면서 먼저 행한 일 중의 하나가 부친 사도세자의 존호를 '장헌'이라 고치고, 아울러 사당 명칭을 경모궁으로 고치고 북부 순화방에 있던 사당을 창경궁 동편 함춘원 언덕 위로 이전해 새로 지은 것이었다. 이어서 그 맞은편 통명전 뒤에 자경전을 짓도록 했다. 자경전은 규모가 커서 완성된 것은 만 2년이 지난 1778년(정조 2) 4월이었으며 5월에 혜경궁을 이곳에 모셨다. 혜경궁은 자경전에 거처하면서 정조의 극진한 보살핌을 누렸다. 1800년(정조 24) 정조가 승하한 후에 혜경궁은 자경전을 정조 비 효의왕후에게 양보하고, 자신은 과거 세자빈 시절 거처하던 경춘전으로 옮겼다. 1821년(순조 21) 효의왕후는 자경전에서 숨을 거두었다. 이후에 자경전은 대비와 관련한 각종 잔치를 벌이는 데 활용되었을 뿐 특별히 이곳을 거처로 삼은 대비는 없었다.

고종이 즉위하고 3년째인 1865년(고종 2) 경복궁 중건의 교지가 내려진 그해 10월 자경전은 철거되었는데 『일성록』 등에 의하면 자경전 철거와 함께 경복궁 자미당을 짓는 일정이 결정된 것으로 미루어 자경전 자재를 경복궁 짓는 데 활용했다고 추정된다.

행사

정조, 혜경궁에게 존호를 올린 치사와 전문을 올리다 | 1783년(정조 7), 정조가 왕위에 오른 지 8년째 되던 해에 모친 혜경궁은 세는 나이로 50이 되었다. 이를 기념해서 정조는 봄이 절정에 오른 4월 1일을 택해서 부친 사도세자와 모친에게 존호를 올리는 행사를 치르고, 이 일을 축하하는 치사와 글을 올렸다. 마침 그 전년에 고대하던 첫아들도 태어났다. 즉위 초 불안했던 왕권도 안정이 되었고 원자도 태어난 데다 모친의 보령寶齡 50주년을 맞았으니, 정조로서는 감회가 남달랐을 듯하다. 부친에게는 편안히 덕을 누리고 경사로움을 도탑게 한다는 '수덕돈경'綏德敦慶이란 존호를, 모친에게는 자애로움과 기쁨을 뜻하

는 '자희'慈禧라는 존호를 올렸다. 존호 올리는 행사는 명정전에서 치르고, 존호 올린 일을 치하하는 치사와 전문을 자경전에서 올렸는데, 문무백관이 자경전 뜰에 나와 행사를 축하하는 절을 올렸다. 왕은 이 행사에 참가한 신하들에게 술과 음식을 내리는 한편, 글을 짓는 데 참가한 신하들에게 말을 하사하고 직급을 올려주었다. 아울러 중앙과 지방에 사면령을 반포하여 죄가 가벼운 죄인들을 풀어주었다. 세자빈이 되어 장차 왕비에 오를 날을 기다리다가 뜻밖에 남편이 뒤주에 갇혀 숨을 거두는 비극을 겪었던 혜경궁으로서는 남다른 감회를 느낀 하루였을 것이다.

자경전에서 거행된 진찬연과 진작연 ┃ 19세기에 들어오면서 자경전은 왕비나 대비를 위한 잔치를 베푸는 장소로 적극 활용되었다. 그 가운데 가장 돋보이는 행사가 효명세자가 대리청정을 맡은 기간 동안에 이루어졌다. 효명세자는 청정을 시작한 1827년 (순조 27) 2월에 순조와 왕비 순원왕후에게 존호를 올리고 치른 잔치를 자경전에서 거행했다. 순조에게는 '연덕현도경인순희'淵德顯道景仁純禧 여덟 글자의 존호를, 왕후에게는 '명경'明敬이라는 존호를 올렸다. 또한 술잔을 올리는 진작의와 밤에 음식과 다과를 올리는 야진별반과의, 이튿날에는 왕세자가 참석한 신하들에게 술잔을 돌리는 회작례를 자경전에서 행했다. 이듬해 1828년에는 순원왕후 보령 40년을 기념하여 2월에 자경전에서 왕과 왕비에게 진작례를 행하고, 6월에는 왕후 생신을 기념하여 연경당에서 진작례를 올렸다. 1829년(순조 29)에는 순조의 즉위 30년을 기념한 잔치를 자경전에서 거행했다. 진찬 때는 보통 '정재'라고 하는 춤을 추게 되는데, 자경전의 일련의 정재에는 효명세자가 직접 가사를 지은 한문으로 된 악장을 사용했다.

건물

지금 자경전 건물은 사라지고 없지만, 건물 모습이 〈동궐도〉에 전한다. 1828년 진찬연 행사를 기록한 『진찬의궤』에도 건물 그림이 있다. 〈동궐도〉에 의하면 자경전은 본채가 남향해서 서 있고, 전면의 마당을 둘러싸고 행랑이 삼면에 감싸는 모습이다. 본채는 一자형 몸체에 서쪽 끝에서 두 칸의 날개채가 남쪽으로 뻗은 형상이다. 날개채가 끝나는 지점에서 서쪽으로 담장이 뻗어서 건물 뒷면을 삼면으로 감싸서 남월랑까지 길게 돌아간다. 자경전 후면 뒷마당 뒤로는 2단의 화계가 꾸며져 있어 이곳이 여성이 거주하는 곳임을 상징한다. 남쪽은 남월랑 바깥으로 역시 담장이 길게 가로놓여서 통명전과 공간을 구분하는데, 납청문이라 하는 출입문으로 내려가면 통명전에 이른다. 남월랑 중간에 자경문이라 적은 문이 자경전의 정출입문이다. 후면 담장에도 세 개의 출입문이 있다.

〈동궐도〉에 그려진 자경전은 월대는 두지 않고 대신 기단 전면을 넓게 내민 모습이다. 기단에는 세 벌의 계단을 마련했다. 건물은 중앙 세 칸 대청에 좌우 온돌방을 두어, 전체로는 정면 아홉 칸, 측면 네 칸의 큰 규모로 추정된다. 건물 전면에 머름청판을 둔 분합문을 달고, 상부에도 교창을 두어 실내를 밝게 꾸미도록 했다. 대청 부분은 툇간을 개방했다. 그림에 의하면 동쪽 측면에 난간이 딸려서 난간이 북쪽으로 돌아간 모습을 보인다. 이 난간에서는 뒷마당 동쪽과 후면의 꽃나무를 감상할 수 있었을 것이다. 후면의 화계도 세심한 건축적 배려가 돋보인다. 2단의 화계에는 꽃나무가 묘사되어 있고, 중앙계단 좌우에 두 개씩 조명용 석등도 그려 있다. 밤중에도 이곳에 나와 달빛 아래 비친 화계의 경관을 즐길 수 있었을 듯하다. 화계 양 끝에서 경사진 지형에 맞추어 축대가 3단으로 낮아지고, 여기에 맞추어 담장 높이가 조금씩 낮아지는 모습이다. 담장 높이를 지형에 따라 조절하고 축대 높이를 적절히 꾸며 경관의 편안함을 만들어낸 조선 후기 조원의 높은 수준을 엿볼 수 있다. 동남쪽 담장 바로 바깥 지면은 우람한 바위가 있고, 바위 위에 몇 그루의 큰 소나무가 그려져 있다. 1865년(고종 2) 자경전이 철거된 후에 이곳은 빈터로 있다가, 1909년 왜식 건물인 어원박물관(후에 '장서각'으로 개칭)이 자경전 동편에 세워지면서 주변 지형이 크게 바뀌었다. 통명전과 양화당 뒤로 높은 축대가 쌓이고, 양화당 바로 옆으로 축대 위로 오르는 긴 돌계단이 조성되었다. 자경전 건물이 있던 자리는 그대로 빈터로 두었지만, 주변이 크게 바뀌면서 이전의 경관은 상상하기 어렵게 변했다.

환취정環翠亭

창경궁 창건 때부터 있던 정자이다.
성종이 종친들에게 잔치를 베풀었다고 한다.

(지금 없음)

자경전의 서남쪽에 있었다. 창경궁이 창건되던 1484년(성종 15)에 지어진 정자로, 성종이 친히 이름 지은 건물이다. 자경전이 들어서기 전까지 이 일대는 환취정 외에 다른 건물은 없었고, 숲이 우거진 한적한 곳이었다고 짐작된다. 정자가 지어지고 성종이 여기서 종친에게 잔치를 베풀었으며, 월산대군이 입시했다고 『성종실록』에 적었다. 건물의 재건이나 수리에 대한 기사가 사료상에 거의 보이지 않기 때문에 자세한 이력을 알 수 없지만, 아마도 임진왜란 이후 다시 지어졌다고 추정되며 〈동궐도〉에도 건물이 나와 있다. 〈동궐도〉에 그려진 환취정은 ㄴ자 형태로 몸체가 남북 방향으로 있고, 남쪽에 날개채가 붙은 형상이다. 이렇게 ㄴ자로 꺾인 정자는 민간에서도 이따금 볼 수 있지만 환취정의 경우는 그 품격이 다르다. 우선 이 건물은 여러 단의 축대 위에 기단을 둔 점이 돋보인다. 통명전 서북쪽 경사지를 이용해서 축대를 적어도 3단 이상 만들고, 그 위에 다시 3단의 장대석 기단을 쌓고 건물을 세웠다. 따라서 이 건물에 올라서서 바깥을 내다보면, 마치 높은 누각에 올라 주변을 내려다보는 듯한 느낌이 들었을 듯하다. 지붕 형태도 작은 정자치고는 격식을 갖추었다. 一자 몸체 지붕은 용마루 양 끝에 취두가 놓이고, 내림마루에는 용두가 올려져 있는 모습이 그려져 있다. 규모는 작지만 최대한 건물 격식을 높였음을 알 수 있다. 실내가 어떤 구성이었을지는 그림만으로는 가늠하기 어렵다. 15세기 창경궁이 창건될 때의 정자이므로, 조선 후기 정자와는 실내 구성이 차이가 있을 가능성도 있다.

환취정이 언제 사라졌는지는 불분명하지만, 1904년에 작성된 동궐의 수리비를 청구하는 내각의 문서에 이미 건물 이름이 보이지 않는 점으로 미루어 19세기 말 이전에 사라진 것으로 보인다.

양화당 | 정일재 | 영춘헌 | 집복헌

현재 양화당은 통명전 동편 바로 곁에 있다. 양화당 남쪽 조금 떨어져서 ㅁ자 형태로 집복헌과 영춘헌이 지붕이 서로 연결된 모습으로 서 있다. 양화당이나 영춘헌 등은 내전과 가까운 곳에 있지만, 본래 이곳은 왕이 신하들을 비롯해서 외부 사람들을 불러 만나보던 건물이었다. 양화당과 통명전 사이는 높은 담장이 가로막아서 서로 시선을 차단하고 있었다. 외부에서 양화당이나 영춘헌으로 가기 위해서는 홍화문의 북쪽에서 금천을 건너 몇 개의 문을 통과해야 했다. 영조 후년부터는 주로 대비나 후궁들이 거처하는 곳으로 쓰임새가 바뀌었다.

정조는 영춘헌에 머물기를 즐겨서 이곳에서 책을 읽고 외부 인사들을 접견하곤 했다. 이 일대는 19세기 말까지만 해도 행랑이나 부속 건물들이 빼곡하게 들어서 있었지만, 지금은 넓은 공터로 남아 있다.

양화당   정일재(지금 없음)

집복헌   영춘헌

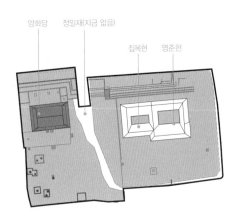

관람 포인트

양화당 동편의 바위
양화당 바로 인접한 동편에는 제법 넓은 바위가 펼쳐져 있는데 이 바위 위에는 왕이 책을 보던 정일재라는 서재 건물이 서 있었다. 지금도 바위 위에는 정일재 건물을 세우기 위해 바위 위를 판 흔적들이 보인다. 양화당이 왕이 신하들을 만나고 때때로 책을 읽던 곳이라는 점을 알려주는 흔적이다.

정조가 거처할 때와 달라진 영춘헌
영춘헌은 정조가 승하한 곳이다. 영춘헌 뒤 집복헌에서는 순조가 태어났다. 이때 집들은 1830년에 화재로 모두 사라지고 4년 후 다시 지어졌는데 다시 지어진 건물은 위치도 다르고 형태도 차이가 크다. 세월에 따라 모습이 달라지는 내전의 변화가 다른 어느 곳보다 심하다.

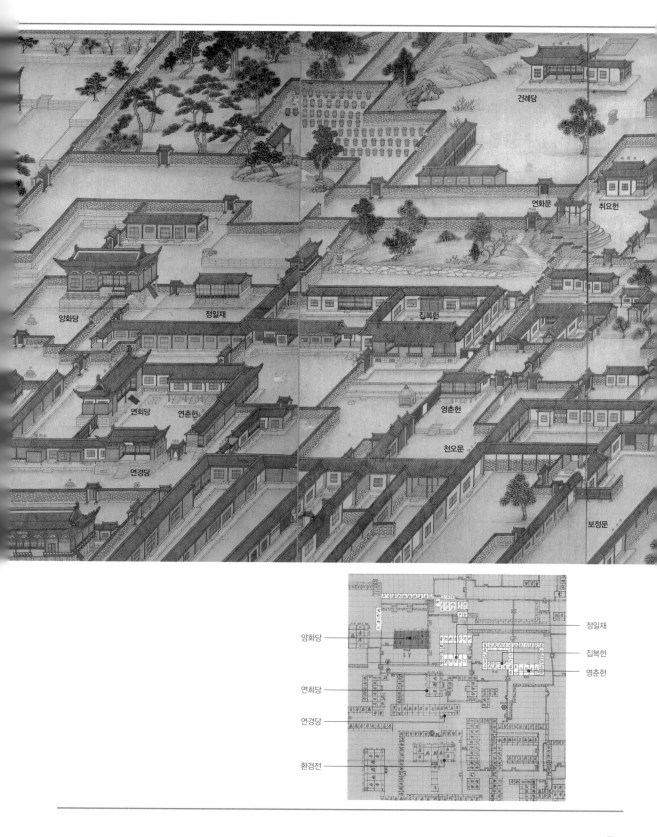

건례당

연화문

취요헌

양화당

정일재

집복헌

연희당

연춘헌

영춘헌

연경당

천오문

보정문

양화당

연희당

연경당

환경전

정일재

집복헌

영춘헌

양화당養和堂

왕이 신하들에게 잔치를 베풀던 곳이다.
뒤에 후궁들의 거처로 쓰임새가 바뀌었다.

연혁

조선 전기부터 존재가 확인된다. 명종明宗 (1534~1567) 때 왕이 이곳에서 신하들과 즐겨 술을 마시곤 하던 기사가 보인다. 이괄의 난으로 소실되었다가, 1633년(인조 11)에 다시 지었다. 인조 때는 청나라 장수를 접견하는 데 쓰였다. 당시는 인조반정으로 창덕궁 쪽이 인정전만 남고 모두 소실되어 황폐해 있었기 때문에 부득이 이곳으로 사신들을 불러 만났다. 인조 이후에는 현종, 숙종이 이따금 이곳에서 신하들을 접견한 기사가 『승정원일기』에 보인다.

뒤를 이은 경종은 즉위 4년이 되는 1724년에 와서 건강이 악화되었는데 이때 양화당에 나와서 약방의 진료를 받았다. 이때 왕은 오한이 나고 열이 나는 한열 증세로 치료를 받고 있었다. 약방에서 양화당이 음랭한 기운이 있어서 정섭하는 데 좋지 못하여 다른 곳으로 옮기기를 청하여 환취정으로 이어했다가 얼마 후 승하했다. 이후 양화당에 왕이 임어하는 일은 크게 줄어들었다. 대신 양화당에 후궁이 머무는 일이 시작되었다. 1830년 환경전에 불이 나면서 연소되어 불에 타버렸다. 재건은 1834년에 이루어졌다. 이때의 건물이 지금 남아 있다. 재건 이후 양화당은 후궁들이 머무는 곳으로 쓰임새가 바뀌었다. 규모나 구조에도 변화가 생겼다. 이전에 왕이 신하들과 잔치를 열던 구조 대신에 후궁이 거처하기 알맞은 형태로 바뀌었다고 판단된다. 1878(고종 15)에는 왕대비 철인왕후(철종 비)가 이곳에 거처하다가 승하했다.

외부에서 양화당으로 접근하기 위해서는 홍화문 북쪽 광덕문으로 들어와서 서쪽 돌다리를 지나 삼문을 거쳐 보정문, 만팔문을 지나, 천오문을 통해서였다. 따라서 양화당은 비록 통명전 바로 동쪽에 자리 잡고 있었지만, 외부 사람들이 내전을 거치지 않고 궁 밖에서 접근할 수 있었다. 본래 통명전과 양화당 사이는 담장이 높게 쳐져서 두 건물은 철저히 단절되어 있었다. 또한 통명전의 부속 건물인 체원합, 연희당, 연경당 같은 건물들도 위치상으로는 양화당 남쪽에 있는 듯이 보이지만 실제는 높은 담장으로 가로막혀 있었다.

사건과 인물

양화당에서 벌인 술잔치 ｜ 1565년(명종 20)에 왕은 신하들을 양화당에 불러 음식을 베풀고 술을 나누어 해가 저물어 파했는데, 술에 취해 부축해나간 사람도 있었다고 『명종실록』에 보인다. 이런 일이 한 번만이 아니어서 명종은 자주 양화당에서 신하들과 술자리를 가졌다. 따라서 이 건물은 침전 인접한 곳에 마련한 별당과 같은 건물로, 왕이 신하들에게 주연을 벌이는 데 쓰인 곳이었다. 세종 때 경복궁 강녕전 뒤에 지은 교태전에서 왕과 신하가 술잔을 나누며 교류하던 것과 비슷한 모습이었다.

양화당에 대한 영조와 정조의 기억 ｜ 1760년(영조 6) 영조는 신하들에게 창경궁을 설명하면서 창경궁에서 가장 오랜 건물이 양화당이라고 했다고 『승정원일기』에 보인다. 1790년(정조 14) 통명전에 불이 나 전소하자, 정조가 이렇게 말했다. "(양화당은) 임진년 병화에도 우뚝 남아 있었는데, 이번에도 통명전과 가까이 있는 양화당이 화재를 면했으니 이상한 일이다"라고 말했다는 이야기가 『정조실록』에 전한다. 두 왕의 말에 의하면, 양화당은 임진왜란에도 불에 타지 않고 남은 건물로, 18세기까지 창경궁에서 가장 오랜 전각으로 기억되고 있었다. 그러나 이런 왕들의 기억과 달리 『창경궁수리소의궤』에는 양화당이 1633년(인조 11)에 인경궁 무일당을 옮겨와서 다시 지었다고 적혀 있다. 『창경궁수리소의궤』에는 공사 당시에 관리가 일일이 사용한 자재까지 명시해서 기록한 사료이므로 왕의 기억보다 정확하다고 하겠다. 왜 양화당이 다시 지어지고 100년이 훨씬 지난 시점에서 임진왜란 때도 불에 타지 않은 전각이라고 기억되었는지는 잘 알 수 없다.

건물

현재의 양화당 건물은 정면 여섯 칸, 측면 네 칸에 가운데 네 칸의 대청마루가 있고, 좌우에 두 칸 온돌방이 대청으로 놓이며, 사방에 툇간이 돌아가는 모습이다. 장대석을 세 벌 쌓은 네모반듯한 기단이 있고, 기단 정면으로 아궁이가 뚫려 있고 두 곳의 계단에서 각각 대청으로 오르도록 했다. 정면 대청 부분을 제외한 온돌방과 툇간 앞에 난간이 마련되어 있다. 전면에 난간을 둔 것이나 아궁이가 전면에 노출되고 계단이 두 벌만 마련된 점으로 보아, 이 건물이 정치의 장소라고 하기보다는 후궁의 침소에 어울리는 모습이다. 1834년 다시 지어지면서 빈궁 처소에 어울리는 모습으로 재건된 것으로 판단된다. 반면 〈동궐도〉에 그려진 양화당은 정면 다섯 칸에 측면은 세 칸으로 그려져 있다. 정면 가운데 한 칸과 동쪽 한 칸을 합한 두 칸의 전면 툇간이 개방되고, 안쪽에 분합문이 그려진 것으로 미루어 이 부분이 대청마루이고 대청마루 서쪽으로 온돌방이 한 칸 있고, 나머지 사면에 툇간이 돌아가는 구조라고 판단된다.

기단 부분이 특이하다. 기단은 장대석 6단으로 높게 설치되었는데, 동쪽 툇간이 시작되는 곳까지만 기단이 있고, 동쪽 툇간은 돌기둥이 세워져 돌기둥 위에 툇간 기둥이 올라선 모습이다. 기단으로 오르는 계단은 가운데 대청 남쪽에 설치되고, 또 전면의 기단 동쪽 끝에 따로 계단이 마련되어 있다. 이 동쪽 계단에는 나무판자로 된 문이 있어서 정일재가 있는 서재 쪽 시선을 차단하도록 했다. 동쪽 측면은 아랫사람들이 출입할 수 있는 나무 계단이 있어서 동선을 구분했다. 전체 형태가 외부 사람들이 들어오더라도 동선을 제한하고 또 시선도 한정된 곳만 볼 수 있도록 한 세심한 건축적 배려가 엿보인

〈동궐도〉의 창경궁 양화당

1834년 제작된 『창경궁영건도감의궤』에 수록된 창경궁 양화당

다. 양화당 남쪽은 마당이 열렸는데 동쪽 3분의 1 정도 위치에서 담장이 마당을 가로막았다. 담장 안쪽은 월랑이 놓여 있는데, 굳이 마당을 비좁게 하면서 담장을 쌓아 마당을 옹색하게 한 이유가 궁금하다. 이런 특색들이 1834년 재건되면서 사라지고, 평범한 침전 형태로 바뀌었다. 다만, 실내에 본래의 구조 흔적이 보이는데, 동쪽 방 천장 부분 대들보에서 측면 기둥으로 충량衝樑이라는 경사진 긴 보를 걸었다. 충량을 세워서 방 중간에 세워야 하는 기둥을 생략했다. 가운데 기둥을 생략한 것은 넓고 개방된 방을 만들기 위한 방식이다. 1834년의 재건 시에 이런 구조 특징을 그대로 살리면서 좌우 온돌방을 설치한 것으로 추측된다.

양화당 주변에는 북행각 열 칸에 서행각 네 칸이 있었지만 지금은 양화당 건물만 남고 나머지는 모두 사라지고 없다. 근래에 와서 건물을 보수하면서 구조 보강 차원에서 동쪽 방 중간에 기둥을 첨가해놓았다. 이 기둥 탓에 구조는 보강되었지만, 충량을 걸고 기둥을 생략했던 건물 본래 특징을 잃었다.

정일재精一齋

왕의 서재로 지어졌다.
큰 바위 위에 집이 들어서고 주변에 돌조각물이 있었다.

(지금 없음)

양화당 동쪽에 있던 왕의 서재 건물이다. 1730년(영조 6)에 왕이 신하들에게 창경궁을 설명한 내용에 따르면, 정일재가 현종 때 인근 신독재와 함께 독서하는 곳으로 세웠다고 했다. 『궁궐지』에는 "예전에 서당이라고 칭했다"고 하며, 1692년(숙종 18)에 정일재라고 현판을 걸었다고 한다. 아울러 벽에는 숙종이 지은 명문이 있는데, "한 칸 서재에 벽이 있고 장이 있네. 보배 저장이 어떠하냐, 경전 서적이 빛나도다"라고 하면서 선왕이 서재 지은 뜻을 높였다고 했다. 또 동산에 달 뜨는 노래를 지어 "난간에 기대어 완상하노라니 밤이 깊어가는 줄 잊었노라. 모르는 가운데 밝은 달이 하늘 가운데 이르렀구나. 희고 순결함이 바로 하나같이 은빛 거울에 걸렸는데" 하고 서재에서 달밤의 정취를 노래하기도 했다.

〈동궐도〉에 그려진 정일재는 양화당 기단의 동편 계단을 따라 내려가면 바로 닿는 곳에 남향해 있다. 양화당과는 울타리 없이 열려 있어서 왕이 양화당에 나왔다가 쉽게 이곳에 들를 수 있는 모습이다. 건물은 정면 세 칸, 측면 한 칸 반의 소박한 모습이며, 일부러 실내 바닥을 지면에서 높이 띄운 다락식으로 지어 실내 습기를 멀리하고 책을 보관하기 알맞도록 했다. 남향한 정면에는 세 칸에 분합문을 내고, 측면은 벽 허리 높이까지 장대석으로 벽을 쌓았다. 비록 작은 규모의 건물이지만 세심하게 서재 용도에 맞게 계획했음을 알 수 있다.

『궁궐지』에 서재 동쪽에 팔각대와 기이한 돌층탑이 있다고 했다. 〈동궐도〉에는 팔각대나 층탑 모습은 보이지 않지만, 건물 뒤편 높은 축대 모서리에 기이한 형상의 커다란 짐승 모습을 새긴 돌조각이 놓여 있어서 눈길을 끈다. 한편, 현종 때 정일재와 함께 지었다는 신독재 역시 건물 하부를 장대석으로 축대를 쌓은 모습인 데다, 이 건물 동편에도 기이한 형상의 돌짐승 조각이 있다. 과연 이 조각물이 무엇을 뜻하는지, 왜 그런 조각물을 세웠으며, 그것들은 다 어디로 사라지고 없는 것인지 궁금하기 짝이 없다.

이 건물은 1830년 내전 화재 당시 소실된 것으로 짐작되는데, 이후 내전이 모두 재건되는 과정에서 빠져버렸다. 이미 양화당 자체가 왕이 거처하던 용도가 사라지고 후궁이 머물게 되면서 왕의 서재는 더 이상 필요하지 않게 되었기 때문으로 보인다. 대신 정일재가 있던 자리에는 용도를 알 수 없는 부속채 스물한 칸이 들어섰다가 지금은 모두 철거되고 없다. 정일재가 있던 터는 지면이 노출되어 있는데 커다란 바위가 거친 곡면을 드러낸 모습이어서 색다르다.

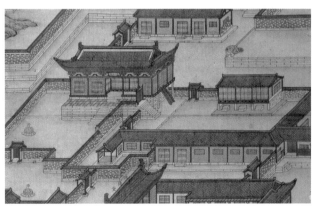
〈동궐도〉의 창경궁 양화당과 정일재

영춘헌 迎春軒

양화당의 부속 건물로 왕의 서재로 쓰이다가 재건 후에는 후궁 처소가 되었다. 정조가 승하한 곳이다.

연혁

영춘헌은 정조가 자주 머물던 곳이며 정조가 승하한 곳이다. 영춘헌과 집복헌은 양화당의 동쪽 정일재 바로 곁에 있는 전각이다. 정조 이전에 양화당은 왕이 편전 기능을 가진 별당처럼 이용했고, 영춘헌은 그 부속채 역할을 했다. 명정문의 북쪽 보정문, 만팔문을 거쳐 천오문을 들어서면, 영춘헌 남쪽 마당에 이르게 된다. 따라서 외부에서 내전을 거치지 않고 곧바로 건물에 접근할 수 있었다. 영춘헌이 언제 처음 지어졌는지는 불분명하지만, 인접한 집복헌과 함께 숙종 때 지어진 것으로 추정된다. 1830년 내전에 화재가 났을 때 소실되었다가 1834년 다시 지어졌다. 재건되면서 이전처럼 왕의 서재 기능은 사라지고 후궁이 머무는 처소로 변했다. 그런 차이는 〈동궐도〉와 〈동궐도형〉에 묘사된 두 건물의 차이에서 잘 드러난다.

〈동궐도〉에 묘사된 영춘헌은 집복헌의 동남쪽에 놓여 있으며, 집복헌 전면 마당 동편에 판자로 된 울타리에 바짝 붙여서 영춘헌이 독립된 영역을 갖추고 있는 모습이다. 영춘헌 동남쪽 월랑에 천오문이 있어서 홍화문 쪽에서 이 문을 통해 영춘헌 마당에 진입할 수 있다. 1834년 창경궁 내전이 재건되는 과정에서 영춘헌과 집복헌은 두 건물이 ㅁ자 중정이 연속되면서 지붕이 이어진 형태로 바뀌었다. 〈동궐도형〉에는 달라진 영춘헌과 부속 건물이 그려져 있다. 현재 영춘헌은 주변에 있던 다른 부속채들이 모두 사라지고, 넓은 공터에 집복헌과 함께 남아 있다.

영춘헌에서 순조의 세자 책봉을 지켜본 정약용의 시 | 정조는 자주 신하들을 영춘헌에 불러 격의 없는 대화를 즐겼고, 또 시를 지어 주고받는 일도 즐겨했다. 영춘헌에서 왕을 뵌 신하들은 그런 일을 시로 지어 남겼다. 이 시들은 신하들의 문집에 수록되어 전하는데, 궁궐 안 전각에서 있었던 느낌을 두고 시를 지은 것도 흔치 않은 일일 뿐 아니라

이를 문집에까지 수록한 일도 특별한 일이었다. 그만큼 정조는 영춘헌을 왕과 신하가 허물없이 교유하는 곳으로 삼았다. 뒤늦게 얻은 아들(순조)을 세자로 책봉하던 날 그 행사를 지켜본 정약용丁若鏞(1762~1836)은 「동궁책봉일영춘헌공시성의」東宮册封日迎春軒恭視盛儀라는 제목으로 시를 지었다. "동궁 책봉 날 영춘헌에서 그 성대한 의식을 지켜보다"라는 의미이다. 그 마지막 구절은 다음과 같다.

만팔문 깊은 곳의 거둥을 바라보니 　　　萬八門深瞻日表

금옥처럼 새긴 글자 님의 앞을 비추네 　　金泥玉字照君前

모친 혜경궁 홍씨가 회갑을 맞았을 때도 정조는 이곳에서 술잔을 올리고 그 기쁨을 시로 지었다. 행사에 참여한 신하들은 왕의 시에 운을 맞춘 시를 지었는데, 이만수李晩秀(1752~1820), 윤행임尹行恁(1762~1801) 등의 문집에 전한다.

건물

1834년에 다시 지어진 영춘헌은 집복헌과 처마가 이어져 있으며, 남향해서 일곱 칸의 一자형 건물이 있고, 그 뒤 동서에 세 칸의 행각이 있고, 또 북쪽에 열 칸의 행각이 있어서 전체적으로 ㅁ자 형태를 이루고 있다. 서쪽으로 집복헌이 붙어 있다. 〈동궐도〉에 묘사된 영춘헌은 앞마당이 널찍하게 열리고, 만팔문을 지나 천오문을 통해, 이 마당에 바로 닿는 위치에 건물이 남향해 있다. 집은 정면 세 칸에 측면 한 칸 반 정도의 조촐한 모습이며, 맞배지붕에 측면에는 빗물이 측벽에 들이치지 않도록 덧지붕을 댄 모습이다. 정면 세 칸에 분합문이 달리고, 문 앞에 툇마루가 있어서, 디딤돌을 딛고 툇마루에 오를 수 있도록 했다. 기둥에 붉은 칠을 한 것만 뺀다면 민가의 작은 별당이

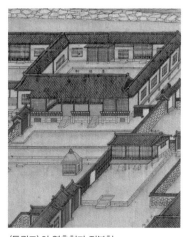

〈동궐도〉의 영춘헌과 집복헌

라고 할 정도이다. 서쪽 측면으로 판자로 댄 담장이 잇대어 있으며, 담장 너머는 집복헌 앞마당이다. 집복헌과는 서로 떨어져 있는 별도의 건물이었다.

　　혜경궁 홍씨의 회갑연 이듬해에 다시 이곳에서 진찬을 열려고 할 때 행사를 맡은 당상이 영춘헌이 매우 협소하고 비가 많이 새서 개수해야겠다는 뜻을 아뢰었을 때, 정조는 "이 건물이 옛날의 제도를 따라 처마를 달았기 때문에 서까래의 경사가 평평하고 따라서 처마에 흐르는 빗물의 속도가 느리게 된다. 빗물이 새게 된 것은 형세상 어쩔 수 없다"라고 하면서 굳이 고칠 것 없다고 답했다. 옛 건물 모습을 존중하려는 왕의 마음을 읽을 수 있다.

집복헌集福軒

사도세자와 순조가 태어난 곳이다.
화재 후 다시 지어지면서 모습이 달라졌다.

연혁

　　집복헌은 영춘헌의 부속채와 같은 건물로, 신분이 낮은 후궁이 머무는 일이 이따금 있었다. 1735년(영조 11), 사도세자가 이곳에서 태어났다. 생모는 영조 후궁 영빈 이씨였다. 1790년(정조 14)에는 정조의 둘째 아들 순조가 이곳에서 태어났다. 후궁 수빈 박씨가 생모였다. 집복헌은 숙종 말년경에 지어진 것으로 추정된다. 1695년(숙종 21) 편찬된 『어제궁궐지』 본편에는 건물이 들어 있지 않다가, 숙종 말년에 수정된 신증편에 집복헌 기사가 보인다.

　　1830년(순조 30) 화재로 소실되었다가 1834년(순조 34) 재건되었으며, 이때 건물이 지금 남아 있다. 왕의 서재인 정일재의 동편, 왕이 거처하던 영춘헌의 서쪽 그 사이에 자리 잡은 집복헌은 요란한 치장은 없지만, 아늑하고 외부 세계와 차단된 안정감 있는 분위기를 갖춘 공간으로 보인다. 이곳에서 영빈 이씨나 수빈 박씨 같은 후궁들이 왕자를 낳았다.

사건과 인물

집복헌에서 있었던 영조와 정조의 개인사 | 집복헌에서 원자가 태어나고 약 3개월이 지났을 때 영조는 신하들을 집복헌 마당으로 불러 태어난 원자를 보여주었다. 첫아들을 잃고 마흔둘이 되도록 후사가 없었던 영조로서는 후사를 얻은 기쁨을 신하들과 나누고 싶었던 듯하다. 왕은 상방上房의 북쪽에 있고, 원자는 그 앞에 누워 있었으며, 조금 떨어져 남동쪽 머리맡에 내관이 엎드려 있는 가운데, 신하들이 하방下房의 문밖에 나아와 원자 탄생을 축하했다고 『승정원일기』에 상세히 묘사했다. 아마도 집복헌에는 상방, 하방이라고 부르는 방들이 있었던 듯하다.

정조는 영춘헌에 주로 거처했지만, 집복헌에도 이따금 들러 신하들을 접견했다. 주로 집복헌 외헌에서 영의정 등을 만나보았다. 정조 역시 후사에 대한 초조함이 있었다고 짐작되는데, 1789년(정조 13) 부친 사도세자의 묘소를 명당이라 일컫던 수원 화산 아래로 옮기고 1년 만에 아들을 얻었다. 영조처럼 아들을 신하들에게 보여주는 일은 없었지만, 아들 얻은 일을 무덤을 옮긴 보응으로 여기며 크게 기뻐했다. 정조는 아들(훗날 순조)의 어린 시절을 집복헌에서 지내도록 했다. 1800년(정조 24) 4월에는 당시 열 살이 된 세자(순조)의 관례를 집복헌 외헌에서 치렀고, 관례 때는 정식으로 스승을 모시게 되며 그 첫 번 상견례를 집복헌에서 치렀다. 또한 같은 해에 가례를 올리기 위해 세자빈을 간택하는 초간택도 이곳에서 했다. 그만큼 집복헌은 정조에게는 각별한 장소였으며, 그것은 뒤를 이은

〈동궐도〉의 창경궁 집복헌

현재의 집복헌 주변

순조에게도 마찬가지였다. 다만, 초간택을 치른 직후부터 정조의 건강에 이상이 생기면서 가례는 중지되고, 결국 정조는 그해 6월에 영춘헌에서 승하했다.

건물

〈동궐도〉에 그려진 집복헌과 현재 건물은 차이가 많다. 〈동궐도〉에 그려진 건물은 영춘헌의 북서쪽에 침전과 유사한 형태로 후방에 ㄷ자 월랑을 갖춘 모습이다. 집복헌 서쪽으로도 행랑이 더 이어지고, 동쪽은 아랫사람들이 거처하는 수복채로 보이는 건물이 별도로 담장 안에 있고, 그 주변으로도 작은 부속채들이 보인다. 집복헌 후방은 나무들이 있는 작은 언덕이며, 연화문이라는 한 칸 문이 있는데, 이 문 동편에 요화당으로 연결되는 형태가 특이한 출입문이 보인다.

1834년 다시 지어진 집복헌은 건물 자체는 큰 변화가 없지만, 주변은 이전과 전혀 다른 모습이 되었다. 우선, 영춘헌이 집복헌의 동쪽에 연접해서 이전과 달라졌고, 서쪽에 있던 행랑이 사라지고 없다. 더 큰 변화는 집복헌 남쪽 마당이다. 과거 층단이 형성되고 제법 넓었던 마당은 사라지고, 건물 바로 앞에 담장이 가로막고 있다. 또 서쪽에는 과거 정일재가 있던 자리에 용도 미상의 ㄷ자 형태의 큰 건물이 들어섰다. 소실되기 전에 집복헌 좌우에는 왕이 사용하던 건물이 있었지만, 재건 후에는 왕이 사용하는 건물은 사라졌으며, 그런 변화에 맞추어 집복헌 주변도 다른 모습으로 개조된 결과라고 판단된다.

현재도 집복헌 건물은 붙어 있는 영춘헌과 함께 1834년 재건 당시의 모습을 남기고 있지만, 주변에 있던 건물이 다 사라지고 빈 공간에 외따로 서 있다. 건물 뒤편은 경사진 언덕에 근년에 장대석으로 화계를 꾸며 놓았다.

통화전 | 요화당 | 건극당 | 신독재 | 구용재 |
해온루

성종태실

요화당(지금 없음)

청양문(지금 없음)

건극당(지금 없음)

돌다리

통화전(지금 없음)

현재 홍화문 북쪽 행랑에 난 광덕문을 나서면 오른쪽 담장을 따라 일직선으로 넓은 길이 나온다. 길 왼편으로는 금천 어구가 흐른다. 지금은 금천 어구 사이에 수목이 우거진 휴식처가 넓게 펼쳐져 있지만, 19세기 이전까지 금천 너머 넓은 공터에 혼전 전용으로 지었던 통화전과 그 뒤편으로는 효종 때 출가한 공주들을 위해 지은 요화당, 난향각 같은 건물이 있었다. 출가한 공주들의 살림집이므로 당연히 부마들이 함께 거주했다. 출가한 공주가 다시 궁에 들어와 사는 것도 법도에 어긋나는 일인 데다 부마들까지 궁에서 생활하게 되니, 자연히 다른 대신들의 반발을 샀지만, 효종은 공주들을 가까이에 두고 이들의 사는 모습을 지켜보는 것을 즐거움으로 삼았다. 그러나 효종 승하 후에는 빈 건물이 되었다.

뒤를 이은 현종은 요화당 뒤편에 왕의 서재로 건극당을 지었다. 번잡한 대내를 벗어난 한적한 곳에 서재를 장만하려는 의도였지만, 집이 완성되고 오래지 않아 왕이 병으로 세상을 뜨고 말았으며, 이후에는 왕들이 잠시 머물다 가는 정도로만 쓰였다. 이 일대는 뚜렷하게 쓰임새를 유지하지 못하고 있다가 결국은 건물도 모두 사라지고, 지금은 시민들의 휴식처로 변했다.

관람 포인트

보정문 앞 돌다리
홍화문 북행각 광덕문을 나서면 커다란 돌다리가 지금도 있다. 〈동궐도〉에는 다리 건너편에 세 칸의 큰 솟을대문이 그려져 있다. 이 문을 들어서면 양화당과 영춘헌으로 통하게 된다. 19세기에는 다리 안쪽에 통화전이 지어져서 다리가 더 중요해졌다. 지금은 주변 건물이 다 사라지고 다리만 남아 있다.

창경궁의 북쪽 경계인 청양문 터
홍화문에서 북쪽 담장을 따라 한참 올라가다 보면 담장이 바깥쪽으로 꺾어지는 지점이 나오는데 이 위치에 청양문이 있었다. 청양문은 왕들이 후원 춘당대로 갈 때 반드시 지나가는 출입문이었으며 창경궁의 북쪽 경계가 되는 지점이기도 하다.

건극당
구용재(고수원)
해온루
신독재
취요헌
난향각
요화당
연화문
통화전
통화문
태안문
명광문
영춘헌
보정문
돌다리

건극당
고수원
신독재
요화당
통화전
명광문
명정전 북행각
영청문
광덕문

통화전 通和殿 | 3년상 동안 신주를 모시는 혼전으로 지어졌다. (지금 없음)
정조의 모친 혜경궁과 부인 효의왕후의 혼전으로 쓰였다.

연혁

통화전은 순조 때 혜경궁과 정조 비 효의왕후孝懿王后(1753~1821)의 혼궁과 혼전으로 쓰이고, 또 효명세자의 혼궁으로 쓰였다는 기록을 찾아볼 수 있다. 혼전 외에 다른 용도로 쓰인 사례는 사료상에서 확인이 안 된다. 통화전이 언제 지어졌는지는 잘 알 수 없다. 1816년(순조 16) 정조의 생모 혜경궁 홍씨가 숨을 거두고 나서 그 혼궁을 통화전으로 삼은 기록으로 보아 그 이전부터 존재했던 것은 분명하다.

조선 후기에는 궁궐 안에 왕실의 장례가 끊임없이 이어지는데, 그때마다 편전이나 다른 전각을 한시적으로 혼전으로 이용해왔다. 그에 따른 불편이 적지 않았는데 이런 불편을 해소하기 위해 혼전 전용 건물을 새로 지은 것이 통화전이었을 가능성이 크다. 혜경궁의 혼궁으로 이용되고 5년 후, 훙서薨逝한 정조 비 효의왕후의 경우에도 빈전은 환경전으로 하고 혼전은 통화전으로 했고, 9년 후 효명세자가 숨을 거두었을 때도 역시 환경전을 빈궁, 통화전을 혼궁으로 삼았다. 이것으로 미루어 통화전은 19세기에 와서 혼전을 위해 새로 조성한 전각으로 판단된다.

통화전은 1936년경 작성한 〈창덕궁 평면도〉에는 건물이 명시되어 있었지만, 그 후 철거되어 사라졌고, 이 일대는 일제강점기 동안 벚꽃이 밀집해 있어서 상춘객들이 벚꽃 구경을 하던 곳으로 변모했다. 1980년대 후반 창경궁을 복원 정비하는 과정에서 벚나무는 모두 제거했지만, 건물은 복구되지 못하고 지금은 관람객들의 휴식처로 남아 있다.

〈동궐도〉에 의하면, 홍화문 북쪽 행랑에 난 광덕문을 나서서 금천을 건너면 나타나는 것이 솟을삼문 형식의 커다란 대문이다. 〈동궐도〉에는 문 이름이 없지만, 『승정원일기』에 태안문泰安門으로 나와 있다. 이 문을 들어서면 다시 행랑이 가로놓이고 남쪽에 보정문, 북쪽에 연희문을 만난다. 연희문 역시 솟을삼문이다. 연희문을 들어서면 바로 동쪽에 통화전으로 들어가는 통화문이 나오고, 문을 들어서면 통화전 마당에 이르게 된다. 혼전 제례에 참석하는 외부 사람들이 태안문, 연희문을 통해 쉽게 통화전까지 이를 수 있는 위치에 자리 잡았음을 알 수 있다.

사건과 인물

헤경궁 홍씨의 혼궁으로 쓰인 통화전 | 1816년(순조 16) 12월 15일, 혜경궁 홍씨가 경춘전에서 숨을 거두었다. 빈궁을 환경전으로 정하고, 며칠 후 시호를 헌경으로 정하고, 묘소는 남편인 사도세자가 묻혀 있는 현륭원에 합장하는 것으로 정해졌다. 대비가 아닌데도 불구하고 빈궁을 환경전으로 한 것은 격식을 넘어선 우대였다. 혼궁은 왕의 명에 따라 태안문 내 통화전으로 했다. 혜경궁의 시신은 3월 1일 발인하여 멀리 수원 현륭원까지 가서 안장되고, 3월 5일 신주가 궁으로 돌아와 통화전에 안치되었다. 이후 약 25개월 동안 통화전은 혜경궁 혼궁으로 조석 상식이 올라가고 주다례가 차려졌다. 수시로 왕 순조가 창덕궁 대조전에서 나와 협양문을 지나 건양문, 동룡문, 경화문을 거쳐 집례문을 지나 연희문에 이르러 통화전으로 나아가 참배했다. 만 23개월이 지난 1818년 2월 4일, 신주를 사도세자의 묘궁인 경모궁에 안장하면서 상례의 예절이 모두 끝났다.

건물

통화전은 〈동궐도〉에 건물 모습이 그려져 있다. 건물은 남향해서 정면 세 칸이고 팔작지붕을 하고 있으며, 건물 좌우로 월랑이 연결되어 월랑이 사방을 감싸면서 네모난 중정을 형성한다. 남쪽 월랑 중앙에 솟을삼문이 마련되어 있다. 건물 정중앙에서 남쪽으로 복도각이 직각 방향으로 놓인 점이 눈에 띄는데, 바로 혜경궁 혼궁으로 쓰일 때 중배설청으로 쓰였던 부분이다. 중배설청, 즉 복도각은 전체 네 칸인데 두 칸은 월대 위에 놓이고 나머지 두 칸은 마당 위에 놓았다. 또 한 가지 건물의 전면에 개방된 툇간이

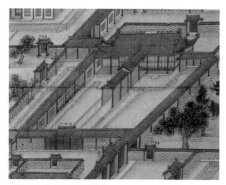

〈동궐도〉의 창경궁 통화전

마련되어 있는 점도 눈에 띈다. 창경궁이나 창경궁에서 건물 전면에 개방된 툇간이 있는 건물은 통화전이 거의 유일해보인다. 전면에 개방된 툇간이 있는 것은 사당 건물에서 흔히 볼 수 있는데, 개방된 툇간을 전면에 두어 제사를 지낼 때 실내에 들어가지 않고 이곳에서 절을 올리도록 고려한 평면 형식이다. 통화전에 이런 개방된 툇간이 마련되어 있다는 것은 이 건물이 처음부터 제사를 염두에 두고 지어진 전각이라는 것을 말해준다.

요화당瑤華堂

효종의 네 딸들이 출가 후에도
궁 안에서 지낼 수 있도록 마련한 전각이었다.

(지금 없음)

연혁

요화당은 효종의 딸들과 사위들이 거처하도록 궁 안에 지었던 전각이다. 건물은 요화당, 난향각, 계월합, 취요헌이었다. 건물이 있는 위치는 춘당대 남쪽의 평탄한 곳으로, 이 건물들이 들어설 당시에는 주변은 거의 빈터였다고 짐작된다. 효종 사후에는 대신들이 공주가家를 궁 안에 두는 것이 옳지 않다고 지적해서 결국은 부마들이 모두 집을 비우고 궁을 떠났으며, 이후에는 왕들이 서재로 쓰거나 신하들을 편하게 만나는 용도로 썼다. 뒤에 요화당 일곽 주변으로 집복헌, 영춘헌이나 통화전, 건극당 등이 들어서면서 이 일대는 건물이 가득 들어선 곳으로 변했다.

1909년 양화당 뒤 언덕에 어원박물관이 들어서면서 동쪽 일대에 있던 건물들을 모두 철거했는데, 그때 요화당도 사라지고, 지금은 나무들이 우거지고 춘당지에서 흘러내려오는 물이 주변을 흐르고 있다.

사건과 인물

궁 안에 부마가를 세운 데 대한 대신들의 비판 | 효종의 첫째 딸은 어려서 죽었고, 둘째 딸은 숙안공주로 사위는 익평위 홍득기洪得箕(1635~1673)인데 대사간을 지낸 홍명구

洪命耈(1596~1637)의 손자이며, 셋째 딸은 숙명공주로 사위는 좌의정 심지원沈之源(1593~1662)의 아들 청평위 심익현沈益顯(1641~1683), 넷째 딸은 숙휘공주로 사위는 우참찬 정유성鄭維城(1596~1664)의 손자 인평위 정제현鄭齊賢(?~1662), 다섯째 딸은 숙정공주로 사위는 영의정 정태화鄭太和(1602~1673)의 아들 동평위 정재륜鄭載崙(1648~1723), 여섯째 딸은 숙경공주로 사위는 우의정 원두표의 손자 흥평위 원몽린元夢鱗(1648~1674)이었다. 이들 사위들은 대개 과거 급제를 한 명망 있는 집안의 자제들이었다. 공주들은 공주 책봉과 함께 나라에서 재산을 받았고, 혼인한 후에는 나라에서 궁 밖에 큰 집을 지어주었다. 동평위의 저택은 인경궁 터에 있었다고 하며, 다른 공주들도 도성 안에 큰 집을 짓고 살았다. 사헌부에서 공주가의 사치를 지적하곤 했지만, 왕은 이를 무시했다. 오히려 이들의 거처를 궁 안에 마련하여 공주들을 자주 보고, 부마들도 궁 안에서 독서하도록 했다.

혼인한 공주의 거처를 궁 안에 따로 마련하는 것은 이전 기록에는 거의 보이지 않는 일이었다. 당시 공주들은 대개 열두 살 전후 나이에 혼인을 했으며, 혼인 후 곧바로 사가에 나가지 않고 한동안 궁 안에서 지냈던 것으로 보인다. 효종의 공주들은 거의 2~3년 터울로 출생했기 때문에 1652년(효종 3)에 숙안공주 가례를 치르고 나서 1659년(효종 10)에 왕이 승하하기까지 다섯 공주의 가례가 거의 1~2년 간격으로 치러졌다. 이들 나이 어린 공주들은 혼인 후에도 궁 안에서 머물게 되었으며, 이들을 위해 효종은 창경궁 동쪽 한적한 곳을 골라 공주들의 거처를 마련한 것으로 보인다. 물론 이들이 성장한 후에는 차

〈동궐도〉의 창경궁 요화당과 그 주변

례로 사가에 나갔다. 모친 인선왕후는 딸들에 대한 관심이 각별하여 사가에 나간 후에도 많은 한글 편지를 보냈다. 이들 한글 편지는 일부가 남아 있는데, 셋째 숙명공주에게 보낸 『숙명신한첩』淑明宸翰帖은 53편이 전하고 있고, 숙휘공주에게 보낸 『숙휘신한첩』淑徽宸翰帖도 35편이 전한다.

효종의 부마들은 사신으로 중국에 가는 일을 도맡아 했으며, 왕실의 장례가 있을 때는 크고 작은 직책들

을 맡아 역할을 충실히 하며 지냈다. 그러나 대신들로부터 곱지 않은 시선을 받았고, 부마가의 종이 주인의 위세를 믿고 함부로 행동하여 물의를 빚는 일도 잦았다.

효종의 뒤를 이은 현종은 1남 6녀 중 넷째였으며 누이들과 우애가 깊었던 듯하여 현종 재위 후에도 공주가는 여전히 궁 안에 남아 있었다. 그러나 시간이 흐르면서 국왕과 신하 간의 정치적 대립이 커지면서 불똥이 공주가로 날아들었다. 1669년^(현종 10)에 와서 당시 예조판서로 있던 송시열^{宋時烈(1607~1689)}은 부마 집이 궁 안에 있는 것을 신랄하게 비판했으며, 다른 관료들도 부마들이 궁에서 나와야 한다는 주장을 폈다. 이런 논의가 있고 두 달 정도 지난 4월의 『현종실록』에는 익평위 등이 자신들이 궁 안에 그대로 있도록 한 왕의 명을 거둘 것을 청하는 대목이 보이고, 왕은 안심하고 그대로 있으라고 했다는 기사가 보인다. 송시열 등의 비판에 부마들이 궁에서 떠나려고 하자, 왕이 그대로 머물도록 지시한 정황을 엿볼 수 있다. 이런 일이 있은 후, 요화당 등이 어떤 변모를 겪었는지는 잘 알 수 없지만, 오래지 않아 건물들은 주인 없는 빈 전각이 된 듯하다. 공주나 부마들 중에는 60대까지 장수한 경우도 있지만, 20대를 넘기지 못하고 일찍 죽은 경우도 있어서 현종 연간이 끝나면서는 거의 건물은 비었다고 짐작된다.

요화당을 두고 지은 숙종의 시 | 숙종은 어느 날 요화당에 들러 이 집이 숙안·숙명·숙휘·숙정 네 공주를 위해 지은 것이라고 밝히고, 지금 이 전당에 앉아 홀연히 옛일을 생각한다며 「요화당」^{瑤華堂}이라는 제목의 아래와 같은 시를 지었다.

앉아서 옛날의 현포문을 바라보노라 　　　　　　　坐看昔時玄圃門

홀연히 난새와 봉황이 아름다운 난간에 　　　　　　忽思鸞鳳處瓊軒
거처하는 것을 생각하노니

가문 사람에 대한 특별한 예우는 천고를 뛰어넘누나 　家人殊禮超千古

이 모든 것이 선왕의 세상에 다시없는 은혜로다 　　摠是先王不世恩

건물

　　<동궐도>에 따르면 요화당은 계월합, 난향각, 취요헌이 연접해서 전체적으로 튼 ㅁ자를 이룬 모습이다. 요화당이 다섯 칸으로 남향해 있고, 그 동쪽 끝에서 북쪽으로 계월합 일곱 칸이 연결되고, 계월합 북쪽 끝에서 서쪽으로 여섯 칸의 난향각이 역시 남향해 있고, 난향각의 서쪽 끝에서 남쪽으로 세 칸의 건물이 뻗어서 서쪽에 한 칸이 돌출한 형태로 취요헌이 자리 잡았다.

　　가운데 마당은 남북 방향으로 담장을 내서 안팎을 구분했다. 네 건물은 서로 연결되면서도 공간적으로는 차단되어 있다. 각 건물마다 툇간이 마련되어서 툇간을 통해 실외로 나갈 수 있는 구조를 취했다. 요화당의 툇간은 남쪽의 바깥마당으로 열려 있고, 계월합과 난향각은 담장으로 가로막은 안마당으로 통하고, 취요헌은 담장 밖의 동쪽 바깥마당으로 툇간이 열려 있다. 툇간을 적절히 활용한 조선 말기 살림집에서 볼 수 있는 유기적인 공간구성의 특징이 잘 드러나 있다.

건극당 建極堂

현종이 자신의 서재로 지었다. 실내에 고대 중국 인물화가 있었다고 전한다.

(지금 없음)

연혁

　　1670년(현종 11) 왕의 별당으로 지어진 건물이다. 위치는 요화당 일곽의 북쪽으로, 그 뒤는 춘당대 숲이 우거진 곳이었다. 창경궁에서는 가장 북쪽의 호젓한 곳이었다. 가까이에 서재인 신독재가 있었다.

　　현종顯宗(1641~1674)은 19세 되던 1659년에 즉위했는데 당시는 서인과 남인의 정치적 대립이 심할 때였다. 효종의 승하에 따라 효종의 계모가 상복을 3년간 입어야 하는지 아니면 1년만 입어야 하는지를 두고 극심한 대립이 있었다. 결국 1년간을 주장한 서인의 주장이 채택되고 한동안 서인의 득세가 이어졌다. 또 재위 기간 중 계속된 흉년과 질병으로 사회가 불안했다. 왕비인 명성왕후와의 사이에 1남 3녀를 두었지만, 두 딸이 어려서 죽었다. 다행히 아들이 잘 성장하여 1667년(현종 8)에 세자 책봉을 하고 1670년(현종 11)에 관례를 올리고, 이듬해에 세자빈을 맞았다. 정치적으로는 재위 10년이 되는 1669년경부터 비교적 안정을 유지했다. 재위 11년이 되는 1670년이 되자 왕도 나이 30세의 장년에 이르렀다. 이때 궁궐 안쪽 깊은 곳에 따로 별당을 짓고 서재도 마련한 것이다.

건물이 지어지자 현종은 화공을 시켜 건극당 실내 벽에 중국 고대 탕왕 때의 재상 이윤(伊尹)과 한나라 문왕 때 무장 여상(呂尙), 그리고 촉의 제갈량(諸葛亮) 등을 그리게 했다고 한다. 유능하고 충직한 신하를 곁에 두고 국정을 펼치려 한 듯하다. 현종의 계획은 이 시기 즈음부터 찾아온 질병으로 거의 실현되지 못했다.

현종은 재위 11년 이후부터 계속되는 질병에 시달리다가, 결국 1674년(현종 15) 세상을 떴다. 사료에는 재위 말년 현종이 희정당 등에서 의원의 진료를 받으며 정사를 본 내용을 다루고 있을 뿐 건극당에서 지낸 기사는 찾아보기 어렵다.

이후 이 건물은 숙종이나 영조가 이따금 들러서 신하들을 만나고, 가벼운 정사를 처리한 기사들이 보일 따름이다. 숙종은 신하들과 건극당에 들러 그림을 두고 시를 읊도록 했으며, 당시 영돈녕부사로 있던 김만기가 그림에 노래를 부쳤다고 그의 문집 『서석집』(瑞石集)에 적고 있다. 영조 때는 첫아들 효장세자의 빈인 현빈이 이 건물에서 지내다 세상을 떴다는 기사가 보인다. 순조 때는 '건례당'이라고 불리다가, 고종 때 다시 건극당으로 당호를 되돌렸다. 건물은 20세기 초에 들어와 요화당과 함께 철거되고, 건물 터는 오늘날 시민들의 휴식처로 변했다.

건물

<동궐도>에 묘사된 건극당은 정면 네 칸의 단출한 모습이다. 곁에 세 칸의 낮은 지붕을 한 부속채가 딸려 있고,

<동궐도>의 창경궁 건극당

집 뒤에 네모난 작은 연지가 그려져 있다. 건물은 낮은 기단 위에 가운데 세 칸 대청을 두고, 서쪽에 온돌방 한 칸을 둔 모습이어서 마치 선비들이 지은 별당과 같은 분위기를 자아낸다. 건물 앞에 넓은 마당이 펼쳐지고, 마당 동편에 돌로 쌓은 대가 마련되어 있는데 용도를 잘 알 수 없다. 남쪽에 담장과 ㄴ자로 꺾인 부속채가 있고, 바깥 담장에 연화문이라는 출입문이 있다. 동남쪽은 요화당 일곽이 자리 잡고 있으며, 서남쪽은 양화당 뒤 장독대가 그려져 있다. 동쪽의 행랑은 의춘헌이라 하고, 건너편에 서재인 신독재가 있고, 신독재 뒤에 고서헌이 보인다.

신독재 愼獨齋

건극당의 부속채로, 숙종이 왕세자 시절 공부하던 곳이다. 주변에 특이한 조각물이 있었다.

(지금 없음)

건극당의 서재이다. 1670년^(현종 11) 건극당을 세울 때 함께 지어진 것으로 보인다. 이 해에 세자^(숙종)가 관례를 치르고, 이듬해에 가례를 올렸는데, 현종은 신독재가 지어지자 이곳에 세자를 불러 공부하도록 했다. 왕세자 시절 숙종이 지은 「9월 8일 신독재에 올라」^{九月八日上愼獨齋}라는 시가 전하며, 아울러 「신독재명」^{愼獨齋銘}도 『궁궐지』에 실렸다. 「신독재명」의 서문에서 숙종은 아래와 같이 적었다.

〈동궐도〉의 신독재

건극당 남쪽에 작은 재실이 하나 있는데,　建極堂之南有一小齋

내가 춘궁에 있을 때 강학하던 곳이다.　即予在春宮講學之所也

위의 글귀와 함께 숙종은 부친인 현종이 자신에게 당부한 다음의 말을 적어 신독재의 현판에 걸었다고 했다.

너 원량이여, 지극히 생각하고 지극히 성실하라.　汝元良克念克誠

잠시도 소홀히 하지 마라.　　　　　　　　　罔敢少忽

항상 지켜보는 눈이 있으니,　　　　　　　　常目在之相彼屋

집 안 가장 으슥한 곳에 있더라도

근신한다면 네 마땅히 스승되리라.　　　　　漏爾宜爲師

〈동궐도〉에 그려진 신독재는 약간 특이한 모습이다. 건물은 정면 두 칸에 측면 한 칸의 작은 규모인데, 집은 2층으로 되어서 아래층은 돌기둥을 높이 세우고 벽도 돌로 쌓아올렸다. 아래층 한 칸은 돌로 벽을 쌓고 전면은 개방해놓았고, 다른 한 칸은 돌로 쌓은 벽 사이에 온돌 아궁이가 그려졌다. 2층은 전면에 분합문이 설치되고, 측면에 나무 사다리가 걸렸다. 마당 동쪽에 사자가 웅크린 듯한 모습의 돌조각물이 놓여 있다. 마당 바로 남쪽은 난향각이 된다. 신독재 그림을 보면, 조선 시대 건물이 단순히 네모난 목조건물만 있었던 것이 아님을 알 수 있다.

구용재九容齋
(고수원古修院)

영조가 왕세제 시절
공부하던 곳으로 전한다.

(지금 없음)

건극당 동쪽에 있었다. 영조가 독서하던 방이라고 한다. 영조가 지은 「구용재 작은 기문과 잠언」九容齋小記幷箴言에 "건극당 동쪽에 문이 하나 있는데, 그 이름은 중정中正이다. 문밖에 또 작은 재실이 하나 있는데, 바로 내가 옛적에 독서하던 방이다"라고 기록되어 있다. 이 글에 의하면, 구용재는 1712년 연잉군(영조의 즉위 전 호칭)이 궁 밖으로 거처를 옮긴 후 한산한 곳이 되었다가, 1722년 그가 왕세제에 책봉되면서 궁으로 돌아와 2~3년을 지낸 곳이며, 1724년 경종의 뒤를 이어 왕위에 오른 후에는 세자의 서실이 된 것으로 보인다. 세자 책봉 후 주연과 소대召對가 이곳에서 이루어졌다고 한다. 영조는 왕위에 오른 후에 구용재가 퇴락한 것을 아쉽게 여겨 수리를 명한 기사가 1749년(영조 25) 4월의 『승정원일기』에 보인다.

그러나 구용재나 중정문은 〈동궐도〉에는 보이지 않는다. 대신 건극당 동편 담장 너머에는 고수원이라는 건물이 있다. 위치나 건물 규모 등으로 미루어 〈동궐도〉의 고수원 건물은 영조 때 『승정원일기』에서 언급한 구용재 건물인데, 후에 이름을 고친 것으로 추정된다. 고수원은 〈동궐도형〉에도 건물이 묘사되어 있어서 20세기 초기까지 존속했음을 알 수 있다.

해온루解慍樓

노여움을 푼다는 뜻을 가진 건물로,
숙종 때 이름을 붙였다.

(지금 없음)

『궁궐지』에 해온루가 신독재 북쪽에 있고, 처음에는 이름이 없다가 숙종 때 이름을 지었다고 적었다. 해온解慍이란 "노여움을 푼다"는 뜻인데, 왜 이런 이름이 숙종 때 붙여졌는지는 잘 알 수 없다. 〈동궐도〉에 건물 그림이 있는데, 정면 네 칸의 작은 규모이며 서쪽에 남북 방향으로 세 칸 건물이 첨부되어 丁자 형태를 이루고 있다.

홍화문 남쪽, 궐 안의 여러 기관

도총부 | 규영신부 | 선인문 | 내사복시 | 보루각 |
관천대

홍화문의 남쪽 월랑을 나가면 넓은 공터가 펼쳐지는데, 이 일대가 과거 도총부 건물과 주자소 및 궁에서 쓰는 말을 키우던 내사복시가 있던 곳이다. 홍화문 남쪽 담장을 따라가면 선인문이 된다. 선인문은 창경궁의 제2정문인 셈이며 관리들이 창덕궁으로 들어갈 때 이 문을 이용했다. 선인문을 들어서면 서쪽 맞은편에 동궁으로 들어가는 출입문인 동룡문이 있었다. 관리들은 동룡문을 거쳐 동궁전 남쪽을 통과해서 건양문으로 해서 빈청에 이르기도 했다. 동룡문 안 북쪽에는 시각을 관측하고 알려주던 보루각이 있었다. 일제강점기 이후 창경궁이 창경원으로 바뀌고 동물사가 설치되어 있었을 때 이 일대는 낙타, 사자, 호랑이 등 각종 동물사가 들어서 있었다. 지금은 홍화문 남쪽 일대는 모두 빈터로 변했고, 유일하게 보루각의 부속 시설인 관천대가 서 있다. 주변은 수목이 우거진 휴식처로 쓰이고 있다.

도총부(지금 없음)

동룡문(지금 없음)   주자소(지금 없음)

선인문

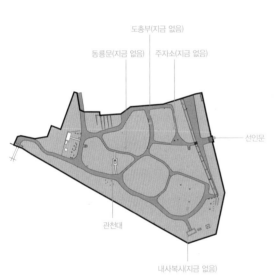

관천대

내사복시(지금 없음)

관람 포인트

궁중의 불행을 함께한 선인문
홍화문 남쪽의 궁장 부출입문에 해당하는 선인문은 평상시 일반 관리들이 출입하는 문이지만 궁중에 불행한 일이 있을 때도 이 문이 쓰였다. 인조 때는 소현세자빈 강씨의 시신이, 숙종 때는 희빈 장씨 시신이 이 문으로 나갔다.

동궁전의 정문 동룡문 터
정조 때 중희당이 세워지기 전까지 왕세자 전인 동궁은 저승전과 시민당이 있는 곳이었으며 그 정출입문은 동룡문이었다. 동룡문은 선인문에서 서쪽으로 곧장 나가면 있었다. 지금은 문이 있던 흔적조차 없어졌지만 창경궁에서는 홍화문 남쪽 가장 중요한 출입문의 하나로 사료에서 자주 언급되던 문이다.

고문관

도총부

규영신부

경화문

누국
(보루각 터)

춘방

동룡문

선인문

관천대

내사복시

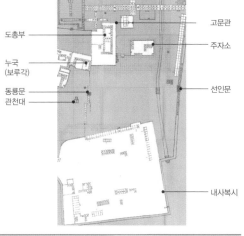

도총부

누국
(보루각)

동룡문

관천대

고문관

주자소

선인문

내사복시

도총부 都總府

궁궐 수비와 왕의 호위를 맡은
군사들이 머물던 곳이다.

(지금 없음)

연혁

도총부는 '오위도총부'의 준말로, 조선 시대 다섯 군영인 오위의 군사 업무를 관장하는 관청이다. 아울러 궁궐을 수비하고 왕이 궁궐 밖을 나갈 때 왕을 호위하는 임무를 맡은 군사들이 머물던 곳이다. 도총부는 명정전의 남쪽, 창경궁 홍화문 안 남행랑 바깥에 있었다.

도총부는 당초 창덕궁 인정전 서쪽에 있던 것을 효종 때 도총부 자리에 만수전을 세우면서 창경궁으로 옮겼다. 이후 다시 창덕궁 금호문 안에 두었다가 1781년(정조 5) 이문원(규장각)이 도총부 자리에 들어서면서 창경궁으로 옮겼다.

〈동궐도〉에 의하면, 도총부는 명정전 남월랑 바깥에 있으며, 청사 일곽의 동쪽에는 고문관考文館과 그 남쪽의 규영신부라 적은 관청이 보인다. 고문관은 문서를 보관하던 곳이며, 규영신부란 정조의 명으로 설치한 주자소의 일부를 가리킨다. 따라서 명정전 남쪽 일대는 도총부 외에도 문서 관리소나 주자소 건물이 제법 넓은 영역을 차지하고 있었음을 알 수 있다. 여기서 다시 금천을 건넌 동쪽에는 홍화문에서 이어진 행각이 되고, 행각에 북소, 동소, 부장청, 수문장청 등 궁궐을 수비하는 군사들이 머무는 곳이 행각을 따라 길게 이어져 있었다. 내사복시 역시 〈동궐도〉를 통해서 그 위치나 모습을 알 수 있

〈동궐도〉의 도총부

을 따름인데, 선인문을 들어서서 남쪽에 긴 행랑이 있고, 행랑 안에 내사복시 청사를 비롯해서 말과 관련한 각종 건물들이 10여 동이 모여 있고, 그 외곽으로 넓게 행랑이 돌아가서 외부와 차단된 모습을 볼 수 있다.

건물

〈동궐도〉에 건물 그림이 있어서 모습을 알 수 있다. 청사

본부는 정면 다섯 칸의 팔작지붕을 한 반듯한 모습으로 남향해 있다. 도총부의 정출입문은 선인문을 들어가서 정면으로 약간 북쪽 치우쳐서 마련된 솟을삼문인데, 〈동궐도〉에는 이곳 출입문 위에 '오위도총부'라 적었다. 출입문을 들어가서 북쪽으로 직각 방향으로 틀면, 또 하나의 삼문이 나오고 이 문을 들어서면 도총부 청사에 이르게 된다. 청사 서쪽으로 심선루라는 다락이 있다. 바깥대문, 안대문에 솟을삼문을 연속해서 세운 점이 눈에 띄는데, 이처럼 솟을삼문이 연속해 있는 것은 지방의 감영 같은 곳에서 볼 수 있는 모습이다. 도총부의 장관은 도총관이라 했고, 그 지위는 정2품직이었다. 따라서 도총관 청사는 정2품 관아에 걸맞은 격식을 갖춘 셈이었다. 현재 이 일대는 빈터로 남아 있다.

규영신부奎瀛新府 | 정조의 명으로 완성한 금속활자 정리자를 보관하기 위해 이 건물을 지었다. (지금 없음)

정조는 조선 역대 국왕 중에도 서책 발간에 심혈을 기울인 군주로 꼽힌다. 특히, 금속활자로 책을 찍어내어 널리 보급하는 일에 남다른 열정을 보였다.

조선 왕실은 금속활자의 유용성을 일찍부터 인식하여 태종 때 계미자癸未字라고 하는 동활자를 만들어 『시경』 등을 찍은 일이 있고, 세종 때 20여 만 자의 활자(경인자庚寅字)를 주조하여 큰 발전을 보았다. 이후로는 활자에 대한 관심이 적어져 새로 활자를 주조하지 않고 기존의 것을 썼다.

정조는 동궁 시절부터 활자 제작에 관심을 보여 8만 자를 새로 만들었고, 드디어 1796년(정조 20)에 와서 30여 만 자에 이르는 구리활자를 만들어 정리자整理字로 이름 지었다. 이 정리자로 『원행을묘정리의궤』園幸乙卯整理儀軌를 간행했다. 정리자를 보관하기 위해 따로 지은 건물이 바로 규영신부였다. 아울러 남십자각의 빈 행랑에 주자소에서 찍은 서책을 보관하도록 했다. 따라서 홍화문 남쪽의 남십자각에서 그 서쪽 일대는 왕실의 서책과 금속활자가 보관된 곳으로 소중히 여겼다.

　　〈동궐도〉에서 그 모습을 살필 수 있다. 도총부의 동쪽에 별도로 담장으로 둘러싸인 곳에 ㄷ자 형태로 된 건물이 남향해 있다. 본채는 다섯 칸이고 전면으로 네 칸의 행랑이 양 끝에서 남쪽으로 뻗어 있다. 도총부 출입문 북쪽에 경화문景化門이 있다. 이 문을 들어서면 고문관이나 규영신부 일곽으로 들어갈 수 있도록 했다. 서적이나 활자를 보관한 곳치고는 담장을 여러 겹 둘러싸서 외부인이 함부로 출입할 수 없도록 한 점이 돋보인다.

선인문宣仁門

창경궁의 제2정문 같은 구실을 했다.
소현세자 비 강씨나 희빈 장씨 시신이 이 문으로 나갔다.

　　창경궁 정문 홍화문의 남쪽에 있던 문이다. 처음 이 문 이름이 등장하는 것은 창경궁이 지어지기 전인 1475년(성종 6)인데, 창덕궁 동장문이라 했다. 이 이름을 통해 당초 선인문이 있던 곳까지 창덕궁 궁장이 설치되어 있었다고 짐작된다. 동궁으로 가는 가까운 출입문이어서 선인문을 들어서면 바로 정면에 동궁 정문인 동룡문이 있었다.

　　국장이 있을 때 발인을 하고 나서 신주를 다시 궁으로 모셔와 혼전에 모실 때 이 문을 이용했다. 본래 왕의 신주는 홍화문으로 들어와 명정문을 거쳐 문정전에 모시지만 이 경로는 계단을 오르내리는 어려움이 있어서 1520년(중종 15) 중종 계비 장경왕후 국장 때부터 길이 평탄하고 바른 선인문에서 문정전으로 모시고 갔으며, 이후에는 왕후의 신주는 주로 선인문을 지났다. 국장 외에도 시신이 이 문을 지난 사례들이 있다. 소현세

〈동궐도〉의 규영신부와 선인문

자 비 강씨는 인조의 명으로 사사賜死되어 시신이 지붕 달린 검은색 교자에 실려 이 문을 나섰는데, 길 곁에 바라보는 사람들이 담장처럼 늘어섰고 남녀노소들이 한탄했다고 한다. 또 숙종 때 희빈 장씨도 사사되어 이 문으로 시신이 나갔다.

이 문은 격쟁擊錚, 즉 징이나 꽹과리를 쳐 억울한 일을 국왕께 아뢰려는 사람들이 끊임없이 출입을 시도한 곳으로도 이름 높다. 『승정원일기』에는 17세기 초 인조 때부터 19세기 중엽 헌종 때까지 격쟁을 하려고 선인문을 뛰어들어온 사람들의 기사가 거의 매년 나온다. 그럴 때면 격쟁을 한 사람은 물론 문을 지키던 수문장이 벌을 받기 마련이었는데 그럼에도 불구하고 이런 일이 그치지 않았다.

선인문은 1857년(철종 8) 10월, 한밤중에 인근에서 화재가 나 문과 부장청 가까이의 주자소 등이 모두 불에 탔다. 건물은 1개월여 만에 복구되었으며 현재의 건물은 이때 다시 지어진 것이다. 〈동궐도〉에 그려진 문의 모습은 정면 두 칸 출입문에 북쪽 문이 조금 넓고 지붕도 한 단 높게 그려져 있는데, 현재의 문은 북쪽 문 폭이 조금 넓고 지붕은 두 칸이 동일한 높이로 되어서 〈동궐도〉 속 그림과 차이가 있다. 아마도 헌종 때 복구하면서 달라진 것으로 추측된다.

내사복시內司僕寺

말을 관리하던 곳으로, 외진 곳이면서 배수 처리가 잘되는 곳을 택했다.

(지금 없음)

연혁

내사복시는 궁에서 필요로 하는 말을 관리하고 조달하기 위해서 궁 안에 설치한 곳이다. 나라에서 말을 키우고 공용으로 필요로 하는 말을 조달하는 임무를 맡은 관청인 사복시司僕寺는 도성 안 중부 수진방에 본청이 있었는데, 이와 별도로 궁 안에 내사복시를 둔 것이다. 그 위치는 선인문 들어선 남쪽 일대이다. 창경궁에서 가장 남쪽 구석이고 또 금천 물길이 창경궁 남쪽 담장을 통해 시내로 흘러나가는 곳이다. 말은 냄새도 날 수 있고 울음소리도 들릴 수 있기 때문에 가급적 내전에서 멀리 떨어져 있어야 하고, 물이 흐르는 근처에 두어 분뇨를 자연스럽게 처리할 수 있어야 하는데, 이런 조건을 두루 갖춘 곳에 내사복시를 두었다.

내사복시가 궁궐 안에 설치된 시기는 불분명하다. 내사복시에서 기르는 말은 구마廐馬라고 해서 특별히 잘 관리된 좋은 말이었고, 이런 말을 키우고 관리하는 내사복시는 일찍부터 궁 안에 마련되어 있었다고 볼 수 있다. 특히, 창경궁 내사복시 위치는 말을 관리하기에 적합한 곳이었기 때문에 이곳에 내사복시가 들어선 것은 창경궁이 창건되면서부터가 아닐까 추측된다. 20세기 초까지 존속했지만 1911년 건물을 헐고 그 자리에 조류, 하마 등 각종 동물사와 사료 창고가 들어섰다가, 지금은 빈터로 되어 있다.

사건과 인물

내사복시에서 친히 죄인을 심문한 영조 ┃ 내사복시는 내전에서 멀리 떨어져 있었고 궁 안에서 일하는 사람들이 자주 오가는 곳이 아니었는데, 그런 외진 위치 때문에 이따금 주변에 알려지는 것을 꺼리는 일이 이곳에서 벌어지기도 했다. 그중의 하나는 은밀하게 죄인을 신문하는 일이었다. 1755년(영조 31)에 심정연이란 자가 과거 시험장에서 답안지에 조정을 비방하는 글을 쓴 것이 발각되는 사건이 있었다. 당시 경종이 갑자기 죽고 영조가 즉위하자 영조의 정통성을 부인하는 시각이 일부 소론 사이에 있었고, 결국 이인좌의 난으로 확대되었다가 진압되었는데, 그 후에도 나주에서 괘서掛書가 나돌았다. 나주

〈동궐도〉의 내사복시

괘서 사건으로 처형당한 사람 중에 심정연의 형도 들어 있었다. 심정연이 과거 시험지에 쓴 글은 그 사건 처리의 부당함을 적은 것이었다. 영조는 이 사건에 예민한 반응을 보여 왕이 내

사복시에 가서 직접 심문을 했고 심정연은 심문 도중에 죽었다. 이 밖에도 내사복시에서는 이따금 외부에 노출을 꺼리는 사건의 심문이 있었다.

보루각報漏閣

시각을 측정하고 알려주는 일을 맡은 관리들이 머물던 곳이다. (지금 없음)

연혁

궁궐 안에서 시각을 알려주는 임무를 맡은 곳으로, 이곳에서 일하는 관리를 금루관禁漏官이라고 했다. 금루관은 왕이 궁 밖을 거둥擧動할 때 가마가 움직이는 시각을 정해 북을 치고, 또 매일 한낮과 저녁에 정원과 내각을 비롯한 각 관청을 오가며 시각을 알려 근무시간을 알려주었다. 이를 위해서 보루각에는 시각을 관측하는 장비들을 갖춘 누국漏局이 있었다.

창경궁 보루각은 『한경지략』에 1614년(광해군 6)에 설치했다고 적었다. 1824년(순조 24) 11월에 금루에 화재가 발생하여 시설들이 불에 탔다는 기사가 『승정원일기』에 보인다. 이 화재로 보루각도 크게 훼손된 듯하여 이후에 작성된 〈동궐도〉에는 보루각의 석조대만 남고 주변에 주춧돌만 그려져 있다.

〈동궐도〉의 보루각 터와 누국

건물

보루각은 돌로 쌓은 누각이 있고, 그 곁에는 금루관이 근무하는 금루관직소와 금루서원방이 있는 ㄱ자형 작은 건물로 구성되어 있었다. 보루각과 마주한 곳, 동룡문 안 남쪽에는 시강원侍講院이 있었다. 〈동궐도〉에서는 담장 안에 작은 건물이 몇 개 분산된 모습인데, 춘방春坊 정문 서쪽에 관천대가 서 있는 것이 눈에 띈다. 시강원은 세자에게 경전과 역사서 능을 강의하는 곳이며 '춘방'이라고도 불렀다. 시강원이나 익위사가 언제 설치되었는지는 알 수 없지만, 그 기능은 이미 태종 때부터 제도화되어 있었기 때문에 창경궁에 동궁전이 설치되면서부터 지어졌다고 볼 수 있다. 시강원이 공식적으로 사라지는 것은 1910년 대한제국 멸망 때였다. 위치는 선인문 안 서쪽에 나 있는 동룡문을 들어선 북쪽이었다.

시강원 북쪽에는 세자를 호위하는 익위사가 있어서 세자의 신변 보호를 책임졌다. 익위사는 '계방'이라고도 불렀다. 익위사, 즉 계방은 보루각의 바로 서쪽에 담장을 잇대어 있는데, 마당 북쪽에 백학단이라는 단이 있고, 단 위에는 큰 나무가 한 그루 서 있다. 백학단이 어떤 곳인지는 잘 알 수 없다. 〈동궐도〉에 그려진 모습은 1824년 화재 후의 모습인데, 주춧돌들이 여럿 흩어져 있고, 그 사이에 돌로 쌓은 축대 일부가 서 있고, 곁에 금루각 터라 적었다. 그 동편에 금루관직소 건물이 ㄱ자 형태로 있다.

관천대觀天臺

> 관천대는 잘못 알려진 것이고 일영대이다. 해와 별의 움직임을 관찰하여 시각을 측정하던 일성정시의를 대 위에 두었다.　　(보물 제851호)

보루각의 남쪽에 돌로 쌓은 대이다. 본래 명칭은 일영대日影臺로 시각을 관리하던 보루각(금루)의 관원들이 대 위에 일성정시의日星定時儀라는 기구를 올려놓고 낮에는 해 그림

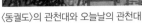
〈동궐도〉의 관천대와 오늘날의 관천대

자로 시각을 살피고 밤에는 별의 일주운동을 관찰하여 시각을 측정했다. 창경궁에 일영대가 축조된 것은 중종 때이며 임진왜란 등을 거치면서 부분적으로 훼손되기도 했지만 19세기 말까지 기능을 유지했다. 〈동궐도〉에는 대 위에 일성정시의가 놓여진 모습이 묘사되어 있다. 이 대는 근년까지 관천대로 잘못 알려져 왔다. 대 위에 소간의를 올려놓고 천체를 관찰하던 관천대는 창덕궁 금호문 밖 지금 원서동 현대빌딩 앞에 남아 있다. 20세기 초에 관천대가 두 곳에 있는 것으로 혼동하여 오랫동안 이 대를 관천대로 잘못 파악했다가 최근의 연구에 의해 일영대로 밝혀졌다.

춘당대, 무과 시험이 치러지던 곳

춘당지 | 내농포 | 관풍각 | 춘당대 | 관덕정 |
대온실

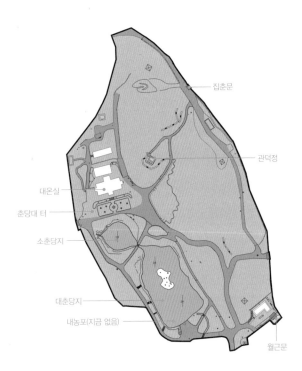

집춘문

관덕정

대온실

춘당대 터

소춘당지

대춘당지

내농포(지금 없음)

월근문

과거 요화당이나 건극당이 있던 지역에서 북쪽으로 몇 걸음 나아가면 눈앞에 넓은 연지가 펼쳐진다. 이름하여 춘당지다. 한때 이곳 춘당지에서는 겨울철 젊은이들이 스케이트를 타기도 하고 한여름 어린이를 데리고 온 관람객들이 보트를 즐기기도 했다. 지금은 넓은 연지가 길게 이어진 모습이며, 대춘당지와 소춘당지 두 부분으로 나뉘어져 있다.

춘당지는 일제강점기 초기인 1911년에 지금과 같은 모습으로 만들어졌다. 그 전에 이 일대는 왕실의 경작지인 내농포內農圃가 자리 잡고 있었다. 여기서 왕들은 논에 모를 심는 모습을 지켜보았다. 또 내농포 북쪽으로는 무과 시험을 치르던 춘당대가 있어서 무관으로 출세를 꿈꾸던 사람들이 활쏘고 말달리며 자신의 무술 기량을 선보였다. 이때 왕은 관덕정에서 이를 지켜보고, 또 급제한 사람들은 영화당으로 불러 상을 내리기도 했다.

이 일대는 영화당에서 춘당대 들판이 하나로 열린 넓은 개활지였으나, 지금은 영화당과 춘당대 사이에 높은 담장이 쳐져서 창덕궁 후원과 창경궁을 가로막고 있다. 춘당지 뒤로는 20세기 초에 지어진 식물원 건물이 있어서 여기에 남국의 열대식물을 키우고 관상할 수 있도록 했는데, 철골과 유리로 된 식물원은 지금도 남아 있다.

관람 포인트

춘당대 활쏘기를 지켜보던 관덕정
춘당대는 도성 안 대표적인 무과시험 장으로 문무관료들이 왕 앞에서 활쏘기를 하던 곳이었으나 지금은 흔적조차 모호하다. 관덕정은 춘당대 활쏘기를 지켜보던 곳으로 춘당대와 연관이 깊다. 관덕정은 지금도 제자리에 건물이 남아 있어 옛 정취의 작은 흔적을 느낄 수 있게 한다.

최초로 철골과 유리로 만든 대온실
순종 황제가 창덕궁으로 이어한 뒤, 창경궁은 각종 동물과 식물을 전시하는 장소로 쓰였다. 춘당대 터의 일부에 지어진 온실을 통해 그 흔적을 만날 수 있다. 철골과 유리로 만든, 제법 큰 구조물이었던 이 온실은 한동안 장안의 화제가 되었다.

관덕정

춘당대

내농포

관풍각

관덕정

애련정

불로문

연지

연지

영화당

춘당대

답십야미(내농포)

춘당지春塘池 | 내농포와 백련지가 있던 곳을
일제강점기 때 확장하여 큰 못을 꾸몄다.

1911년 일제강점기 때 후원 동쪽 일대에 있던 내농포 자리에 못을 파서 만든 연못이다. 본래 이 일대는 존덕정이 있는 골짜기에서 흘러내린 물이 영화당 앞에서 백련지라는 못을 이루고, 백련지 아래로 길게 내농포가 있었는데, 백련시는 형태를 바꾸어 소춘당지로이름 짓고, 그 아래 내농포 자리에 불규칙한 형태의 못을 꾸며 대춘당지라고 했다.

춘당지 주변에는 유원지로 쓰이면서 각종 시설이 들어섰다가 철거되었지만, 1911년에 세운 석탑은 아직 남아 있다. 춘당지 북쪽 못가에 있는 이 석탑은 중국에서 제작된 것을이왕가박물관이 구입하여 세운 것이다.

내농포內農圃 | 궁중에서 채소를 키우던 곳이다.　　　　　　　　(지금 없음)
작은 네모난 밭 열 곳이 두 줄로 있었다.

춘당지 자리에 있던 논을 가리킨다. 내농포라는 명칭은 본래 궁 바깥에 있는 밭을 가리키는 말로서 궁중에서 필요로 하는 채소를 키우던 곳이다. 창덕궁 돈화문 밖과경복궁 터 등에 있었다. 이에 비해 궁 안에 있는 밭은 내포라고 불렀지만, 지금은 편의상내농포로 칭하고 있다. 후원에는 작은 논밭을 꾸며놓고 농사짓는 모습을 왕이 지켜보기위해 관풍각이라는 건물을 지어놓고, 경작하는 모습을 살피기도 했다. 〈동궐도형〉에는밭을 열 개로 나누어 놓고 답십야미踏十夜味라고 적어놓았다.

관풍각觀豊閣 | 후원에서 농사짓는 시범을　　　　　　　　(지금 없음)
지켜보던 곳이다.

궁궐 안에서 농사 시범을 보이던 답십야미라는 논이 있었다. 이곳에서 농사짓는 시범이나 벼 베는 행사를 하면 왕이 관풍각에 나와 이를 지켜보곤 했다.

관풍각이 지어진 것은 1647년(인조 25)이다. 농사와 관련된 건물이어서 농사짓는 일과 연관된 행사가 거행되었고, 역대 왕들은 이 건물을 각별히 유념하여 춘당대를 갈 때 일부러 들르기도 하고, 건물을 두고 글을 짓기도 했다. 숙종은 「관풍각」이라는 시를 지었고, 영조는 숙종의 시에서 차운했으며, 정조는 「관풍각에서 봄에 농사를 지으며」觀豊春耕라는 시를 지었고, 순조 역시 관풍각을 두고 「관풍각에서 벼 베기를 하며」觀豊刈稻라는 제목의 시를 지었다.

정조는 1776년 즉위하던 해에 관풍각을 수리했다. 장산곶에서 소나무 260주를 베어왔다는 기사가 『승정원일기』에 보이는데, 규모에 비해 많은 재목이 소요된 것으로 미루어 보아 기둥이나 서까래 등을 모두 새롭게 교체한 것으로 보인다.

건물은 〈동궐도〉에만 모습이 전한다. 창경궁의 청양문 담장 북쪽으로 논밭 사이로 난 물길 위에 사방 한 칸의 정자가 그려져 있다. 물길과 45도 각도로 비스듬히 놓여 있으며, 위로는 논이 보이고 아래에는 연지가 있다. 정조가 경연을 하면서 신하들과 나눈 글을 모은 『일득록』日得錄에는 관풍각에 대해서 숙종 때 지어졌으며 규모가 한 칸에 지나지 않아 질박하고 볼품이 없지만, 그곳에서 한 관리가 글을 올려 온 힘을 다해 숙종에게 간언을 하여 충성을 보였다는 일화를 소개했다. 이 글에서도 관풍각은 사방 한 칸의 작은 건물임을 강조했다.

〈동궐도〉의 관풍각

춘당대 春塘臺

후원에서 무과 시험을 치르던 곳이다.
영화당 앞 넓은 공터에 있었지만 지금은 흔적이 없다.

(지금 없음)

연혁

영화당 앞 넓은 공터를 가리킨다. 『궁궐지』에 "영화당의 남쪽에 있으며 과거 시험장이다. 동쪽에 못이 있다"고 적었다. 궁궐 내 과거 시험은 왕이 임어하는 진시였으며 과거 시험의 마지막 관문이었다. 문과전시는 인정전 같은 곳에서도 치를 수 있었지만, 말 달리며 창을 다루고 활을 쏘는 무과 시험은 넓은 공터가 필요했기 때문에 주로 춘당대에서 치렀다. 16세기 초 중종 때부터 춘당대는 과거 시험장으로 활용되다가 한동안 사용이 뜸했지만, 효종이 즉위하면서 19세기 말까지 무과 시험장으로 적극 활용되었고, 왕이 직접 참관하는 무과 시험인 만큼 춘당대 과거 시험은 그 위상이 높았다. 효종은 청나라 정벌을 정치적 목표로 삼았던 만큼 무관 양성에 힘을 기울였으며, 숙종은 북벌론 같은 비현실적인 주장은 내세우지 않았지만 과거 시험을 이용해서 왕권을 강화하려는 의도를 적극 내세웠다. 이후 영조, 정조 및 19세기의 역대 왕들이 춘당대 과거 시험을 왕이 직접 주관하는 정치 행사의 하나로 중시했다.

무과 시험이 열리면 왕은 춘당대 북쪽에 큰 천막인 장전帳殿에 앉아 행사를 지켜보고 합격한 사람에게 치하하고 꽃을 내려주곤 했는데, 숙종 때 와서 장전을 대신할 본격적인 건물을 지어 당호를 '영화당'이라 했다. 춘당대 동쪽에는 백련지라는 큰 못이 있었다. 춘당대에서는 백련지를 넘어 반대편 언덕에 설치한 과녁을 향해 화살을 쏘게 되는데 영화당에 앉은 왕은 이런 모습을 모두 지켜볼 수 있었다.

간혹 춘당대에서는 문과 시험도 치러졌고, 정기 과거 시험 외에 왕명으로 치르는 특별 시험인 관무재도 이곳에서 치른 경우가 있었다. 관무재의 시험 종목은 활쏘기와 말달리며 창 쓰기 및 조총 다루기 등 열한 가지 기예 가운데 네 종목을 골라 치렀다.

조선 시대에 왕이 춘당대 과거 시험을 지켜보기 위해 춘당대나 영화당으로 갈 때는 창경궁의 빈양문을 거쳐 홍화문 북쪽에 있는 청양문을 지나 내농포와 백련지 못을 옆에 끼고 나아갔다. 시험에 응시하는 사람들은 주로 문묘 서쪽에 난 집춘문을 통해 춘당대로 들어오거나 창경궁 홍화문을 거쳐 청양문을 통해 들어왔다. 춘당대 일대는 비록 과거 시험의 최종 단계 응시자에 한정하기는 했지만 유일하게 일반인이 후원 영역까지 출입할 수 있는 곳이었다.

행사

춘당대의 과거 시험 | 보통 춘당대에서 무과 시험이 벌어지면 참가자는 1,000명을 상회하는 정도였다. 1691년(숙종 17)에 있었던 관무재에는 참여자가 1,028명이었다고 한다. 문무과 시험을 함께 치르게 되면 숫자는 그보다 훨씬 많아졌다. 1800년(정조 24) 3월에 있었던 과거 시험은 대상을 전국 유생에게 확대하여 실시했는데 전국에서 모여든 응시자가 무려 10만 3,000여 인이나 되었다고 하며, 춘당대에서부터 건너편 관덕정과 관풍각까지 사람으로 그득했다고 했다.

정조는 춘당대에서 치르는 활쏘기를 특별히 '서총대시사'라 부르기도 했다. 정조

〈서총대친림사연도〉 1760년에 그려진 것이다. 무과 시험이 열리면 왕은 춘당대 북쪽 장전에 앉아 행사를 지켜보곤 했다. 고려대학교박물관 소장

의 글『일득록』에서는 그 유래를 말하기를 "서총대는 바로 옛날 활쏘기를 시험하던 곳이다. 그래서 지금도 행행 전후로 시사하는 것을 서총대라 일컫는 것은 옛것을 그대로 따른 것이다"라고 했다. 정조 때는 모화관이나 북영에서도 서총대시사를 벌였으며 활쏘기를 마친 후에는 성적이 우수한 사람들에게 반드시 상을 내렸다.

보통 때 춘당대 과거 시험에 참여하는 사람들은 분묘 쪽에서 들어오는 집춘문을 통해 시험장에 들어왔지만, 참여자가 많아지면 집춘문만으로는 감당이 안 되었기 때문에 창경궁의 홍화문을 열고 그 북쪽 청양문으로도 들어오고 월근문까지 개방하여 출입시켰다. 춘당대의 과거 시험은 고종 때까지 시행되다가 20세기 초에 들어와 시험이 폐지되고 이 일대는 식물원을 비롯한 후원의 휴식 장소로 변모되었다.

건물

<동궐도>에 묘사된 춘당대는 영화당 동쪽으로 반듯한 평지가 펼쳐지고 끝에는 남북으로 큰 나무 한 그루씩과 나무 뒤에 당간을 세우는 대가 세워진 모습이며, 바로 앞은 낭떠러지로 되어 있다. 활쏘기가 있으면 두 대에 설치한 당간에 깃발을 걸어 활쏘기가 있음을 알렸던 듯하다. 넓은 공터 북쪽에 작고 네모난 못이 그려지고, 남쪽은 영화당 측면에서 흘러내리는 좁은 도랑이 동쪽으로 흐르는 모습이다. 낭떠러지가 끝나는 지점의 동쪽에 네모난 큰 못이 있는데, 이곳은 사료에 백련지 또는 백련담이라 부르는 곳이다. 영조 때『승정원일기』에는 문관들이 춘당대에서 활을 쏠 예정이라고 하자, 왕이 웃으면서 백련지 못에 난사할 터이니 지키는 군사들을 여럿 배치해야 할 것이라고 말했다는 기사가 있다. 백련지는 춘당대에 근접해 있었는데, 활쏘기에 익숙하지 않은 문관들이 쏜 화살이 멀리 날아가지 않을 것을 꼬집은 말이다.

<동궐도>의 춘당대

관덕정 觀德亭

춘당대에서 활쏘기 하는 모습을 지켜보던 곳이다.
기둥 구조가 특이하다.

연혁

영화당에서 동쪽으로 멀리 춘당대 빈터를 가로지른 반대편에 있는 정자이다. 『궁궐지』에는 위치를 장원봉壯元峯의 북쪽이라고 했다. 건물 남쪽에 조선 초기에 뽕나무를 심고 누에를 키우던 잠단蠶壇이 있어서 이곳에서 누에 치는 시범을 보이는 잠례蠶禮를 거행했다고 한다. 그러나 관덕정이 지어진 후에는 영화당 동편 춘당대에서 활을 쏘는 일과 관련이 더 컸다. 활을 쏠 때 왕이 여기서 지켜보거나 직접 활을 쏜 것으로 보이기 때문이다.

관덕정이 처음 지어진 것은 1642년(인조 20)이며 처음 건물 이름은 취미정翠微亭이었다. 1664년(현종 5)에 개수하고 이름을 관덕으로 고쳤다고 『궁궐지』에 적었다. 숙종·정조·순조가 「관덕풍림」觀德楓林이란 제목으로 지은 시가 전한다. 시에 의하면, 관덕정 주변은 숲이 우거지고 경관이 좋은데, 특히 단풍나무가 돋보여서, 숙종은 "단풍나무 숲이 눈에 들어오니, 비단 장막이 펼쳐진 듯하네"라고 했다. 정조 때는 '단풍정'이란 곳에서 왕이 활쏘기를 지켜보기도 하고, 단풍정이 무관들 시험의 한 장소로도 쓰였다는 기사가 자주 보인다.

1817년(순조 17)의 『승정원일기』에는 이 부근에 관혁고貫革庫, 즉 활쏘는 과녁을 보관한 창고가 언급되고 있다. 고종 때도 단풍정에서 무관의 활쏘기 시험을 친 기사가 있다. 〈동궐도〉에 단풍정은 나오지 않는데, 관덕정과 단풍정은 동일한 건물을 이름을 달리 부른 것으로 추정된다. 현재도 관덕정 건물은 원래 자리에 남아 있다. 헌종 때 고쳐 지은 후에도 몇 차례 수리가 있었던 것으로 보이지만, 그 이력은 잘 알 수 없다.

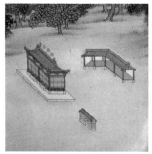

〈동궐도〉의 창경궁 관덕정과 오늘날의 관덕정

건물

식물원 동편 언덕 위 숲 사이에 서 있다. 정면 두 칸, 측면 한 칸에 벽 없이 개방되어 있으며, 팔작지붕 위에는 용마루 양 끝에 취두도 장식되어 있어서 규모는 작지만 격식을 갖추었다. 〈동궐도〉에도 같은 규모로 그려져 있다. 다만 〈동궐도〉의 관덕정은 벽면에 모두 분합문이 설치된 모습이며, 정자 뒤에 ㄱ자로 꺾인 벽이 없는 부속채가 있고, 정자 남쪽에 짧고 낮은 담이 그려진 점이 다르다. 한편, 〈동궐도형〉에는 정면 세 칸, 측면 한 칸으로 된 그림이 있고, 『궁궐지』에는 관덕정이 네 칸 반이라고 적고 있어서 기록마다 규모에 차이가 있다. 이 건물에는 특이한 점이 있다. 정면이 두 칸이지만 가운데 있는 기둥은 주춧돌 위에 세운 것이 아니고 양 끝 기둥 하부에 연결된 지방地枋 위에 올려져 있다. 그뿐 아니라 기둥머리를 연결하는 창방昌枋 역시 양 끝 기둥에서 긴 부재가 두 칸을 관통해서 올려 있고, 가운데 기둥은 창방 아래 꽂혀 있는 형상이다. 내부에는 가운데 기둥 위에 걸쳐져야 할 대들보 두 개가 기둥 위가 아닌 기둥 좌우 창방 위에 걸쳐 있다. 왜 이런 특이한 구조를 이루고 있는지는 쉽게 짐작이 가지 않지만, 이 건물이 활을 쏘는 기능을 가지고 있었다는 점과 연관이 있지 않을까 여겨진다. 즉, 활쏘기에 적합하도록 건물 전면을 상황에 맞추어 개방하거나 폐쇄하고, 때로는 정면 두 칸으로 또 때로는 정면 세 칸으로 융통성을 갖추었던 것이 아닐까 추측할 따름이다.

대온실(식물원) | 철제 기둥과 유리를 이용한 국내 최초의 대규모 온실이다.

연혁

창경궁 뒤 과거 춘당대가 있던 곳 북쪽에 마련한 서양식 온실이다. 철과 유리, 목재로 이루어진 본격적인 온실로는 국내 최초로 세워졌다. 1980년 이전까지 창경궁의 상춘객들에게 큰 인기를 모았으며, 각종 외래 식물들을 전시·관리하고 있다. 동편 가까운 곳에 관덕정이 있다.

창경궁에 동물원과 식물원을 설립한 것은 순종 황제가 창덕궁으로 이어한 후에 일본인들에 의해 추진되었다. 1908년부터 계획에 들어가 식물원이 완성된 것은 1909년이었다. 1911년에는 창경궁을 창경원으로 개칭하고 일반인에게도 개방했다. 순종 황제는 종종 이곳에 와서 관람을 하고 방문한 정부 각료들과 오찬을 나누었다. 1945년 이후 한동안 관리가 잘 안 되다가, 1955년에 와서 큰 수리를 하고 식물들을 보충하여 다시 개방했다. 건립 당초에는 식물원으로 불렸고, 1910년대에는 식물원 본관으로 불렸다. 관련 신문 기사 등을 보면 1959년부터 '대온실'이라고 지칭하는 기사가 보이기 시작하여 지금은 대온실로 통칭하고 있다. 창경궁의 관람객이 늘어나자 온실도 확장하여 기존 시설 좌우에 원형 온실을 추가했지만, 1975년에 추가 부분은 철거했고, 1976년에는 시설을 보완하는 마지막 큰 수리가 있었다.

건물

가로 34미터, 폭 16미터의 장방형 온실이며, 면적은 582제곱미터다. 벽체 중간 부분에서 폭을 줄여 외부에서 보면 2층 시설처럼 꾸몄다. 철제로 기둥을 세우고 지붕은 트러스truss(삼각형이나 오각형으로 얽어 짜는 방식) 구조로 짜고 철제 사이를 유리로 채웠다. 창문은 목재로 고정하고, 외부 기둥에도 목재가 보조적으로 쓰였다. 19세기 서양에서 널리 유행한 온실 형태를 모방했으며 난방은 당초에는 석탄보일러를 이용했지만, 현재는 온풍 시스템으로 운영하고 있다. 온실 전면에 소규모로 서양식 정원도 꾸며서 실내외에서 각종 꽃나무를 감상할 수 있도록 했다.

창경궁의 서양식 구조물인 대온실

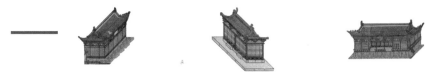

부록

0 10 20   50   100m

궁궐에서
누리는
작지만 큰 즐거움

궁궐을 다니다 보면 대표적인 건물만 보고 나오느라 정작 봐야 할 것을 놓치게 마련이다. 큰 건물 사이에 감춰진 궁궐의 볼거리를 소개한다. 소개한 곳 중 일부는 이곳 일반에게 공개되지 않은 곳도 있지만, 마지않아 모든 곳이 다 공개될 것을 바라면서 적었다. 이 점 독자들의 양해를 구한다.
저자 주

【 후원 】
01 부용정에서 바라보는 주합루
02 연경당에서 보는 조선 최고급 살림집
03 효종이 송시열과 만나 국사를 논하던 후원의 아수당 터
04 취우정
05 제월광풍관(천석정)
06 의두합

【 창경궁 】
01 홍화문 · 명정문 · 명정전에 남은 광해군 때의 특징
02 창경궁 숭문당 · 함경전 · 통명전, 그리고 낙선재의 이곳이
03 통명전 · 환경전 · 경춘전 실내 천문은 어떤 모습이었나
04 명정전 월대 위에 올라서서
05 빈양문 안에 서서
06 창경궁 각별하게 여긴 영조의 지취
07 사도세자의 비극이 벌어졌던 창경궁 문정전
08 무신년 섭대한 잔치를 받인 창경궁 통명전
09 옛 자경전 터
10 관덕정에서 내려다본 춘당대 터
11 옛 동궁 바깥에 있었던 선인문

01 돈화문의 문루

가파른 나무 계단을 간신히 오르면 문루의 또 다른 세상이 기다리고 있다. 2층 문루 안은 제법 넓다. 여기에 종이 걸려 있어서 인근 주민들에게 시각을 알려주었다. 문루는 고주를 세우지 않고 상층과 하층을 별개의 기둥으로 축조했다. 긴 목재를 쓰지 않고도 위풍당당한 건물을 만들어냈는데, 건물 뼈대는 임진왜란 직후에 갖추어졌지만 영조 때 와서 한 차례 개축되었다. 영조는 가파른 계단을 올라 문루에서 반란군 수괴의 머리를 베는 것을 지켜보았다.

02 인경궁 광정전을 옮겨온 선정전

풍수에 남다른 관심을 가졌던 광해군은 인왕산의 산세를 좋아하여 산 아래 인경궁이라는 장대한 궁궐을 지었다. 미처 궁을 완성하지 못하고 왕위에서 쫓겨나고 말았는데, 뒤를 이은 인조는 인경궁을 헐어 창덕궁 수리를 했다. 이때 인경궁 편전 건물을 그대로 이전해서 선정전을 지었다. 인경궁은 문헌에서만 존재를 확인할 수 있는 궁궐이지만 선정전은 유일하게 남은 인경궁의 유산이다.

03 낙선재 누마루 안과 밖의 정교한 세부

조선 말 상류 주택의 묘미인 누마루에 멋을 더해서, 아래층 돌기둥 위에 구름이 떠다니고 실내에는 만월을 상징하는 둥근 출입문을 달았다. 이 밖에도 낙선재 건물은 세부 구석구석에 정교하고도 흥미로운 요소들이 숨어 있다. 박쥐문양의 난간, 밖에는 반쪽짜리 기둥이 보이고 안쪽은 기둥 없이 벽만 있는 벽체, 창문을 닫았을 때 틈이 벌어지지 않도록 한 창틀 등등. 아궁이를 가리도록 한 유명한 빙렬무늬는 바깥에만 있는 것이 아니고 안쪽 벽에도 꾸며져 있다. 사람들 눈에 안 띄는 벽 안쪽에도 얼음이 깨지는 듯한 무늬를 넣은 것은 빙렬무늬가 단순히 보여주기 위해서만이 아니고 화재를 예방하려는 상징적 의미도 있었다는 생각을 하게 한다.

04 인정전의 중층 구조

현존하는 국내 중층 건물 가운데 가장 안정감 있는 구조로 이루어져 있고 기둥이나 대들보, 도리 같은 부분들의 치밀한 가공과 적정한 비례감이 뛰어나다. 19세기 초에 지어진 이 건물에는 오랜 기간 이어져 온 건축에 대한 심미안과 건물을 짓는 기술이 잘 녹아 있다고 평가된다.

05 진선문에서 인정전으로 가는 길

돈화문을 들어서면 넓은 마당만 있고 눈앞에 별다른 시설이 안 보인다. 한참 나아가서 오른쪽으로 금천교를 지나야 대내로 진입할 수 있다. 진선문에 들어서면 눈앞에 폭이 좁고 깊이가 있는 네모난 마당이 나오고 조금 더 앞으로 나아가면 다시 왼편으로 방향을 바꾸어 인정문을 거치면 비로소 정전 앞에 설 수 있다. 일직선으로 쭉 뻗어 있는 다른 궁궐과는 다른 이런 진입 방식은 지루할 틈 없이 눈앞에 펼쳐지는 장면들을 즐기게 해주고, 농선의 율동감을 느낄 수 있게 한다. 창덕궁에서만 만날 수 있는 색다른 감동이다.

06 넓었다가 좁아지고 막혔다가 트여지는 긴장감, 약방 뒤 골목

진선문 앞에서 북쪽으로 나아가면 약방으로 통하는 샛문이 나 있다. 문 안은 비좁은 통로가 복잡하게 연결되다가 구선원전 앞으로 나가면서 갑자기 넓어진다. 선원전 동쪽 별당인 양지당 뒤는 볕이 겨우 들고 비좁은 통로와 작은 출입문이 이어진다. 양지당 뒤는 오래된 이끼 낀 계단이 있고 계단 끝은 굳게 닫혀 있어 안에 무엇이 있는지 궁금증을 불러일으키는 작은 출입문이 있다. 창덕궁은 오랜 역사만큼이나 비밀스런 공간도 적지 않다.

07 대조전 후원의 화계

꽃 계단이란 뜻의 화계는 우리 궁궐에서 빼놓을 수 없는 볼거리다. 침전이나 후궁 별당같이 주로 여성들이 거처하던 건물 뒤 언덕에 돌을 쌓아 몇 단의 층단을 만들고 각 단에 사계절의 변화에 맞추어 갖가지 꽃나무를 심었다. 간혹 인공적으로 단을 쌓기도 하지만 경사지가 많은 창덕궁에서는 일부러 언덕을 꾸밀 필요도 없이 자연스런 화계가 이루어진 곳이 많다. 그 가운데 지금도 원형을 잘 남기고 있는 곳이 대조전 뒤 화계다.

08 승화루와 낙선재 후원의 별세계

승화루는 정조가 세자의 공부할 곳을 마련해주려고 지은 건물의 일부로 처음 이름은 소주합루였다. 승화루 뒤는 약간 경사진 언덕인데 이곳은 바람이 잘 통하고 주변 조망이 좋다. 낙선재는 헌종이 자신의 서재로 지었다. 뒤에 후궁 경빈 김씨를 위해 석복헌을 곁에 세우면서 건물 뒤 언덕에 아름다운 정자와 꽃담을 꾸몄다. 아울러 승화루 뒤와 통하도록 하고 이곳에 만월문 형태의 중국풍 출입문도 냈다. 20세기 초에 윤비가 낙선재에 머물면서 작은 별당인 한정당을 지어 한층 분위기가 돋보이게 되었다. 한정당 동편에는 숙종 때부터 있는 취운루라는 운치 있는 정자가 있는데 이곳에서는 창경궁이 내려다보인다. 낙선재 뒤 언덕 위는 창덕궁의 다른 건물들에서 느낄 수 없는 멋진 조망과 가슴 후련한 바람을 느낄 수 있다.

09 왕실 가족의 마지막을 장식한 창덕궁 낙선재

마지막 황제 순종이 승하하자 황후 윤비는 홀로 대조전에 머물기를 사양하고 낙선재를 거처로 삼았다. 6·25전쟁으로 서울을 떠났던 윤비가 다시 낙선재로 돌아온 것은 1961년이 되어서이다. 이후 낙선재에는 영왕과 그 가족이 돌아왔으며 고종의 고명딸 덕혜옹주도 이곳을 거처로 삼았다. 낙선재에 머물던 왕실 가족들은 하나둘 저세상으로 떠나고 지금은 이들이 살았던 흔적은 하나도 남아 있지 않다. 건물을 원형으로 보존하고 유지하는 일도 중요하지만 건물이 안고 있던 기억을 적절하게 남기는 지혜가 아쉽다.

10 아들의 공부를 배려한 아버지 마음이 담긴 성정각과 관물헌

숙종이 왕세자를 위해 지은 성정각은 대청마루가 트이고 누마루까지 갖춘 곳이고, 관물헌은 대청 좌우 온돌방이 돋보이는 집이다. 관물헌에서는 좌우에 서적들을 비치하여 왕세자가 공부에 전념하도록 하고 성정각에 나와 사람들을 만나고 휴식을 취하도록 했다.

성정각 누마루는 공부에 피로한 심신을 달래기 알맞고 관물헌은 수많은 책 속에 묻혀 독서삼매경을 이루기 알맞은 구성을 하고 있다. 숙종은 이 집을 짓고 왕세자가 마음에 새겨야 할 자세를 일깨우는 글을 남겼다.

11 궁궐 곳곳에 서린 정조의 자취

조선 후기에는 역대 왕들이 동궐로 불린 창덕궁과 서궐이라 한 경희궁을 오가며 거처했다. 정조는 선왕 영조가 경희궁에서 승하했기 때문에 이곳에서 즉위식을 거행했지만 왕위에 오르고 일단 창덕궁으로 온 이후에는 줄곧 창덕궁에 머물렀다. 그러면서 창덕궁 곳곳에 새로운 전각을 지어 궁궐의 면모를 일신했다. 중희당을 지어 동궁전을 새롭게 꾸미고, 금천 곁에 규장각 각신이 머물 이문원을 세우고 옛 동궁 자리에 수강재를 지어 자신의 서재를 꾸몄다. 후원에 규장각과 주합루를 세우고 각종 서고를 주변에 두고 서향각을 지어 자신의 독서처로 삼아 후원의 이미지를 바꾸었다. 그 마지막 치장을 부용정을 고쳐 짓는 것으로 해서 사업을 마무리했다. 지금 창덕궁에는 정조의 숨결이 닿았던 곳들이 곳곳에 있다. 지금도 금천 옆 규장각을 필두로, 승화루와 삼삼와, 부용정과 주합루, 그리고 서향각이 그런 곳들이다.

12 창덕궁 금천교를 지키는 상상의 동물

금천교 아래 물길이 지나는 다리 한가운데 위아래로 물속을 응시하고 있는 웅크린 동물상을 볼 수 있다. 혹시나 물길을 따라 침입하려는 나쁜 기운을 몰아내려는 모습이다.

◀ 후원 ▶

01 부용정에서 바라보는 주합루

주합루는 1776년 정조가 즉위하던 해에 세워졌다. 1781년(정조 5)에 왕은 주합루에 자신의 초상화, 즉 어진을 봉안하도록 했다. 어진은 상자에 넣어서 보안했다. 어진을 모시고 있다는 점에서 주합루는 왕이 머무는 전각 같은 의미를 지니게 되었다. 1793년, 정조 즉위 17년째에 왕은 주합루 아래 연못가에 부용정을 고쳐 세웠다. 그리고 꽃피는 계절이면 신하들을 불러 부용지 못가에서 시를 짓고 뱃놀이도 허락했다. 신하들은 부용지 위 언덕 높이 있는 주합루는 바라보면서 왕의 존재를 몸으로 느꼈음에 틀림없다. 왕명으로 지은 신하들의 시구에 왕을 칭송하는 구절이 나오는 것은 당연한 귀결이었다. 정조는 단지 경치나 즐기려고 주합루를 세우고 부용정을 고친 것이 아니었다. 여기에는 군주의 위상을 높이려는 정조의 치밀한 정치적 고려가 있었다고 하겠다.

02 연경당에서 보는 조선 최고급 살림집

애련정 뒤 후원 깊숙한 곳에 자리 잡은 연경당은 자타가 인정하는 조선 최고 수준의 건축이다. 대문간을 지나 중문간에서 오른쪽 문을 들어가면 사랑채, 왼쪽 문을 가면 안채가 나타나고 사랑채 곁에는 큰 규모의 서재가 있고 서재 뒤에는 한 칸짜리 아담한 정자 농수정이 있다. 건물 세부 하나하나가 정교하면서 전체가 하나로 잘 융합되어 부분과 전체의 뛰어난 조화를 유감없이 맛볼 수 있다. 효명세자가 1827년 창건했던 이 집은 고종이 즉위하고 3년째 되던 1875년(고종 2)에 고쳐 지었다. 수렴청정을 하던 조 대비(효명세자 비)는 남편이 지었던 전각을 전면 고쳐지어 아직 배필을 맞지 못한 고종을 위해 민간의 살림집 같은 새집을 마련해준 것이다. 공사를 마치고 책임자들에게 후한 시상을 한 조 대비는 장인들에게도 상을 내리는 것을 잊지 않았는데, 『훈국등록』에 의하면 목수편수는 이완손과 김수연, 석수편수는 김진성이었다.

03 효종이 송시열과 만나 국사를 논하던 후원 어수당 터

1809년 순조는 규장각 각신들을 데리고 후원 어수당에 고전 경전을 읽고 토론하는 기회를 가졌다. 이때 왕은 어수당 건물을 가리키며 이곳이 우리 효종대왕이 송시열을 불러 보면서 나라를 다스리는 도리를 논의하던 곳임을 상기시켰다. 효종이 송시열을 만난 때로부터 무려 150년이나 지난 뒤지만 여전히 당시의 일은 왕실에 회자되었다. 영조는 어수당을 가리켜 천지가 교태하고 군신이 도합하는 의미를 지닌 곳이라고 했다. 영조 때는 어수당 내에 '풍운계환, 어수동환'風雲契合 魚水同歡(풍운이 부합하여 왕과 신하가 기쁨을 같이한다)이라는 편액이 걸려 있었다고 한다. 어수당은 지금은 애련정 뒤 두 연못 사이에 빈터만 남기고 있지만 후원에서 정치적으로 가장 의미가 큰 곳이었다.

04 희우정

방 한 칸, 마루 한 칸에 문을 열면 걸터앉을 툇마루가 사방에 돌아가는 모습이다. 인조 때 향기에 취한다는 뜻으로 취향정이라고 했다는 이 집은 궁궐에 어울리지 않을 것 같은 소박하고 작은 집이지만 역대 왕들의 사랑을 받았다. 정조 때 주합루나 서향각이 지어지기 전까지는 주변에 온통 숲이 둘러싸고 이 작은 집만 있었으니 그 고요하고 한적함이 더했을 듯하다.

05 제월광풍관(천석정)

정조가 짓고 집 이름을 천석정이라 했다. 정면 세 칸, 측면 한 칸에 서쪽에 누마루 한 칸을 돌출시켰다. 이런 규모라면 양반들이 모여 살던 마을 계곡 근처에 있는 세 칸 정자와 크게 다르지 않다. 차이라면 누마루 아래 잘 다듬은 돌기둥을 세운 정도이다. 누마루 안쪽 방에는 작은 벽장을 오밀조밀하게 짜서 한층 정교하다. 지방 어디서나 볼 수 있는 양반들의 정자보다 한 차원 수준 높은 서재를 꾸민다면 이 건물이 훌륭한 참고가 된다.

06 의두합

효명세자가 자신의 서재로 지은 집이다. 어려서부터 총명했다고 하며 일찍 왕세자가 된 세자가 지었다고 하니 서재로서는 흠잡을 데 없는 건물이 아니었나 생각된다. 처음 집 이름은 석거서실이었다고 한다. 석거문 곁 책 읽는 방이라는 뜻이다. 정면 네 칸에 측면 한 칸에 전후 툇간을 두었다. 동쪽 끝 한 칸은 누마루로 꾸며서 휴식할 수 있도록 했다. 가운데 온돌방이

책 읽는 곳이고 서쪽은 책을 보관했다고 짐작된다. 이 정도 집이라면 요즘 사람들에게도 이상적인 서재 건물이 되고도 남겠다.

의두합에는 또 다른 요소가 숨어 있다. 서쪽 끝 사방이 벽으로 둘러싸인 비좁은 반 칸 크기의 방과 반의 반 칸 크기의 또 하나의 비밀스러운 방이 있다. 책을 보관하던 곳이라고 짐작은 되지만 왜 이런 작은 방을 두었는지 궁금하기 짝이 없다. 효명세자는 이 집 주변의 열 군데 경치를 두고 「의두합십경」 시를 지었다. 집과 주변 경관, 그리고 시. 꿈 같은 세계가 아닐 수 없다.

창경궁

01 홍화문 · 명정문 · 명정전에 남은 광해군 때의 시대 특징

홍화문과 명정문, 명정전은 1615년(광해군 8)에 창경궁을 복구할 때 지어진 건물이 지금까지 전하는 것이고 조선 시대 궁궐 가운데 건립 시기가 가장 올라가는 목조 건물이다. 세 건물의 처마 밑 공포 부분은 아래로 크게 내려간 쇠서, 높이가 낮고 길이가 길어서 안정적인 모습을 보여주는 첨차, 귀포(네 모서리의 공포)의 가지런히 정돈되지 않은 모서리 공포의 짜임이 특징이다. 또 내부 지붕틀은 주재료 주변에 보조재가 충실하게 보강된 17세기 초 시대 특징을 보여준다. 이 세 건물들은 임진왜란이 끝나고 얼마 지나지 않은 시점에 다시 지어진 건물이므로 여기에 보이는 특징은 임진왜란 이전의 건물이 어떠했는지를 알려주는 의미도 있다.

02 창경궁 숭문당 · 환경전 · 통명전, 그리고 낙선재의 아궁이

창경궁의 침전이나 별당에는 반드시 온돌방이 마련되었다. 온돌방에는 불을 넣는 아궁이가 필수인데 일반 살림집은 부엌에 아궁이를 두면 되지만 침전은 부엌이 없기 때문에 아궁이를 기단 부분에서 처리하지 않으면 안 되었다. 이런 아궁이 시설 역시 시대적으로 변화를 보여주는데, 숭문당은 돌기둥을 바깥에 열 지어 세우고 돌기둥 안쪽 기단 면에 아궁이를 둔 모습이다. 이런 방식은 18세기 이전까지 대부분 궁궐 침전에서 적용했지만 지금은 여기만 남았다. 19세기에 오면 기단 면을 건물보다 넓게 잡고 정면 기단 면 양쪽에 아궁이를 두는 방식이 퍼진다. 그 첫 번째 사례는 지금은 사라지고 없는 자경전이며 이후 환경전, 경춘전 등에 보급되

었다. 단, 통명전은 건물 앞에 월대가 있기 때문에 기단 면이 아니고 기단 상부에 아궁이로 들어가는 구멍을 냈다. 자칫 부주의해서 빠질 우려도 있었지만 큰 사고가 있었다는 기록은 보이지 않는다. 여기서 한 걸음 더 발전한 방식은 건물 끝에 누마루를 두고 누마루 아래 함실을 만드는 것인데, 이런 방식은 19세기 후반에 지어진 경복궁 침전에서 흔하지만 창경궁에서는 보기 어렵다. 낙선재는 누마루 아래 아궁이를 두어 비슷한 느낌을 준다. 이것과 대조되는 곳이 낙선재 동쪽 취운정의 아궁이다. 이 건물 아궁이는 동쪽 기단 부분에 길게 굴속 같은 통로를 만들어 사람이 겨우 들어가 불을 넣도록 했다. 숙종 때 지었다는 이 건물을 보면 불 넣는 사람이 얼마나 힘들었을까 하는 생각이 든다. 여기 비하면 19세기 후반 아궁이는 훨씬 편안한 상태로 불을 넣을 수 있다. 아궁이 구조도 일하는 사람들의 수고를 덜어주는 쪽으로 점차 진화된 것으로 평가할 수 있다.

03 통명전·환경전·경춘전 실내 창문은 어떤 모습이었나

침전 건물이 그나마 제대로 남아 있는 곳이 창경궁이기는 하지만 여기 있는 통명전, 환경전, 경춘전 건물들도 겉모양은 옛 모습이지만 내부는 미스터리가 많다. 특히 실내 온돌방에 설치되었던 장지문의 실체는 정확한 모습을 잘 모른다. 장지는 창호지를 안팎에서 얇게 바른 미닫이문을 가리키며 한자로 '장자'(障子)로 쓴다.

보통 침전 온돌방은 두 칸 또는 네 칸 크기로 해서 필요시에는 장지를 제거해서 모두 개방하고 잘 때는 다시 장지문을 달아 폐쇄된 한 칸 (또는 두 칸)의 아늑한 공간을 꾸미는 것으로 추정된다. 따라서 장지문은 이동가능한 문이었던 셈이다. 이를 위해 장지를 고정시키는 문틀을 떼었다가 붙였다가 했다.

현재 창경궁 침전에는 장지문의 원형이 남아 있지 않다. 20세기 이후 건물을 다른 용도로 전용하면서 모두 사라지고 말았기 때문이다. 겨우 흔적을 남기고 있는 곳은 덕수궁 준명당 같은 곳인데, 이곳 장지문도 과연 원형을 그대로 간직하고 있는 건지 의문스럽다. 연구하고 밝혀내야 할 부분이 참으로 많은 곳이 궁궐이다.

04 명정전 월대 위에 올라서서

창경궁의 정전인 명정전 월대 위에 올라서서 앞을 바라본다. 눈앞에 넓지 않은 명정전 마당이 펼쳐지고 마당에는 가지런하게 품계석도 좌우로 줄지어 있다. 그 뒤로 전문 명정문이 있고 명정문 지붕 너머로 정문인 홍화문 중층지붕이 눈에 들어온다. 일견 평범해보이는 이 장면에 창경궁의 진면목이 담겨 있다.

창경궁은 동향을 하고 있다. 창경궁을 창건하는 과정에서 이 궁의 좌향을 동쪽으로 결정한 데는 남다른 이유와 고심이 있었다고 생각된다. 창경궁이 대비들을 위해 창건한 만큼 동조(東朝)라 불리던 대비의 존재를 상징하여 동향을 했을 수도 있고 아니면 창경궁이 놓인 지형 조건 탓일 수도 있다. 한때 좌향을 바꾸어보려는 시도도 있었지만 창건시의 뜻을 그대로 지키기로 했다. 전문과 정문만 있어서 문 셋이 나란히 있

는 다른 궁에 비해 격식이 모자라 보이지만, 여건에 따라 문 하나쯤 생략할 수 있는 생각의 유연함을 엿볼 수 있다.

창경궁은 지나치게 형식이나 격식에 매달리지 않은 조선 시대 궁궐의 일면을 우리에게 보여준다. 아쉬운 것은 홍화문 너머로 보이는 서울대학교 병원의 우람하고 잡다한 시설들이다. 어쩌다가 우리 궁궐 문 앞에 이런 어울리지 않는 시설이 들어서게 되었는지 안타깝다.

05 빈양문 앞에 서서

명정전 건물 뒤로 가면 벽 없이 기둥만 서고 지붕이 이어진 복도각이 서쪽으로 나 있고 그 끝에 빈양문이라 쓴 대문이 있다. 이 문을 나서면 넓은 마당이 눈앞에 펼쳐지는데, 과거 이곳에는 화려한 연회가 베풀어지던 인양전이 있었다. 왕들은 명정전에서 조하가 있으면 대신들을 인양전에 불러 성대한 잔치를 베풀었다. 지금 인양전은 사라지고 없고 건물이 있던 부근에 함인정이라는 정자가 외따로 서 있다. 또 빈양문의 바로 남쪽에는 숭문당이라는 서재 건물이 있다. 빈양문 바깥, 함인정에서 숭문당 사이 넓은 공간까지는 외부 사람들이 들어와 왕을 알현하거나 왕이 마련한 잔치에 참여할 수 있었다. 그리고 함인정 좌우로는 높은 담장이 있어서 그 안쪽의 내전과 엄격한 경계를 지켰다. 지금은 이런 본래 모습이 다 없어지고 빈양문을 들어서면 텅 빈 마당에 함인정과 침전 건물이 한데 섞여 있다. 마치 집 안의 거실이나 손님 모시는 곳과 침실이 뻥 뚫려 있는 꼴이다. 도무지 부끄럽기 짝이 없는 모습이다.

06 창경궁을 각별하게 여긴 영조의 자취

창경궁은 다른 궁에 비해 상대적으로 정치적 비중이 높지 않았고 왕이 이곳을 적극 활용한 사례도 드물다. 그런 경향에 비추어 영조의 창경궁에 대한 애착은 각별했다. 영조를 왕세자로 책봉하는데 힘을 쓴 숙종 계비 인원왕후가 승하하자 빈전을 통명전에 모시고 영조가 통명전 부근에서 지냈다. 발인한 후에는 혼전을 문정전으로 삼아서 역시 근처에 있는 함인정이나 숭문당을 즐겨 이용하고 신들을 이곳에 불러 나랏일을 의논하고 각종 연회를 갖기도 했다. 왕비 정성왕후가 승하하자 계비 정순왕후를 맞았는데, 청혼하는 의식이나 예물 보내는 의식을 모두 명정전에서 치렀다. 이것은 전에 없던 일이었다. 그만큼 영조는 창경궁을 적극 이용하여 창경궁의 위상을 높였다. 명정전에서부터, 문정전, 숭문당을 거쳐 함인정, 통명전으로 영조의 발길을 따라가 보는 것도 역사의 무대를 되돌아 보는 기회가 되겠다.

07 사도세자의 비극이 벌어졌던 창경궁 문정전

1762년(영조 38) 윤달 5월 13일, 영조는 선원전에 나가 숙종 어진에 절을 올리고 나서 세상 떠난 부인 정성왕후 신주를 모신 휘령전으로 가면서 왕세자를 휘령전으로 불렀다. 휘령전은 정성왕후 혼전의 전호이며 문정전 건물을 한시적으로 그렇게 불렀다. 뒤늦게 도착한 세자가 마당에 엎드려 사배를 올리자 왕은 군사들에게 전문을 굳게 닫도록 명하고 사람의 출입을 막았다. 왕이 세자에게 명하여 관을 벗게 하고, 땅에 머리를 조아리게 하

고 자결을 명했다. 엎드린 세자가 이마에 피가 나도록 머리를 조아리며 용서를 구했지만 막무가내였다. 세손(정조)이 그 뒤에 있었지만 왕이 내보냈다. 이윽고 다른 신하들이 달려와 명을 거두기를 청하자 왕은 세자를 엄히 가두도록 했다. 이로부터 여드레 뒤에 왕세자는 뒤주에서 죽었다. 조선 왕실의 비극 중 하나인 이 사건이 벌어진 곳은 문정전 마당이었다.

08 무신년 성대한 잔치를 벌인 창경궁 통명전

궁중에서 벌이는 잔치는 조선 전기에는 왕이 신하에게 베푸는 형태 위주였지만 조선 후기에 오면 이런 군신 간의 연회 대신에 왕이 그 부모를 축하하는 왕실 가족 간의 잔치가 중심이 된다. 이때 가장 성대하게 벌이는 잔치가 대비의 나이 50 또는 60이 되었을 때 아들인 왕이 모친의 생신을 축하하는 진찬이라고 할 수 있다. 1848년(헌종 14)에 대왕대비 순원왕후(순조 비)는 육순이 되었다. 또 왕대비인 익종 비 조씨 나이 41세가 되는 해였다. 41세도 망오望五(오십을 바라본다는 뜻)라 해서 의미를 부여했다. 헌종은 이를 기념한 성대한 잔치를 베풀었는데, 그 장소가 통명전이었다. 행사 날 아침에 내진찬을 열고 다시 그날 밤 야진찬을 거행하고 이튿날에도 술잔을 올리는 행사를 아침저녁으로 거행했는데, 모든 행사가 통명전에서 치러졌다. 통명전 건물 처마밑과 대청 안에는 각각 금빛 찬란한 현판이 걸려 있는데 아침부터 밤까지 현판 글씨는 더욱 빛을 발했다고 짐작된다.

09 옛 자경전 터에 올라

부모에 대한 각별한 효성으로 유명한 정조는 왕위에 오르자마자 부친 사도세자 사당을 창경궁 맞은편 언덕에 세워 경모궁이라 칭하고 통명전 뒤 언덕 위에 모친 혜경궁 홍씨를 위해 자경전을 세웠다. 자경전 바로 앞에는 창경궁 창건 때부터 있던 환취정이 있었다. 자경전이 사라진 것은 고종 때이며 일제강점기에는 자경전 바로 옆에 어원박물관이라는 벽돌조 건물이 들어섰다.

지난 1989년 창경궁을 정비할 때 어원박물관 건물은 철거되었고 자경전이 있던 곳은 빈터로 남아 지금은 수풀만 무성한 상태이다. 세월에 따라 궁궐도 달라지는 것이므로 자경전을 억지로 다시 짓지는 못하더라도 적어도 건물 터라도 반듯하게 다듬고 주춧돌이 놓였던 자리라도 흔적을 남겨 놓아 정조의 효성심을 일깨우도록 하면 어떨까?

10 관덕정에서 내려다 본 춘당대 터

현재 창경궁에서 가장 아쉬운 부분은 사라지고 없는 춘당대라고 하겠다. 조선 전기부터 시작된 춘당대의 과거시험은 고종 때까지도 이어졌다. 이런 유서 깊은 장소가 사라지게 된 것은 일제강점기에 들어와 춘당대를 없애고 그 일대에 춘당지라는 이름의 커다란 연지를 만들면서이다. 이후 춘당지는 한동안 행락지로 변모하여 여름에는 보트놀이, 겨울에는 젊은이들이 스케이트를 타는 곳으로 쓰일 정도였다. 지금은 그런 광경은 사라졌지만 여전히 춘당대 본래의 모습과는 거리가 멀다. 춘당대의 흔적을 그나마 남기고 있는 곳이 대온실 동편의 관덕정 작은 정자이다. 춘당대에서 무과 시험이 벌어지면 왕이 이곳에 나와 무술 솜씨를 지켜보곤 했다.

11 옛 동궁 바깥에 있었던 선인문

선인문은 홍화문 남쪽에 있는 창경궁의 제2정문과 같은 곳이다. 선인문을 들어서면 바로 정면에 동궁전으로 향하는 동룡문이 있었다. 동룡문을 들어가면 안으로 길게 이어진 담장을 따라 창덕궁 빈청까지 이어지는 길이 있어서 일반 관리들이 궁궐에 들어갈 때는 창덕궁 서쪽의 금호문을 이용하거나 아니면 선인문으로 해서 동룡문을 지났다. 또 동룡문 안쪽에는 동궁전이 있어서 동궁에 속해 있는 관리들이 이쪽 출입문을 지났다. 선인문은 장희빈의 시신이 나간 불길한 문 정도로만 기억되기 쉽지만 역사적으로는 금호문에 못지않은 관리들의 통용이 빈번했던 출입문이었다.

우리나라 목조 건물 들여다보기

궁궐에서 만나는 건물들은 당대 최고 장인의 솜씨로 지어진 것들이다. 전통 건축에 관한 아주 기본적인 것만 알고 있어도 최고의 예술품을 감상하는 데 도움이 될 것이다.

기단과 계단

기단은 궁궐에서 특별히 중요하게 여겼다. 나라의 큰 행사를 할 때 돌로 쌓은 높은 기단은 건물의 위용을 살려주기 때문이다. 기단에 오르기 위해서는 계단을 놓아야 하는데 특히 왕이 의식에 참여하는 정전 계단에는 중앙 경사면인 답도(踏道)에 왕을 상징하는 봉황을 조각해서 건물의 격식을 높였다. 지금도 서울 각 궁궐 정전 기단에 봉황을 새긴 답도가 잘 남아 있다.

기둥과 보, 도리

우리나라 전통 건축물은 서양처럼 돌이나 벽돌을 주재료로 이용하지 않고 목재를 기본으로 했다. 여기에 돌로 하부를 다지고 벽은 흙과 나무를 섞어서 표면에 회를 바르는 정도로 마무리했다.

집의 뼈대는 기둥을 세우고 대들보를 올린 다음, 대들보와 직각 방향으로 도리를 세 개나 다섯 개 또는 일곱 개를 가로 방향으로 보내고 도리 위에 경사지게 서까래를 걸쳐서 지붕면을 만들게 된다. 도리 중에 중앙에 있는 가장 높은 것을 종도리 또는 마루도리라 했다.

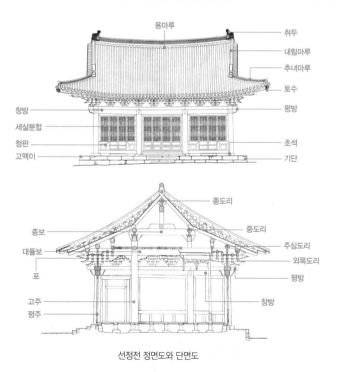

선정전 정면도와 단면도

건물의 뼈대 구성

왕이 신하들로부터 하례를 받는 정전은 지붕을 2층으로 하지만 나머지는 대개 단층으로 짓는다. 단층 건물은 기둥을 세우는 방식이 간단해서 바깥쪽에 낮은 기둥인 평주를 빙 돌려세우고 내부에는 높이가 높은 고주를 세워 고주 위에 대들보를 걸치고 고주에서 평주 사이를 툇보를 걸어 집의 뼈대를 꾸민다.

경복궁 경회루 같은 큰 누각이나 창덕궁 주합루처럼 내부를 상하층으로 꾸미거나, 창덕궁 돈화문이나 창경궁 홍화문처럼 정문을 누각식으로 꾸미는 경우도 있다. 지붕이 중층이거나 누각인 경우에는 뼈대가 조금 복잡해지는데, 정전인 경우 고주를 상하층을 관통하도록 높이 세우고 이 고주에 의지해서 평주를 하층과 상층을 따로따로 세운다. 누각에서는 이런 방식 대신 하층 뼈대를 세운 다음 그 위에 상층을 올리는 방식을 취한다. 궁궐 정전에 가면 실내 상하층을 관통하는 높은 고주를 살펴보는 것도 흥미롭다.

| 경복궁 경회루 | 창덕궁 주합루 | 창덕궁 돈화문 | 창경궁 홍화 |

지붕의 형식

지붕은 건물의 격식에 따라 형태가 달랐다. 대표적인 것으로 맞배지붕, 우진각지붕, 팔작지붕을 들 수 있다. 가장 간단한 형태인 맞배지붕은 주로 부속 건물이나 치장을 하지 않는 곳에 채택했다.

우진각지붕은 궁궐에서는 정문에서만 볼 수 있다. 먼 고대부터 선호하던 것인데, 외관이 장엄한 대신에 큰 목재를 필요로 하기 때문에 조선 시대에는 정문에만 사용했다.

궁궐 건물에서 가장 흔하게 볼 수 있는 것은 팔작지붕이다. 정전, 편전이나 침전, 별당 등 거의 대부분의 건물이 팔작지붕이다.

왼쪽부터 맞배지붕, 우진각지붕, 팔작지붕.

기와와 막새 문양

지붕에는 기와를 덮었다. 기와는 바닥에 까는 약간 평평한 것을 암키와, 암키와 위에 놓이는 반원형 기와를 수키와라 했는데 음양의 조화를 지붕에서도 나타낸 셈이다.

기와 중에 제일 아래쪽 낙숫물이 떨어지는 곳에는 아래로 경사진 면을 가진 막새기와를 두는데 막새에는 상징적인 문양을 새긴다. 궁궐에서는 암막새에 용, 수막새에 봉황을 새기는 것이 보통이지만 별당 같은 곳에선 복을 불러준다는 박쥐문양을 넣기도 하고 부속 건물은 거미문양이 흔하다. 간혹 기쁠 희囍 같은 상서로운 뜻을 지닌 글자를 문양화해서 넣기도 한다.

숫막새
암막새
박쥐무늬   용무늬

지붕의 장식

지붕의 제일 높은 꼭대기 수평선을 이루는 부분을 용마루라 부른다. 양 측면의 경사선은 내림마루라고 하고 네 모서리 추녀 선을 이루는 곳을 추녀마루라 한다.

용마루나 내림마루, 추녀마루는 지붕의 윤곽을 뚜렷이 해주기 때문에 이런 곳에는 장식물을 올려 놓아 눈길을 끌게 한다. 용마루 양 끝에는 취두의 얼굴을, 내림마루 끝에는 용 얼굴, 추녀마루 위에는 잡상을 둔다. 잡상은 흔히 삼장법사나 손오공 등 『서유기』 소설에 등장하는 인물을 올린다는 설도 있지만 실제로는 제일 앞에 무인상을 세우고 그 뒤로 웅크린 자세의 짐승을 올리는 것이 일반적이다.

정전 같은 큰 건물은 추녀마루마다 아홉 개의 잡상을 올리고 경회루같이 큰 지붕은 열한 개, 정전보다 작은 건물은 격식에 따라 일곱 개나 다섯 개를 둔다. 궁궐이나 성문 같은 곳에는 양성 바름이라는 것도 한다. 양성은 양상도회樑上塗灰, 즉 각 마루에 회를 바른다는 말을 줄인 것이다. 양상도회를 한 건물은 지붕 윤곽선이 희게 돋보여서 멀리서도 건물이 잘 드러난다.

공포란 무엇인가?

목조건물은 지붕이 크고 기와를 얹은 지붕 무게가 상당한 데다 서까래를 바깥으로 길게 빼기 때문에 서까래를 지탱하는 특별한 방안이 필요하다. 이런 요구에서 고안된 것이 공포拱包다.

공포는 기둥 위에서 팔같이 밖으로 뻗는 첨차(檐遮)라는 재목을 길게 내밀어 서까래를 받치도록 한 것이다. 첨차는 하나만 두지 않고 두셋을 중첩해서 두는 것이 보통이다. 조선 시대 궁궐은 공포를 전혀 두지 않는 방식(민도리집)과 공포를 처마 밑에 가득 채워 넣는 다포식, 첨차의 형태를 새 날개 모양으로 꾸미면서 공포를 간략하게 꾸민 익공식으로 구분할 수 있다. 정전이나 편전은 다포식으로 하고 대부분의 침전이나 별당은 익공식이며 나머지 부속 건물은 민도리집이다. 공포의 세부, 특히 첨차는 시대에 따라 형태가 바뀌어가기 때문에 첨차의 모습을 잘 관찰하면 건물이 지어진 시기를 가늠할 수 있다. 대개 17세기 이전까지는 첨차의 끝인 쇠서가 아래로 크게 처진 모습을 보이다가 18세기 말 이후에 가면 첨차의 몸체와 쇠서가 거의 수평을 이루고 쇠서 끝은 강한 곡선을 그리며 휘어지는 경향을 보인다. 익공의 경우에도 18세기 말 이후에는 장식적인 모습이 된다.

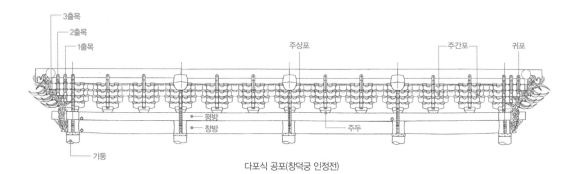

다포식 공포(창덕궁 인정전)

이익공 부재 명칭(창덕궁 승화루)

다양한 형태와 기능의 창문

궁궐을 살펴볼때 눈여겨볼 부분 중 하나는 건물의 창문들이다. 여름철 더위와 겨울철 추위를 대비해서 실내에 갖춘 마루와 온돌은 다른 나라 건물에서 보기 어려운 특징인데, 이런 마루와 온돌 덕분에 건물의 창문은 다양한 모습을 보였다.

특히 사람이 신을 신은 채로 드나드는 곳의 출입문·창문과, 신을 벗고 바닥에 앉아서 지내는 곳의 창문은 그 형태가 전혀 달랐다.

바깥 출입문인 정문이나 대문의 형태는 대부분 두꺼운 판자를 여러 장 덧대서 만든 판문이다. 그렇지만 조하의례를 거행하는 정전에서는 일반적인 판문보다 훨씬 정교하게 창살을 가공한 출입문과 창문을 설치했다. 창경궁 명정전이나 창덕궁 인정전이 좋은 사례다.

편전은 업무를 보는 곳이므로 정전보다는 치장을 덜한다.

가장 흥미로운 부분은 사람들이 일상 거주하는 침전이나 별당들이다. 창경궁의 침전들에는 비교적 조선 시대 창문이 잘 남아 있는데, 창살이 격자 형태인 것과 수직살에 위아래 수평살이 있는 것을 기본으로 해서 하부에 널빤지를 댄 것과 대지 않은 것으로 구분할 수 있다. 격자살이 더 고식이다. 통명전에 이런 고식 창문이 남아 있고 숭문당에도 보인다.

창문은 보통 분합이라고 해서 여러 짝으로 이루어지는데, 통명전의 고식 창문은 만살청판분합(滿箭廳板分閤)이라고 한다. 세살창은 아마도 18세기 이후에 유행한 듯하며 청판이 달린 세살창을 세살청판분합이라 한다. 창경궁의 침전이나 별당 같은 곳에서 쉽게 볼 수 있다. 숭문당은 만살청판분합과 세살청판분합이 혼합된 흥미로운 건물이다.

실내의 치장

사람이 거주하는 실내는 벽지를 발라 보온 효과를 높이고 실내를 아늑하게 꾸미는데, 왕이나 왕비, 후궁 등 귀한 신분인 사람들이 살던 침전이나 별당 실내는 더욱 그 치장이 정교했다. 19세기 초 대조전을 수리하면서 당시 대조전의 내부를 묘사한 선공감 관리 이이순이 적은 「대조전수리시기사」(『후계집』에 실려 있음)는 화려한 치장과 각종 병풍과 편액으로 가득했던 침전 모습을 전해준다.

대조전 외에도 침전이나 별당은 기본적으로 실내 바닥이나 벽, 천장을 모두 종이로 바르는 것을 원칙으로 했다. 바탕에 여러 겹의 종이를 바르고 마지막에 백릉화지(마름모 문양을 꽃무늬처럼 새긴 흰 벽지) 또는 청릉화지로 마무리했다. 간혹 침전에서는 용봉지라고 하는 용과 봉황을 문양화한 벽지도 사용했다. 현재는 이런 벽지가 남아 있는 곳은 없다. 앞으로 복원해야 할 숙제다.

침전 온돌방은 특히 실내 보온에 신경을 썼다. 천장을 이중으로 하는 것은 기본이고 지붕 속에 바람을 막을 수 있는 흙벽을 설치하는 경우도 있었다. 대청마루는 흔히 천장을 두지 않고 개방하지만 왕이 사용하는 곳에서는 대청에도 따로 천장을 두기도 했다. 창덕궁 서향각 천장에는 대나무를 가늘게 쪼개서 통풍이 되면서 아름다운 문양을 치장한 천장을 둔 사례가 남아 있다.

궁궐 건물의 실내는 아직 모르는 점이 산더미처럼 많다. 본래 모습을 온전히 남아 있는 곳이 없기 때문이다. 이 역시 숙제로 남아 있다.

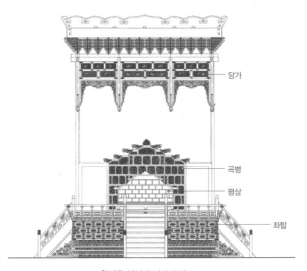

당가

곡병

평상

좌탑

창덕궁 인정전 어좌 구성

주요 용어

가벽(假壁) 힘을 받는 벽이 아니고 장식이나 공간을 나누기 위해 세우는 벽체

가퇴(假退) 뒷간에 덧달아낸 좁은 공간으로 상궁과 나인들의 이동 통로로 이용되었을 것으로 추정함

각루(角樓) 주변을 감시하거나 모서리가 돋보이도록 성벽 모퉁이에 지은 다락집

거둥(擧動) 왕의 행차를 말하며 거가(車駕), 행행(行幸)이라고도 함

결채(結綵) 왕의 행차나 중국 사신을 맞을 때 여러 색깔로 된 종이나 실, 헝겊 등으로 장식하는 일

경연(經筵) 왕에게 유학의 경서를 강론하는 일

계자각(鷄子脚) 계자다리 모양으로 다듬은 부재를 사용한 난간의 일종

고주(高柱) 일반 기둥인 평주보다 키가 큰 기둥으로, 평주 안쪽에 세워 건물 뼈대를 형성함

곡림청(哭臨廳) 장례 때 여러 사람이 모여 정해진 시간에 맞춰 슬피 우는 즉, 곡림하는 공간을 지칭함

곡와(曲瓦) 궁궐의 침전 용마루에 쓰인 구부러진 형태의 기와, 궁와(弓瓦)로도 불림

공포(工包) 기둥 위에 놓이는 조립재로 처마의 무게를 지탱하는 동시에 건물 외관을 화려하게 꾸미는 데 쓰임

관지(灌地) 제사 때 술을 땅에 붓는 일을 가리키는 말로, 울창이란 제기에 울창(튤립인 울금향을 넣어 빚은 술)을 따라 부음

광창(光窓) 빛을 받기 위한 창을 말하며 벽이나 문 상부에 설치하여 채광과 통풍을 하는 창

괘서(掛書) 비방이나 선동을 목적으로 여러 사람이 보는 곳에 몰래 붙이는 게시물

괴석(怪石) 특이한 모양의 바위로 받침대 위에 올려 화계나 후원 등을 장식함

교의(交椅) 위패를 모시는 의자 형태의 받침대

구갑경(龜甲鏡) 장수를 상징하는 거북등 모양 무늬를 장식한 거울

『국조속오례의』(國朝續五禮儀) 1744년(영조 20)에 완성된 『국조오례의』를 수정, 보완하여 만든 속편

『국조오례의』(國朝五禮儀) 1474년(성종 5)에 발간된 예서로 나라의 기본 예식인 오례의 예법과 절차 등을 그림을 곁들여 설명함

『궁궐지』(宮闕志) 조선 시대 궁궐의 전각 이름과 위치, 간략한 역사나 건물과 연관된 이야기를 적은 책

궁륭(穹隆) 아치 원리를 이용한 곡면 구조인 볼트(vault)를 지칭함

금천교(禁川橋) 궁궐 안을 흘러가는 명당수인 금천(禁川)에 놓인 돌다리

기단(基壇)
집터를 다진 뒤 터보다 높여서 만든 단으로 건물의 위엄을 드러내는 건축 요소

낙양 기둥 위와 옆에 붙이는 초각한 장식재

남면북좌(南面北座) 왕이 앉던 자리의 방향을 말하며 등은 북쪽으로 두고 얼굴을 남쪽을 향해 앉는 자세

내소주방(內燒廚房) 내전에 속한 소주방으로 왕과 왕실 일원의 평소 식사를 장만함

내전(內殿) 왕실 구성원들의 일상생활 공간

내정전(內正殿) 내전의 정전으로 왕과 왕비가 사용하는 침전

누각(樓閣) 다락집

누기(漏器) 물시계

누상고(樓上庫) 다락집 상부에 만든 곳간

다례(茶禮) 명절이나 조상의 생일, 음력으로 매달 초하루, 보름에 간단히 지내는 제사로서 차를 올리는 제례

다포식(多包式) 공포를 기둥과 기둥 사이에도 설치하는 방식으로 궁궐의 정전이나 사찰의 주불전에 주로 사용함

단(壇) 흙을 높이 쌓아올려 지면보다 돋우어 만든 형태로 의식을 거행하는 장소이며 사직단, 선농단 등이 사례

답도(踏道) 돌계단 한가운데에 경사진 판석을 설치하고 용이나 봉황 등을 새겨 장식하며 왕이 가마로 오르내릴 때 사용함

답상(踏床) 발을 올려두는 상, 발 받침대

당간(幢竿) 깃발을 달아두는 장대

대내(大內) 왕과 왕비, 왕대비 등이 거처하는 공간으로 궁궐의 핵심 영역

대들보 기둥과 기둥 사이를 건너지르는 부재

대리청정(代理聽政) 왕이 여러 이유로 나랏일을 돌보기 어려운 시기에 세자나 세손, 세제(왕의 동생)가 대신 정사를 수행하는 일

도편수(都邊首) 조선 후기에 건축 공사를 담당하던 기술자의 호칭으로, 각 분야의 책임자인 편수(邊首)의 우두머리라는 뜻

동뢰연(同牢宴) 신랑과 신부가 교배례를 마친 뒤 서로 술잔을 나누는 잔치로 가례의 마지막 절차

드므(豆毛) 물을 담아놓고 쓰는 큰 가마나 독, 두멍

ㅁ

맞배지붕 경사진 지붕면 둘이 서로 마주 붙은 형태로 지붕의 가장 간단한 형식

머름풍혈(遠音風穴) 머름으로 짠 틀 안에 뚫어서 새긴 조각판을 끼운 장식판

면복(冕服) 왕이 제례에 착용한 관복

모루단청(毛老丹靑) 평방이나 창방, 도리 같은 부재의 양쪽 끝인 머리초에만 칠한 단청

모화관(慕華館) 조선 시대에 명나라와 청나라에서 보낸 사신을 대접하던 장소

무량각(무량각) 우리나라에서는 주로 궁궐 침전 지붕에 채택한 기법으로 용마루를 만들지 않은 지붕

문루(門樓) 아래는 드나드는 문을 내고 그 위에 지은 다락집

미닫이 위아래 문지방에 홈을 내고 문을 설치한 뒤 옆으로 밀어서 여닫는 방식

ㅂ

바자울 대나무나 싸리나무, 조릿대 같은 재료를 엮어서 만든 울타리

박석(薄石) 얇고 넓은 모양의 돌로 권위 있는 건물의 마당을 포장하는 데 사용함

방화벽(防火壁) 화재가 번지지 않도록 막는 벽

방화수류정(訪花隨柳亭) 수원 화성(사적 제3호)에 있는 동북 각루(角樓)의 딴 이름

백릉화지(白菱花紙) 마름모무늬인 능화를 찍은 종이 가운데 염색하지 않은 흰 종이로 벽이나 천장, 기둥 도배용 종이

법궁(法宮) 왕이 머물며 정치를 펴는 궁궐

벽감(壁龕) 벽에 만든 감실(龕室)로 위패나 초상화, 불상 같은 안치물을 봉안함

별궁(別宮) 왕이나 왕세자가 비(妃)를 맞이할 때 따로 마련한 궁

보계(補階) 큰 행사를 대비해 대청마루 앞으로 잇대어 임시로 나무틀을 짜고 널판을 마련한 자리

보첨(補簷) 공간을 확장시키기 위해 몸체 또는 처마에 붙여서 만든 구조

복도각(複道閣) 건물과 건물 사이를 잇는 통로

부계(副階) 1층에 붙여서 덧달아낸 차양간(遮陽間)으로 우리나라에서는 고대 건물에 사용한 방식

분합문(分閤門) 외벽에 설치하는 창문의 일종으로 문짝을 여럿으로 나누어 담

비변사(備邊司) 조선 중·후기에 의정부를 대신하여 국정을 총괄하던 최고의 관청

빈전(殯殿) 인산(因山) 전까지 왕이나 왕비의 관을 모시는 건물

ㅅ

사롱(紗籠) 현판에 덮는 사포(紗布)로 먼지가 앉지 않도록 하거나 훼손을 방지, 어필 현판을 존중하는 의미에서도 사용함

사직단(社稷壇) 나라의 신(社壇社壇)과 곡식의 신(稷壇稷壇)에게 제사를 올리는 단으로 보통 도성 서쪽에 설치함

산단(山壇) 산신에게 제사를 올리는 단

상참(常參) 매일 아침 왕에게 나랏일을 보고하고 논의하는 조회(朝會)

서까래 도리와 도리 사이에 지붕 물매 방향으로 경사지게 걸어서 지붕을 구성하는 부재

선기옥형(璇璣玉衡) 천체를 측량하는 기구

선수도감(繕修都監) 나라에서 주관하는 궁궐이나 사당, 성곽 같은 공사를 맡아 집행했던 임시 관서, 영건도감

소대(召對) 왕을 만나서 나랏일에 대한 의견을 올리던 일

소맷돌 계단 디딤돌 좌우에 설치하는 부재

솟을대문 지붕을 높인 대문으로 보통 세 칸 규모로 가운데 칸 지붕을 높인 모양

솟을지붕 주변 건물의 지붕보다 높여 만든 지붕

쇠서(牛舌) 공포를 짜는 부재로 끝이 소의 혀처럼 생긴데서 유래함

수구(水口) 물을 끌어들이거나 내보내는 곳

수렴청정(垂簾聽政) 어린 왕을 대신하여 왕대비나 대왕대비가 국정을 대리로 처리하던 일

승군(僧軍) 승려들로 구성된 군대로서 조선 시대에는 나라의 건축·토목공사에 자주 동원되었음

신당(神堂) 민간신앙에서 신을 모시고 위하는 건물

신주(神主) 죽은 사람의 혼을 대신하는 나무패로 단단한 밤나무로 제작함

쌍종도리 용마루 없는 궁궐의 침전에 주로 이용한, 마룻보 위에 종도리 두 개를 나란히 배치한 기법

쌍창(雙窓) 외기(外氣)에 면한 문 두 짝으로 만든 창으로 여닫이 방식임

야대(夜對) 왕이 밤에 신하를 불러 유교 경전을 공부하던 일로 비정규 강의임

양상도회(樑上塗灰) 지붕마루를 높게 쌓고 회를 발라 장식하는 고급 기법으로 궁궐이나 사묘, 성곽의 주요 건물에만 치장함

어재실(御齋室)
제사에 닥쳐서 왕이 머물며 준비하던 집

어진(御眞) 왕을 그린 초상화

어필(御筆) 왕이 직접 쓴 글씨

여(輿) 왕의 이동에 사용하는 수레로 말이 끄는 방식임

연(輦) 왕이 거둥할 때 타던 가마로 사람이 어깨에 메고 다니는 방식임

연사례(燕射禮) 궁궐에서 왕이 사사롭게 시행하던 활쏘기

영창(影窓) 덧문인 쌍창 안쪽에 설치하던 두 짝 미닫이

예필(睿筆) 왕세자가 쓴 글씨

오얏꽃 장식 조선 왕실의 상징으로 오얏꽃 모양으로 만든 장식무늬

외목도리(外目道理) 기둥 중심 상부에 설치된 주심도리보다 밖에 설치된 도리

외소주방(外燒廚房) 궁궐 안의 부엌인 소주방 가운데 주로 잔치 음식을 담당하는 곳

외진연(外進宴) 진연은 조선 후기에 궁중에서 열린 잔치의 한 형태로서 왕의 생일 축하를 외진연으로 구분함

요지연(瑤池宴) 곤륜산의 아름다운 연못 요지(瑤池)에서 베푼 서왕모(西王母)의 연회

용두(龍頭) 용의 머리 모양으로 만들어서 용마루나 내림마루 끝에 설치하는 장식 기와의 일종

용마루 종도리 상부의 지붕면이 만나는 지점에 형성되는데, 건물의 위계나 격식을 표현함

우물반자 우물 정(井) 자 모양으로 짠 천장 반자로서 궁궐이나 사찰의 주요 건물에 사용함

우석(隅石) 계단 디딤돌 좌우에 두는 소맷돌로서 위계 높은 전각에는 무늬를 새긴 우석을 배치함

우진각지붕 추녀마루와 용마루로 구성되며 합각벽(合閣壁)이 없는 지붕 모양

운종가(雲從街) 사람들이 구름같이 몰렸던 데서 유래한 이름으로 지금의 서울 종로 일대를 지칭함

원기둥(圓柱) 기둥 단면을 둥글게 가공한 형태로 조선 시대에는 위계 높은 건물에 주로 사용함

월대(月臺) 궁궐의 정전과 같이 위계 높은 건물 앞에 마련된 넓은 대로 나라의 행사나 의례 시에 이용함

월랑(月廊) 중요한 전각 좌우나 전후에 줄지어 만든 건물로 행랑, 행각과 같은 의미임

위패(位牌) 죽은 사람의 혼(魂)을 대신하는 죽은 사람의 이름과 죽은 날짜를 적은 나무패

유(壝) 사직단을 에워싼 낮은 담

유장판(油張板) 들기름을 먹인 장판지

육조(六曹) 나랏일을 분담하여 수행하던 6개소의 부서로 이조, 호조, 예조, 병조, 형조, 공조로 구성됨

이괄(李适)의 난 1624년(인조 2) 이괄이 주동하여 일으킨 반란

이궁(離宮) 정궁(正宮) 외에 따로 만든 궁궐

이방(耳房) 정청 양옆에 딸린 작은 건물

이어(移御) 왕이 거처를 옮기는 일

이익공(二翼工) 익공 부재를 두 개를 써서 짠 목조 구조

익각(翼閣) 정청 좌우에 달린 부속채

익공식(翼工式) 익공이란 부재를 써서 만든 목조 구조

익실(翼室) 몸채나 대청 좌우에 딸린 방

인조반정(仁祖反正) 1623년 광해군을 몰아내고 능양군(인조)을 왕으로 세운 일

일각문(一角門) 담장 사이에 기둥 두 개를 세워 지붕을 덮은 형태의 문

일영대(日影臺) 해시계

일월오봉병(日月五峯屛) 해와 달, 다섯 봉우리를 그린 병풍으로 조선 시대 궁궐 의례와 관련된 중요한 물건

임오군란(壬午軍亂) 1882년(고종 19) 구식 군대가 일으킨 병란

입학례(入學禮) 왕세자의 성균관 입학 의식 절차

ㅈ

잡상(雜像) 흙으로 구워 만든 토우로서 궁궐 주요 전각의 추녀마루에 올리는 장식 기와

장전(帳殿) 임시로 만든 왕의 자리

장초석(長礎石) 보통 초석보다 키가 큰 초석으로 다락집이나 정자 등에 사용함

재궁(梓宮) 왕이나 왕비의 관을 일컫는 말

전시(殿試) 왕이 직접 참석하여 치르는 과거 시험

절목(節目) 어떤 일을 처리하기 위해 정한 규칙의 조목이나 조항, 항목

절병통(節甁桶) 모임지붕 한가운데에 놓은 장식 기와

정궁(正宮) 조선왕조의 정식 궁궐로 경복궁을 지칭함

정전(正殿) 왕이 공식 행사와 의례를 시행하는 전각으로 경복궁의 근정전, 창덕궁의 인정전, 창경궁의 명정전, 덕수궁의 중화전을 가리킴

조참(朝參) 왕과 신하들이 5일에 한 번씩 공식적으로 인사를 나누는 일

조하(朝賀) '조의진하(朝儀陳賀)'의 준말. 정월 초하룻날, 동짓날, 매월 초하루와 보름, 왕과 왕비의 생일날에 하례를 올리는 일

종도리(宗道理) 목조로 짜는 지붕틀에서 최상부에 놓이는 부재

종묘(宗廟) 왕과 왕비의 신주를 모신 왕실의 사당

좌향(座向) 방위를 나타내는 표시법으로 등지는 방향(좌)과 바라보는 방향(향)을 합쳐서 부르는 말

주렴(珠簾) 주칠한 가는 대나무를 비단 색실로 거북 등껍질 모양으로 엮은 발로 궁궐 행사에 사용하는 격식 높은 장식

중방(中枋) 기둥과 기둥 사이에 건너지르는 부재

중일시(中日試) 조선 시대 무과 시험의 하나로 12간지의 자(子)·오(午)·묘(卯)·유(酉)에 해당되는 날에 시행함

지게문 외짝으로 된 출입문

지반자(紙斑子) 반자틀을 친 뒤 종이로 마감한 반자

진연(進宴) 조선 시대 궁중에서 연 잔치의 하나

진전(眞殿) 왕의 초상화인 어진을 모시고 제례를 올리는 건물

진채(眞彩) 안료로서 매우 진하고 불투명하며 강한 색채

ㅊ

차일(遮日) 행사 때 볕을 막기 위해 설치하는 포장으로 광목이나 삼베로 제작함

창방(昌枋) 기둥과 기둥 사이를 연결하는 구조 부재

천랑(穿廊) 건물과 건물을 연결하는 복도 형태의 건물

초간택(初揀擇) 왕실 구성원의 배우자가 될 사람을 첫 번째로 고르는 일

초주지(草注紙) 고급 종이

취두(鷲頭) 용마루나 내림마루 끝에 놓는 장식 기와

취병(翠屏) 덩굴성 식물을 올려 만든 울타리로 공간을 가리고 나누는 기능을 함

측간(側間) 대변이나 소변을 보는 장소. 뒷간이나 변소로 불림

침전(寢殿) 왕과 왕비가 잠자는 방이 있는 건물

ㅌ

퇴(退) 건물의 칸살 밖에 기둥을 세워 만든 좁은 공간

ㅍ

판문 널빤지로 만든 문

판장(板墻) 널빤지로 만든 담장

팔작(八作)**지붕** 지붕 측면에 합각(삼각형 벽)이 생기는 지붕

편전(便殿) 왕이 거처하며 나랏일을 보는 건물

평방(平枋) 다포식으로 공포를 짠 건물에서 창방 위에 올린 넓적한 부재로 주간포(柱間包)를 얹히는 기능을 함

품계석(品階石) 궁궐 정전 앞마당 동서 양쪽에 늘어세워 관원들이 품계에 따라 서게 자리를 정한 표지석

풍정연(豊呈宴) 내전에서 열리는 궁중 잔치의 하나

ㅎ

혼전(魂殿) 왕이나 왕비의 장례를 마치고 종묘에 봉안하기 전까지 신위를 모시는 집

홍예문(虹霓門) 무지개 모양으로 상부를 둥글게 만든 문

화계(花階) 돌로 층계를 만들어 꽃이나 나무를 심는 시설

회례연(會禮宴) 매년 설날과 동지에 여는 궁중 잔치

제1대 태조太祖 @1335~1408, @1392~1398, ㉑ 6년 2개월	
신의왕후神懿王后 한씨韓氏 (1337~1391, 안변 한씨安邊韓氏 한경韓卿과 삭녕부 신씨朔寧申氏의 딸)	진안대군鎭安大君 영안대군永安大君(정종定宗) 익안대군益安大君 회안대군懷安大君 정안대군靖安大君(태종太宗) 덕안대군德安大君 경신공주慶愼公主=상당부원군 上黨府院君 이애李薆 경선공주慶善公主=청원군靑原君 심종沈淙
신덕왕후神德王后 강씨康氏 (?~1396, 곡산 강씨谷山康氏 강윤성康允成과 진주 강씨晉州姜氏의 딸)	무안대군撫安大君 의안대군宜安大君 경순공주慶順公主=흥안군興安君 이제李濟
성비誠妃 원씨元氏	
정경궁주貞慶宮主 유씨柳氏	
화의옹주和義翁主 김씨金氏	숙신옹주淑愼翁主=당성위唐城尉 홍해洪海
후궁	의령옹주宜寧翁主=계천위啓川尉 이등李䔲

제2대 정종定宗 @1357~1419, @1398~1400, ㉑ 2년 2개월	
정안왕후定安王后 김씨金氏 (1355~1412, 경주 김씨慶州金氏 김천서金天瑞와 담양 이씨潭陽 李氏의 딸)	
성빈誠嬪 지씨池氏	덕천군德泉君 도평군桃平君
숙의淑儀 지씨池氏	의평군義平君 선성군宣城君 임성군任城君 함양옹주咸陽翁主=박갱朴賡
숙의淑儀 기씨奇氏	순평군順平君 금평군錦平君 정석군貞石君 무림군茂林君 숙신옹주淑愼翁主=김세민金世敏
숙의淑儀 문씨文氏	종의군從義君
숙의淑儀 윤씨尹氏	수도군守道君 임언군林堰君 석보군石保君 장천군長川君 인천옹주仁川翁主=이관식李寬植
숙의淑儀 이씨李氏	진남군鎭南君
후궁	덕천옹주德川翁主=변상복邊尚服
후궁	고성옹주高城翁主=김한金澣

후궁	상원옹주祥原翁主=조효산趙孝山
후궁	전산옹주全山翁主=이희종李希宗
후궁	함안옹주咸安翁主=이항신李恒信

제3대 태종太宗 @1367~1422, @1400~1418, ㉑17년 9개월	
원경왕후元敬王后 민씨閔氏 (1365~1420, 여흥 민씨驪興閔氏 민제閔霽와 여산 송씨礪山宋氏의 딸)	양녕대군讓寧大君 효령대군孝寧大君 충녕대군忠寧大君(세종世宗) 성녕대군誠寧大君 정순공주貞順公主=청평부원군 淸平府院君 이백강李伯剛 경정공주慶貞公主=평양부원군 平壤府院君 조대림趙大臨 경안공주慶安公主=길창군吉昌君 권규權跬 정선공주貞善公主=의산군宜山君 남휘南暉
효빈孝嬪 김씨金氏	경녕군敬寧君
신빈信嬪 신씨辛氏 (신녕궁주辛寧宮主)	함녕군諴寧君 온녕군溫寧君 근녕군謹寧君 정신옹주貞信翁主=영평군鈴平君 윤계동尹季童 정정옹주貞靜翁主=한원군漢原君 조선趙璿 숙정옹주淑貞翁主=일성군日城君 정효전鄭孝全 숙녕옹주淑寧翁主=파성군坡城君 윤우尹愚 숙경옹주淑慶翁主=파평군坡平君 윤암尹巖 숙근옹주淑謹翁主=화천군花川君 권공權恭
선빈善嬪 안씨安氏	익녕군益寧君 혜령군惠寧君 소숙옹주昭淑翁主=해평군海平君 윤연명尹延命 경신옹주敬愼翁主=전성위全城尉 이완李梡
의빈懿嬪 권씨權氏	정혜옹주貞惠翁主=운성부원군 雲城府院君 박종우朴從愚
소빈昭嬪 노씨盧氏 (소혜궁주昭惠宮主)	숙혜옹주淑惠翁主=성원위星原尉 이정녕李正寧
숙의淑儀 최씨崔氏	희령군熙寧君
최씨崔氏	후령군厚寧君
김씨金氏	숙안옹주淑安翁主=회천위懷川尉 황우黃裕
이씨李氏	숙순옹주淑順翁主=파원위坡原尉 윤평尹泙

이씨李氏	덕숙옹주德淑翁主
후궁	소선옹주昭善翁主=변효순邊孝順

제4대 세종世宗 ㉓1397~1450, ㉕1418~1450, ㉚31년 6개월

소혜왕후昭憲王后 심씨沈氏 (1395~1446, 청송 심씨靑松沈氏 심온沈溫과 순흥 안씨順興安氏의 딸)	문종文宗 수양대군首陽大君(세조世祖) 안평대군安平大君 임영대군臨瀛大君 광평대군廣平大君 금성대군錦城大君 평원대군平原大君 영응대군永膺大君 정소공주貞昭公主 정의공주貞懿公主=연창위延昌尉 안맹담安孟聃
영빈令嬪 강씨姜氏	화의군和義君
신빈愼嬪 김씨金氏	계양군桂陽君 의창군義昌君 밀성군密城君 익현군翼峴君 영해군寧海君 담양군潭陽君
혜빈惠嬪 양씨楊氏	한남군漢南君 수춘군壽春君 영풍군永豊君
숙원淑媛 이씨李氏	정안옹주貞安翁主=청성위靑城尉 심안의沈安義
상침尙寢 송씨宋氏	정현옹주貞顯翁主=영천부원군 鈴川府院君 윤사로尹師路

제5대 문종文宗 ㉓1414~1452, ㉕1450~1452, ㉚2년 3개월

현덕왕후顯德王后 권씨權氏 (1418~1441, 안동 권씨安東權氏 권전權專과 해주 최씨海州崔氏의 딸)	단종端宗 경혜공주敬惠公主=영양위寧陽尉 정종鄭悰
폐빈 김씨金氏	
폐빈 봉씨	
사칙司則 양씨楊氏	경숙옹주敬淑翁主=반성위班城尉 강자순姜子順

제6대 단종端宗 ㉓1441~1457, ㉕1452~1455, ㉚3년 2개월

정순왕후定順王后 송씨宋氏 (1440~1521, 여산 송씨礪山宋氏 송현수宋玹壽와 여흥 민씨驪興閔 氏의 딸)	

제7대 세조世祖 ㉓1417~1468, ㉕1455~1468, ㉚13년 3개월

정희왕후貞熹王后 윤씨尹氏 (1418~1483, 파평 윤씨坡平尹氏 윤번尹璠과 인천 이씨仁川李氏의 딸)	의경세자懿敬世子(도원군桃原君) 덕종德宗 해양대군海陽大君(예종睿宗) 의숙공주懿淑公主=하성부원군河 城府院君 정현조鄭顯祖
근빈謹嬪 박씨朴氏	덕원군德源君 창원군昌原君

추존追尊 덕종德宗 ㉓1438~1457, ㉘의경세자

소혜왕후昭惠王后 한씨韓氏 (1437~1504, 청주 한씨淸州韓氏 한확韓確과 남양 홍씨南陽洪氏의 딸)	월산대군月山大君 자을산군資乙山君(성종成宗) 명숙공주明淑公主=당양군唐陽君 홍상洪常

제8대 예종睿宗 ㉓1450~1469, ㉕1468~1469, ㉚1년 2개월

장순왕후章順王后 한씨韓氏 (1445~1461, 청주 한씨淸州韓氏 한명회韓明澮와 여흥 민씨驪興閔 氏의 딸)	인성대군仁城大君
안순왕후安順王后 한씨韓氏 (?~1498, 청주 한씨淸州韓氏 한백 윤韓伯倫과 풍천 임씨豊川任氏 의 딸)	제안대군齊安大君 현숙공주顯肅公主=풍천위豊川 尉 임광재任光載

제9대 성종成宗 ㉓1457~1494, ㉕1469~1494, ㉚25년 1개월

공혜왕후恭惠王后 한씨韓氏 (1456~1474, 청주 한씨淸州韓氏 한명회韓明澮와 여흥 민씨驪興閔 氏의 딸)	
폐비廢妃 윤씨尹氏	연산군燕山君
정현왕후貞顯王后 윤씨尹氏 (1462~1530, 파평 윤씨坡平尹氏 윤호尹壕와 연안 전씨延安田氏의 딸)	중종中宗 신숙공주愼淑公主
명빈明嬪 김씨金氏	무산군茂山君 휘숙옹주徽淑翁主=풍원위豊原 尉 임숭재任崇載 경숙옹주敬淑翁主=여천위驪川 尉 민자방閔子芳 휘정옹주徽靜翁主=의천위宜川 尉 남섭원南燮元
귀인貴人 정씨鄭氏	안양군安陽君 봉안군鳳安君 정혜옹주靜惠翁主
귀인貴人 권씨權氏	전성군全城君

귀인貴人 엄씨嚴氏	공신옹주恭愼翁主=청녕위淸寧尉 한경침韓景琛
숙의淑儀 하씨河氏	계성군桂城君
숙의淑儀 홍씨洪氏	완원군完原君 회산군檜山君 견성군甄城君 익양군益陽君 경명군景明君 운천군雲川君 양원군楊原君 혜숙옹주惠淑翁主=고원위高原尉 신항申沆 정순옹주靜順翁主=봉성위奉城尉 정원준鄭元俊 정숙옹주靜淑翁主=영평위鈴平尉 윤섭尹燮
숙용淑容 심씨沈氏	이성군利城君 영산군寧山君 경순옹주慶順翁主=의성위宜城尉 남치원南致元 숙혜옹주淑惠翁主=한천위漢川尉 조무강趙無彊
숙용淑容 권씨權氏	경휘옹주慶徽翁主=영원위鈴原尉 윤내尹鼐

	경현공주敬顯公主=영천위靈川尉 신의申檥 인순공주仁順公主
경빈敬嬪 박씨朴氏	복성군福城君 혜순옹주惠順翁主=광천위光川尉 김인경金仁慶 혜정옹주惠靜翁主=당성위唐城尉 홍려洪礪
희빈熙嬪 홍씨洪氏	금원군錦原君 봉성군鳳城君
창빈昌嬪 안씨安氏	영양군永陽君 덕흥대원군德興大院君(선조宣祖의 부친) 정신옹주靜愼翁主=청천위淸川尉 한경우韓景祐
숙의淑儀 홍씨洪氏	해안군海安君
숙의淑儀 이씨李氏	덕양군德陽君
숙원淑媛 이씨李氏	정순옹주貞順翁主=여성군礪城君 송인宋寅 효정옹주孝靜翁主=순원위淳原尉 조의정趙義貞
숙원淑媛 김씨金氏	숙정옹주淑靜翁主=능창위綾昌尉 구한具澣

제10대 연산군燕山君 ㉭1476~1506, ㉰1494~1506, ㉱11년 9개월

폐비廢妃 신씨愼氏 (1472~1537, 거창 신씨居昌愼氏 신승선愼承善과 전주 이씨全州李氏의 딸)	폐세자廢世子 창녕대군昌寧大君 휘순공주徽順公主=능양위綾陽尉 구문경具文璟
숙의淑儀 이씨李氏	양평군陽平君
숙용淑容 장씨張氏	1녀(영수靈壽)

제11대 중종中宗 ㉭1488~1544, ㉰1506~1544, ㉱38년 2개월

단경왕후端敬王后 신씨愼氏 (1476~1557, 거창 신씨居昌愼氏 신수근愼守勤과 청주 한씨淸州韓氏의 딸)	
장경왕후章敬王后 윤씨尹氏 (1491~1515, 파평 윤씨坡平尹氏 윤여필尹汝弼과 순천 박씨順天朴氏의 딸)	인종仁宗 효혜공주孝惠公主=연성위延城尉 김희金禧
문정왕후文定王后 윤씨尹氏 (1501~1565, 파평 윤씨坡平尹氏 윤지임尹之任과 전의 이씨全義李氏의 딸)	경원대군慶源大君(명종明宗) 의혜공주懿惠公主=청원위淸原尉 한경록韓景祿 효순공주孝順公主=능원군綾原君 구사안具思顔

제12대 인종仁宗 ㉭1515~1545, ㉰1544~1545, ㉱8개월

인성왕후仁聖王后 박씨朴氏 (1541~1577, 나주 박씨羅州朴氏 박용朴墉과 의성 김씨義城金氏의 딸)	

제13대 명종明宗 ㉭1534~1567, ㉰1545~1567, ㉱21년 11개월

인순왕후仁順王后 심씨沈氏 (1532~1575, 청송 심씨靑松沈氏 심강沈鋼과 전주 이씨全州李氏의 딸)	순회세자順懷世子

제14대 선조宣祖 ㉭1552~1608, ㉰1567~1608, ㉱40년 7개월

의인왕후懿仁王后 박씨朴氏 (1555~1600, 나주 박씨羅州朴氏 박응순朴應順과 전주 이씨全州李氏의 딸)	
인목왕후仁穆王后 김씨金氏 (1584~1632, 연안 김씨延安金氏 김제남金悌男과 광주 노씨光州盧氏의 딸)	영창대군永昌大君 정명공주貞明公主=영안위永安尉 홍주원洪柱元
공빈恭嬪 김씨金氏	임해군臨海君 광해군光海君

인빈仁嬪 김씨金氏(저경궁儲慶宮)	의안군義安君 신성군信城君 정원군定遠君(원종元宗) 의창군義昌君 정신옹주貞愼翁主=달성위達城尉 서경주徐景霌 정혜옹주貞惠翁主=해숭위海嵩尉 윤신지尹新之 정숙옹주貞淑翁主=동양위東陽尉 신익성申翊聖 정안옹주貞安翁主=금양군錦陽君 박미朴瀰 정휘옹주貞徽翁主=유정량柳廷亮
순빈順嬪 김씨金氏	순화군順和君
정빈貞嬪 민씨閔氏	인성군仁城君 인흥군仁興君 정인옹주貞仁翁主=당원위唐原尉 홍우경洪友敬 정선옹주貞善翁主=길성군吉城君 권대임權大任 정근옹주貞謹翁主=일선위一善尉 김극빈金克鑌
정빈靜嬪 홍씨洪氏	경창군慶昌君 정정옹주貞正翁主=진안위晉安尉 유적柳頔
온빈溫嬪 한씨韓氏	흥안군興安君 경평군慶平君 영성군寧城君 정화옹주貞和翁主=동창위東昌尉 권대항權大恒

제15대 광해군光海君 ㉐1575~1641, ㉑1608~1623, ㉒15년 1개월

폐비廢妃 유씨柳氏 (1576~1623, 문화 유씨文化柳氏 유자신柳自新과 하동 정씨河東鄭氏 의 딸)	폐세자廢世子
폐숙의廢淑儀 윤씨尹氏	1녀=박징원朴澂遠
폐숙의廢淑儀 허씨許氏	
폐숙의廢淑儀 권씨權氏	
폐숙의廢淑儀 홍씨洪氏	
폐숙의廢淑儀 원씨元氏	
폐소용廢昭容 임씨林氏	
폐소용廢昭容 정씨鄭氏	
폐숙원廢淑媛 신씨申氏	
후궁 조씨趙氏	

추존 원종元宗 ㉐1580~1619, ㉟정원군

인헌왕후仁獻王后 구씨具氏 (1578~1626, 능성 구씨綾城具氏 구사맹具思孟과 평산 신씨平山申氏 의 딸)	능양대군綾陽大君(인조仁祖) 능원대군綾原大君 능창대군綾昌大君
김씨金氏	능풍군綾豊君

제16대 인조仁祖 ㉐1595~1649, ㉑1623~1649, ㉒26년 2개월

인열왕후仁烈王后 한씨韓氏 (1594~1635, 청주 한씨淸州韓氏 한준겸韓浚謙과 창원 황씨昌原黃氏 의 딸)	소현세자昭顯世子 봉림대군鳳林大君(효종孝宗) 인평대군麟坪大君 용성대군龍城大君 5남
장렬왕후莊烈王后 조씨趙氏 (1624~1688, 양주 조씨楊州趙氏 조창원趙昌遠과 전주 최씨全州崔氏 의 딸)	
폐귀인廢貴人 조씨趙氏	숭선군崇善君 악선군樂善君 효명옹주孝明翁主=낙성위洛城尉 김세룡金世龍

제17대 효종孝宗 ㉐1619~1659, ㉑1649~1659, ㉒10년

인선왕후仁宣王后 장씨張氏 (1618~1674, 덕수 장씨德水張氏 장유張維와 안동 김씨安東金氏의 딸)	현종顯宗 숙신공주淑愼公主 숙안공주淑安公主=익평군益平君 홍득기洪得箕 숙명공주淑明公主=청평위靑平尉 심익현沈益顯 숙휘공주淑徽公主=인평위寅平尉 정제현鄭齊賢 숙정공주淑靜公主=동평위東平尉 정재윤鄭載崙 숙경공주淑敬公主=흥평위興平尉 원몽린元夢鱗
안빈安嬪 이씨李氏	숙녕옹주淑寧翁主=금평위錦平尉 박필성朴弼成

제18대 현종顯宗 ㉐1641~1674, ㉑1659~1674, ㉒15년 3개월

명성왕후明聖王后 김씨金氏 (1642~1683, 청풍 김씨淸風金氏 김우명金佑明과 은진 송씨恩津宋 氏의 딸)	숙종肅宗 명선공주明善公主 명혜공주明惠公主 명안공주明安公主=해창위海昌尉 오태주吳泰周

제19대 숙종肅宗 ⑧1661~1720, ④1674~1720, ②45년 10개월

인경왕후仁敬王后 김씨金氏 (1661~1680, 광산 김씨光山金氏 김만기金萬基와 청주 한씨淸州韓氏 의 딸)	1녀(일찍 죽음) 2녀(일찍 죽음)
인현왕후仁顯王后 민씨閔氏 (1667~1701, 여흥 민씨驪興閔氏 민유중閔維重과 은진 송씨恩津宋氏 의 딸)	
인원왕후仁元王后 김씨金氏 (1687~1757, 여주 김씨慶州金氏 김주신金柱臣과 임천 조씨林川趙氏 의 딸)	
옥산부대빈玉山府大嬪 장씨張氏	경종景宗 2남(일찍 죽음)
숙빈淑嬪 최씨崔氏(육상궁毓祥宮)	3남(일찍 죽음) 연잉군延礽君(영조英祖) 5남(일찍 죽음)
명빈 禩嬪 박씨朴氏	연령군延齡君

제20대 경종景宗 ⑧1688~1724, ④1720~1724, ②4년 2개월

단의왕후端懿王后 심씨沈氏 (1686~1718, 청송 심씨靑松沈氏 심호沈浩와 고령 박씨高靈朴氏의 딸)	
선의왕후宣懿王后 어씨魚氏 (1705~1730, 함종 어씨咸從魚氏 어유구魚有龜와 전주 이씨全州李氏 의 딸)	

제21대 영조英祖 ⑧1694~1776, ④1724~1776, ②51년 7개월

정성왕후貞聖王后 서씨徐氏 (1692~1757, 달성 서씨達城徐氏 서종제徐宗悌와 우봉 이씨牛峯李氏 의 딸)	
정순왕후貞純王后 김씨金氏 (1745~1805, 경주 김씨慶州金氏 김한구金漢耉와 원주 원씨原州元氏 의 딸)	
정빈靖嬪 이씨李氏(연우궁延祐宮)	1녀(일찍 죽음) 효장세자孝章世子(경의군敬義君, 진종眞宗) 화순옹주和順翁主=월성위月城尉 김한신金漢藎

영빈暎嬪 이씨李氏(선희궁宣禧宮)

영빈暎嬪 이씨李氏(선희궁宣禧宮)	장헌세자莊獻世子(장조莊祖) 화평옹주和平翁主=금성위錦城尉 박명원朴明源 4녀(일찍 죽음) 5녀(일찍 죽음) 6녀(일찍 죽음) 화협옹주和協翁主=영성위永城尉 신광수申光綬 화완옹주和緩翁主=일성위日城尉 정치달鄭致達
귀인貴人 조씨趙氏	9녀(일찍 죽음) 화유옹주和柔翁主=창성위昌城尉 황인점黃仁點
폐숙의廢淑儀 문씨文氏	화령옹주和寧翁主=청성위靑城尉 심능건沈能建 화길옹주和吉翁主=능성위綾城尉 구민화具敏和

추존 진종眞宗 ⑧1719~1728, ④효장세자

효순왕후孝純王后 조씨趙氏 (1715~1751, 풍양 조씨豊壤趙氏 조문명趙文明과 전주 이씨全州李氏 의 딸)	

추존 장조莊祖 ⑧1735~1762, ④사도세자

경의왕후敬懿王后 홍씨洪氏 (혜경궁惠慶宮)(1735~1815, 풍산 홍씨豊山洪氏 홍봉한洪鳳漢과 한산 이씨韓山李氏의 딸)	의소세손懿昭世孫 정조正祖 청연공주淸衍公主=광은위光恩尉 김기성金箕性 청선공주淸璿公主=흥은위興恩尉 정재화鄭在和
숙빈肅嬪 임씨林氏	은언군恩彦君 은신군恩信君
경빈景嬪 박씨朴氏	은전군恩全君 청근옹주淸瑾翁主=당은위唐恩尉 홍익돈洪益惇

제22대 정조正祖 ⑧1752~1800, ④1776~1800, ②24년 3개월

효의왕후孝懿王后 김씨金氏 (1753~1821, 청풍 김씨淸風金氏 김시묵金時默과 남양 홍씨南陽洪氏 의 딸)	
현목수빈顯穆綏嬪 박씨朴氏 (가순궁嘉順宮)	순조純祖 숙선옹주淑善翁主=영명위永明尉 홍현주洪顯周
의빈宜嬪 성씨成氏	1녀(일찍 죽음) 문효세자文孝世子

제23대 순조純祖 ⑳1790~1834, ⑭1800~1834, ㉑34년 4개월	
순원왕후純元王后 김씨金氏 (1789~1857, 안동 김씨安東金氏 김조순金祖淳과 청송 심씨靑松沈氏 의 딸)	효명세자孝明世子(익종翼宗, 문 조文祖) 2남(일찍 죽음) 명온공주明溫公主=동녕위東寧 尉 김현근金賢根 복온공주福溫公主=창녕위昌寧 尉 김병주金炳疇 덕온공주德溫公主=남녕위南寧 尉 윤의선尹宜善
숙의淑儀 박씨朴氏	영온공주永溫公主

추존追尊문조文祖(익종翼宗) ⑳1809~1830, ⑭효명세자	
신정왕후神貞王后 조씨趙氏 (1808~1890, 풍양 조씨豊壤趙氏 조만영趙萬永과 은진 송씨恩津宋氏 의 딸)	헌종憲宗

제24대 헌종憲宗 ⑳1827~1849, ⑭1834~1849, ㉑14년 7개월	
효현왕후孝顯王后 김씨金氏 (1828~1843, 안동 김씨安東金氏 김조근金祖根과 한산 이씨韓山李氏 의 딸)	
효정왕후孝定王后 홍씨洪氏 (1831~1903, 남양 홍씨南陽洪氏 홍재룡洪在龍과 죽산 안씨竹山安氏 의 딸)	
숙의淑儀 김씨金氏	1녀(일찍 죽음)

제25대 철종哲宗 ⑳1831~1863, ⑭1849~1863, ㉑14년 6개월	
철인왕후哲仁王后 김씨金氏 (1837~1878, 안동 김씨安東金氏 김문근金汶根과 여흥 민씨驪興閔氏 의 딸)	1남(일찍 죽음)
귀인貴人 박씨朴氏	2남(일찍 죽음)
귀인貴人 조씨趙氏	3남(일찍 죽음) 4남(일찍 죽음)
숙의淑儀 방씨方氏	1녀(일찍 죽음) 2녀(일찍 죽음)
숙의淑儀 김씨金氏	3녀(일찍 죽음)
숙의淑儀 범씨范氏	영혜옹주永惠翁主=금릉위錦陵尉 박영효朴泳孝
궁인宮人 이씨李氏	5남(일찍 죽음) 6녀(일찍 죽음)
궁인宮人 박씨朴氏	5녀(일찍 죽음)

제26대 고종高宗 ⑳1852~1919, ⑭1863~1907, ㉑43년 7개월	
명성황후明成皇后 민씨閔氏 (1851~1895, 여흥 민씨驪興閔氏 민치록閔致祿과 한산 이씨韓山李氏 의 딸)	1남(일찍 죽음) 순종純宗 3남(일찍 죽음) 4남(일찍 죽음) 1녀(일찍 죽음)
귀비貴妃 엄씨嚴氏	영친왕英親王
귀인貴人 이씨李氏	완친왕完親王 4남(일찍 죽음) 2녀(일찍 죽음) 3녀(일찍 죽음)
귀인貴人 장씨張氏	의친왕義親王
귀인貴人 정씨鄭氏	5남(일찍 죽음)
귀인貴人 양씨梁氏(복녕당福寧堂)	덕혜옹주德惠翁主=종무지宗武志
삼축당三祝堂 김씨金氏	
광화당光華堂 이씨李氏	

제27대 순종純宗 ⑳1874~1926, ⑭1907~1910, ㉑3년 2개월	
순명황후純明皇后 민씨閔氏 (1872~1904, 여흥 민씨驪興閔氏 민치호閔台鎬와 의령 남씨宜寧南氏 의 딸)	
순정황후純貞皇后 윤씨尹氏 (1894~1966, 해평 윤씨海平尹氏 윤택영尹澤榮과 기계 유씨杞溪俞氏 의 딸)	

* = 표시 오른쪽은 왕의 사위를 말한다.

참고문헌

옛 문헌

『조선왕조실록』朝鮮王朝實錄

『승정원일기』承政院日記

『일성록』日省錄

『어제궁궐지』御製宮闕志(숙종 연간)

『궁궐지』宮闕志(헌종 연간)

『궁궐지』宮闕志(고종 연간)

『영접노감사재청의궤』迎接都監賜祭廳儀軌

『창경궁수리소의궤』昌慶宮修理所儀軌

『창덕궁수리도감의궤』昌德宮修理都監儀軌

『창덕궁창경궁수리도감의궤』昌德宮昌慶宮修理都監儀軌

『인정전영건도감의궤』仁政殿營建都監儀軌

『인정전중수도감의궤』仁政殿重修都監儀軌

『창경궁영건도감의궤』昌慶宮營建都監儀軌

『창덕궁영건도감의궤』昌德宮營建都監儀軌

『경복궁창덕궁진전증건도감의궤』景福宮昌德宮眞殿增建都監儀軌

『대보단중수의』大報壇重修儀

『한경지략』漢京識略

『동국여지비고』東國輿地備考

단행본 및 관련 자료

김용숙, 『조선조 궁중 풍속 연구』, 일지사, 1987.

홍순민, 『우리 궁궐 이야기』, 청년사, 1999.

박정혜, 『조선 시대 궁중 기록화 연구』, 일지사, 2000.

김동현, 『서울의 궁궐 건축』, 시공사, 2002.

한영우, 『창덕궁과 창경궁』, 열화당·효형출판, 2003.

한영우, 『조선의 집 동궐에 들다』, 효형출판, 2006.

영건의궤연구회, 『영건의궤: 의궤에 기록된 조선 시대 건축』, 동녘, 2010.

김동욱·유홍준 외, 『창덕궁 깊이 읽기』, 글항아리, 2012.

수류산방 편집부, 『궁궐의 현판과 주련 2: 창덕궁·창경궁』, 수류산방, 2007.

국립고궁박물관특별전, 『창덕궁 아름다운 덕을 펼치다』, 국립고궁박물관, 2011.

『서울지도』, 서울역사박물관, 2006.

『근대건축도면집』, 한국학중앙연구원 장서각, 2009.

『국립문화재연구소 소장 조선 왕실 건축도면』, 국립문화재연구소, 2013.

기타

한국역사정보통합시스템 http://www.koreanhistory.or.kr/

한국학중앙연구원 http://www.aks.ac.kr/

한국고전종합DB http://db.itkc.or.kr/

규장각한국학연구원 http://e-kyujanggak.snu.ac.kr/

한국사데이터베이스 http://db.history.go.kr/

찾아보기

도판 출처

고려대학교박물관 :
〈동궐도〉(페이지 표시 생략), 《왕세자입학도첩》 중 〈왕세자수하도〉(31쪽, 135쪽), 〈서총대친림사연도〉(401쪽)

국립고궁박물관 :
〈원자탄강진하도〉(78쪽), 〈봉황도〉(118쪽), 〈백학도〉(118쪽), 중희당 편액(140쪽), 〈왕세자두후평복진하도병〉(142쪽), 〈개 그림〉(170쪽), 〈영조 어진〉(194쪽), 〈철종 어진〉(194쪽), 〈연잉군 초상〉(194쪽)

국립중앙박물관 :
〈규장각도〉(31쪽, 236쪽, 240쪽, 243쪽, 247쪽), 〈서총대친림사연도〉(252쪽), 〈무신친정계첩〉(262쪽), 〈기축진찬도병〉(315쪽, 356쪽), 〈무신년진찬도병〉(348쪽)

규장각한국학연구원 :
『순조기축진찬의궤』 중 〈명정전 진찬도〉(31쪽, 314쪽), 『인정전영건도감의궤』 중 인성선 부분(37쪽, 82쪽)과 당가 부분(37쪽, 84쪽), 『황단중수의』 대보단 부분(218쪽)

동아대학교박물관 :
〈갑인춘친정도〉(31쪽, 100쪽), 〈조대비사순칭경진하도병〉(185쪽, 202쪽)

서울대학교박물관 :
〈영조신장연화시도〉(92쪽)

서울역사박물관 :
〈어제준천제명첩〉(236쪽)

한국학중앙연구원 :
〈동궐도형〉(페이지 표시 생략), 『무신진찬의궤』 중 〈통명전 진찬도〉(37쪽, 348쪽) 『창덕궁영건도감의궤』 중 징광루 부분(121쪽), 〈천지장남궁〉(150쪽), 『원행을묘정리의궤』 중 〈홍화문사미도〉(304쪽),

개인 소장 : 〈은대계회도〉(74쪽), 〈친정계병〉(173쪽)

—

스튜디오다홍(사진) :
12~23쪽, 24쪽, 29쪽, 42쪽, 46~47쪽, 50~51쪽, 58쪽, 66쪽, 76~77쪽, 103쪽, 110쪽, 146쪽, 154쪽, 220쪽, 225쪽, 267쪽, 269쪽, 275쪽, 286쪽, 292쪽, 296쪽, 298쪽, 306쪽, 307쪽, 318쪽, 326쪽, 331쪽(좌), 334쪽(좌), 345쪽, 352쪽, 372쪽, 395쪽, 410쪽(04), 411쪽(09~11), 412쪽(01), 413쪽(03~07), 416쪽, 417쪽

—

여백커뮤니케이션(일러스트) :
모든 권역도 및 배치도

—

(기관명은 가나다 순, 제공자별 도판은 본문 게재 순)